Readings in Korean Culture for Foreigners

외국인을 위한 한국문화 읽기

김 해 옥 지음

에피스테메
EPISTEME

외국인을 위한
한국문화 읽기
ⓒ 김해옥, 2010

초판 1쇄 펴낸날 / 2010년 9월 20일
초판 5쇄 펴낸날 / 2018년 4월 3일

지은이 / 김해옥
펴낸이 / 류수노
펴낸곳 / (사)한국방송통신대학교출판문화원
　　　　주소　서울특별시 종로구 이화장길 54 (우-03088)
　　　　대표전화　1644-1232
　　　　팩스　(02) 742-0956
　　　　http://press.knou.ac.kr
　　　　출판등록　1982년 6월 7일 제1-491호

편집 / 문장미디어
표지디자인 / 김명혜

ISBN 978-89-20-92819-2 93330

값 10,000원

Readings in Korean Culture for Foreigners

외국인을 위한
한국문화 읽기

문화로 배우는 언어, 언어로 배우는 문화

한 나라의 문화는 그 사회 구성원의 사고와 행동양식을 담고 있는 총체적인 개념이다. 그리고 언어는 그러한 문화를 표현하는 중요한 수단이다. 따라서 언어를 학습한다는 것은 그 언어를 사용하는 나라의 문화를 학습하는 것이다. 이러한 의미에서 이 책은 한국문화에 대해 관심을 갖는 외국인 학습자들을 가르치는 교사들을 위한 문화 교육 지침서다. 또한 다문화 시대를 살면서 한국문화의 특성에 대해 알고 싶어 하는 내·외국인들에게 일독을 권하고 싶은 교양서다.

문학 연구자가 한국 언어문화 교육에 대해서 관심을 갖게 된 것은 10여 년 전 미국 남부 앨라배마 대학에서 언어 연수를 받은 것이 계기가 되었다. 어느 날 '국화 옆에서'의 시인 미당 서정주 선생의 둘째 며느님이 찾아와, 영어가 능통하지 못해 곤경에 빠져 있던 필자에게 미당 손자들의 한글 교육을 청하셨다. 그 일로 해서 재외 한국인들이 한국어와 한국문화에 관심이 많고 교육에 대한 필요 요구도 매우 높다는 것을 알게 되었다. 이후, 한국에 돌아와서 문학 연구자로서 한국 언어문화 교육 분야에 뛰어들게 되었다. 그리고 2002년에 연세대 김하수 교수님의 지도로 시작된 학술진흥재단의 연구 과제를 수행하면서 언어교육에서 문화의 중요성을 더 깊이 연구할 수 있는 기회를 갖게 되었다.

미국 연수 당시 인문학 분야를 탐색해 보았을 때 중국학과 일본학에 대한 강의는 대학마다 넘쳤으나 한국학에 대한 관심은 매우 미미한 편이었다. 이제 10여 년의 세월이 흘러 한국은 올해 G20 정상회의를 개최할 만큼 국력이 신장되었고 세계 여러 나라 사람들이 한국문화에 대해 지대한 관심을 갖게 되었다. 이 책은 이런 시대적 요구에 부응하고자 하는 열정의 몸짓이라고 할 수 있다.

문화를 정치·경제·교육제도 등 한 집단의 기본 체계와 관련된 지식으로서의 정보문화와 전체가 공유하는 행동양식과 생활양식, 사회현상과 관련한 가치문화로 구분해 볼 때, 최근 언어문화 교수의 관점에서는 후자의 중요성이 점차 부각되고 있다.

현재 국내에 출간되어 있는 문화 교재는 대부분 정보문화를 다루는 데 그치고 있어 다른 나라의 문화와 변별되는 한국문화의 가치를 파악하여 그 원인을 분석하고 논의할 필요성이 있다. 또한 기존의 문화 연구는 주로 한국의 전통문화에 치우쳐서 실제로 외국인 학습자가 호기심을 갖는 현대 문화 현상에 대한 연구가 필요한 실정이다. 이러한 점에 착안하여 필자는 한국 현대 문화의 현상에 초점을 두어 국제화 시대를 맞아 외국인과의 접촉 기회가 많아지고 있는 내국인, 외국인을 대상으로 한국의 언어와 문화 교육 현장에서 실제로 필요한 교육 내용을 담고자 하였다.

그동안 필자는 이 분야에 대한 관심을 '문학작품의 어휘를 통한 한국 언어·문화 교육 방법 연구'라는 논문으로 발표한 바 있다. 이 과정에서 연세대 국어국문학과 강현화 교수와 함께 한국문화에 대한 국내외 선행 연구와 연구 방법론을 재해석하여 한국방송통신대학교가 지원한 '외국인을 위한 한국 가치문화의 이해'라는 웹 강의도 개발하게 되었다. 이를 바탕으로 구성된 이 책의 많은 부분은 공동 기획자인 강현화 교수와 상호 토론하는 과정에서 이루어졌다. 언어학적인 배경의 지원이 필요한 필자에게 강 교수는 아이디어와 학문적인 영역에서 많은 도움을 주었다.

　이 책은 한국인의 일상생활에서 관찰되는 행동양식이나 사회현상을 보여 주는 〈문화 현상〉에 관심을 갖고, 그러한 문화 현상을 〈문화 분석〉에서 심도 있게 분석하였다. 각 주제와 관련된 대표적인 문화 현상들을 국외의 그것과 비교하여 분석해 보았다. 또한 학습자 또는 독자 들이 한국 문화를 객관화하고 다양화할 수 있는 계기를 제공하는 〈문화 대조(플러스)〉로 구성하였다. 이 책은 한국 언어문화 교수 현장의 고급 학습자를 위한 토론식 수업에서 활용할 수 있도록 〈문화 포커스〉와 〈문화 키워드〉, 〈과제 활동〉을 두어 단순한 교양서적을 넘어 한국 문화 교재로서의 활용성을 갖고자 했다.

　내용은 총 9장으로 이루어져 있으며, 각각의 내용은 가족주의, 집단주의, 권위주의, 동질성 추구와 소통, 유교와 역동성, 한국인의 열정과 신명, 다종교 사회와 한국인의 종교관, 자유분방한 한국의 멋과 미, 변화하는 한국인의 가치 의식으로 구분하였다. 각 장은 각각 네 개의 소주제로 나누어 해당 소주제 간의 유기적인 연계를 통해 전체 주제에 대한 해답을 모색해 보았다. 내용 전개를 위해서는 이미지 자료와 관련 텍스트(visual culture), 미디어 자료 등을 다양하게 사용하였다.

　이 책이 좀 더 구체화된 것은 지난해 연세대학원 국어국문학과 '한국문화론' 수업을 통해서다. 이 강의에서 국내외 학생들과 한국 문화의 특성에 대해서 검토할 수 있었다. 한국 학생뿐만 아니라 중국, 일본 학생들도 모(母)문화와 한국 문화의 특징을 비교 및 대조하여 문화적 차이에 대해 흥미로운 관심을 보여 주었다. 이 수업에서 진지하게 토론에 참여해 준 학생들에게 감사의 마음을 전한다.

이 책은 한국어만으로는 내용을 이해하기 어려운 외국인들을 위해 국문과 영문의 합본으로 제작한 것이 특색이다. 영문 번역은 한국번역원에서 맡았고 단행본 출간을 계기로 수정, 보완하는 과정에서 연세대 국어국문학과 석사 과정에 재학 중인 박혜림이 수고하였다. 같은 과 박사 과정에 재학 중인 채드 워커(Chad Walker)의 꼼꼼한 영문 감수 작업은 번역투의 투박함을 유연하게 만들어 주었다. 사진 자료 보완 및 편집 과정의 지루한 작업을 맡아 준 연세대 국어국문학과 박사 과정의 홍혜란에게 진심으로 감사의 마음을 전한다. 원고를 세세히 살펴보고 끝까지 조언을 아끼지 않은 강현화 교수께 다시 한 번 감사의 마음을 표한다.

편집과 교정의 실력을 갖춘 '문장미디어'사의 도움이 없었다면 깔끔하게 마무리된 책을 출간하기 어려웠을 것이다. 개인적인 사정으로 출판이 계속 지연되었음에도 방송대 출판부의 김정규 선생님께서 물심양면으로 지원을 아끼지 않은 덕분에 이 책은 마침내 세상의 빛을 보게 되었다. 그동안 격려와 응원을 아끼지 않은 사랑하는 가족과 학계의 지인들에게 감사의 마음을 전하며 앞으로 더 나은 발전을 위해 많이 조언해 주시기를 기대한다.

2010년 9월
연세대 외솔관에서
김해옥

차 례 CONTENTS

■ 영문 차례

한국인은
혈연을 중심으로 한
가족과의 인간관계를 매우
중요하게 여긴다. 한국의 가족주의는
집단주의나 권위주의 문화를 배태하였고
한국 사회의 기초를 이룬다는 점에서
한국 문화를 이해하는
데 중요하다.

제1장 # 한국인의 가족주의

Korean Familism

1. 제사 문화와 가족 공동체 의식

한국 문화의 특성은 유교적 가부장제를 기반으로 한 전형적인 가족주의 문화라 할 수 있다.[1] 이때 유교에 바탕을 둔 효孝 사상은 아버지와 아들로 이어지는 혈연 결속력을 바탕으로 한국적 가족주의의 기초가 되었다. 유교의 제사 문화는 부모가 살아 계실 때는 편안히 모시고 돌아가시면 제사를 통하여 받드는 한국적인 효의 완성이라 할 수 있다. 제사는 자손의 기억 속에 자신의 존재를 연장하기 위한 영생법으로서 한국 사회에 혈연 중심의 가족주의를 강화하는 요인이 되었다.[2]

관련 내용 ● 254쪽

조상의 공덕을
기리기 위해 지내는
전통 제사 장면*

자료: 이영춘·장철수, 『한국민속의 세계2』 (고대민족문화연구원, 2001), p. 46.

문화포커스

1. 한국인에게 제사의 의미는 무엇일까?

2. 제사 문화는 어디에서 유래되어 어떻게 정착되어 왔을까?

3. 제사 문화에 대한 한국인의 생각은 어떻게 변해 왔을까?

문화키워드

효　　　유교　　　가부장제　　　상속　　　자연숭배

한국인의 제사는 기일 제사, 사시 제사, 묘제가 있다. 먼저 기일(고인이 돌아가신 날) 제사는 해마다 지내는 제사로 오늘날엔 가정에서 치르는 가장 중요한 제의이다. 보통 2대조까지 한해서 제사를 지낸다. 다음으로 사시 제사는 1년에 네 번, 즉 춘하추동의 계절마다 지내는 제사이나 요즘에는 보통 민속 명절에 조상에게 올린다. 우리나라의 명절 중에서 차례를 지내는 명절은 설과 추석이다. 설에는 떡국을 올리고, 추석에는 햅쌀로 송편을 빚어 햇과일과 함께 올린다. 마지막으로 묘제는 산소로 찾아가서 드리는 제사이다.

제사는 지방이나 문중에 따라 다르기는 하나, 순서는 대략 다음과 같다. 먼저 혼백을 불러와 인사를 드리고, 술을 올리고, 음식을 대접한 후 제사를 끝낸다. 언뜻 보면 제사가 아주 복잡해 보이지만 사실 일반 손님을 초대해 술과 음식을 대접하는 것과 유사하다. 제사 시간은 고인이 돌아가신 날 전일 자정부터 당일 새벽 1시 사이 모두가 잠든 조용한 시간에 지냈으나, 요즘에는 시간에 구애받지 않고 해가 지고 어두워지면 편리한 시간을 택해 지낸다. 제사는 제주祭主의 집에서 지내며 제사에 참석하는 사람은 고인의 자손이며 가까운 친척도 참석할 수 있다. 제주는 남자 중 첫 자손이 된다. 이러한 이유에서 한국인들은 아들의 존재를 매우 귀중히 여긴다.

이런 제사 문화에 대해 현대 한국인들의 생각은 어떨까? 최근 가사에 능숙하지 않은 일부 젊은 며느리들은 '제사 스트레스'에 시달린다고 한다. 또한 이 일로 가족 간에 갈등이 생기기도 하지만 대부분의 한국 가정에서는 아직도 제사를 당연하게 여기며 조상을 모시는 일로 중요하게 여긴다. 또한 예전에는 철저히 남자 중심으로 제사를 지냈지만 최근에는 가정에 따라 여자들도 함께 제를 올리는 가정이 늘고 있다. 기독교를 믿는 사람 중에는 제사의 형식적 절차를 받아들이지 않고 예배 형식을 통해 제를 받드는 경우가 있다. 이로 인해 가족과 친척 간에 문제가 생기기도 한다. 이렇듯 제사에 대한 생각과 절차는 현대사회에서 많은 변화를 겪고 있다고 하겠다.

---

1) 최준식, 『한국인에게 문화는 있는가』(사계절, 2002), pp. 57~116.
2) 신수진, 「가족 성원의 삶을 산다는 것」, 『한국 문화와 한국인』(사계절, 2003), pp. 215~231 참조.

한국인의 삶 속에 깃들어 있는 가족주의와 제사 문화

제사 문화는 한국인의 인생관과 열정을 드러내는 대표적인 제의이다. 제사 문화에는 한국인의 독특한 가족주의 요소가 숨어 있다. 제사는 유교의 덕목인 '효'를 실천하는 의례이다. 부모가 살아 계실 때는 잘 모시고 돌아가신 날에 제사를 통하여 부모님께 효도하는 것이 한국적인 효의 완성이라고 할 수 있다. 그래서 외국의 인류학자는 한국인이 세계에서 제일 오래 사는 민족이라고 하였다. 그것은 살아서 뿐만 아니라 죽어서도 제사를 통하여 자손들의 뇌리나 기억 속에 오래 남아 있기 때문이다. 자신이 죽은 뒤에 자식에게 제사를 받음으로써 그 자손들의 기억 속에 영원히 살아남으려는 것이 유교의 영생법이다.

한국인의 큰 명절인 추석이나 설날에도 가족이 모여 제사를 지내는 것이 가장 중요한 행사이다. 조선 시대에는 제사를 관습법으로 지정하여 가문을 과시하거나 다른 목적으로 시행하였다. 제사는 조상을 기리고 기억하는 미풍양속이다. 전통 사회에서 제사는 종교적인 의미를 넘어서 정치적인 의미를 갖고 있었다. 제사를 통하여 집안의 가장에게 통솔의 권한이 주어져 가부장제가 유지되었고 가부장제는 유교적 왕권의 통치를 가능하게 하는 기본적인 바탕이 되었다.[3]

조선왕조는 통치 체제의 기본 단위를 가족으로 보았고, 이 가족을 묶어 줄 수 있는 것이 효 사상과 제사 의례였다. 조선 정치인들은 기득권 유지와 체제 수호[4]를 위하여 효를 하늘에서 부여받은 보편적 진리로 내세웠다. 한국의 효 사상은 국가의 통치 이념을 가족 단위로 파급하는 과정에서 정책적으로 국민을 계몽하였다. 제사는 이러한 효 사상을 바탕으로 조상숭배를 통하여 가족주의를 강화하는 전통적인 의례로 자리 잡게 된 것이다.

조선 시대에는 통치 체제를 유지하기 위하여 가족이 핵심 역할을 하였으며 장남과 장손을 중심으로 하는 서열이 가족의 질서를 유지하는 근간이 되었다.

---

3) 신수진, 앞의 책, p. 221.

4) 조선 시대에는 효의 윤리가 나라와 왕에게 충성하는 충의 개념으로 발전하였기 때문에 제사를 통한 효의 실천은 나라의 통치 체제를 유지하는 이데올로기였다. 그러므로 제사를 반대하는 것은 통치 이데올로기에 대한 중대한 도전으로 받아들였다.

최준식, 앞의 책, pp. 44~48.

그리하여 임금을 어버이로 하는 '가족 국가관'이 확립되었고, 조선 초기까지
만 해도 여성이 누릴 수 있었던 제사권과 재산 상속권은 중기 이후 여성들을
배제하게 되었다. 조선 시대에 장남과 종손을 정점으로 하는 가부장제를 확립
하기 위해서는 제사권과 재산 상속권을 장남과 종손에게 부여하는 우대주의를
시행하였다. 이것을 최준식 교수는 '왕권신수설'에 비견되는 '종권신수설'이
라 하였다.[5] 제사권이 종손에게 계승되는 것은 세속적으로 결정된 국법에 의
해서가 아니라 하늘로부터 내려오는 보편적 진리에 의한 것으로 여겼다.

제사는 한국인의 삶 속에 숨어 있는 가족주의를 엿보게 한다. 제사에 참석할
수 있는 친족 관계는 8촌 이내이다. 제사의 의례를 통하여 친족끼리 단합하는
혈연 중심의 가족주의가 강화되었고 장자 중심의 혈통 계승이 정당화되었다.
제삿날에 조상의 계보를 따져 보고 제사를 통하여 보지 못한 조상과 대면하는
일은 한국 사회에서 흔한 일이다.

종친회는 족보 간행, 시제, 시향제를 지내는 것을 주요 업무로 하며 가족을
중심으로 형성된 만큼 가족주의의 부정적인 측면이 나타나기도 한다. 족보는
각 종친회에서 간행하는 것으로 족보가 한국처럼 발달한 나라도 없다. 종친회
는 같은 성씨끼리는 강한 연대감을 갖는 반면 다른 성씨에게는 개방적이지 않
거나 배타적이어서 가족 이기주의를 낳기도 한다. 이러한 가족주의는 자기 핏
줄에 대한 강한 애착심을 특징으로 하며 다른 집단에 대해 배타적인 자기중심
주의로 빠지기 쉽다.

한국의 가족주의와는 달리 미국에서는 일반적으로 증조부나 고조부 정도만
올라가도 조상의 이름을 찾아내기가 어렵다고 한다. 개인주의 사회에서는 부
모에게서 빨리 독립하는 것이 바람직한 덕목이므로 조상에게는 관심이 없다.
그러나 우리와 같은 집단주의 사회에서는 가족 집단 속에 영원히 소속되어 있
는 것을 미덕으로 간주하기 때문에 개인이 독립하는 것은 바람직한 것으로 생
각하지 않았다.

제사 문화의 변화

제사 문화는 그동안 헤어져 있던 가족이 제삿날에 모여, 정성스럽게 차린 음
식으로 돌아가신 부모님께 효도하고, 가족 간의 정情을 나누는 아름다운 풍속

---

5) 최준식, 앞의 책, p. 51.

이다. 현대의 한국 사회에서 이러한 제사 문화도 많은 변화를 겪고 있다. 젊은 세대는 추석이나 명절의 제사를 생략하고 긴 연휴를 즐기기 위하여 해외여행을 떠나는 일이 종종 있다. 제사에 가족이 모여서 가족 간의 결속을 다지던 예전과는 달리 한국 사회도 이제 가족 집단에서 벗어나 개인 생활의 가치를 중시하는 개인주의 성향이 나타나고 있다.

장남 중심의 제사권과 재산 상속권에도 많은 변화가 나타나고 있다. 현재 한국의 민법에는 남녀의 차별 없이 균등하게 재산 상속권을 부여하고 있다. 제사 또한 장남이 불가피하게 지낼 수 없는 경우 다른 자식이 맡아서 지낼 수 있다. 기독교 신자가 점차 증가하고 있는 한국의 현대사회에서는 조상을 위한 가족 제사가 우상숭배라는 측면에서 비판받기도 한다. 현재 한국 사회에서는 기독교 신자를 중심으로 제사를 생략하거나 가족 기도 모임으로 대체하는 현상이 나타나고 있다.

유교 사상을 기본으로 한 효 사상과 조상숭배의 제사 의례는 한국의 여성들에게 노인 봉양이나 가중한 가사 노동을 부담시킨다는 부정적 측면이 있기도 하다. 그래서 제사 문화를 본격적으로 비판한『공자가 죽어야 나라가 산다』는 책이 출간되어 유교의 전통 의례에 대한 비판적 담론이 공론화되기도 하였다.

제사 문화는 현대인의 바쁜 일상생활을 감안하여 볼 때 좀 더 간소하게 합리적인 방식으로 개선해야 할 것이다. 가족 구성원이 가족이라는 집단적 가치를 내세워 개인의 독립성을 방해하는 일이 없도록 가족 구성원 사이의 합리적인 조정이 필요하다고 할 수 있다. 예를 들자면 장남의 아내인 맏며느리는 1년에 몇 번씩 치러야 하는 제사 때문에 경제적 비용과 과중한 가사 노동으로 인한 정신적인 스트레스에 시달리기도 한다. 제사 문화를 좀 더 간소화하고 가족 구성원 간의 분담을 통하여 의례에 의하여 가중되는 경제적, 신체적 부담을 나누는 협동이 이루어질 때 제사의 의례가 한국 민족의 아름다운 전통으로 계승될 것으로 보인다.

제사 문화에 나타난 한국인의 사상

우리나라의 제사 문화에 대한 기원은 삼국시대 이전의 역사 기록은 별다른 기록이 남아 있지 않다. 다만 이 시기에는 신명을 받들어 복을 빌고자 하는 의례로서 자연숭배의 제사 의식을 행하였던 것으로 추측된다. 삼국시대에 들어와서야 자신의 조상에게 제사 지내는 의례로 발전하기 시작한 것으로 추정되는데, 이는 왕가에서 먼저 행해졌다. 삼국시대의 제사 의례는 중국 문물의 영향을 크게 받았다고 할 수 있다. 이러한 중국과의 문화적 접촉으로 우리 고유만의 제사 의례가 정착된 것으로 추정된다.

제사 문화가 본격적으로 꽃핀 때는 성리학의 도입과 더불어 『주자가례』에 따라 가묘를 설치하려는 운동이 사대부 사이에서 활발해진 고려 말이다. 조상에 대한 제사가 사회적 관습으로 발전하여 조선 시대 예법으로 표준화되었는데 왕실의 경우 『국조오례의』이고, 민간의 경우에는 『가례』가 일반적인 예법서라고 볼 수 있다. 이러한 조선 시대의 제사 문화는 조선 말기까지 유교 문화 속에서 사회 전반에 걸쳐서 생활의 중요한 부분이 되어 왔다. 아직도 종묘의 제향과 각 서원의 제향, 그리고 일반 가정에서 조상의 제사를 지내는데 이것은 우리나라에서 계승되고 있는 유교 사상의 전통이라고 할 수 있다.

자연에 대한 제사는 오늘날에 와서는 미신이라고 여기고 제사 대상으로서 의미를 잃게 되었다.

서양의 역사에도 『구약성서』에 기록된 카인과 아벨의 이야기에서 제사 의식이 있었음을 알 수 있다. 카인은 농사를 지어 곡식을 제물로 바쳤고, 아벨은 목축을 하여 양을 제물로 바쳤는데, 하나님께서는 아벨이 올린 양만을 제물로 받았다. 구약에는 아브라함이 여호와의 뜻에 따라 그의 외아들 이삭을 제단에 올렸으나 아브라함의 믿음에 감동하여 하나님께서는 이삭을 대신하여 양으로 제물을 받았다는 이야기도 기록되어 있다.

오늘날의 한국의 제사에는 보통 술, 과일(대추·밤·감·배·기타), 밥, 국, 국수, 떡(편), 과자, 적(육적·어적·계적), 탕(육탕·어탕), 전(육전·어전), 포(육포·어포), 나물, 김치 등을 제수로 올린다. 또 계절에 따라 생산되는 햇과일들이나 떡국, 송편 등을 올리기도 한다.

제수는 산 사람을 대접할 때의 음식물과 유사한데 이러한 예속은 대개 한, 당대 이후 중국 서민 사회의 조상 제사 풍습에서 비롯된 것으로 보인다. 이것이 주자의 『가례』에 수용되어 오늘날의 표준 예법처럼 되었다. 제수로 보통의 음식을 쓰게 된 것은 돌아가신 이를 산 사람과 똑같이 모신다는 정신에서 비롯된 것이다.

한국 사회에서 특히 제사 문화가 융성한 까닭은 한국적 샤머니즘과 연관이 있다. 만물에 영혼이 있다고 믿는 범신론, 물활론은 돌과 같은 무생물에도 생명의 기운이 있다고 믿는다. 인간은 죽은 후에도 자연으로 돌아가 산 사람과 일정하게 에너지를 주고받으며 교통하고 있다는 샤머니즘적인 사고가 제사를 통하여 조상께 효도하고 가족의 안녕을 기원하는 한국인의 의식 속에 잠재되어 있다고 할 수 있다.

가족주의와 상속

제주는 보통 맏아들이 그 의무를 맡으며 다시 그의 자손으로 이어진다. 이러한 장자 중심의 제사 의무는 결국 재산의 상속으로 이어진다. 이렇듯 '제사 문화'를 중심으로 하는 혈연 중심 사회는 상속도 장자 상속으로 나타난다. 동서양의 문화에서 재산권에 대한 장자 상속 문화가 어떻게 나타나는지 살펴보자.

서구 문화는 기독교적 사상에 기초를 두고 있으므로 성서에 나오는 이야기들이 서구 문화 형성에 영향을 미칠 수 있다. 성서는 장자 중심 제도로 상속하는 이야기를 많이 보여 주며, 귀족의 작위 역시 장남에게만 상속이 된 기록이 많다. 상인의 경우에도 장남에게 가게를 물려주고, 차남 이하의 경우에는 다른 상가에서 상업 수업을 시킨 뒤 재산을 적당히 떼어 주어 독립시켰다고 한다. 하지만 중세 사회에서는 여성도 토지를 상속받았고 그 토지에 대한 재산권을 행사하였다고 한다. 딸도 부모가 살아 있는 동안에 토지를 양도받았고, 특히 결혼할 시점에 토지를 증여받았으며, 결혼 후에도 자신의 가계에서 토지를 상속받았다. 또한 남편은 아내에게 토지를 양도하거나 사망 전에 공동 보유권을 설정해 줌으로써 생계 수단을 마련해 주었다. 최근 서구 사회에서는 장자 상속의 전통이 남아 있지 않으며, 유언에 따라 재산을 상속하므로 뜻하지 않은 친척에게서 갑자기 상속을 받는 일도 더러 있다고 한다.

우리나라는 조선 중엽 이후에는 장자에게만 상속하는 제도를 가지고 있었으며, 그 후 법 개정으로 모든 자식에게 상속할 수 있게 되었다. 1990년 이전에는 호주를 승계한 장남에게 1.5, 차남 이하의 아들과 미혼인 딸에게 1, 결혼한 딸에게 0.25, 아내에게는 1.5이었다. 이는 완전한 장자 상속은 아니지만 장자에게 더 많이 주고, 딸의 경우 결혼을 하면 차별했음을 알 수 있다.

그러던 것이 1990년 개정된 민법에 따라 장자와 차남, 그리고 아들과 딸, 딸의 결혼 여부와 관계없이 일률적으로 같은 비율로 상속분을 인정하였다. 일단 법적으로는 남녀 차별이 거의 없어지고 양성 평등이 되었다고 평가된다. 부모를 부양한 경우 기여분 제도라 하여 더 많이 상속분을 인정하지만, 이는 아들이건 딸이건 상관이 없다. 하지만 이러한 법률 제도와는 관계없이 현실적으로는 여전히 장자에게 부모 봉양의 의무가 주어지고, 대신 재산을 상속하는 관행이 현재에도 계승되는 사례들을 많이 확인할 수 있다.

다문화 사회에서의 가족주의

최근 한국은 국제결혼이 늘고 있는 데다 귀화를 원하는 해외 동포가 해마다 급증하고 있다. 하지만 한국 국적을 취득한 뒤에도 대부분의 귀화 한국인들은 우리 사회에서 여전히 외국인으로 대접을 받는 게 현실이다. 프랑스에서 한국으로 귀화한 지 10년이 넘은 이다도시 씨가 어느 텔레비전 인터뷰에서 지금도 주변 사람들에게 마음의 벽을 느낄 때가 많다고 말한 적이 있다. 사람들이 자기를 한국인으로 보지 않으며, 아직도 '확실하게' '영원한' 프랑스 여자라고 말한다.

이는 폐쇄적인 한국의 혈통주의가 한국이 좋아서 한국인이 된 이들을 진정한 한국인으로 받아들이지 못하는 현실을 반영한다. 미국과 같은 다문화 사회의 경우, 이민을 간 많은 외국인이 시민권을 얻으면 자연스럽게 미국 시민으로 정착하는 것과 대조해 볼 때 확연한 차이를 알 수 있다. 현재의 시점에서는 효와 우의로 맺어진 가족주의의 긍정적 부분을 살리면서 타문화에 좀 더 개방적인 혈통주의로 발전해 가야 할 필요성이 제기되고 있다.

2. 언어에 나타난 가족주의

한 언어의 호칭어는 화자와 청자의 사회적 관계를 드러내는 표지가 된다. 한국의 호칭은 유난히 다양하다. 가족 간의 호칭은 혈연적 원근에 따라서도 층위가 달라지는데, 친족 호칭어는 친가 중심의 계보, 남성 중심의 계보를 읽어 낼 수 있다. 이러한 가족 간의 호칭은 친족을 넘어서 친근성의 표지로 확대되기도 한다. 사회적 신분을 나타내는 호칭이 발달한 것도 특색인데, 이는 계층으로 드러나는 언어 표지로 사회적 신분에 따른 행동 윤리를 규정하는 유교 문화의 특징을 가장 잘 반영하는 언어 현상으로도 볼 수 있다.

관련 내용 ◯ 260쪽

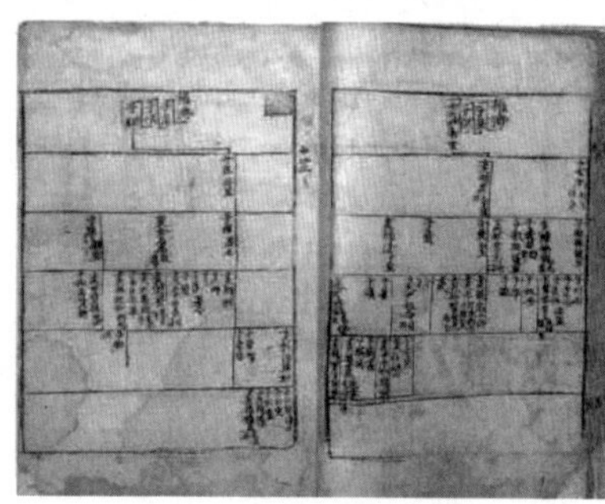

가족의 혈연적 계보를
기록한 족보
(안동 권씨 성화보)

출처: 이해준 외 지음, 『전통사회와 생활문화』(방송대 출판부, 2006), p. 17.

문화 포커스

1. 한국의 호칭어에서 '이름'보다 '직함'이 우선하는 이유는 무엇일까?
2. 한 언어의 호칭어와 문화는 어떤 관련이 있을까?
3. 가족 호칭어가 사회에 확대되는 현상에 대해 생각해 보자.

문화 키워드

호칭어   계층어   남성어   여성어   친족어

문화 현상 cultural phenomenon

한국인에게는 너무나 익숙한 호칭어이지만, 외국인에게는 늘 생소하고 당황스러운 것이 다양한 호칭어들이다. 대부분의 경우 상대의 이름을 부르는 것으로 해결할 수 있는 호칭들을 '고민'하고 '저울질'해야 한다.

이러한 호칭어의 다양함은 외국인에게 단순히 언어 학습의 어려움만을 안겨 주는 것이 아니라 이해하기 어려운 사회적 현상으로 다가오기도 한다.

한국어에는 유별날 정도로 다양한 친족 호칭이 발달해 있다. 당숙이니, 종형제니 하는 먼 친족 호칭은 차치하고서라도, 한국어 화자는 언니, 오빠, 형, 누나, 이모, 어머니, 아주머니, 아저씨와 같은 가족적 호칭을 매우 일상적으로 사용한다. 한국으로 시집을 온 이주 여성들이 겪는 첫째 어려움은 잦은 집안 행사로 만나게 되는 다양한 친척들을 어떻게 불러야 하는지부터 시작된다고 한다. 친가와 외가로 구분되는 변별적인 호칭 외에도 가까운 친척과 먼 친척을 구분하는 다양한 호칭어들, 삼촌, 사촌, 오촌, 육촌처럼 관계로 규정되는 친족 호칭어에 당황하지 않을 수 없다. 이러한 다양한 친족 호칭어는 관계에 따라 정립되는 가족 간의 관계가 호칭에 그대로 반영된 것이라고 할 수 있다. 따라서 이러한 호칭어로 규정되는 친족 관계는 단순히 호칭어를 넘어 상대와 나의 피로 나눈 혈연적 관계를 표상함으로써 '가족'이라는 불가분의 관계를 형성한다.

이러한 한국의 가족적 호칭은 결국 상대방을 부르는 가장 친근한 표현으로 확대된다. 혈연적 친족 관계가 아니더라도 친족 호칭어를 사용함으로 해서 상대와의 친밀성을 드러낸다. 한국에서는 남녀노소 가릴 것 없이 나이 차이가 나지만 가까운 상대를 가족적 호칭으로 칭한다. 예를 들어 대학에서 만난 '선배'를 친근해짐에 따라 '언니 또는 오빠'로 바꾸어 부르며, 심지어 나이 차이가 있는 남자 친구에게 '오빠'라는 호칭을 사용하기도 한다. 그래서인지 최근 몇 년 사이에 '선배'라는 호칭은 종적을 감추고, 친분과 관계없이 가족적 호칭이 대세로 자리 잡고 있다. 요즘은 직장에서도 공식적인 자리에서는 '대리님, 팀장님'이지만 둘만 있을 때는 '형님, 누님' 하는 일이 흔하다는 보도가 있으며, 가족적 친근성을 강조하는 몇몇 회사에서는 사내 분위기를 위해 그것을 권하기도 한다는 얘기가 있다.

나아가 상점의 판매원을 '언니', '오빠'로 부르거나 역으로 판매원이 손님을 '언니', '오빠'로 부르기도 한다. 이는 개인적 친분 관계가 전혀 없을 때도 가족적 호칭이 쓰이는 예이다. 좋아하는 아이돌 연예인을 '오빠'라고 부르기도 하고 이를 추종하는 무리를 '오빠 부대'라고 칭하는 사례도 생겨난다. 그렇다면 한국어에서 이와 같이 가족적 호칭이 널리 쓰이는 까닭은 무엇 때문일까? 어떤 문화적 특징이 가족적 호칭어를 확대 사용하게 만드는 것일까? 호칭어에 드러난 한국 문화에 대한 인식이 전제되지 않으면 누군가와 사회적 관계를 맺고 유지하는 데에 많은 어려움을 겪을 수 있다. 호칭어로 드러난 한국 문화의 이러한 특성을 가족주의와 연결하여 살펴보자.

한국 사람들은 개인을 가족이나 사회와 같은 전체와의 관련성 속에서 파악한다. 한국 사람에게 행위는 다른 사람들과의 관계에 의해 조정되고 다른 사람에게 영향을 주는 것이기 때문에 인간관계에서 조화를 유지하는 것이 사회생활의 중요한 목표가 된다. 사람들은 태어날 때부터 어떤 집단에 통합되어 있으며, 평생 동안 어떤 집단에 의존하면서 살아가게 된다. 집단을 위해서 자신의 이익을 조건 없이 희생하는 것이 기본이다. 대신에 집단의 보호를 받으며 이 집단에 대해 강한 소속감을 갖는다.

한국인은 태어나면서부터 많은 가족 관계에 얽혀 자기의 존재를 형성하게 된다. 그래서 한국인들은 일상적으로 가족, 친지들 간의 유대를 강화하는 전통을 이어 가고 있다. 인류학자인 에드워드 홀(Edward Hall)은 '저맥락(low context)' 사회와 '고맥락(high context)' 사회로 구분하여 이러한 차이를 설명하였다. 전형적인 유교의 영향을 받은 한국인으로 태어난다는 것은 고맥락 사회로 진입하는 것이다. 이처럼 한국인들은 서로 긴밀히 연결되어 있는 유동적 존재로 살아가게 된다.

서열과 가족주의적 호칭

최근 높은 시청률을 보였다 종영된 주말 예능 프로그램을 떠올려 보자. '패밀리가 떴다'는 프로그램의 제목부터 서로 관계없는 연예인의 집단을 '가족'이라는 이름으로 규정하고 있다. 이 프로그램 안에서 출연자들은 서로를 오빠, 언니, 누나, 형(님)이라고 부른다. 이처럼 가족적 호칭으로 서로를 부르면서 출연자들은 서로의 친숙함을 보여 주고 그러한 호칭들을 통해 실제 혈연으로 맺어진 가족처럼 끈끈한 유대감을 쌓아 가는 모습을 보여 준다.

하지만 이러한 가족적 호칭은 철저하게 나이에 바탕을 둔 서열을 만들기도 한다. 형님들은 동생들에게 일을 시킬 권리가 주어지며, 동생들은 형님들에게 맞서지 못하는 것을 전제로 한다. 이는 유교 문화를 바탕으로 하는 철저한 서열 구조를 표상한다. 이 프로그램이 웃음을 유도하는 것은 역설적으로 이러한 나이에 따른 서열이 깨져, 형님들이 실수하거나 망가지는 모습을 통해 보여 주게 되는데, 웃음이 '예상한 기대'가 어긋날 때 유발되는 것이라고 보면 나이에 따른 서열이 얼마나 한국 사회의 확고한 지위인지를 방증하는 셈이다. 이 프로그램 속에서 가족적 호칭은 결국 친근함을 주는 동시에, 나이에 권위를 부여하는 한국적 질서를 동시에 보여 주는 것이라고 할 수 있다.

실제로 대가족의 경우, 나이가 어린 친족의 항렬이 높은 경우, 나이가 많은 친족이 나이가 어린 친족에게 더욱 엄격한 호칭어를 사용함으로 해서 가족 간의 서열 관계를 유지하고자 한다.

친근함과 동시에 나이에 의한 서열의 엄격함을 규정하는 것은 호칭어의 선택에서 확연하게 드러난다. 대학 생활에서 호칭어를 정하는 방식은 나이에 준하기 때문에 입학 연도와 병역 필 여부, 재수 여부 등을 면밀히 따지거나, 심지어 생년월일을 일일이 따져 호칭어를 상대와 협상하여 정한다. 나이와 관련된 다양한 변인들을 상대와 조율하지 않고 자신의 결정대로 호칭어를 정한다면 상대와 의사소통하는 데 불필요한 오해를 만들거나 문제를 일으킬 수 있기 때문이다. 따라서 초면의 사람을 만나면 자연스레 나이를 묻거나 나이를 짐작할 수 있는 학번이나 입사 연도와 같은 정보를 주고받는 것이다.

친근함 드러내기

아시아에서도 한국어만큼 가족적 호칭이 자주 쓰이는 언어권은 거의 없다고 들었다. 심지어 가까운 일본의 경우 '언니, 오빠'와 같은 가족적 호칭들을 가족이 아닌 사이에서 사용하는 사례는 매우 드물다. 이러한 호칭어의 확대는 종교계에 전이되어서 '형제님, 자매님'이라는 호칭이 교회에서의 호칭어로 자리 잡기도 했다.

초면인 상대를 부르는 방법은 참으로 다양하나, 크게 나누자면 일회적인 만남과 지속적인 만남으로 나눌 수 있다. 일회적인 만남인 경우와 지속적인 만남을 전제로 한 만남은 호칭에 매우 다른 양상을 보인다. 일회적인 만남은 대체로 이름을 알 필요가 없는 경우가 많다. 예를 들면, 물건을 사거나 음식을 시키는 등의 경우이다. 이 경우에는 손님은 주인 또는 직원에게 '저기요'와 같은 호칭을 사용할 수 있다. 무난한 호칭으로는 '아줌마(아주머니), 아저씨' 등이 있을 수 있다. 하지만 친족 용어에서 시작한 이러한 호칭들은 더 이상 친족어로서의 기능을 하지 못하며 점차 일반 호칭어의 성격을 지니게 되었다.

이러한 이유로 최근 더욱더 친근감을 나타내기 위해서는 '언니(누나), 오빠(형)', '이모' 등의 호칭이 도입되기 시작했다. 이러한 호칭은 실제 친족어에만 제한되어 쓰여 왔다는 점에서 특이한 현상으로 볼 수 있다. 이모는 주로 음식점이나 술집의 여주인에게만 사용되며, 옷 등을 구매할 때에는 직원이 손님에게 '언니, 오빠' 등의 호칭을 사용하는 경우가 있다. 집안일을 돕는 도우미 아줌마를 '이모'라고 호칭하기도 한다. 하지만 이러한 호칭은 주로 젊은 사람들이 사용하며 한국 사회에 일반화되었다고는 보기 어려운 측면도 있다.

지속적인 만남의 경우에는 이름을 아는 것이 필수적이다. 거의 모든 경우에 이름으로 호칭하며, 경우에 따라서는 이름 뒤에 '~씨'나 '~님'과 같은 존칭을 붙이기도 한다. 회사나 학교, 종교 공동체와 같은 경우에는 상대방의 직위를 이름에 붙여 '○○○ 교수님', '○○○ 과장님'처럼 부르거나 그저 직위로만 부르기도 한다. 이런 경우는 서로 존중해 줘야 하는 경우가 많으므로 이후 지속적인 만남에서 계속 같은 호칭을 사용할 확률이 높다. '~씨'는 대체로 나이 차이가 별로 나지 않지만 상대방을 존중해 줄 필요가 있는 경우에 사용한다. 예를 들면, 맞선에서 처음 만난 사람을 부를 때나 동아리에서 처음 만난 후배 등에게 사용한다. 거의 모든 경우에 호칭은 나이 관계를 통해서 결정되므로, 연소자가 연장자를 더 친근한 호칭, 그러니까 '형(오빠), 누나(언니)', 혹은 그냥 이름 등으로 부르고 싶거나 공식적인 자리를 통해 만난 경우에 편하게 호칭하고 싶은 경우에는 대체로 상대방의 허락을 받아야 한다.

초면이 아닌 경우에는 자연스럽게 서로 부르기 편한 호칭으로 굳어진다. 그러나 지속적인 만남을 전제로 한 첫 만남에서 부르는 호칭이 거의 그대로 사용된다. 다만 서로 나이가 같다는 사실을 알고 친해지면, 서로 이름으로 부르는 경우가 많다. 또한 서로 암묵적인 합의하에 연소자가 연장자를 '○○ 선배'나 '○○ 언니(오빠 등등)' 등으로 부르는 경우 또한 많다. 이런 경우에는 사이가 가까워지면서 따로 규칙을 정하지 않았음에도 자연스럽게 굳어진다.

이렇듯 한국인의 호칭어는 상대에 따라 굳어진 표현이라기보다는 초면-지속적 만남-구면 등으로 이어지는 친근함의 정도에 따라 상대와의 협상을 통해 변해 갈 수 있으며, 이러한 호칭의 변화는 상대와의 유대감을 표현하는 언어가 된다.

가족어 호칭에 드러난 유교 문화

한국어에서 호칭어는 남성과 여성을 구별하고 그에 대한 행동 윤리를 규정하는 유교 문화의 특징이 반영되어 있어서 친가 중심의 계보, 남성 중심의 계보를 읽어 낼 수 있다.

친족 호칭어	할아버지, 할머니, 아버지, 어머니, 큰아버지, 작은아버지, 아저씨, 아주머니, 조카, 질부, 동생, 아범, 동서, 올케, 아가씨, 언니, 형, 오빠, 누이 등 할아버님, 아버님, 어머님, 아주버님, 조모님, 숙부님, 백부님, 당숙님, 도련님, 형님 등

엄격한 친족어의 호칭 체계와 이를 명시하는 족보, 친족 호칭 사용의 유지는 유교 문화의 유지에 중요한 부분이다. 이것은 혈연 중심의 촌락을 형성해 온 가家 중심의 문화에서 비롯된 것이다. 즉 타인을 가족의 울타리 안에 끌어들여 관계 맺기를 하고자 하는 의도가 있다고 볼 수 있다.

한국어의 가족 호칭어의 특성은 무엇보다도 매우 세분화된 다양한 가족, 친척 호칭을 가지고 있다는 것을 들 수 있다. 한 예로, 영어로는 'uncle', 일본어로는 'おじさん'이라고 할 것을 한국어에서는 '삼촌, 외삼촌, 큰아버지(백부), 작은아버지(숙부)' 등으로 이를 구분하여 사용한다. 또한 친가의 친족 용어가 매우 발달했음에 비해 상대적으로 외가의 친족 어휘는 덜 발달했으며, 동일한 명칭에 '외~'라는 말을 붙여 구분한다. 이는 마치 '의사, 여의사'에서 드러나듯이 남성을 일반화하고 여성을 특수한 현상으로 보는 것과 같은 측면이 있다. 이로써 친가가 주된 친척이며 외가는 그에 덧붙여지는 부가적 친족 범주로 보고 있음을 확인할 수 있는데, 이는 남성 중심의 유교 문화가 가족적 호칭어에도 드러난 사례라고 할 수 있다.

가족어 호칭에 드러난 울타리 짓기

한국어에서 가족어의 특징 중 또다른 측면은 '개인'보다 '우리'가 앞선다는 점이다. 예를 들면 '우리나라', '우리 가족', '우리 ○○'과 같이 '우리'라는 말을 사용하는 경우가 많다. 심지어 자신만의 소유물이나 소유 관계를 나타내야 하는 경우에도 '우리 아내', '우리 강아지'처럼 사용한다. 영어에서 'my home, my wife'와 같이 표현하는 것에 비교해 본다면 이러한 표현은 매우 공동체적이라는 것을 알 수 있다. 그런데 이러한 표현은 단순히 공동체적 특성을 표상할 뿐만 아니라, '안內'과 '밖外'을 구분하는 특성으로 나타나기도 한다.

예를 들어, 인터넷에서 발달하고 있는 미니 홈피에서 '일촌 맺기', '이촌 맺기' 등의 용어를 쉽게 찾아볼 수 있다. 한국의 '싸이월드'라는 미니홈피 기반 포털 사이트에서는 개인이 각자 친분이 있는 사람과 연계를 맺을 수 있는데, 이것을 '일촌'이라고 명명하여 싸이월드 내에서 한 가족이 되는 것을 의도한다. 하지만 촌수 맺기는 철저히 미니홈피의 주인에 의해 허락되며, 자신이 허락하는 사람과만 가족이 되며 허락하지 않는 사람들에 대해서는 경계 짓기를 하고 있다는 점에서 이런 가족적인 호칭은 타인과의 경계 짓기의 측면도 드러내고 있다고 할 수 있다. 한국어의 관용 표현에서 "부모처럼 모신다.", "친자식처럼 대해 주셨다.", "친언니처럼 따랐다." 등의 표현 역시 가족만이 가지는 유대성과 폐쇄성을 드러내는 것이라고 볼 수 있다.

하지만 이러한 가족 간의 유대는 가족 내 구성원은 서로 간에 무한책임이 있으며, 이해관계를 같이 하는 극도의 유대감으로 나타나기도 한다. 우리나라로 공부하러 온 유학생들에게 "한국에 와서 충격받은 문화적 차이가 있다면 무엇인가?"라고 물어본 결과 다양한 대답이 나왔는데, 그중 가장 흥미로운 답변은 '대학생이 경제적으로 자립하지 않는 것을 당연하게 여기는 것'이었다. 대부분의 나라에서는 대학교에 진학한 후에는 거의 대부분 부모에게서 경제적으로 독립하는 반면, 우리나라는 대학생이 된 후에도 부모와 함께 거주하는 것은 물론 등록금과 생활비를 부모에게 의존하는 경우가 많다. 이런 차이가 생겨나는 이유는 교육을 매우 중시하는 한국의 풍토에서는 자식이 교육을 제대로 받지 못하면 모두 부모 탓이라 생각하는 경향이 크기 때문이다. 자식의 공부를 처음부터 끝까지 책임지는 것이 의무라고 보기 때문이다. 또한 부모자식 간에도 서로를 완전한 객체로 여기는 서양의 대부분의 나라들과는 달리, 한국 사람은 피를 나눈 혈연임을 깊이 인식하므로 구성원 내의 무한책임과 연대를 드러낸다.

나이 차이와 서열

한국에서는 사람을 처음 만나면 가장 먼저 나이를 묻는다. 이는 앞으로 이어질 대화에서 상대에게 쓸 존대어의 정도를 정하기 위함이다. 그러나 외국인들에게는 존대어의 개념이 강하지 않기 때문에 처음 만나는 사람에게 나이를 밝히는 것이 기분 나쁘게 느껴진다고 한다. 한국에 오래 머문 외국인들은 자연스럽게 그 문화를 이해하고 동화되지만 한국에 온 지 얼마 되지 않은 외국인들에게는 자신의 프라이버시를 노출시키는 느낌이 들 수 있다. 물론 외국에서도 나이 차이가 있을 때에는 언어를 사용하는 데에 약간 표현을 존중해서 하고 태도도 다르게 대하지만 우리나라처럼 생년월일이 하루만 달라도 동갑내기와 같게 대우하지 않는 것은 아니다.

예를 들어 11월에 태어난 경우, 한국인들은 같은 해에 태어난 3월생에게는 같은 나이의 친구로 대하고 다음 해 3월생에게는 동생으로 대하는 모순을 보이기도 한다. 같은 해 3월생과는 8개월 차이가 나고 다음 해 3월생과는 4개월 차이가 나 오히려 다음 해 3월생과의 차이가 더 적은데도 그렇게 한다. 이것은 아마도 한국에서는 동급생의 기준이 생년이기 때문인 것 같다. 미국이나 다른 외국에서는 낙제하게 되면 그 학년을 다시 다녀야 하고, 반드시 자신의 나이에 맞춰서 학년에 진급하지는 않기 때문에 동급생의 서열을 그리 중요하게 여기지 않는 데 반해서, 한국에서는 나이를 따지면서도 그에 따른 서열을 우선하는 모습을 보인다.

서양 문화권 사람들이 가장 이해하지 못하는 것은 한국 사람들은 생년월일을 가지고 친구를 정하는 것이다. 우리나라는 엄격한 사람의 경우 생년이 1년만 차이가 나도 친구로 여기지 않고 동생 또는 형님으로 대우하는 것이 보통이다. 그러나 외국의 영화나 드라마를 보면 나이가 5년 이상 차이가 나도 생각의 정도와 흥미가 비슷하면 쉽게 친구라고 부른다. 그래서 나이가 한두 살밖에 차이 나지 않은 동생이 자기를 너무 어려워하거나, 자신보다 한두 살 많은 사람이 자신을 어린 사람 취급할 때에 이해하지 못하고 어리둥절해하기도 한다.

3. 탄생·성장·죽음을 통해 본 가족관

한국인은 태어나서 성장하고 죽을 때까지 가족을 동반하는 많은 행사와 제의를 치르게 되며 가족과의 유대감을 통해 공동체 의식을 배우게 된다. 탄생·성장·죽음의 과정을 통하여 한 개인의 인생 속에 가족의 중요성이 깊이 각인되며, 이러한 가족적 유대감은 직장과 국가 내에서의 공동체 의식으로 발전하게 된다. 이처럼 가족주의는 개인보다는 가족 전체의 가치와 이익에 중심을 두는 사고방식으로서 같은 핏줄의 계통을 가진 가족들을 아주 중요하게 생각한다.

관련 내용 ➲ 269쪽

태어난 지 1년이
되는 날을 기념하는
돌잔치

문화 포커스

1. 한국인의 잔치에서 '가족'의 의미와 역할은 무엇일까?

2. 잔치와 가족주의는 어떤 관련이 있을까?

3. 잔치 문화에 나타나는 가족주의가 한국인의 사고 형성에 미치는 영향은 무엇일까?

문화 키워드

백일   돌   결혼   장례   독립성   상호 의존성

백일잔치는 아이가 태어난 지 100일이 되는 날에 축하를 해 주는 행사이다. 친척이나 지인 들이 참석하여 건강하게 100일을 맞이한 아이를 축하한다. 돌잔치는 태어난 지 1년이 되는 날을 기념하는 행사이다. 돌상의 주된 음식은 백설기와 수수팥떡이다. 백설기는 흰색 음식이고, 수수팥떡은 붉은색 경단으로, 빨간색이 나쁜 기운을 물리친다는 믿음에서 비롯한 풍습이다. 또한 돌날에는 돌잡이를 한다. 돌잡이란 쌀·국수·책·펜·무명실 등으로 상을 차리고 돌이 된 아이가 상 위의 물건을 집도록 하여 그 물건을 통해 아이의 앞날을 축복하는 것이다. 최근에는 돈을 얹어 놓기도 하는데, 쌀이나 돈을 집으면 부자가 되고 국수·무명실은 장수를, 대추는 자손이 번창한다고 믿는다. 책은 공부를 잘하여 학자가 되고, 붓이나 먹은 글을 써서 유명하게 된다고 믿는다.

성년이 되어 맞이하는 가장 큰 행사는 결혼이다. 한국의 결혼식은 보통 웨딩드레스를 입고 서구식으로 하지만 아직도 한복을 입고 전통적인 방식으로 결혼식을 치르기도 한다. 설사 전통적 결혼식을 치르지 않더라도 신식 결혼식 뒤에 폐백이라는 절차를 두어 한복을 입고 양가 부모나 친척에게 결혼을 축복받는 두 번의 행사를 치른다. 서구식 결혼식의 경우에도 교회식이나 성당식, 불교식 등으로 종교적으로 나뉘기도 하나 대부분 전문적인 결혼식장에서 결혼을 한다.

결혼식은 약간의 구복적 성격이 있어 옛날부터 남녀 간의 궁합宮合을 보고 좋은 날을 결정하는 방식이 현대에도 남아 있다. 하지만 최근에는 직장이나 친척들의 형편, 그리고 본인들의 희망 등에 따라 결정하는 일도 많다. 최근 결혼식에는 지나치게 사치 풍조에 물들어 도시에서는 결혼식을 호텔 등에서 호화롭게 하거나 케이크 자르기, 클래식 음악 연주하기 등 다양한 행사가 일반화되고 있는 경향이다. 결혼식에 초대받으면 보통 부조금을 내며 음식을 대접받는다. 가까운 친척의 경우 작은 살림을 마련해 주기도 한다. 자기 가족의 결혼에 초대했던 사람이 결혼 청첩장을 보내오는 경우 바쁘더라도 반드시 가는 게 예의이며, 못 가는 경우에는 다른 사람 편에 부조금만이라도 보내는 것이 보통이다.

장례는 인간의 죽음이라는 엄숙한 일을 맞아 죽은 사람을 정중히 모시는 절차인 만큼 가장 중요한 예법으로 여긴다. 최근에는 대부분 병원의 장례식장에서 장례를 치르며 3일장이 기본이나 가족에 따라 5일장을 지내기도 한다.

사람이 죽는 것은 갑작스러운 일이므로 미리 알리지 못하기 때문에 신문이나 이메일, 전화 등을 통해 부고를 알린다. 가까운 사람이나 그 부모가 돌아가셨을 때는 직접 찾아가 위로하는 것이 예의이나, 가깝지 않은 직장 동료의 가족이 돌아가신 경우 사정상 갈 수 없다면 부조금만 보내기도 한다. 이러한 장례는 오랜 세월이 흐르는 사이 조금씩 변하기도 하고 지방마다 풍습이 달라서, 도시와는 달리 시골에서는 이웃의 장례를 치르기 위한 음식 준비나 행사를 치르는 일을 도와주는 것이 일반적이다. 하지만 백일잔치나 돌, 결혼식, 장례식의 경우에 '축하'나 '위로'와 같은 원래의 취지와는 다르게, '부조'에만 초점을 두는 경향도 있다. 즉 내 가족의 행사에 참가해 준 사람이 행사를 하면 반드시 가야 하거나 이것이 어려울 경우에는 '부조금'이라도 보내야 하는 것이 예의로 정착하고 있다.

한국인은 보통 인간을 가족이나 사회와 같은 전체와의 관련성 속에서 파악한다. 한국인에게 행위는 다른 사람들과의 관계에 의해 조정되고 다른 사람에게 영향을 주기 때문에 인간관계에서 조화를 유지하는 것이 사회생활의 중요한 목표가 된다. 인간은 인간관계 속에서 행동하기 때문에 완전히 독립적인 행위란 불가능하다고 본다.

인류학자인 에드워드 홀(Edward Hall)은 이러한 차이를 저맥락(low context) 사회와 고맥락(high context) 사회로 구분하여 설명하였다.[6] 저맥락 사회인 서양에서는 개인은 맥락에 속박받지 않는 독립적이고 자유로운 행위자로서 이 집단에서 저 집단으로, 이 상황에서 저 상황으로 자유롭게 옮겨 다닐 수 있다. 그러나 고맥락 사회인 동양에서 인간이란 서로 긴밀하게 연결되어 있는 유동적인 존재로서 주변 맥락의 영향을 받는다.

전형적인 유교의 영향을 받은 한국인으로 태어난다는 것은 고맥락 사회에 진입하는 것으로 한국인은 태어나면서부터 많은 가족 관계에 얽혀 자기의 존재를 형성한다. 그래서 한국에는 전국적인 규모의 축제 문화가 별로 발달하지 않았으나 가족, 친지들끼리 잔치를 벌여 가족 간의 유대를 강화하는 전통을 이어 가고 있다. 한국인이 이 세상에 태어나 가장 먼저 만나는 사람은 엄마, 아

---

6) 에드워드 홀 지음, 최효선 옮김, 『문화를 넘어서』(한길사, 2000), pp. 159~175.

버지, 할아버지, 할머니 등 가족이며 이들은 중요한 순간에 가족과 함께하며 자기 생의 계기를 맞게 된다. 한국인이 태어나 가장 먼저 맞는 기념일은 태어난 지 100일을 축하하는 백날 또는 백일이다.

출생과 경축

한국은 어린이가 태어나서 100일이 되면 '백날' 혹은 '백일'이라 하여 가족과 친지 들을 초대하여 함께 맛있는 음식을 먹으며 기뻐하고 아기의 장수와 건강을 축원한다. 이때 가족은 아이에게 금반지와 옷, 장난감들을 선물하며 이날을 기념한 사진을 찍기도 한다. 전통적으로 100일을 기념하는 이유는 한국이 경제적으로 어렵던 시절 위생이나 건강 상태가 나쁜 태아들이 100일을 넘기지 못하고 사망하는 경우가 많았기 때문이다. 그래서 100일을 넘긴 아이는 비로소 성장 가능한 가족 구성원의 일원으로 인정받게 되었으며 이를 축하하는 잔치를 벌였다. 현재는 의료 시설이 좋아지고 위생 상태가 개선되어 영아 사망률이 낮아졌기 때문에 백일은 가족이 모여 아기의 성장에 대한 기대를 기원하는 날이 되었다.

그 다음 태어난 지 만 1년이 되는 첫 생일을 '돌'이라 하여 돌잔치를 하는데 많은 음식으로 돌상을 차리고 돈, 실, 연필들을 앞에 놓고 아기에게 집도록 하였다. 한국인은 돈을 집으면 부자가 될 거라고 좋아하고, 책이나 연필을 집으면 학자가 될 거라고 좋아하며, 실을 집으면 무병장수할 것이라며 좋아한다. 그리고 모인 사람들은 맛있는 음식을 먹으며 덕담을 즐긴다.

한국인은 대체로 매년 생일에는 가족, 친구들이 케이크, 선물 등으로 생일을 축하한다. 대체로 생일 아침에는 미역국을 먹고 점심에는 국수를 먹으며 저녁은 풍성하게 차려 먹는다. 생일에는 가족과 친구들을 초청하여 음식을 함께 나누는 것이 보통이다.

성장과 결혼

한국인은 젊은 남녀로 성장하여 만 18세가 되면 법적으로는 결혼을 허용한다. 최근 한국인의 결혼은 당사자끼리 연애를 하여 이루어지는 경우가 많다. 그러나 아직도 중매로 결혼하는 경우도 상당히 많다. 두 사람이 결혼을 하기로 약속하면 양가 부모님에게 허락을 받고 결혼 날짜를 잡는다. 집안에 따라 결혼

전에 약혼식을 하고 얼마 후 결혼식을 하기도 하고 약혼식을 생략하고 결혼식만 하기도 한다. 결혼식은 일반 예식장, 호텔, 어떤 단체의 강당, 교회, 성당, 절 등에서 하객들 앞에서 성대하게 치른다.

한국에서는 결혼 날짜를 잡으면 혼주가 청첩장을 만들어 친지에게 보낸다. 하객은 축의금을 내고 결혼식을 축하한 뒤 피로연에 참석하여 잔치 음식을 먹는다. 결혼식이 끝나면 신부가 시부모와 친척 어른들께 폐백을 드린다. 폐백은 신랑신부가 신랑댁 부모와 친척들에게 정식으로 인사하고 축하를 받는 절차이다. 폐백을 마친 신랑신부는 대체로 3~7일간의 신혼여행을 떠나는 것이 보통이다.

노년과 죽음

한국인이 노년이 되어 만 60세가 되면 '회갑' 또는 '환갑'이라 하여 자녀들이 중심이 되어 친지들을 모시고 잔치를 연다. 그 다음 해는 진갑연, 70세가 되면 고희연, 80세가 되면 팔순연 등으로 자녀들이 부모님을 위한 잔치를 열어 일가친척과 친지들이 모인 가운데 어른의 장수를 기원한다. 경제적으로 어려웠던 시절에는 평균 연령이 짧아서 많은 사람이 60이나 70까지 살지 못하고 사망하였다. 과거의 회갑연과 고희연의 의미는 효를 중시한 한국의 가족 문화 속에서 어른의 60회, 70회, 80회의 생일을 축하하고 마을 전체가 음식을 나누며 그 사람의 장수를 기원하는 데에 있었다. 하지만 한국인은 여성의 평균 연령이 80세를 넘었기 때문에 최근의 회갑연이나 고희연 등의 행사는 가족이 모여 부모님의 생신을 축하하며 가족애를 다지는 잔치로서 의미를 갖게 되었다.

사람이 죽으면 가까운 친지들에게 알리고, 대개 3~5일장을 치른다. 직계 가족이나 형제는 상복을 입고 나머지 조문객은 보통 검정색 옷을 입는다. 고인이나 가족이 특별한 종교가 있으면 그 종교 의식대로 행하는 것이 보통이다. 그렇지 않으면 전통적인 유교법에 따라 거행한다. 사회적 신분에 따라 호화 분묘를 하는 경우도 있으나 최근에는 화장을 하고 납골당에 부모의 혼백을 모시는 경우도 많다. 그리고 매년 고인이 운명한 전날 밤에 음식을 차려 놓고, 고인의 영정이나 지방 앞에 절을 하며 명복을 비는 의식을 치르는 제사를 지낸다. 독실한 기독교 집안을 제외하고는 한국인은 대체로 유교식 제사를 지낸다.

특별한 날에는 조상의 묘에 직접 가서 제사를 드리기도 하는데 이것을 성묘라고 한다. 옛날 사대부 집에서는 정초, 한식, 추석, 동지 등 1년에 네 번은 반

드시 성묘를 했으나, 지금은 주로 정초, 한식, 추석에 성묘를 하는데, 한식 때
는 묘에 난 잡초를 뽑거나 잔디를 보식하는 등 묘를 돌본다.

동서양의 결혼과 장례 문화

우리와 가까운 일본의 결혼 문화와 비교해 보자. 일본
의 결혼은 크게 화려한 결혼과 보통의 결혼으로 나뉜다.
초대의 규모와 음식의 정도에 따라 결혼식이 천차만별이라고 한다. 보통 결혼
은 결혼 비용을 산출한 뒤 그 비용에 맞는 식장을 예약하고 손님을 선정 초대
한다. 일본의 결혼식 특징은 결혼식 전체가 식사와 더불어 진행된다는 점이다.
이는 서구의 결혼식과도 유사하다. 음식은 풀코스로 제공하며 파티식으로 진
행한다. 신랑신부나 부모가 간단히 감사의 말을 전하고 음악, 케이크, 건배,
춤의 순으로 진행하므로 보통 여자는 드레스풍의 옷을, 남자는 제대로 된 양복
을 갖춘 파티 복장으로 가는 게 예의이다.

축의금을 반드시 내야 하며 음식을 미리 준비해야 하므로 반드시 초대의 수
락 여부를 미리 알려 줘야 한다. 친구들을 위한 2차 자리에도 회비가 있으므로
이를 준비해야 한다. 결혼식장에서 하지 않고 일본 신사에서 결혼을 하는 경우
도 있는데 이때에는 일본 전통 의상을 입고 하게 된다. 최근에는 결혼식을 하
지 않고 혼인신고만 하고 사는 젊은이들도 많아지고 있다고 한다. 이는 허식
적인 절차에 얽매이지 않고 실용성을 추구하는 일본인의 품성을 반영하는 것
이라 하겠다.

결혼식장에서 30분 만에 정형화된 결혼을 하며 손님을 많이 초대해 부조를
받는 한국의 결혼 풍조에 비해, 아주 가까운 사람만 제한적으로 초대하여 파티
식으로 진행하는 일본의 결혼은 같은 동양 문화에서도 사뭇 대조적이다. 최근
에는 식사를 겸한 결혼식이 생겨나기도 하지만 제한된 인원만으로 한정하여
파티식으로 진행하는 일본이나 미국과는 상당한 거리가 있다.

결혼 문화가 다른 것처럼 장례 문화에도 차이가 있다. 한국은 사람이 죽었을
때 '돌아가셨다'라는 표현을 쓰는 것처럼 죽음에 대한 우리의 생각은 단순한
육체의 소멸일 뿐 영혼은 새로운 삶으로 나아간다는 마음이 자리 잡고 있다.
즉 죽음조차 삶의 일부로 보며, 조상이 돌아가시더라도 영혼이 있어 늘 후손을
지켜 주고 돌봐 준다는 믿음을 가지고 있다.

가족주의의 관점에서 본 '독립성'과 '상호 의존성'

한국인은 태어나 성장하고 결혼하여 죽음을 맞을 때까지 가족이나 친지와의 관계 속에서 공동체의 일원으로 살아가는 것이 보통이다. 이것은 한국인이 '가족'에 기초를 둔 집단주의 사회를 이루고 살아가는 것을 의미하는 것으로 서양의 '개인주의 사회'와는 다른 문화적 배경 속에서 성장한다는 것을 알 수 있다. 한 개인이 동양과 서양의 문화 배경에서 성장함에 따라 나타나는 차이점은 '상호 의존성'과 '독립성'의 개념으로 설명할 수 있다.

서양에서는 아이들의 독립성을 키워 주기 위해서 부모가 어릴 때부터 매우 분명하게 훈련을 시킨다. 서양의 부모는 자녀가 스스로 자기 일을 선택하고 결정하기를 바란다. 반면 동양의 부모는 자녀에게 가장 좋은 것이 무엇인지 알고 있다고 생각하여 자녀의 일을 자기가 결정하려 한다. 서양에서는 아이에게 의사소통을 가르칠 때 자신의 생각을 분명하게 표현하고 말하는 사람의 처지에서 대화하도록 강조한다. 이와는 매우 대조적으로 동양에서는 아이에게 듣는 사람의 처지에서 말할 것을 강조한다. 이처럼 사물의 속성 자체에 관심을 기울이도록 훈련받은 아이들은 스스로 독립적인 행동을 하도록 교육받지만, 다른 사람과의 관계에 초점을 맞춘 훈련을 받은 동양의 아이들은 자신의 행동에 영향을 받을 사람의 감정을 미리 예측하도록 교육받는다. 다른 사람의 감정에 예민하게 반응하는 정도에 따라 커뮤니케이션의 본질에 대한 관점도 달라지게 된다.

서구 문화와 동양 문화라는 상대적으로 독립적인 사회와 상호 의존적인 사회의 특징은 여러 가지 면에서 서로 다른 차이가 있는데, 이는 다음의 네 가지 사항으로 요약할 수 있다.[7]

독립적인 사회(서구 문화)	상호 의존적인 사회(동양 문화)
개인적 행위에 대한 자유 선호	집합적 행위에 대한 선호
개인의 독특성 추구	집단과의 조화로운 어울림 추구
평등과 성취 지위의 추구	위계질서와 귀속 지위의 수용
보편적 행위 규범에 대한 선호	특수한 행위 규범에 대한 선호

---

7) 리처드 E. 니스벳 지음, 최인철 옮김, 『생각의 지도: 동양과 서양, 세상을 바라보는 서로 다른 시선』 (김영사, 2004), pp. 60~72. 도표는 p. 65에서 인용하여 재구성.

  따라서 나이 많으신 부모님이 돌아가신 경우, 장례식장이 마냥 비통하고 슬픈 분위기라기보다는 잔칫집 분위기에 가깝게 보이기도 한다. 장례식장에서 오랫동안 만나지 못했던 친지나 친구, 동료를 만나 그동안 나누지 못한 모든 애환과 이야기를 나누는 형식이다. 즉 영혼에 집착하기보다는 잔치를 치르듯 죽은 이를 편안하게 보내는 것이다.

  이에 반해 서양의 장례식은 슬픔과 비통의 분위기가 가득하다. 다만 한국의 경우 부모를 잃은 가족의 우는 소리(곡소리)와 슬픈 감정의 표출이 자연스럽지만 서양의 경우에는 슬픔을 자제하고 그 감정을 밖으로 표출하지 않는 것이 보통이다. 서양의 장례식은 보통 죽은 사람을 위해 기도하는 기독교식으로 진행하며, 유리관을 통해 마지막 인사를 나누게 하는 절차가 있다. 또한 가족이나 가까운 친척이 죽은 이의 일생을 회고하며 함께 추모하는 시간을 갖는 것이 일반적이다. 한국에서는 장지(무덤)에 가족만 가는 것이 일반적이지만, 서양에서는 장례에 참석한 이들은 장례식장에만 그치지 않고 보통 장지(무덤)까지 모두 함께 가는 것이 일반적이다.

4. 경제성장의 원동력이 된 가족주의 경영

　새뮤얼 헌팅턴은 『문명의 충돌』에서 경제적으로 비약적인 성장을 거둔 아시아 국가들이 경제 발전의 원동력으로 유교 사상에 바탕을 둔 가족주의적 경영의 역동성에 주목하고 있다고 기술한 바 있다.[8] 기업의 성장과 발전을 위해 개인의 희생을 감수하면서 회사의 이익을 위해 최선을 다하는 것이 가족주의적인 경영 방식의 특징이라 할 수 있다. 이처럼 아시아의 기업에 나타난 가족주의적 경영 방식은 가족의 응집력과 협동 정신을 바탕으로 기업의 생산성을 증진시킴으로써 놀라운 경제성장을 이루어 낸 바 있다.

관련 내용 ➡ 277쪽

노사 화합을 호소하는
공익 광고

자료: 한국방송광고공사

문화 포커스

1. 가족주의적 기업 경영의 장점과 단점은 무엇일까?
2. 회사와의 일체감을 통한 가족주의가 한국 경제에 어떤 영향을 미쳤을까?
3. 한국의 기업 경영 방식은 어떻게 변화했을까?

문화 키워드

우리 회사　　　가족주의적 경영　　　집단주의　　　개인주의 한국인은 '우리 회사'라는 말에 익숙하다. '우리 집, 우리 아들, 우리 남편'과 같은 말의 연장선상에서 '우리 회사'는 친근함과 강한 소속감을 드러내는 말이다. 이런 의미에서 한국인에게 경영자는 가정에서 가장에 해당하며, 종업원은 식구에 해당한다. 즉 경영자는 종업원을 지휘하고 통솔하는 동시에 이들을 부양하고 보호할 책임이 있다고 생각한다. 따라서 회사 안에서는 친목과 협력, 보호와 복종이 주된 기조이며 회사의 발전이 곧 개인의 발전이라는 생각이 강하다. 따라서 한국인은 직장을 선택할 때 평생직장의 개념으로 받아들이는 경우가 대부분이었다.

물론 최근에는 젊은이들을 중심으로 이러한 생각에도 변화가 나타나고 있다. 회사는 나의 발전을 위한 수단일 뿐이며, 대가를 받는 만큼 일하는 것이 현명하다는 생각이 지배적이다. 내가 일한 만큼 대가를 받을 수 없다면 다른 직장으로 옮기는 것이 현명하다는 생각들이 점차 늘고 있어, 자신을 인정해 주거나 가능성이 더 많은 회사라면 쉽게 옮겨 가는 경향을 보이기도 한다.

가족주의적 경영

한국의 가족주의 기업 경영 방식은 집단주의 문화로 나타난다. 집단주의 문화에서는 고용주는 한 개인만을 고용하는 것이 아니라 어떤 집단에 소속한 사람을 고용하는 것이다. 이처럼 집단주의 사회에서는 고용 과정에서 항상 개인이 속한 집단을 고려한다. 자기가 이미 알고 있는 사람의 가족을 고용하면 위험 부담이 그만큼 줄어들기 때문이다. 한편으로 개인주의 문화에서는 고용주는 피고용자의 능력과 성과를 고려하며, 피고용자는 급여나 성과급과 같은 자기의 이익을 좇아 행동하는 것이 당연하다고 생각한다. 따라서 업무는 개인의 이익과 고용주의 이익이 서로 잘 조화를 이루는 방향으로 짜여야 한다.

새뮤얼 헌팅턴은 『문명의 충돌』에서 아시아에서 경제적으로 성장한 국가들이 자신들의 경제 발전의 원동력으로 유교에 입각한 가족주의적 경영의 역동성을 주목하였다고 기술한다.[9]

8) 새뮤얼 헌팅턴 지음, 이희재 옮김, 『문명의 충돌』(김영사, 2001), p.140

9) 새뮤얼 헌팅턴 지음, 앞의 책, p.140; 아시아의 성공은 기본적으로 유교에서 비롯된 질서, 규율, 가족적 유대, 근면, 집단주의, 절제와 같은 가치관 때문이라는 것이다.

한국의 사회 조직 가운데 가장 기본적인 단위는 가족이며 유교 이념에 따라 서열을 존중하는 집단주의이다. 그러므로 우리나라의 사회 조직은 가정의 확대판이라 할 수 있다. 우리나라 사람은 처음 보는 사람도 아저씨, 아줌마라고 부르고 학교 선후배를 만나도 언니, 형과 같은 가족적인 호칭을 쓴다. 친구 어머니나 아버지의 경우에도 선생님, 부장님과 같은 사회적 호칭을 쓰기보다는 자기 가족처럼 어머님, 아버님이라고 부르는 것이 자연스럽다.

우리나라 회사에서 일을 합리적으로 잘 처리하는 상사도 좋지만 조직을 가족처럼 잘 관리하고 돌보는 상사형이 더 이상적이라고 한다. 아랫사람들은 집안에서 형이나 아버지한테서 보살핌을 받고 안정감을 얻은 것과 같이 회사에서도 의지할 수 있는 상사를 더 좋아한다는 것이다. 그래서 서로 간에 결혼이나 장례, 생일 같은 집안일을 챙겨 주고 장례 문제처럼 중대한 행사에는 부의금을 공동으로 걷거나 화환을 보내는 등 적극적으로 도와준다.

이렇게 거대 가족이 된 한국 회사나 직장은 한몸처럼 뭉쳐서 일사불란하게 움직일 수 있게 된다. 회사에서는 사원들 간에 일체감을 조성하기 위해 회사의 브랜드 상표가 부착된 제복을 입고 배지를 달게 한다. 그리고 회사 옥상에는 언제나 회사를 상징하는 깃발이 펄럭여서 고용주와 회사원들이 한집안 식구라는 것을 실감하게 한다. 그러므로 회사는 단순히 직장을 넘어 가족의 사회적 확대판으로 생각하는 것이 보통이다. 회사원은 회사 일을 바로 내 집안 일과 같이 생각하여 전심전력을 다하고, 회사의 업무를 위해서는 심야 근무나 야근도 꺼리지 않는다. 이처럼 개인의 스케줄보다는 회사 조직의 업무 일정에 따라 일사분란하게 움직이는 한국의 가족주의 경영은 짧은 시간에도 업무의 집중력을 높여 주고 일의 속도나 성과에서 매우 효율적인 협동 과정을 이루게 된다.

바로 여기에 1970년대에서 1980년대에 걸친 한국의 경제성장을 이룬 저력이 숨어 있다고 할 수 있다. 개인의 사정을 뒤로 하고 조직의 이익을 위해 똘똘 뭉쳐 열심히 일하는 한국의 가족주의 경영 방식은 개인의 능력과 성과에 기초를 둔 서구의 기업과는 다른 업무 효율성의 시너지 효과를 기대할 수 있었다. 또한 내 가족의 일로 생각하고 기계, 가전제품 등을 조립할 때도 몇 번씩 나사를 조이며 좋은 제품을 만들어서 회사를 발전시키기 위해 최선을 다하는 것이 한국의 기업 문화라고 할 수 있다.

이런 한국인의 기업 경영 방식은 지금은 많이 달라졌다. 그동안 경제성장의 그늘에서 희생만을 강요당했던 노동자들이 자신의 인권에 대한 문제를 부각시키면서 노동운동이 시작되었다. 1980년대 노동자의 열악한 노동환경을 고발했던 청계노조의 '전태일 분신 사건'은 한국 노동운동의 기폭제가 되었다. 이로부터 많은 사회운동가들은 자본가 위주의 고도성장 정책을 비판하고 노동자의 삶을 풍요롭게 하는 공평한 분배로 사회정의를 실현할 것을 주장하였다.

가족과 같은 동일 집단이 되어 충성과 보살핌의 관계에 있었던 고용자와 피고용자의 관계에는 노동조합이 결성되면서 노사 간의 충돌이 생겼다. 집단주의 사회에서도 일부 고용주는 자기 종업원을 집단 성원으로 취급하지 않는 경우도 있었다. 오늘날 한국의 기업 문화는 노사분규로 인해 가족적인 연대감이 약해졌고 힘든 일을 점점 기피하는 3D[10] 기피 현상이 생겼으며, 이를 대체하기 위해 외국인 노동자들이 대거 유입되었다.

현재 한국 사회는 고용자와 피고용자 간의 새로운 기업 경영 문화를 만들어 내기 위해 진통을 겪고 있다. 아시아의 가족주의 경영 방식의 효율성을 살리면서 서구 개인주의 사회처럼 개인과 조직의 이익을 조화롭게 성취해 가는 한국적인 기업 문화가 새롭게 창출될 때, 대한민국은 21세기의 세계 경제를 선도하는 리더의 역할을 할 수 있을 것이다.

집단주의와 개인주의 사회의 직장 문화

집단주의와 개인주의 사회에 따라 서로 다른 직장 문화가 나타나고 있다. 직장의 문화는 가정, 학교의 교육과 그 사회의 일반적 규범이 어우러져 한 사회의 독특한 특징으로 드러난다. 집단주의 사회에서는 한 개인은 확대 가족, 또는 기타의 집단 속에 태어나서 충성심을 바치는 대가로 계속 소속된 집단의 보호를 받는다. 개인주의 사회의 개인은 자신과 가족만을 스스로 돌볼 수 있도록 성장한다. 집단주의 사회에서 개인의 정체성의 근원은 개인이 속한 사회적 그물망이며 개인주의 사회에서는 개인 그 자체이다. 집단주의 사회에서 어린이는 '우리'라는 틀 안에서 생각하는 법을 배우며 언제나 집단과 조화를 이루며 대립을 피하도록 교육받는다. 개인주의 사회에서는 '나'라는 의미 안에서 생각하는 법을 배우며 자신의 생각을 그대로 말하는 것이 정직한 사람의 특성이라고 교육받는다.

집단주의 사회에서는 높은 맥락의 의사소통을 하며 규칙을 위반했을 때 자신과 집단에 대한 수치감과 체면 손상을 느낀다. 교육의 목적은 '어떻게 행동

---

10) 3D란 'Dirty, Difficult, Dangerous'의 첫 글자를 딴 것이다.

할 것인가'이며 졸업장은 더욱 높은 지위의 집단에 들어갈 자격을 부여한다. 반면에 개인주의 사회에서는 낮은 맥락의 의사소통을 하며 규칙을 위반하면 죄책감과 자기 존중감을 상실한다. 교육의 목적은 '어떻게 학습할 것인가'이 며 졸업장은 경제적 가치와 자기 존중감을 높여 준다.

동양과 서양의 고용 관계

한국의 경영이 가족주의적 특성에 근거를 두고 운영했 다면, 동양과 서양의 고용 관계와 경영에 대한 인식은 어 떠한 차이가 있을까? 최근 동양의 경영 방식이 서양의 방식을 닮아 간다는 점 에서 서양과의 차이를 명확하게 하기는 어렵지만, 나이 든 세대가 생각하는 고 용 관계는 여전히 아래와 같은 의식이 바탕이 되고 있다고 볼 수 있다.

즉 동양에서 고용주와 종업원의 관계는 가족 관계와 같은 도덕적인 측면에 서 지각되며, 고용 여부와 승진은 종업원이 속한 내집단을 고려하여 결정된다. 집단의 경영을 앞세워 생각하며 일보다 인간관계가 더 중요하다. 하지만 이러 한 의식 구조가 젊은 세대들의 의식의 변화로 인해 점차 서구화되어 가고 있다 는 것이 새로운 양상이라고 하겠다.

이와는 달리 서구의 고용주와 종업원의 관계는 상호 이익에 기반을 두는 계 약 관계이며 고용 여부와 승진은 기술과 규칙에 의해 결정된다. 개인의 경영을 앞세워 생각하며 일이 인간관계보다 중요하다.

〈표 1-1〉 동양과 서양의 고용 관계 비교

구 분	동 양	서 양
고용주-종업원 간의 관계	가족과 같은 도덕적 관계	상호 이익에 기반을 둔 계약
고용 여부 및 승진 여부	내집단을 고려	기술과 규칙에 근거
경영의 주체	집단	개인
우선순위	인간관계	일

국제한국학회. 『한국 문화와 한국인』. 사계절, 1999.

김해옥. 『문학교육과 어휘교육』. 국학자료원, 2005.

나카네 지에 지음, 양현혜 옮김. 『일본 사회의 인간관계』. 소화출판사, 1996.

루스 베네딕트 지음, 김열규 옮김. 『문화의 패턴』. 까치, 1996.

리처드 E. 니스벳 지음, 최인철 옮김. 『생각의 지도: 동양과 서양, 세상을 바라보는 서로 다른 시선』. 김영사, 2004.

박영순. 『한국어 교육을 위한 한국문화론』. 한국문화사, 2002.

새뮤얼 헌팅턴 지음, 이희재 옮김. 『문명의 충돌』. 김영사, 1997 · 2001.

최봉영. 『한국 문화의 성격』. 사계절, 1997.

최준식. 『한국인에게 문화가 없다고?』. 사계절, 2000.

────. 『한국인에게 문화는 있는가』. 사계절, 2002.

퇴니스 지음, 황성모 옮김. 『공동사회와 이익사회: 이데올로기와 유토피아』. 삼성출판사, 1982.

한정일. 『한국정치사회변동론』. 아침, 2002.

G. Hofstede 지음, 차재호 · 나은영 옮김. 『세계의 문화와 조직』. 학지사, 1995.

과 제 · 활 동

Step 1 ➡ 본문 읽고 토론하기

※ 다음은 한국인의 일상생활과 사회에 반영된 가족주의 문화를 설명하는 본문 내용 중 일부입니다. 잘 읽고 각자의 생각을 자유롭게 말해 봅시다.

> 한국인은 '우리 남편, 우리 집사람, 우리 부부'와 같이 아주 사적이며 개인적인 관계에서두 '우리'라는 명칭을 사용한다. 처음 만난 사람에게 출신 학교를 묻거나 고향을 묻는 일도 흔하다.

> '우리 회사'는 친근함과 강한 소속감을 드러내는 말이다. 한국인에게 경영자와 종업원은 가정에서의 가장과 식구에 해당한다. 따라서 경영자는 식구인 종

Step 2 ▶ 심화 확장하기

관혼상제冠婚喪祭는 현대적으로 풀이하면 성인식, 결혼식, 장례식, 제사를 말한다. 이는 사람이 태어나서 죽을 때까지 한 번은 거치게 되는 통과의례로 한국인에게 중요한 가족 행사이다. 그 밖에도 한국인의 일상생활에서 빼놓을 수 없는 잔치로 돌, 생일, 환갑 등이 있다.

1. 여러분의 나라 사람들이 중요하게 생각하는 가족 행사와 잔치는 무엇입니까? 어떤 의미를 가집니까? 함께 이야기해 봅시다.

명칭	의미	풍습	음식	의복	손님

2. 위의 이야기를 바탕으로 가족 행사와 잔치가 여러분의 나라에서 어떤 의미를 가지는지 가족주의적 관점에서 말해 봅시다.

3. 대표적 잔치 중 하나를 예로 들어 한국과 여러분의 나라의 잔치 문화의 특성을 비교해 글로 써 봅시다.

Step 3 ▶ 문화에 드러난 어휘

유교, 제사, 족보, 성씨, 상속, 잔치, 가문, 문중, 산모, 삼대, 선조, 선친, 종갓집/종손	중립적	부정적	학연, 지연, 당파, 가부장제, 남아 선호 사상, 집안 싸움

○ 삼성가家, 현대가家, 모母그룹, 자子회사

★ 연예인에게 붙는 '한국의 아들/한국의 딸, 국민 여동생/오빠' 등의 수식어들

● 부모처럼/로 모시다, 친자식처럼 대해 주다, 친언니처럼 따른다, 피는 물보다 진하다, 가정이 서야 나라가 선다.

Step4 ▶ 문학작품을 읽고 토론하기

1. 박목월의 「가정」을 읽고 이 시의 화자로 등장하는 '아버지'의 가장(家長)으로서의
   태도에 대하여 토론해 봅시다.

2. 전통 설화 「효자를 찾아온 산삼」을 읽고 한국의 효 사상과 가족 문화에 대하여 토
   론해 봅시다.

한국 문화를
대표하는 또 하나의 특성은
'집단주의'에서 찾아볼 수 있다. 한국
사람의 집단주의적 특성은 긍정적인 면과
부정적인 면의 양면을 보여 왔다. 집단주의는
집단의식을 공고화하고 집단의 공동 목표를
성취하기 위하여 일사불란하게 움직이는
효율성을 의미하며 한국 사회에서
다양한 문화 현상으로
드러난다.

제2장 한국인의 집단주의

Korean Groupism

1. 안〔內〕과 밖〔外〕을 구분하는 우리주의

한국인은 내집단에 대하여 호의적이지만 외집단에 대하여 배타적인 태도를 보여 주며 이것은 한국인의 '우리주의' 라는 독특한 문화가 되었다. 홉스테드가 사용한 내집단 (innergroup)은 가치관과 행동 양식이 비슷하여 구성원 상호 간에 애착과 일체감을 느끼는 집단이다.[1] 내집단은 다른 집단에 대하여 배타적인 대항 의식을 나타내는 심리적인 집단이다. 이에 비해 외집단은 규범이나 가치, 습관, 태도 등에서 자기와 공통성이 없는 타인으로 그 불확실성으로 인해 심리적인 불쾌감과 대립감을 불러일으키는 집단이다. 이를 반영하여 한국어에는 특히 '우리' 라는 어휘가 발달되어 있는 것이 특징이다.

관련 내용 ◑ 282쪽

울타리 안과 밖
'우리'

문화포커스

1. 한국의 집단주의적 특성이 한국인의 일상생활에 어떻게 나타날까?

2. 한국의 집단주의의 유래와 특징은 무엇일까?

3. 한국의 집단주의와 서구의 집단주의는 어떻게 다를까?

문화키워드

내집단   외집단   집단주의   개인주의

‘우리’란 말하는 이와 듣는 이, 또는 말하는 이와 듣는 이를 포함한 여러 사람을 가리키는 일인칭 대명사이다. ‘우리’를 영어로 바꾸어 보면 ‘나’는 ‘I’, ‘우리(들)’는 ‘we’, ‘나의’는 ‘my’, ‘우리의’는 ‘our’가 된다. 그 밖에도 ‘우리’로 시작하는 말은 아래에서 보는 바와 같이 수없이 많다.

〈표 2-1〉 ‘우리’로 시작되는 말들

가족	우리 할아버지, 우리 할머니, 우리 아빠, 우리 엄마, 우리 오빠, 우리 언니, 우리 형, 우리 누나, 우리 동생, 우리 아들, 우리 딸, 우리 아이
친척	우리 고모, 우리 이모, 우리 삼촌, 우리 처제
동물(소유물)	우리 강아지, 우리 고양이
집(공간)	우리 집, 우리 동네, 우리나라, 우리 한국인
부인	우리 집사람(마누라)

언어는 문화의 반영이라고 할 때, ‘우리’의 범용은 매우 집단적인 특성으로 나타나고 있다. 개인적인 관계나 사물에 ‘우리’라는 말을 사용한다는 것은 서구인들의 개인주의적 사고와 비교할 때 집단 의식이 투영된 한국인의 가치 의식을 보여 주는 것이다.

대명사 ‘우리’의 쓰임과 관련하여 한국 사회에서는 개별자로서의 ‘나’보다는 집단과의 관계에 주목하고 있다는 해석도 있다. 이것은 ‘나’보다는 가족 공동체, 개인보다는 집단 의식이 우선하며 내집단과 외집단을 구분하는 배타성의 문화적 특성을 보여 주는 것이다.[2]

울타리 안과 밖

집단주의는 개인보다는 가족, 친척, 또는 식상 공동체와 같은 집단이 우선적으로 중요성을 갖는 사회이다. 그러니까 개인의 이익보다는 집단의 이익을 더 앞세우고 개인적으로 존재하기보

---

1) G. Hofstede 지음, 차재호 · 나은영 옮김, 『세계의 문화와 조직』(학지사, 1995).
2) 전혜영, 「한국어에 반영된 유교 문화적 특성」, 『한국 문화와 한국인』(사계절, 2003), pp. 251~252.

다는 자신을 집단의 일부로 생각하는 경향이 있다. 이때 '우리'는 '울타리', '집'을 의미하는 순수한 한국어로서 '우리'는 울타리 안에 함께 지낸다는 뜻에서 내집단內集團을 의미한다. 그리고 자연히 우리 밖에 존재하는 다른 집단은 외집단外集團이 된다. 이처럼 한국 사회는 혈연, 지연, 학연, 직장과 관련된 다양한 내집단이 존재한다. 한국 사회에서 이 내집단은 개인의 정체성을 형성하는 데 주된 근원이 될 뿐만 아니라 그 사람이 일생을 살면서 겪게 되는 여러 가지 어려움을 막아 주고 이겨 내게 하는 튼튼한 보호막이다. 그래서 한국인은 집단을 만들지 않으면 불안해 한다고 한다. 해외에 거주하는 많은 한국인이 교회나 다른 모임을 통하여 집단을 형성하는 것도 이러한 한국인의 심리와 밀접한 관련이 있다.[3]

　이러한 집단주의를 부정적 시각으로 본다면 개인이 사회적으로 성숙하지 못한 상태에서 집단에 의존하려는 미성숙한 태도로 해석할 수도 있다. 이러한 의식의 배경은 각 개인이 내집단에 충성해야 하고 충성심을 버려서는 안 되는 것으로 교육받아 왔다는 데서도 찾아볼 수 있다. 한국은 아래와 같이 다양한 집단들로 구성된 집단주의 사회라고 할 수 있다. 아래 대화는 K방송사의 인기 프로그램인 '전국노래자랑'의 사회자와 출연자가 나눈 인사로 한국의 집단주의적 특성을 보여 주는 예이다.

사회자 : 어디서 오신 누구신지요?
출연자 : 송동문입니다. (자신이 속한 가문) 우리는 같은 송씨잖아요.
사회자 : 고향이 어디지요?
출연자 : 황해도입니다.
사회자 : 어휴, 나랑 고향도 같군요.

　이 밖에도 새로운 사원이 들어왔을 때 출신 학교를 묻거나 고향을 묻는 일은 흔하다. 이는 자신과 울타리의 안에 있는지 밖에 있는지를 확인하는 절차이며, 동일한 집단에 속했다는 사실의 확인만으로 관계가 달라질 수 있다.

　과거에 지방을 표시하는 자동차 번호판이 있던 시절, 타지에서 온 차량과 지역 내의 차량의 교통 법규 위반을 단속하는 관대함에 차이가 많았다. 병원이나 상점을 이용할 때도 같은 대학 출신이 운영하는 곳을 선호하거나 출신 지역의

---

3) 한규석·최상진, 「교류행위를 통해 본 한국인의 사회심리」, 『한국 문화와 한국인』(사계절, 2003), pp. 186~190.

이름을 딴 상점을 선호하는 현상도 같은 맥락으로 이해할 수 있을 것이다. 내집단끼리 봐주기나 외집단을 따돌리는 현상은 현대사회에서도 완전히 사라졌다고 보기 어렵다.

문화 상대주의로 본 한국의 집단주의

세계에서 집단주의 특징을 가진 나라는 많다. 전통적인 농경 사회에 속하거나 산업화가 진행 중에 있는 아시아, 아프리카, 남미권의 국가들은 물론이고 남부 유럽 사회가 여기에 속한다. 그러니까 서구의 몇몇 나라를 제외하면 대부분의 국가가 이 집단주의 사회에 속한다.

도시화되고 산업화될수록 개인주의 사회에 가깝고 가난할수록 집단주의 성향이 더 강하다고 할 수 있다. 미국은 세계에서 가장 발전된 대표적인 개인주의 사회이다. 하지만 아시아의 일본, 한국, 대만, 홍콩, 싱가포르는 공업화가 상당히 진행되었음에도 불구하고 집단주의 성향이 더 강하다고 한다. 이것은 아시아에 유교적 전통이 있기 때문이다. 일본은 개인주의 성향이 강한 나라이지만 아직도 집단주의 성향이 강하다. '이지메'(왕따)와 같은 현상은 집단주의가 가장 부정적인 전형으로 나타난 것으로 볼 수 있다.

〈표 2-2〉 서구의 개인주의와 한국의 집단주의 비교

구 분	서구의 개인주의	한국의 집단주의
사회의 특징	개인 사이의 이해관계	구성원 간의 정, 배려, 의리
장점	개성 발휘, 개인의 자발성·창의성·인권을 중시	집단 구성원 간의 결속력과 통합력, 집단의 이익을 최대한 창출, 집단의 역동성 발휘
단점	타산적, 타인에 대한 무관심, 집단의 이익에 대한 배려 부족	개성·창의성·인권에 대한 배려 부족
사회적 관계	개인과 개인 사이의 자유로운 경쟁	집단과 집단 사이의 역학적 경쟁
한국 현대 사회의 특징	서구화로 인한 개인주의 성향	유교로 인한 집단주의적 경향

세계의 많은 나라가 집단주의에 속한다면 집단주의가 어떻게 한국 문화의 특징이 될 수 있을까? 〈표 2-2〉는 문화 가치론의 관점에서 서구의 개인주의와 비교한 것이다.

〈표 2-2〉에서 보는 바와 같이 한국의 집단주의는 서구의 개인주의와 차이점이 많다. 그중 가장 두드러지게 한국 사회의 집단주의의 성향을 결정하고 그 주된 내용을 이루는 것은 바로 '유교'이다. 유교는 남녀유별이나 권위주의적인 가르침이라는 부정적인 인상을 풍기지만, 한국 사회에 대한 유교의 영향은 가히 절대적이라 할 수 있다. 이러한 유교의 영향으로 한국 사회는 내집단과 외집단으로 분리된 집단주의가 존재한다는 것이 특징이다.

집단주의와 가족주의

그러면 안內과 밖外을 구분하는 한국의 집단주의에 대하여 좀 더 깊이 있게 분석해 보자. 한국인이 안팎을 나누기를 좋아하는 성향은 가족주의에서 배태되었다. 한국인은 대개 내 가족 구성원에 대해서는 아주 관대하다. 밖에서 도덕적으로 나쁜 짓을 해도 우리 가족 집단에 해가 되지 않으면 크게 문제 삼지 않는다. 집단 내에서 적용하는 규범과 밖에서 적용하는 규범이 다른데, 일단 자기 집단이 되면 너그럽게 봐 준다.

우리의 옛 가옥의 구조도 이러한 사고방식을 잘 반영한다. 한옥은 집의 안과 밖을 차단하는 담의 높이가 꽤나 높다. 그렇게 엄격하게 밖을 차단하지만 일단 안에 들어오면 너와 나의 구별이 없이 그냥 우리가 된다. 이러한 가옥 구조는 현재에도 남아 있어 주택가에 가면 높은 담과 육중한 대문이 버티고 있다. 한국인에게 밖은 남이고 외집단에 속한다. 한국인이 갖고 있는 지연이나 학연 개념은 모두 이 안內과 밖外을 가르는 데에서 시작된다고 할 수 있다.

이처럼 가족은 한국인의 가장 강한 결속 형태이고 이것이 모태가 되어 확장된 자기 마을이나 동네가 한국인이 갖고 있는 공동체이다. 한국인은 어떤 사회 조직에 속하든지 그것에 가족 개념을 적용하여 가족의 연장으로 파악한다. 가족과 가족 아닌 사람을 나누어 차별적으로 대우하듯 우리 동네 사람과 다른 동네 사람을 차별한다. 이렇게 시작해서 한국인은 우리와 우리 아닌 사람을 구별하고 내집단과 외집단을 형성하게 된다. 이렇게 형성된 내집단과 외집단은 한국 사회를 역동적으로 움직여 가는 하나의 메커니즘이라고 할 수 있다. 한국인은 내집단과 외집단을 대하는 태도가 다르다. 어떤 외부 사람에게 냉정하게 대하다가도 그 사람이 한 사람 건너 아는 사람으로 판명되면 당장에 태도를 바꾸어 친절해진다. 이것은 그 사람의 성격이 변덕스러워서라기보다는 내집단 사람은 돌봐 주어야 하는 한국인의 고유한 사회 윤리 때문이다.[4]

한국인은 집단 구성원 간의 결속력을 높이고 집단의 이익을 창출하는 데 역동성을 발휘하는 집단주의의 장점을 갖고 있다. 한국 사회에서 집단주의에 의해 나타나는 문제점을 극복해야 할 필요도 있다. 앞으로 개인의 개성과 자발성, 창의성을 중시하는 개인주의의 장점을 보완하여 한국 사회가 다양한 가치로 통합을 이루는 것이 과제라고 할 수 있겠다.

서구의 개인주의와 한국의 집단주의

한국에서는 콩 한 쪽이라도 나눠 먹는 것이 당연한 문화이지만 서양에서는 자기 음식은 자기만 먹는 것이 보편적이다. 그렇게 교육을 받아 온 서양인들은 나눠 먹지 않는다는 것에 대해 섭섭함을 느끼지도 않는다. 비단 이런 작은 예뿐만 아니라 대부분의 활동에서 서양인은 분명하게 자타를 구분하는 개인주의를 보이기 때문에 어떻게 보면 매정해 보일 수도, 인정머리가 없어 보일 수도 있다.

예를 들면 서구에서는 자녀가 고등학교를 졸업하고 대학에 들어가면 부모의 신세를 지지 않고 스스로 학비를 번다거나 부모에게서 독립하여 사는 모습은 스스로에게 책임을 지며 남에게 피해를 주지 않으려는 그들의 생각을 엿볼 수 있게 한다. 또한 직장 생활에서도 근무가 끝나고 나면 타인의 눈치를 보지 않고 정시에 퇴근을 한다거나, 자신에게 할당된 양 이상의 일을 하지 않는 것, 타인의 업무에 권리를 벗어나서 관여하지 않는 것 등의 모습에서 자신의 권리를 중요하게 여기고 타인에게 침해받기 싫어하는 모습을 볼 수 있다. 이런 이유로 자신의 권리나 이익이 조금만 부당하게 침해받았다고 생각하면 서구인들은 이를 곧바로 문제 삼는다. 한국인과는 달리 적당히 덮거나 지나치는 경우는 드물다.

서구는 한국에 비해 개인주의가 발달되었다. 정해진 사실은 아니지만 한 국

---

4) 최상진, 「한국인의 심리특성」, 『현대 심리학의 이해』 (학문사, 1997).

가의 법이나 제도적 체계가 확실하게 성립되어 있을수록 개인주의가 더 뚜렷하게 나타나는 경향이 있다.

가령 미국이나 프랑스, 영국 같은 선진국들은 사회의 법과 질서가 여타 국가들보다 아무래도 확실히 잡혀 있는 것이 사실이다. 서구의 명확한 법과 제도들이 개인의 권리를 지켜 갈 수 있도록 탄탄히 뒷받침해 준다고 볼 수 있다.

"내가 하나의 인간이면 너도 하나의 인간이고 너와 나는 동등한 개인이며 동등한 자격을 가지고 있다. 따라서 나는 너의 모든 권리와 의무를 존경하겠으며 너도 나의 권리와 의무를 인정해 다오."라는 것이 개인주의의 출발이다.

앞서 설명한 집단주의 사회와 개인주의 사회의 주요 차이점을 도표로 정리하면 〈표 2-3〉과 같다.

〈표 2-3〉 집단주의 사회와 개인주의 사회의 비교

구 분	집단주의 사회	개인주의 사회
인간관계	집단 속에 태어나서 충성심을 바치는 대가로 계속 보호를 받는다.	자신과 가족만을 돌볼 수 있도록 성장
정체감의 근원	개인이 속한 사회적 그물망	개인
교육	'우리'라는 틀로 생각하는 교육	'나'라는 의미 안에서 생각하는 교육
사회생활의 가치	직접적인 대립을 피해 조화를 지향하는 것	자신의 생각을 정직하게 말하는 것
의사소통	높은 맥락(고맥락)	낮은 맥락(저맥락)
규칙 위반	자신과 집단에 대한 수치감과 체면 손상	죄책감과 자기 존중감 상실
교육의 목적	어떻게 행동할 것인가	어떻게 학습할 것인가
졸업장의 가치	높은 지위의 집단에 들어갈 자격	경제적 가치와 자기 존중감을 높임

자료: G. Hofstede, 앞의 책, p. 106.

2. 조직 문화에 나타난 집단 의식

일본의 인류학자인 나카네 지에 교수는 서양인의 수평적 인간관계와 대조적으로 일본 사회에서 발견되는 피라미드형 구조에 주목한 바 있다. 이러한 조직은 권력을 집중시키고 활동을 구조화시키는 데 유용한데, 이와는 좀 다르지만 한국에서는 정치 조직과 군대 조직에 이러한 특징이 많이 나타난다. 또한 직장 내에서도 독특한 집단주의 성향을 띤 피라미드형 조직이 존재하여 권력을 상급자에게 집중시키고 하급자의 활동을 구조화함으로써 업무의 효율성을 높이기도 한다.

관련 내용 ➡ 288쪽

음식과 술의 나눔을
통해 집단 의식을
경험하는 회식 문화

문화 포커스

1. 한국인의 독특한 회식 문화는 어디에서 생겨난 것일까?
2. 한국인이 회식을 통해 추구하는 것은 무엇일까?
3. 최근 한국인의 회식 문화는 어떻게 변화하고 있을까?

문화 키워드

회식　　　불확실성의 회피　　　일체감　　　공동체적 유대

해방 이후 정당정치가 시작되면서 우리나라의 정당정치는 조직의 핵심 권력자(보스, 대표)에 의해서 좌지우지되는 예가 많았다. 대표적인 정치 조직의 권력자는 이승만, 김구, 박정희, 김영삼, 김대중을 들 수 있다. 대한민국 건국 이후 이러한 핵심 중심의 정당정치가 오랫동안 뿌리내렸으며, 정치에서 당黨이라는 것은 실제로 계파 핵심 권력자의 존재에 따라 존립하는 양상을 띠었다. 따라서 보스가 다른 당과 손을 잡으면 그 당과 합당이 되거나 권력자가 정계에서 은퇴하면 당이 없어지고 사분오열하는 양상을 띠는 것이다.

미국 같은 경우에는 크게 공화당과 민주당 중심의 양당 경쟁 체제하에서 운영된다. 그곳에도 보스가 있기는 있으나 한 명의 중심 보스가 절대 권한을 가지는 것은 아니며, 다수의 중간 보스가 존재하여 의견이 모아지는 형태를 지닌다. 따라서 핵심 권력자가 정계 은퇴 등을 이유로 당을 떠나도 그 밑에 있는 중간 책임자들이 그 역할을 대신해 낼 수 있는 것이다. 하지만 우리나라의 경우에는 최고 권력자가 절대 권력을 가지며 아랫사람들은 그 권력자를 중심으로 한 가신 그룹으로 형성되어 정치적 중간자보다는 가정에서의 집사처럼 개인 비서화 되는 것이 보통이다. 흔히 계파의 보스가 정계에서 은퇴하면 함께 정계를 떠나 대변인 역할을 하는 예를 많이 볼 수 있다. 이러한 보스 중심의 정치 제도는 한국의 현대 정치에서 만연한 현상이었다.

절대 권력을 소유한 보스들은 개인적인 이익과 판단으로 당을 이끈다. 한국의 이러한 가부장적 권력 독점은 한국의 경제계에도 드러나는데, 재벌가 총수의 1인 지배가 회사 전체를 이끄는 모습과 다르지 않다. 외국인들이 한국 회사에 부임하여 놀라는 것이 퇴근 후의 회식 문화이다. 상급자 모시기의 회식은 직장인의 '선택'이라기보다는 '의무'로 인식되기도 한다. 즉 한국 사회에서의 회식은 상사의 주최로 이루어져 참가하지 않을 수 없다는 업무 수행의 연장선으로 인식하는 것이다.

조직 문화의 특징이 잘 나타나는 곳이 군대이다. 한국은 남북한이 대치하고 있는 세계의 유일한 분단국가로서 의무병 제도를 두고 있는 세계의 76개 국가 중 북한과 이스라엘 다음으로 긴 의무 복무 기간을 두고 있는 나라이다. 요즘 '세금 폭탄'이나 '입시 전쟁' 등 신문의 헤드라인을 장식하는 제목만 보아도 한국인의 무의식 속에 군사 문화의 잔재들이 많이 남아 있다는 것을 짐작할 수 있다.

군대라는 조직은 전쟁이나 천재지변 같은 위기 상황에 대처하여 국가를 보호해야 하는 필요성 때문에 지휘관을 정점으로 1인 지휘 체제로 운용된다. 군사 문화는 대표적으로 조직의 이익을 최우선으로 하는 특수한 피라미드형의 집합주의 문화이다. 한국의 군사 문화는 획일화, 형식주의 및 공공 조직주의 등의 집단주의적 성향이 복합되면서 한국인의 집단 의식을 형성하는 주요한 요인으로 자리 잡아 왔다. 특히 군대의 집단 주의와 권위주의의 특징들은 동아시아의 유교 문화와 유사성[5]을 가지고 있어 한국의 문화 속에 쉽게 접합될 수 있었다고 보인다.

정당 조직에 나타난 피라미드형 구조

한국의 근대 정당정치의 구조는 계파의 핵심 권력자 중심의 피라미드형 구조로 집단을 이루며 형성되어 있었다. 현재의 한나라당이 친이명박계와 친박근혜계로 나뉘어 경쟁하는 것에서도 볼 수 있다. 이러한 수직적 인간관계는 유교적 가부장제의 영향을 받고 있는 일본과 아시아 국가에서도 비슷한 유형을 보여 준다. 일본의 유명한 인류학자인 나카네 지에中根千枝 교수가 서양인의 수평적 인간관계와 대조적으로 일본 사회에서 발견되는 수직적 인간관계를 피라미드형으로 그려 보았다.[6] 두 유형은 각각의 특징을 지니는데 유형에 따라 집단과 개인의 관계가 다르게 나타난다.

피라미드 구조에서는 구성원이 조직 내에 들어가기가 쉽다. 계파에 속하는 모든 사람에게 승인받을 필요없이 밑에 있는 한 사람을 통해 집단에 들어갈 수 있기 때문이다. 그러나 수평적 집단은 구성원 전원의 승인이 있어야 하므로 조직에 들어가기가 힘들다. 그 대신 수평적 원형 구조는 피라미드형의 수직적 인간관계보다는 분열 위험이 적고 안정성이 있다고 한다. 반면 수평적 구조는 전원 합의를 거쳐야 하기 때문에 대외적인 집단 행동력이 약해지고 개개인이 의견을 내고 토론 과정을 거쳐야 하므로 의견의 일치를 보는 과정이 쉽지 않다. 피라미드형의 수직적 구조에서는 상급자가 일단 결정하며 밑에 있는 조직원들은 일사불란하게 일을 추진하므로 엄청난 추진력을 가질 수 있다고 한다. 피라

---

5) 군사 문화와 유교 문화의 유사성은 권위주의, 형식주의(체면 중시), 집합주의(집단주의), 남성성(남성 우월주의, 가부장제) 등을 들 수 있다.

6) 나카네 지에 지음, 양현혜 옮김, 『일본 사회의 인간관계』(소화출판사, 1996), p. 84.

미드형은 위의 권력자가 장악력이 떨어지거나 사라지면 쉽게 집단이 와해된다는 단점이 있다. 한국의 정당들이 선거철이 되면 이합집산을 통해 새로운 정당을 만들거나 기존 정당이 와해되는 것은 한국의 정치가 피라미드식의 정치 구조를 갖고 있음을 보여 준다. 2008년 국회의원 선거에서 박근혜 대표를 따르는 사람들이 한나라당 공천에서 탈락하자 한나라당을 탈당하여 선거에서 당선된 후 친박연대라는 당을 만든 것이나, 한나라당에 입당하여 박근혜 대표를 중심으로 활동하는 경우는 계파 중심의 한국 정치의 특징을 잘 보여 주는 예라 할 수 있다.

퇴니스는 사회의 유형을 공동사회와 이익사회로 분류하고 현대사회는 공동사회에서 이익사회로 변동한다는 이론을 제시하였다. 전통 사회는 농업을 위주로 한 공동사회로서 개체보다는 전체의 이익을 중요하게 여기는 반면, 근대사회는 이익사회로서 전체보다는 개체 중심적이다. 이러한 퇴니스의 사회학 이론은 위의 수평적 구조와 수직적 구조와 연결하여 이해할 수 있다. 수평적 구조는 개체 중심적인 이익사회에 가깝고 피라미드형은 전근대적인 공동체 사회에서 쉽게 발견되는 사회 유형이다.

한국의 정치는 공동체의 조화를 중요하게 여기는 유교의 영향으로 아직도 개인의 이익보다는 전체를 다스리는 핵심 권력자의 영향력이 지배적인 사회이다. 현대사회에 이르면서 점차 서구의 이익사회처럼 개체의 이익을 중요하게 여기는 수평적 구조로 이동하는 변화가 나타난다. 이것은 한국 사회가 개인의 자유로운 의사를 반영하는 민주주의를 실현하는 데 좀 더 효율성을 갖는 구조로 정당정치가 변화하고 있음을 드러내는 것이다.

〈표 2-4〉 피라미드형과 원형의 구조적 특징

구 분	피라미드형	원 형
인간관계	수직적 구조	수평적 구조
집단 행동력	집단 행동력이 강함	집단 행동력이 약함
구조적 안정감	구조의 불안정성	구조의 안정성
개인의 집단화 과정	개인이 집단에 들어오기 쉽다.	개인이 집단에 들어오기 위해서는 전원 합의를 거쳐야 한다.
권력의 분포도	수직적 정점인 보스에 집중	수평적으로 개개인에 분산

군사 문화와 일반 문화의 비교

군사 문화란 군대, 국방, 전쟁 등과 관련하여 독특하게 형성된 문화로서 여기서는 군대의 조직 문화에 의해 나타나는 특징으로 사용하고 있다. 홍무승은 군사 문화와 일반 문화의 차이점을 다음과 같이 비교하였다.[7]

구 분	군사 문화	일반 문화
1	권위주의	민주주의
2	획일성	다양성
3	형식주의	실용주의
4	집합주의	개인주의
5	완전 무결주의(경직성)	유연성
6	공공 조직주의	직업주의

군사 문화는 엄격한 수직적 상하 관계를 바탕으로 하는 상급자의 명령과 하급자의 복종이라는 특수 관계를 형성한다. 군 조직은 수직적 인간관계를 유지하면서 상급자의 명령이 그 조직의 하부에 그대로 전달되어 정책 결정이 실행으로 이어지도록 하는 것이 특징이다. 군대라는 조직은 전쟁이나 천재지변 같은 위기 상황에 대처하여 국가를 보호해야 하는 필요성 때문에 지휘관을 정점으로 1인 지휘 체제로 운용된다. 획일성이 요구하는 단순성과 통일성은 전쟁 등의 급박한 상황에서 업무를 신속하게 처리하기 위해 요구되는 것이다.

군대는 실용적인 것보다 형식성을 강조한다. 현대 산업사회가 효율성과 실용성을 강조하는 것과 대조적으로 군대의 조직은 복장, 태도, 몸치장을 강조한다. 전형적인 관료 조직에서 보편적으로 발견되는 이러한 형식주의는 우리 사회의 형식 위주의 풍토에도 영향을 끼쳤다고 볼 수 있다. 군사 문화는 대표적으로 조직의 이익을 최우선으로 하는 특수한 집합주의 문화이다. 실수를 용납하지 않는 완전 무결주의는 사고의 경직성을 일으키기 쉽고 이것은 일반 문화의 유연성과 대조된다.

위에서 언급한 군사 문화의 특징이 일반 시민사회 속에 나타나는 것은 군사 문화의 침투로 볼 수 있다. 그러나 일반 문화와 군사 문화는 상호 영향 관계에 있으며 일방적으로 다른 하나가 부정적인 영향을 끼친다고 볼 수는 없다. 다만

---

7) 홍무승, 『한국 군대의 사회학』(나남신서, 1993), p.124.

한국은 모병제가 아닌 의무 징병제로서 국민의 절반인 남성 대다수가 군대에 입영하였다가 일반 시민으로 복귀한다. 이 과정에서 군대 조직에 대한 사회적 가치가 높은 분단국가인 한국에서 군사 문화가 일반 문화에 침투하는 현상은 어떤 국가보다도 매우 두드러지다고 할 수 있다. 일반적으로 학교나 직장, 가족 안에서 집단 의식을 높이기 위해 시행되는 형식주의적인 의식화, 집단 폭력 등은 수직적인 인간 피라미드형 모델의 대표적인 경우라고 할 수 있다.

직장·기업에 나타난 조직 문화

일사천리로 이루어지는 일의 속도감과 한국의 빨리빨리 문화는 한국인의 급한 성격뿐만 아니라 집단 의식에 기초를 둔 조직 문화의 성과 중심적 '속도전'에서 영향을 받았다고 볼 수 있다. 이러한 성과의 효율성은 또한 박정희 정권 이후에 전두환, 노태우 등 군인 출신 대통령이 집권하면서 한국의 일반 시민들은 긴 시간 동안 조직적이고 집단주의적인 행동 규범에 노출되었다.

직장 내 조직 문화의 '하면 된다'는 성과 중심주의는 기업 조직에서도 과정을 중시하는 합리적인 토론을 거치기보다는 수단과 방법을 동원하여서 성과를 빨리 얻으려는 성과 중심의 풍토를 만들어 내었다. 직장 내에서도 집단주의 성향을 띤 피라미드형 조직은 권력을 상급자에게 집중시키고 하급자의 활동을 구조화하여 업무의 효율성을 높일 수 있다. 성장과 결과 중심주의의 기업 문화는 '성수대교와 삼풍백화점 붕괴'라는 참사를 빚기도 하였다. 기업의 집단주의 문화는 권위적인 방법을 동원하여 조직을 위한 목적으로 상급자가 하급자에게 심리적으로 맹종을 요구하는 부작용을 빚기도 한다. 이러한 여러 가지 부작용에도 불구하고 한국의 비약적인 경제성장은 집단 의식를 통하여 훈련된 협동정신, 단결심, 희생정신을 바탕으로 가능했다고 볼 수 있다.

동서양의 서열 문화

동서양의 서열 문화를 살펴보면 몇 가지 차이점을 볼 수 있다. 동양이나 서양이나 기본적으로 피라미드 구조로 이루어져 있다는 점에서는 큰 차이가 없지만, 동양은 서양에 비해 최종 결정권자에게 권력이나 영향력이 집중되어 있다는 문제가 있다. 이는 가부장적 제도의 영향으로 파악되는데, 서구는 업무별로 수평적인 관계가 이루어질 수 있음에 반하여, 동양에서는 윗사람의 지시는 거의 절대적인 것으로 사안별로 잘잘못을 따지기란 쉽지 않은 일이다.

반면에 중간층 이하로 내려오면 오히려 동양의 서열 관계가 더 위계적이지 못한 경우도 나타난다. 이를테면 나이 많은 부하 직원과 젊은 상사의 관계는 업무의 위계성 못지않게 '나이' 라는 변인도 작용하기 때문이다. 우리나라의 기업에서는 아직도 나이든 사람의 말을 존중하는 전통이 남아 있기 때문으로 판단된다.

가족주의로 완성된 한국의 집단주의는 그 범위를 점차 지연과 학연으로 확장해 간다. 이러한 한국인의 사고는 혼자 있기를 꺼리면서 작은 소집단 중심으로 관계망을 형성해 가는 특징을 보여 준다. 이러한 한국인의 특징은 정치 문화에도 반영되어 한국의 정치는 권력자 중심의 수직적인 조직을 형성하고 있다. 이것은 마치 유교적 가부장제에서 아버지가 권력의 정점에서 가족들을 관리하고 통제하는 것과 유사한 모습을 보여 주고 있다. 따라서 한국인의 가족주의는 정치 문화에도 많은 영향을 끼치고 있음을 확인할 수 있다.

3. 혈연 · 지연 · 학연으로 뭉치는 연고 의식

『생각의 지도』를 저술한 리처드 니스벳에 따르면 서구 사회가 한 개인이나 사물을 독립적인 개체로 파악하는 것에 비해 동양 사회에서는 개인이나 사물을 하나의 관계망 속에 존재하는 관계적인 자아로 파악한다. 서양 사람들은 개체를 하나의 사물로서 독립적으로 인식하려 하지만 동양에서는 먼저 전체를 바라보고 전체 속에 속한 개인의 존재를 인식한다. 한국과 같은 집단주의 사회에서 한 개인은 자신의 능력도 중요하지만 전체의 관계 망 속에서 어떤 내집단의 일원이 되었는지가 중요하다. 한국 사회에서는 학연, 지연, 혈연 등의 관계망이 한 개인이 능력을 발휘하는 데 중요한 요소로 자리 잡고 있다.

관련 내용 ➲ 295쪽

'우리'라는 공동체 의식으로 하나된 학생

문화 포커스

1. '우리주의'는 한국인의 일상생활에 어떤 형태로 나타날까?
2. '우리주의'의 긍정적인 면과 부정적인 면은 무엇일까?
3. 한국인의 '우리주의'는 어디에서 시작되었을까?

문화 키워드

혈연주의   지연주의   학연주의   관계적 자아   개체적 자아

한국인은 흔히 처음 사람을 만나 인사를 하고 통성명을 하고 나면 고향을 묻는다. 동향이면 마치 오랜 친구를 만난 듯 반가워하며 고향 얘기를 하고, 같은 성씨를 가진 사람이면 곧바로 조상을 따지기 시작한다. 서로 간의 공통점을 찾아내면 이내 두 사람의 관계는 친밀해지기 마련이다.

이렇듯 혈족이나 동향에 대한 집착이 유난해서 국회의원이나 대통령 선거에까지 이러한 집착이 반영된다. 그 사람의 성품이나 능력을 직접 알지 못해도 같은 성씨라는 이유로, 또는 같은 고향 사람이라는 이유만으로 그 사람을 지지한다. 또는 같은 고향 사람이 아니라는 이유로 서로 반목하기도 하며, 특정 지역 사람을 싫어해서 자식의 결혼을 반대하기도 한다.

학연도 이에 못지않다. 대학교에 들어가면 맨 먼저 조직하는 동아리가 출신 고등학교의 동문회이다. 심지어 직장 내에서도 동문끼리 따로 모임을 갖고 친목을 도모하기도 한다. 이러한 마음의 저변에는 선후배가 끌어 주고 밀어 주어야 한다는 의식이 있기 때문이다. 한국의 대학이 특정 대학으로 서열화되는 이유 중의 하나도 이러한 학연주의에 따른 '동문 되기'에 있다고 볼 수 있다. 물론 학연주의가 반드시 나쁜 것만은 아니다. 동문들이 돈을 모아 후배에게 장학금을 수여하거나 서로에게 유익한 정보를 주고받는 것은 권장할 만한 일이지만 문제는 이러한 집단주의가 긍정적인 면보다는 부정적인 면이 더 많이 나타난다는 데에 있다.

'우리주의'로 표출된 집단 의식

동양인은 자신이 속한 내집단에 대해서는 강한 애정을 보이지만 외집단이나 친하지 않은 사람들에게는 상당한 거리를 둔다. 그들은 자신이 내집단의 다른 구성원과 매우 유사하다고 느끼고 내집단을 외집단 구성원보다 훨씬 신뢰한다. 서양인은 자신과 내집단 사이에도 일정한 거리를 두고 싶어 하며 내집단과 외집단을 크게 구분하지 않는 보편주의적 행동 원리를 따른다.[8]

전통적인 동양 사회에 속하는 한국은 특히 내집단을 중심으로 한 집단주의

---

8) 리처드 E. 니스벳 지음, 최인철 옮김, 『생각의 지도: 동양과 서양, 세상을 바라보는 서로 다른 시선』(김영사, 2004), p. 57.

를 이루고 있다. 그리하여 내집단을 커다랗게 '우리' 속에 포함하여 집단화하는 경향이 많다. '우리'라는 내집단 형성을 좋아하는 한국인은 회사, 직장이나 정당의 모임에서도 혈연·지연·학연 등에 따라 우리주의를 만들어 내기를 좋아한다. 한국인이 가장 먼저 '우리'라는 공동체 의식을 만들어 내는 것은 혈연에 기초를 둔 가족이다. 예전에는 하나의 씨족이 마을 공동체를 이루며 살았기 때문에 자연히 가족에 뿌리를 둔 '우리'라는 집단 의식이 마을 공동체로 확대되었다. 여기서부터 우리 마을, 우리 동네의 지역주의가 만들어졌다. 선거 때마다 등장하는 지역주의는 바로 한국인의 독특한 내집단 형성에 따라 만들어진 '우리'라는 집단주의에 의해 가능한 것이다. 많은 정치가가 이러한 지역이나 연고에 기초를 둔 지연을 타파하려고 하였으나 불확실한 것에 대해 불안을 느끼는 한국인은 여전히 혈연이나 지연으로 연결된 '우리'라는 집단에 의지하기를 더 좋아한다.

그 까닭은 서구 사회가 한 개인이나 사물을 독립적인 개체로 파악하는 것에 비해 동양 사회에서는 개인이나 사물을 하나의 관계망 속에 존재하는 관계적인 자아로 파악하기 때문이다. 서양 사람은 개체를 하나의 사물로서 독립적으로 인식하려 하지만 동양에서는 먼저 전체를 바라보고 전체 속에 속한 개인의 존재를 인식한다. 그러므로 한 개인은 자신의 능력도 중요하지만 어떤 전체의 관계망 속에서 내집단의 일원이 되었는가가 중요하며 이것은 한 개인이 사회적 능력을 발휘하는 데도 큰 영향을 미친다.

이러한 동양 사회를 이해할 때 한국 사회에서 '우리'로 그물처럼 얽힌 집단주의는 서구 사회와 비교할 때 바로 이러한 개인과 사물을 바라보는 관점의 차이라는 것을 알 수 있다. 한국에서는 기업이나 대학에서 사람을 채용할 때도 능력보다는 그 사람이 어떤 집단에 소속되어 있는지, 어떤 집단의 내적 구성원인지가 중요한 판단 조건이 되기도 한다. 한국인의 지나친 교육열은 학연을 중심으로 한 '우리'라는 공동체 안에 소속되기 위해서는 좋은 학벌이 필요하기 때문이다. 좋은 학교 출신은 출신 학교의 '우리'라는 울타리 속에서 관계의 특권을 누리며 좀 더 유리한 조건에서 사회적으로 공생할 수 있다.

아직도 한국의 기업 문화에는 혈연이나 가족 중심의 경영 풍토가 강한데 이것은 전통적으로 동양 사회가 내집단 중심의 집단주의로 형성되어 왔기 때문이다. 한국의 대학에서는 교수 임용에도 학연 중심의 내집단을 형성하기에 좋은 구성원을 선발하려고 한다. 그러므로 후보자의 학문적 실력도 중요하지만 같은 학교 출신의 '우리'를 형성하기 좋은 구성원을 유능한 후보자로 선택하기도 한다. 미국의 대학에서는 본교 출신을 교수로 채용하는 것을 가능한 억제

한다고 한다. 미국 전국의 다양한 연구자들이 서로 간의 차이를 인정하면서 서로 자극을 받고 새로운 연구를 함으로써 학문적 발전을 이룰 수 있다고 생각하기 때문이다.

한국에서는 정당정치나 공무원 임용에서도 지역, 연고 중심으로 사람을 임명하기도 한다. 가령 대통령이 장관을 임명할 때도 경상도, 전라도, 충청도의 지역 안배를 생각하고, 또 정당에서도 지도자를 뽑을 때는 지역 안배를 감안하여 국민에게 호응을 받을 수 있는 인물을 적극적으로 추천한다.

이처럼 한국 사회의 집단주의의 특징이 되는 '우리주의'는 집단 의식을 공고화하고 한 집단의 공동 목표를 성취하기 위하여 일사불란하게 움직이는 높은 효율성을 보여 준 바 있다. 유교적 가부장제에 기초를 둔 집단주의는 아시아에서 싱가포르, 한국, 중국, 대만 등이 경제성장을 이루는 데 역동적인 힘을 발휘한 것으로 평가받기도 하였다.[9]

이러한 우리 중심의 집단주의는 개인의 능력이나 개성이 무시된다는 점에서 한국 사회에서 부정적인 영향을 남겼다. 얼마 전까지만 해도 호남 지역에서는 특정 후보에게 거의 90퍼센트를 넘는 몰표를 던지는 집단 의식의 한 현상이 선거에 부정적으로 나타나기도 하였다. 현재의 한국 사회에서는 이러한 집단주의를 타파하기 위하여 제도적 개선책이 많이 나오고 있다. 정치인이나 국민은 선거운동을 통하여 정치나 선거에서도 지역주의를 벗어나기 위하여 노력하고 있다. 대학에서는 자기 학교 출신 교수의 수가 일정한 비율을 넘어서지 않도록 해서 타교 출신도 임용될 수 있도록 한다든지, 기업에서도 가족 중심의 경영을 탈피하여 전문 경영자를 고용하기도 한다. 삼성과 같은 대기업에서는 신입 사원을 선발할 때 혈연, 학연, 지연을 타파하는 능력 위주의 인재 등용으로 세계 일류 기업으로서의 경쟁력을 키워 나가고 있다.

한국의 우리주의는 한 사회나 집단이 위기에 처했을 때 단결과 합심을 통해 엄청난 힘을 발휘하는 것은 사실이다. 경제 위기 극복이나 월드컵 응원전에서 전 국민이 보여 준 단결심은 이러한 우리주의의 힘이라고 할 수 있다. 그러나 우리라는 집단 의식에 따른 파벌은 개인의 능력이나 경쟁력을 약화시키는 요인이 되기도 한다. 앞으로 한국 사회는 우리라는 집단 의식과 개인이 개성과 창의력을 발휘할 수 있는 개인주의가 조화를 이루어야 현대사회의 경쟁력 있는 국가로 성장할 수 있을 것이다.

---

9) 새뮤얼 헌팅턴 지음, 이희재 옮김, 『문명의 충돌』(김영사, 2001).

관계적 자아와 개체적 자아

한국인은 태어나면서부터 상호 의존적인 관계 안에 놓이도록 양육된다. 독립성과 상호 의존성에 대한 교육은 잠자리에서부터 시작된다고 한다. 서양 사람은 아이를 부모와 다른 침대에서 재우지만 한국인은 아이가 일정한 나이가 될 때까지 함께 자는 것이 보통이다. 한국인은 아이가 성장해도 늘 부모와 친밀성을 유지하며 아이가 중요한 일을 결정할 때 부모의 결정에 따르는 상호 의존적인 관계 속에서 살아 주기를 바란다. 독립성에 기초를 두고 양육한 개인을 개체적 자아로 볼 때 상호 의존성에 기초를 두고 양육한 개인은 관계적 자아라고 할 수 있다. 서구 사회가 개인주의 사회를 이루는 것은 태어나면서부터 이루어지는 독립된 개인으로서의 교육에 의해 가능하다. 한국인이 우리라는 집단주의와 가족주의의 특징을 보여 주는 것은 가정과 학교교육을 통하여 자신을 관계 속에서 인지하는 훈련을 받기 때문이다.

이것은 한국 문화에 나타나는 가족주의나 집단주의의 가치와도 연관이 있다. 한국인은 부모와 함께 성장하는 과정에서 관계적인 자아로서 양육되기 때문에 결혼 후 핵가족이 되어 독립해도 심정적으로는 늘 부모와 함께 사는 상호 의존적 형태를 보여 준다. 이에 비해 서양 아이들은 독립성에 대한 훈련 때문에 자기 일을 스스로 선택하고 결정하며 자신의 선택의 자유가 침해받으면 반발하기도 한다.

퇴니스의 사회학 이론에 따르면 이러한 상호 의존적인 자아는 공동사회의 구성원에 가깝다. 공동사회란 사람들 간의 인간관계에 기초를 둔 사회로서 서로에 대한 의무와 상호 일체감에 근거를 두고 있다. 가족이나 교회 공동체, 그리고 친구 집단이 여기에 해당한다. 이런 관계 안에서는 서로에 대한 애정, 빈번한 대면 접촉, 공유한 경험, 공유한 사회가 사회의 밑받침이 된다.

반대로 이익사회는 어떤 목적이 이끄는 '수단으로서의 관계'에 기초를 둔다. 이 사회에서는 재화와 노동의 빈번한 교류가 발생하고 협약과 계약이 사회 운영의 중요한 원리가 되며, 개인의 이익 추구와 경쟁을 장려한다. 기업이나 관료 제도가 이러한 관계에 속한다.[10]

한국 사회에서 혈연, 학연, 지연 등의 집단 의식으로 나타나는 우리주의는 바

---

10) 퇴니스 지음, 황석모 옮김, 『공동사회와 이익사회: 이데올로기와 유토피아』 (삼성출판사, 1982), pp. 43~62.

로 한국인이 태어나면서부터 가족, 학교, 지역사회의 일원으로서 관계적 자아로서 양육되기 때문이라고 할 수 있다. 현대사회에 올수록 한국 사회도 다양한 문화를 섭취하게 되면서 이러한 우리주의는 점차 개인의 능력을 중시하는 새로운 형태로 변화하고 있다.

학연을 중시하는 동양 사회

동양과 서구의 학연주의에 대한 한 사례로 대학에서 교수의 모교 출신 비율을 살펴보면 그 비율에 동양과 서양이 극명한 차이가 있음을 확인할 수 있다.

「연합뉴스」에 따르면 중국의 대학교수 모교 출신 임용률이 상당히 심각한 수준이라고 지적한다. 북경대학, 청화대학, 인민대학, 복단대학 등 17개 대학의 경제 및 경영학 교수 987명을 조사한 결과 모교 출신 비율이 65퍼센트 이상이다. 2006년 9월 1일자로 조사한 한국 서울대학교의 경우 타교 출신 재직 교원의 수가 8.9퍼센트에 불과하고 같은 대학의 타 전공 교수까지 합해서 24.56퍼센트가 된다. 신임 교원은 타교 출신이 20.68퍼센트이고 타 전공 교수까지 합치면 43.74퍼센트에 이르는데, 이는 교육공무원임용령의 '대학이 새로 채용하는 교육 공무원 중 타교 및 타 전공 출신이 3분의 1을 넘어야 한다.'는 규정에 따른 것이라 할 수 있다. 연세대학교의 경우도 재직 교원의 70퍼센트 이상이 모교 출신이라는 점을 생각해 보면 중국에 비해서도 한국 대학의 모교 출신 비율이 높다고 하겠다.

한편 해외 유명 대학의 경우에는 모교 출신 대학교수의 비율이 11퍼센트에 불과하다. 외국의 경우에는 학문적 다양성을 위해 오히려 동문 출신의 교수를 배제하는 경향이 있다고 한다. 실제로 하버드 대학의 경우 18퍼센트, 시카고 대학의 경우에는 7퍼센트에 그치고 있어 동양과 서양의 학연주의의 상반된 측면을 짐작할 수 있다. 학풍의 계승이라는 면을 배제하고 학문적 태두의 다양성 추구라는 측면에서 이러한 현상을 본다면, 동양의 학연 중심의 교수 임용은 학문적 발전을 위해서 더 연구해야 할 과제가 있다고 하겠다.

4. 집단을 중시하는 결혼 문화

　　한국의 결혼은 가족 집단주의의 특징을 가지고 있다. 한국인의 결혼은 '백년해로' 의 뜻으로 부부가 되어 한평생을 사이좋게 지내고 즐겁게 함께 늙는다는 의미가 있다. 그리고 남성과 여성이 각각 처가와 시댁에 들어와 그 집안의 새로운 구성원이 된다는 집단주의적 성격이 강하다. 결혼은 신랑과 신부의 두 사람만의 결합이 아니라 사돈을 이루는 두 가족이 하나의 집단으로 결합하는 것이다. 그래서 한국에서의 결혼은 신랑과 신부가 가족이라는 집단과 조화로운 관계를 이루어 나가는 것이 부부의 애정 못지않게 중요한 요소가 된다.

관련 내용 ◐ 300쪽

두 집안의 화합으로
내집단화되는
한국의 결혼

문화포커스

1. 한국인에게 결혼은 어떤 의미를 가질까?
2. 한국인의 결혼 절차와 의식의 특징은 무엇이며 그 근간을 이루는 것은 무엇일까?
3. 한국인의 결혼 문화는 어떻게 달라져 왔을까?

문화키워드

내집단화　　　피로연　　　폐백　　　부조

한국에서는 결혼을 부모의 일로 생각해 왔다. 즉 한 자녀를 출생하여 키우고, 교육하고, 취직시키고, 결혼시키는 것까지 부모의 인생 중에 포함되는 일이다. 한국과 같은 집단주의 사회에서는 결혼 문제에 부모나 집안의 의견이나 입김이 클 수밖에 없으며, 개인의 일이라기보다는 집안의 일로 인식되어 왔다.

그러므로 결혼의 조건은 시대를 따라 변화해 왔다. 과거의 결혼 조건은 철저히 신분적 배경을 바탕으로 한 양가 집안의 합의에 따른 행사로 인식했다. 이 시기의 결혼 요건은 효와 후세를 잇는 것에 무게를 두었으므로 당연히 아이를 잘 낳을 수 있는지와 시부모를 잘 공양할 수 있을 것인지, 자녀들을 잘 양육할 수 있을 것인지 등에 초점을 두었다.

현대사회에 이르러서도 이러한 집안 주도의 결혼 문화는 크게 달라지지 않은 셈이다. 결혼은 집안이나 지인의 소개로 이루어지는 중매결혼과 본인들이 스스로 선택하는 연애결혼으로 나뉘지만, 당사자가 연애를 한다고 해서 이것이 곧바로 결혼으로 이어지는 것은 아니다. 반드시 양가 부모의 허락을 얻어야 하는 게 일반적이다. 부모의 허락을 얻는 데에는 여러 가지 조건이 포함된다.

먼저 양가 부모는 상대방 집안의 내력을 살펴 두 집안이 화합할 수 있을지를 고려한다. 이 밖에도 일부 사람들은 특정 종교를 가진 사람을 배척하거나 특정 지역 출신 사람을 배척하는 경우도 있다. 불교 집안에서 기독교 집안을 싫어하거나 전라도 사람과 경상도 사람이 서로 싫어하는 것이 그 예이다. 성씨도 고려의 대상이 되는데 동성동본은 결혼을 허락하지 않는 것이 보통이며 성씨에 따라 본本이 같아도 배제 이유가 된다. 예를 들어 법적인 결혼은 아무런 문제가 없음에도 불구하고, 진주 강씨姜氏와 진주 하씨河氏는 성姓은 다르나 본本이 같다는 이유로 결혼을 피하기도 한다.

최근에는 배우자의 학벌이나 나이, 상대 집안의 재력, 배우자의 인물이나 성격 등이 점차 결혼의 중요한 조건이 되고 있다. 하지만 보통 남자가 여자보다 나이나 많거나 학벌이 높은 쪽을 선호하는 것이 한국인의 일반적인 경향이다.

최근에는 결혼 문화에도 변화가 많아, 부모의 허락 없이 결혼을 결정하는 젊은이가 늘고 있으며 자녀가 원하면 다소 마음에 들지 않더라도 결혼을 허락하는 추세이다. 또한 결혼 전에 동거를 하거나 결혼을 하지 않고 독신으로 지내는 사람도 생겨나고, 남자가 여자보다 나이가 어린 커플도 늘고 있다. 하지만 이러한 현상은 여전히 일반적이라거나 흔쾌히 용인되는 사회 분위기라고는 볼 수 없다.

한국인의 결혼 의식

결혼이란 젊은 남녀가 만나 부부가 되고 새로운 가정을 이루어 나가는 인생의 출발점이다. 이처럼 인생의 전환점을 이루는 결혼은 각 나라의 문화와 전통에 따라 여러 가지 특징을 보여 준다. 한국의 결혼식은 한말 이후 개화기를 거치면서 일제에 의한 근대화와 서구 문화의 유입으로 전통 혼례가 변하여 오늘날과 같은 신식 결혼식이 생겨났다. 과거에는 결혼식이 남녀 당사자의 결합이기보다는 양 집안의 결합을 축하하는 잔치의 의미가 있었다. 오늘날의 결혼식은 가족 간의 결합이라는 가족 위주의 혼인 형태로부터 서구적인 화려함과 형식을 중요하게 여기는 이벤트로 변화하고 있다.

한국인의 결혼은 남성과 여성이 각각 처가와 시댁에 들어와 그 집안의 새로운 구성원으로 집단화되는 성격이 강하다. 즉 처가에서는 신랑을 새로운 구성원으로 맞이하는 것이며 시댁에서는 며느리를 새 구성원으로 편입하는 것이다. 이처럼 결혼은 신랑과 신부 두 사람만의 결합이 아니라 가족이라는 집단으로 두 사람이 들어와 집단의 일원이 되는 것이다. 집단의 일원이 됨으로써 '우리 가족'이 되고 이때부터 신랑과 신부는 가족이라는 집단과의 조화로운 관계를 추구하는 것이 최우선 과제이다.

특히 신혼부부는 '형수, 제수, 시동생, 시누이' 등의 형제와 자매 사이의 위계질서에 적합한 행위를 해야 하며, 아울러 자신에게 주어진 지위를 수용하여 가족 집단에 충성해야 하는 의무를 동시에 갖게 된다. 오늘날 핵가족화로 인해 가족주의의 가치가 변화하고 있지만, 아직도 한국에서의 결혼은 두 사람의 결합을 넘어 두 가족이 하나의 집단으로 연합하는 성향을 지니고 있다고 할 수 있다. 신랑과 신부를 둘러싼 거대한 두 가족의 융합이 이루어지는 것이 한국의 결혼 의식이다.

결혼식의 형식을 보면 첫 번째 장면에서 시작을 알리는 개식 선언을 할 때 양가 어머니가 올리는 촛불 점화식을 볼 수 있다. 이를 두고 '화촉을 밝힌다.'라고 한다. 신랑, 신부 어머니의 촛불 점화가 상징하듯이 한국의 결혼은 신랑과 신부를 매개로 두 집안 간의 결합이라는 데 상당한 의미를 부여한다. 그래서 한국의 결혼 절차에서는 두 남녀의 사랑과 더불어 양가 부모의 허락이 중요하다. 한국에서는 집안 간의 관계를 결혼의 중요한 요인으로 보기 때문이다. 서구 개인주의 사회에서 결혼이 부모로부터 독립된 개인으로서 젊은 남녀가 일대일로 결합하는 것과 큰 차이가 있다고 할 것이다.

　두 번째로 한국의 현대적인 결혼식에도 전통 예절인 절을 하는 형식이 많이 나타난다는 점이다. 한국의 결혼식은 부모와 하객으로 모인 가족, 친척, 친지들 앞에서 두 사람의 결합을 선포하는 의례이다. 혼인하는 신랑 · 신부의 내집단, 즉 혈연 · 학연 · 지연으로 연결된 많은 사람이 축하하며 공동으로 이루어 내는 행사가 바로 한국의 결혼식이라고 할 수 있다. 신랑과 신부의 맞절은 두 사람이 백년해로를 약속하는 의식이다. 절을 통한 서로에 대한 약속은 한국적인 결혼식에서 매우 중요하게 생각하는 과정이다. 이것은 결혼의 형식이 서구화되었어도 전통적으로 내려오는 결혼의 신성성 때문에 잔존하는 의식이라고 할 수 있다. 신랑 · 신부가 부모님에 대한 절, 하객들에 대한 절을 하는데 이때도 서구적 형식에 한국적 전통이 혼합되어 있는 것을 볼 수 있다.

　셋째, 결혼식의 피로연은 전통적으로 결혼식 이후 참석한 사람들에게 음식을 대접하던 잔치의 형식이 잔존하는 것으로 볼 수 있다. 물론 서구에서도 결혼식 이후에는 가족과 친구 들이 서로 어울려 먹고 마시며 결혼을 축하하는 파티 문화가 있다. 피로연은 파티의 개념과는 달리 결혼을 주최한 혼주婚主가 결혼 참석자들에게 감사하다는 마음의 표시로 음식을 대접하는 잔치로서 결혼을 상징하는 '국수'가 빠지지 않는다는 특징이 있다. 우리말에는 결혼한다는 뜻으로 "국수 먹는다."는 표현이 있으며 "국수 언제 줄 거예요?"라는 질문은 " 결혼 언제 할 거예요?"라는 뜻이다.

　이때 피로연의 주체는 신랑이나 신부가 아니라 그들을 보살피는 가족 내집단, 즉 부모나 형제, 친척이 되는 것이 보통이다. 이러한 특징은 한국의 결혼식이 결혼 당사자뿐만 아니라 그들과 관련된 집안 전체가 성원하는 의식임을 알 수 있다. 그래서 한국의 결혼식에는 서양보다는 하객이 많이 모이고 결혼식의 규모에 따라 그 사람(본인, 부모)의 사회적인 권위와 배경을 가늠할 수 있다. 피로연의 형태는 과거에는 손수 음식을 만들어 고마운 마음을 전달했으나 오늘날에는 뷔페나 식당 등에서 대접하는 문화로 바뀌고 있다.

　한국의 결혼식이 집단주의적임을 알 수 있게 하는 예식의 절차로서 '폐백'이 있다. '폐백'은 전통 혼례의 형식을 그대로 전승한 것으로, 신부가 신랑의 집안어른들께 한집안의 가족이 되었음을 알리기 위해 인사를 드리는 의식이다. 폐백을 결혼 의식의 하나로 볼 때 한국의 결혼식 문화는 서구적인 형식과 전통적인 형식이 혼합되어 있음을 알 수 있다. 현대에는 신부가 신랑의 가족에게 인사드리는 폐백이 성차별의 요소가 있다고 하여 양가 집안에 다 인사를 드리거나 생략하는 경우도 있다.

많은 사람이 이동하는 한국의 결혼식은 개인적으로나 사회적으로 많은 불편과 비효율을 초래하고 있다. 한국의 결혼식은 대부분 봄·가을의 특정 결혼 시즌과 공휴일·주말의 점심시간대에 집중되어 있어, 예식 당일 예식장 근처에 극심한 교통 혼잡을 유발하기도 한다. 가령 지방의 부모가 자식의 결혼식에 참석하기 위해 가족·친지 들을 태운 관광버스를 몇 대씩 대절하여 상경하는 경우도 흔하다. 이런 경우 국가적으로 볼 때 시간적·경제적 소모가 매우 크다고 할 수 있다. 결혼 시즌이 되면 결혼식 때문에 다른 일을 하는 데 지장을 주는 일까지 발생한다. 이처럼 한국인에게 결혼식은 중요한 의식이 된다.

결혼식을 통해 본 부조 문화

한국의 결혼식 문화에서 독특한 특징은 부조금을 내는 일이다. 부조금은 '남을 거들어 도와주는 돈'이라는 뜻으로 한국의 결혼은 실제로 비용이 많이 들기 때문에 서로 어려움을 나누려는 협동 정신에서 나온 것이다. 신랑과 신부가 필요한 물품 목록을 만들고 친구나 친지가 결혼 생활에 필요한 물건을 간단히 선물하는 것에 비하면 서양 사람들로서는 이해하기 힘든 결혼 문화로 볼 수 있다.

서구의 결혼 문화와 비교할 때 한국식 결혼은 경제적 비용이 많이 든다. 한국에서 결혼할 때 가장 많이 지출하는 비용은 주택 장만이며 여기에 예물, 예단, 살림살이 구입 비용이 추가된다. 먼저 한국에서는 월세보다는 주택을 구입하거나 전세로 집을 마련하기 때문에 서구에 비해 결혼 비용이 늘어난다. 한국에서 물품이 아니라 현금으로 부조를 하는 것은 이와 같이 현금으로 지출해야 할 결혼 비용 지출 내역과도 관련이 있다.

그래서 한국에서는 참석자들이 결혼에 비용이 많이 들어간다는 것을 알고 부조금을 내어 십시일반으로 경제적인 도움을 주려고 한다. 이 도움은 '일방적인 주기'가 아니라 호혜성의 원칙에 따라 참석자의 자식이나 친척이 결혼하면 그에 상응하는 보답으로 부조를 받는다. 말하자면 쌍방이 경제적으로 과중한 부담을 져야 할 때 서로 도움을 주는 것이 한국의 부조 문화라고 할 수 있다.

또한 한국에서의 결혼은 가족 간의 결합이기 때문에 각 집안의 체면 때문에 예물·예단·살림 마련 등 결혼식 절차와 내용에도 비합리적인 소비가 증가한다. 이런 의미에서 한국인의 낭비적이고 과시적인 혼례 문화는 더욱 간소화하여 좀 더 합리적이고 경제적인 결혼 문화로 개선해야 할 필요성이 있다.

참고 문헌

가바리노.『문화인류학의 역사』. 일조각, 1994.

국제한국학회 편.『한국 문화와 한국인』. 사계절, 2003.

루스 베네딕트 지음, 김열규 옮김.『문화의 패턴』. 까치, 1996.

리처드 E. 니스벳 지음, 최인철 옮김.『생각의 지도: 동양과 서양, 세상을 바라보는 서로 다른 시선』. 김영사, 2004.

마빈 해리스.『문화의 수수께끼』. 한길사, 1999.

박영순.『한국어 교육을 위한 한국문화론』. 한국문화사, 2002.

안용준.「군사 문화의 이해를 통한 한국 문화 교육」. 한양대 교육대학원 '한국 문화의 이해' 강의 발표 자료, 2006.

앤서니 기든스.『현대사회학』. 을유문화사, 1992.

앨런 버나드.『인류학의 역사와 이론』. 한길사, 2003.

제리 무어.『인류학의 거장들: 인물로 읽는 인류학의 역사와 이론』. 한길사, 2002.

조영호 외.『경영학 뉴패러다임: 조직 인사 노사관계』. 박영사.

최상진.『현대 심리학의 이해』. 학문사, 1997.

최준식.『한국인에게 문화는 있는가』. 사계절, 2002.

황익주.「인류학자가 보는 세상(6) 특이성 많은 음주 문화」. 경향신문, 2006. 8. 25.

한국결혼문화연구소 (www.marriafe.re.kr)

한국예식문화연구원 (www.wedding.or.kr)

홍무승.『한국 군대의 사회학』. 나남신서, 1993.

Feelcard(www.feelcard.com)

Step 1 ➡ 본문 읽고 토론하기

※ 다음은 한국인의 일상생활과 사회에 반영된 집단주의 문화를 설명하는 본문 내용 중 일부입니다. 잘 읽고 각자의 생각을 자유롭게 말해 봅시다.

> 한국인은 '우리 남편, 우리 집사람, 우리 부부'와 같이 아주 사적이며 개인적인 관계에서도 '우리'라는 명칭을 사용한다. 처음 만난 사람에게 출신 학교를 묻거나 고향을 묻는 일도 흔하다.

> 한국인은 처음 사람을 만나면 고향을 묻는다. 동향이면 마치 오랜 친구를 만난 듯 반가워하며 고향 얘기를 한다. 그리고 같은 성씨를 가진 사람이면 곧바로 조상을 따지기 시작하고 서로 간의 공통점을 찾아내면 이내 친해진다.

> 한국에서 대학교에 들어가면 맨 먼저 조직하는 것이 출신 고등학교의 동문회이다. 심지어 직장 내에서도 동문끼리 따로 모임을 갖고 친목을 도모하기도 한다.

Step 2 ➡ 심화 확장하기

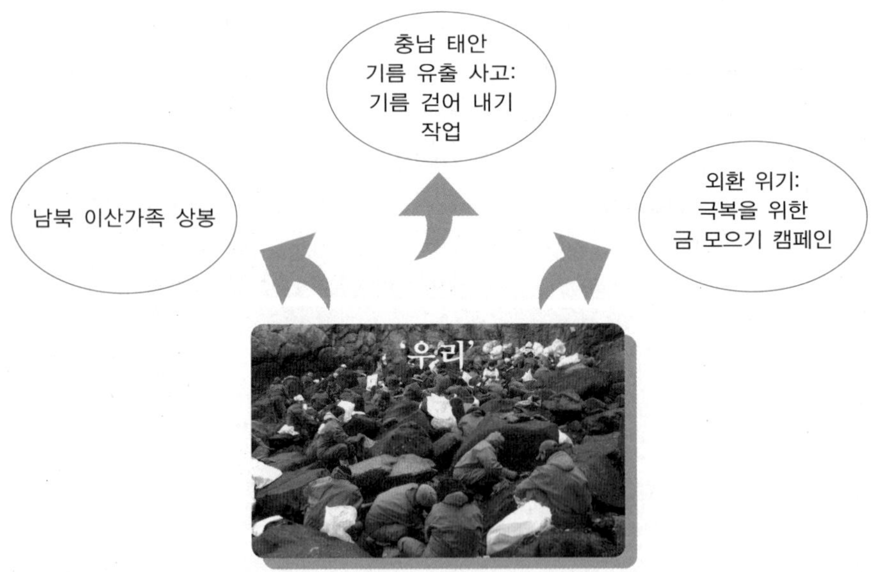

1. 위의 일들을 통해 알 수 있는 한국인의 특성과 문화는 무엇일까요? 함께 이야기해 봅시다.

2. 여러분 나라 사람들에게 혈연, 학연, 지연은 각각 어떤 의미를 가지고 있습니까? 한 개인이나 가족, 또는 지역사회, 국가가 어려움에 처했을 때 어떤 방법으로 문제를 해결합니까? 나라별 공통점과 차이점을 조사해 발표해 봅시다.

Step 3 ▶ 문화에 드러난 어휘

피로연, 폐백, 회식, 부조, 우리, 전우회, 반상회, 팬클럽, 카페, 조합, 오순도순	중립적 / 부정적	인맥, 얘네, 쟤네, 걔네, 끼리끼리, 동향, 동기, 동문, 동창, 지역 이기주의, 님비, 핌비, 학연, 혈연, 지연, 파벌, 연줄, 알음알음

- 우리가 남이가?(정치권에서 곧잘 들을 수 있었던 집단주의를 부추기는 말), 뭉치면 살고 흩어지면 죽는다. 팔은 안으로 굽는다, 한솥밥을 먹었다, 한지붕 밑에 산다

Step 4 ▶ 문학작품을 읽고 토론하기

1. 주요섭의 「사랑 손님과 어머니」를 읽고 '사랑방'과 '안방'의 공간 구분을 통해 드러나는 주인공의 '우리(내 집단)' 주의에 대하여 토론해 봅시다.

2. 이문열의 「우리들의 일그러진 영웅」을 읽고 한국인의 집단 의식에 대하여 토론해 봅시다.

한국인은
나이, 서열, 성의 차이에 의해
발생하는 권위를 통해 공동체적 집단의
이해관계를 조정하고 통제하는 권위주의적
특성을 보여 준다. 권위를 기반으로 형성된 체면과
눈치의 문화는 한국 문화의 매우 흥미로운 현상
이다. 연장자와 연하자, 상급자와 하급자,
남성과 여성 사이에서는 권력거리에
의해 일정한 권위의식이
발생한다.

제3장 # 한국인의 권위주의

Korean Authoritarianism

1. 나이와 서열을 중시하는 한국인

권위주의는 개인의 성공보다는 집단의 성공을 앞세우고, 집단과의 조화를 위한 자기 성찰, 타인과의 조화에 관심을 갖는 특성이 나타난다. 즉 집단과 개인의 조화를 추구하며 이를 위해 위계질서를 중요하게 여긴다. 한국 사회는 나이와 서열에 의한 '권위'를 통해 공동체적 집단의 이해관계를 조정하는 권위주의적 특성을 보여 준다. 권위는 '명령을 내릴 수 있는 권리' 또는 '통치할 수 있는 권리'로서 막스 베버에 따르면 "사회학적 의미의 권위"란 일정한 명령에 대해 일정한 사람들이 복종할 가능성을 말한다.[1]

관련 내용 ◐305쪽

타인과의 관계에서 중시되는 나이와 서열

문화 포커스

1. 한국인들이 상대방에 대해 나이나 서열을 따지는 이유는 무엇일까?
2. 한국 사회에서 '권위'의 의미는 무엇일까?

문화 키워드

나이　　서열　　권위주의　　평등주의

한국인은 나이와 서열을 따지는 데 익숙하다. 사람을 만나면 서로 나이를 밝혀 위아래를 가린 다음 형, 언니, 동생을 정한다. 현대사회는 서구화의 영향으로 달라지긴 했지만 집단 내에서 나이와 서열을 따지는 한국인의 습성은 여전하다. 학생의 경우는 학번을 통해서 위아래를 따져 서열을 정한다. 그리고 군대에서는 군번으로, 회사에서는 입사 연도로 서열을 정하기도 한다. 이러한 나이를 통한 서열 정하기는 일반 사회에 진출하더라도 계속 이어진다. 나이가 들어 가지게 되는 사적인 모임에서도 학번이나 나이를 묻는 일이 일상적이다.

한국인은 단순히 나이를 견주는 데 그치지 않고 심지어 태어난 달까지 계산하여 몇 달이라도 연장자임을 밝히는 경우도 있다. 연장자는 말을 놓을 수 있고 대접도 달라지기 때문이다. 유교 문화의 영향을 받은 한국인은 자식이 부모에게 효도를 다하면 부모가 자식을 사랑하듯이 동생이 형에게 공손하면 형은 동생을 모든 면에서 잘 돌봐 주어야 한다고 생각한다. 이것은 한국 사회에서 연장자와 연하자 사이에서 암묵적인 도덕적 의무로 지켜지고 있다.

권위주의 사회의 특징

나이에 따라 생긴 서열은 한국 사회에서 연장자로서의 권위를 발생시킨다. 이런 경향을 반영하듯 호칭에서도 연장자와 연하자의 어휘 쓰임에 차이가 드러난다.[2] 연장자를 나타내는 어휘는 성별로 세분화되어 '형, 오빠, 누나, 언니' 등으로 다양하게 쓰이지만 연하자를 나타내는 어휘는 '동생'으로 통칭되어 연장자에 비해 연하자에 대한 배려가 적다는 것을 알 수 있다. 한국 사회에서 나이에 따른 서열로 인해 생기는 분별은 지나친 권위주의를 낳는다. 이런 경우 보통 연장자가 청해야만 연하자는 윗사람과 악수를 할 수 있다.

연장자 중심으로 권위가 한 군데로 집중하다 보면 사회가 하나의 유기체로서 원활하게 움직이지 못하게 된다. 이렇게 되면 아랫사람은 윗사람의 권위에 눌려 눈치를 살피다가 제대로 의사를 전달하지 못하는 경우가 생긴다. 가정과

---

1) 전혜영, 「한국어에 반영된 유교 문화적 특성」, 『한국 문화와 한국인』 (사계절, 2003), p. 224.
2) G. Hofstede 지음, 차재호 · 나은영 옮김, 『세계의 문화와 조직』 (학지사, 1995).

직장 내에서 연장자와 연하자 사이에 형성된 지나친 권위 의식은 조직의 의사 소통 능력과 민주적 분위기를 해친다는 점에서 나이 서열에 의해 연장자 중심으로 생기는 권위주의는 개선할 점이 있다고 하겠다.

권위주의 사회에서는 어떤 일이 발생하면 그 원인이 윗사람의 책임보다는 아랫사람의 잘못으로 떠넘기는 경우가 많다. 윗사람이 잘못을 인정하면 연장자로서의 권위가 손상되어 체면이 깎이기 때문에 가능한 한 잘못을 덮어 두는 게 보통이다. 예를 들자면 한국의 가정에서는 아버지와 어머니의 잘못은 들추어내지 않으며 동생이 형의 잘못을 공개적으로 비난하지 않는다. 이것은 서열에 의해 생긴 권위를 손상시키지 않으려는 아랫사람의 배려라고 할 수 있다. 부모나 형이 잘못을 하면 시인하고 자식이나 동생 앞에서 솔직하게 사과하는 서양과는 대조적이라 할 수 있다. 부모나 형의 실수를 들추지 않는 것은 권위주의적인 집단 사회에서 윗사람의 권위를 지키기 위한 방편임을 알 수 있다. 그러므로 국가에서 발생한 많은 사고와 사건의 경우에도 조직의 상급자가 책임지기보다는 암묵적으로 하급자에게 잘못이 돌아가는 경우가 많다.

막스 베버에 따르면 사회학적 의미의 권위란 일정한 명령에 대해 일정한 사람들이 복종할 가능성을 말한다. 이러한 권위가 성립되려면 명령을 하는 사람과 복종하는 사람 사이에 상하의 관계가 성립되어야 한다. 그러므로 권위주의 사회는 각 개인이 자유와 평등을 누리는 민주적인 사회와는 대조적으로 개인의 욕구와 의지가 억압될 여지가 많다.

한국 사회는 나이와 사회적 지위·성별에 따라 이러한 권위가 발생하는데 권위의 유형으로는 전통적 권위, 카리스마적 권위, 합리적(합법적) 권위 등이 있다. 합법화된 권력으로 주어지는 합리적 권위에는 지위의 권위, 전문적 권위들이 있다. 말하자면 대통령이나 사장에게 주어지는 지위의 권위와, 의사나 변호사에게 주어지는 전문적 권위 들이 이에 속한다. 이렇게 볼 때 권위는 타인의 행위를 인도하여 결정을 내릴 수 있는 권력이라고 정의할 수 있다. 한국인의 출세 욕구는 사회적인 지위에서 생긴 권위를 통하여 많은 사람을 통제하거나 자신의 의지대로 움직일 가능성이 커지기 때문이다.

사람은 사물을 판단하거나 평가하는 데에 감정적·정서적으로 일정한 가치 기준을 설정하는 경우가 있다. 특정한 지위나 인물에 절대적인 권위를 인정하고 이에 따라 평가하는 사회적 태도를 갖는 경우, 평가의 바탕에는 이성적 판단보다는 권위에 동조하려는 감정이 작용하게 된다. 그러므로 권위주의적 사고는 권력이나 힘을 맹신하거나 이에 일체화하려는 비이성적이며 전근대적인 특징을 가지고 있다.

인간의 역사는 권위주의에서 벗어나려는 과정으로 파악할 수 있다. 권위주의는 사람들에게 맹목적으로 복종하는 태도, 사고, 행동을 요구한다. 정치권력의 권위주의는 상상을 초월할 정도로 상대를 억압하려는 힘이 크다. 한국에서 발생한 4·19혁명이나 5·18광주민주화운동 등은 독재 정권의 과도한 권위에 저항한 국민의 민주화 시위였다. 한국의 근대화 과정에서 권위주의는 개인의 자유와 평등의 가치를 지키려는 사상에 의해 도전받아 왔음을 알 수 있다

권위주의 문화와 평등주의 문화

권위적인 동양 문화는 서구의 평등 지향 문화와 비교힐 때 〈표 3-1〉과 같은 사회 심리적 차이를 갖는다.

동양은 주로 권위주의 문화가 우세하며, 서양은 이와는 달리 평등주의 문화가 우세하다. 권위주의 문화에서는 개인의 성공보다는 집단의 성공을 앞세우고, 집단과의 조화를 위한 자기 성찰이 주를 이루며, 타인과의 조화에 관심을 둔다. 이는 집단과 개인의 조화를 추구하는 것이며 따라서 위계질서를 중시하고 자신보다 위 서열의 사람과의 논쟁은 바람직하지 않으며 집단의 질서를 흩뜨리는 행위가 된다고 믿기 때문이다.

〈표 3-1〉 권위주의 문화와 평등주의 문화의 차이

구 분	권위주의 문화	평등주의 문화
사회 형태	상호 의존적인 사회	독립적인 사회
개인의 성공	집단의 영광	자기 업적
자기 성찰의 방식	집단과의 조화를 위한 자기 비판	개성을 중시하는 자기 긍정
인간관계	타인의 감정에 충실한 조화 추구	자신에 충실한 정의 추구
사회의 중심 가치	위계질서의 중요성, 집단의 통제	형평성의 존중, 개인의 자유 선호
논쟁에 대한 태도	모순과 논쟁의 회피	적극적 논쟁 추구

자료: 리처드 E. 니스벳 지음, 최인철 옮김, 『생각의 지도: 동양과 서양, 세상을 바라보는 서로 다른 시선』(김영사, 2004), pp. 79~80.

한편으로 보면 서열에 의한 권위주의는 아랫사람이 윗사람을 공경하여 겸손해지고, 윗사람이 아랫사람을 점잖게 감싸 주며 사랑을 베푸는 이상적인 형태가 될 수도 있다. 그러나 권위는 항상 권력을 가진 사람이 갖지 않은 사람에게 복종을 강요하는 형태가 되기 때문에, 한국 사회가 민주적인 사회를 지향한다는 점에서 나이와 서열에 따른 권위주의는 긍정적인 면보다는 부정적인 면을 더 많이 갖는다고 할 수 있다. 하지만 최근 젊은 사람을 중심으로 이러한 권위주의를 탈피하고 자신의 개성을 존중하며 타인과의 조화보다는 자신의 개인적인 자유를 선호하는 사람이 점점 늘고 있어 서구화의 경향을 보인다고 할 수 있다.

2. '체면'과 '눈치' 속에 투영된 서열 의식

　　체면과 눈치는 서열이 분명한 권위주의 사회에서 윗사람과 아랫사람이 조화를 이루며 살아가기 위해 발달한 문화적 현상이다. 체면은 남을 대하기에 떳떳한 도리나 얼굴로 정의되며, 체면을 지킨다는 것은 인간으로서의 도리에 맞는 행동을 하는 것이다.[3] 눈치는 남의 마음의 기미를 알아챌 수 있는 재주[4]를 뜻하며 최재석 교수는 이를 '눈치 컬처'라고 명명하였다. 체면과 눈치는 대인관계에서 독립적이기보다는 의존적인 경향이 높고, 개인의 목적보다는 집단의 목적을 중요하게 여기는 유교 문화권에서 생기는 문화 현상이라 할 수 있다.

관련 내용 ● 309쪽

한국인에게 체면의
상징이 되기도 하는
고급 승용차

문화 포커스

1. 체면과 눈치 문화는 한국인의 일상생활에 어떻게 반영되어 나타날까?
2. 체면과 눈치 문화는 어디에서 온 것일까?
3. 체면과 눈치 문화의 긍정적인 면과 부정적인 면은 무엇일까?

문화 키워드

체면·눈치 문화

한국 사회에서 윗사람의 눈치를 보는 것은 익숙하다. 예를 들어 직장 상사가 일이 많아 퇴근을 하지 않았는데도 아랫사람이 퇴근 시간이 되었다고 퇴근한다면 눈치 없는 사람이 되기 쉽다. 업무를 처리하거나 공식 회의에서 토론할 때에도 안건에 대한 본인의 생각을 정연하게 얘기하기보다는 상급자의 판단을 눈치로 지켜보고 상급자의 판단을 좇는 사람이 많다.

물론 지나치게 눈치가 빠르고 계산적인 사람은 주변 사람들한테 부담이 될 수 있다. 소신이 없고 아부만 하는 사람으로 비치기도 한다. 하지만 눈치 없는 사람 또한 한국 사회에서는 함께 행동하기에 참 곤란한 경우가 많다. 주위 사람에게 폐를 끼칠 수도 있는데 문제는 남에게 피해가 간다는 것조차 인식하지 못하는 경우가 있기 때문이다. 적당한 눈치는 암묵적인 의사소통이다.

체면의 경우도 마찬가지이다. 돈이 없는데도 선배나 상사가 돈을 내야 한다는 부담감은 체면 문화에서 기인한 것이며, 자신의 직업적 위상에 걸맞은 옷과 차와 집을 소유하기를 원한다. 이러한 체면 문화는 역으로 좋은 옷과 차, 집을 가져야만 자신의 위상이 높아진다는 생각을 갖게 한다. 결국 이러한 눈치와 체면 문화는 나 자신에 충실하기보다는 타인의 시선에 신경 쓰는 문화이며 또한 타인을 배려하는 문화라고 할 수 있다.

눈치와 체면

체면과 눈치는 전형적인 집단주의 문화의 산물이다. 체면은 '남을 대하기에 떳떳한 도리나 면목'으로, 'to save one's face'로 번역한다. 눈치는 사회학자인 최재석 교수가 '눈치 컬처(Noonch'i culture)'라고 불렀을 만큼 한국의 대표적인 문화로서 남의 마음의 기미를 알아챌 수 있는 재주를 뜻한다. 체면과 눈치는 한국 사회를 살아가는 데 다른 사람과 부딪치지 않고 집단과 조화를 이루며 살아가기 위해 필요하다.[5]

체면은 집단의 화합을 유지하기 위해 윗사람에게 요구되는 덕목이며, 눈치

---

3) 최상진·유승엽, 「체면의 심리 구조」, 『한국심리학회: 사회 및 성격』, 제14권, 1호.

4) 최재석, 『한국인의 사회적 성격』 (현음사, 1994).

5) 한규석·최상진, 「교류행위를 통해 본 한국인의 사회심리」, 『한국 문화와 한국인』 (사계절, 2003), p. 178.

는 집단의 가치를 존중하기 위하여 아랫사람에게 요구되는 덕목이다. 집단주의 사회에서는 자기 감정을 있는 그대로 드러내지 못하며 항상 상대방이 어떻게 생각하는지를 염두에 두어야 한다. 집단주의 사회에서 윗사람은 체면을 지켜야 하며 아랫사람은 눈치로써 그 속마음을 읽어야 한다. 이처럼 체면과 눈치는 집단주의 사회에서 윗사람과 아랫사람 사이에 서로 맞물려 돌아가는 것으로 체면과 눈치에 적당히 대응할 수 있어야 사회생활을 순조롭게 할 수 있다.

집단주의 사회에서는 항상 남을 의식해야 하며 남이 어떻게 생각하는지 빨리 알아채서 거기에 어느 정도 맞추어야 한다. 그렇게 하지 않으면 금방 집단에서 소외되는데, 이처럼 눈치가 없거나 상황 파악이 느려서 집단에서 소외되는 경우로 한국에서는 '왕따', 일본에서는 '이지메' 현상이 있다. 왕따와 이지메의 공통점은 "모난 돌이 정 맞는다."와 같이 집단에서 혼자 두드러져서 집단의 가치와 개인의 가치가 충돌하는 경우이다. 집단의 가치를 중하게 여기는 사회에서는 집단의 단합에 어긋나는 개인적인 행동들은 따돌림을 받게 된다. 이것은 개인의 개성과 능력을 중요하게 여기는 서구 문화와는 아주 대조되는 점이다.

문화 심리학적으로 체면과 눈치는 인구가 밀집된 반도의 작은 나라에서 단일민족끼리 서로 충돌 없이 서열을 지키며 의좋게 지내기 위한 방편으로, 서로의 마음을 헤아리는 가운데 발달된 것으로 볼 수 있다.[6] 여러 종족이 모여 사는 서구 사회에서는 모든 일이 문서화된 계약으로 이루어지며 자기 의사를 분명히 말로 표현해야 한다. 언어와 문화가 동일하지 않은 다민족 집단에서 체면과 눈치로써 사태를 짐작해서 의사소통을 한다는 것은 사실상 불가능하다.

동양인은 성장 과정에서 상대방의 마음을 헤아리도록 교육받는다. 특히 한국인은 단일 혈족끼리 한마을에 모여 살면서 씨족 공동체를 이루어 왔다. 마을 공동체 안에서 윗사람이 '체면' 때문에 속마음을 있는 그대로 이야기하지 않더라도 아랫사람이 '눈치'로 그 의중을 헤아리는 것이 도리였다.

한국인은 성씨도 모르는 여자와 남자를 통칭할 때 아저씨와 아줌마라는 인척 관계의 호칭으로 부른다. 영어로 'aunt'와 'uncle'은 인척 관계를 의미하는데, 한국에서는 전통적으로 마을 사람이 거의 인척일 만큼 씨족 공동체의 집단주의 사회였다.

눈치나 체면의 문화는 집단주의 사회의 독특한 특징으로서 모든 면에서 나

---

6) 한규석·최상진, 앞의 책, pp. 174~179.

쁘다고 할 수는 없다. 그러나 눈치는 정도를 넘으면 '아첨'으로 변할 수 있고 체면은 '허세'로 발전하여 위선적으로 되기 쉽다. 집단주의 사회에서는 어떤 사건이 발생하면 아랫사람은 눈치만 보고 윗사람은 체면만 찾다가 해결하지 못하는 수가 많다. 가령 경찰이 조사하는 사건 중에서 직접 위의 상관인 검사의 가족과 관련된 사건이 있으면 더 이상 수사를 진행하지 못하고 쉬쉬하고 없었던 일로 처리하는 경우가 많다. 이것은 내집단을 선호하고 보호하는 한국의 우리주의와 눈치와 체면으로 연결된 집단주의 문화가 복합적으로 작용하여 나타나는 사회 현상이다.

한국에서는 윗사람이 체면상 옷과 차, 아파트를 아랫사람과 비교하여 과시용으로 크고 좋은 것을 선택하는 경우가 많다. 또한 같은 직장의 아랫사람이 윗사람보다 좋은 차를 타는 것은 윗사람을 의식하지 않는 눈치 없는 선택으로 윗사람의 체면을 손상시키는 일이 되기도 한다. 가령 윗사람의 경우 체면 때문에 과도한 술값과 음식비를 지불하기도 하고, 아랫사람은 눈치 때문에 윗사람에게 해야 할 말이나 비판을 하지 못하여 사회가 원활하게 돌아가지 못하는 경우가 있다. 한국 사회에서는 아직도 이런 문화의 잔재가 많이 남아 있지만 젊은 세대에서는 체면과 눈치의 문화가 많이 사라지고 있다. 앞으로는 체면과 눈치의 의례가 좀 더 합리적으로 개선되어 세대 간의 의사소통이 원활하게 이루어져야 각 개인의 개성이 존중되는 민주적인 사회가 될 것이다.

체면과 눈치의 유래

서양 사회와 동양 사회에서 한 개인을 양육하는 방식에는 차이가 있다. 동양 사회에서는 한 개인은 집단에 잘 적응하고 집단의 의사와 화합하도록 교육받는다. 집단 속에서의 행동이란 다른 사람에게 영향을 주고 다른 사람들과의 관계에서 조정되기 때문에 인간관계에서 조화를 유지하는 것이 사회생활의 가장 중요한 목표가 된다. 서양 사회에서는 집단에서 독립된 한 개인이 개성을 발휘하고 신장하도록 교육받는다. 서양인은 자신을 특별한 존재로 느끼도록 교육받기 때문에 자신을 드러내기 위해 체면과 눈치를 볼 필요가 없다.

상호 의존적인 사회에 살고 있는지 아니면 좀 더 독립적인 사회에 살고 있는지에 따라 세상을 보는 눈도 달라진다. 동양인은 개인의 힘보다는 외부의 힘을 중요하게 여기는 집단주의적이고 상호 의존적인 사회에서 살기 때문에 '외부 환경'에 더 많이 주의를 기울인다. 서양인은 개인주의적이고 독립적인 사회에서 살기 때문에 좀 더 분석적인 눈으로 세상을 보고 환경보다는 '사물' 자체에 주의를 기울인다. 그래서 서양인은 개별적 '사물'을 보고 동양인은 연속적인 '물질'을 보게 된다고 한다. 동양인은 주변 상황에 맞추어 행동하려고 하기 때문에 다른 사람들의 태도나 행동에 서양인보다 더 많이 주의를 기울인다. 윗사람의 체면 지키기와 아랫사람의 눈치 보기는 집단주의 사회에서 자신을 둘러싼 사회를 연속적으로 바라보면서 주변 상황에 맞추어 행동하려는 상호 의존적인 관계에서 나온 것으로 볼 수 있다.

동양의 체면 문화

체면 문화도 각 나라마다 중요하게 여기는 부분에 일정한 차이가 있다. 가령 중국은 가족 간의 체면을 중요하게 여기는데 일본은 조직 내에서의 체면을 중요하게 여긴다고 한다.

〈표 3-2〉 중국과 일본의 체면 문화

구 분	중국의 체면 문화	일본의 체면 문화
체면을 중시하는 부분	가족	조직
사회적 규제의 주체	상사, 윗사람 등의 권위자	동료
학교 내의 통제력	교사	동료 학생

한국의 경우는 중국의 영향으로 가족의 체면을 중요하게 여기며 직장에서도 상사나 윗사람들에 의해 사회적인 규제력이 나온다. 이러한 문화 가치를 지키기 위한 학교의 통제력도 중국에서는 동료 학생보다는 교사에게서 나온다고 할 수 있다. 이러한 특징들을 통해 볼 때 도라 디엔은 "중국인은 오륜五倫으로 대표되는 두 사람 사이의 관계를 중요하게 여기면서도 각 개인의 개성을 유지하는 데 반해 일본에서는 집단 속에서 개인의 완전한 융합을 강조한다."고 했다. 중국인은 좀 더 느슨하고 편안하게 살기를 추구하지만 일본인은 독일인이나 네덜란드인처럼 질서를 잘 지키며 살기를 추구한다고 한다.[7] 한국인의 체면과 눈치 문화는 중국 문화와 유사하여 인간관계를 중요하게 여기면서 각 개인의 개성을 배려하는 방향으로 전개되어 왔다고 할 수 있다.

---

7) 리처드 E. 니스벳, 앞의 책, pp. 75~76.

3. 권력 거리를 통해 본 권위 의식

홉스테드는 '권력 거리'(power distance)를 "한 나라의 제도나 조직의 힘없는 구성원들이 권력의 불평등한 분포를 기대하고 수용하는 정도"라고 정의하였다. 홉스테드의 조사에 의하면 한국은 권력 거리가 세계 문화 중 중간 정도에 속하는 국가로 나타나고 있다. 권력 거리가 먼 나라는 권위를 가진 상사나 부모 등의 뜻대로 움직이는 권위적인 사회를 의미하며, 권력 거리가 가까울수록 비권위적인 사회라고 할 수 있다.

관련 내용 ◐ 314쪽

교수와 학생들이 함께 토론 수업을 진행하고 있는 대학 강의실

문화 포커스

1. 한국 사회에서의 권력 거리와 그에 따른 권위 의식의 근간은 무엇일까?
2. 권위 의식은 한국어에 어떻게 반영되어 나타날까?
3. 권력 거리가 먼 사회와 가까운 사회는 어떤 특징을 보일까?

문화 키워드

권위 의식   권력 거리   불평등 관계   가족 구조   사회 구조

한국에서는 전통적으로 스승의 권위는 절대적이다. 옛말에 "스승의 그림자도 밟지 마라."는 말이 있을 정도로 자신의 학문적 스승에 대한 존경과 권위에의 복종은 절대적이다. 현대사회에서 중등학교의 사제 간의 관계가 많이 변질되었다고 하더라도 여전히 많은 학생은 선생님의 권위에 복종하고 존경하며, 선생은 학생을 훈육하며 돌볼 의무를 가진 것으로 전제되어 있다. 이러한 강한 권위-의존 관계는 소수로 긴밀한 관계를 맺게 되는 대학원 학생에게 두드러지는 현상이다.

또한 가정 내에서도 장남의 권위가 절대적이었다. 현대사회는 독자나 둘 정도의 자녀를 낳게 되므로 형제 간에 상하 관계가 형성되지 않지만, 과거에는 한 가족 내에서 장남의 역할과 권위는 실로 큰 것이었다. 장남은 부모를 대신하는 존재이며 아울러 장남은 동생들을 돌볼 의무를 함께 지녔다.

권력 거리와 권위 의식

권력 거리[8]란 한 나라의 제도나 조직의 힘없는 구성원들이 권력의 불평등한 분포를 기대하고 수용하는 정도라고 정의할 수 있다. 제도(institution)란 가족, 학교, 지역사회와 같은 기본 단위를 말하며, 조직(organization)이란 사람들이 일하는 곳을 가리킨다.[9] 권력 거리가 먼 나라는 더욱 권위적인 나라이고 이런 나라에서는 권위를 가진 상사나 부모 등의 뜻대로 움직이는 경우가 많다. 권력 거리가 가까울수록 사회의 하층에 있는 청소부나 수위가 상부의 사장이나 교수와 자연스럽게 인사를 나누는 비권위주의적인 사회 분위기가 만들어진다. 홉스테드의 조사에 따르면 한국은 53개 조사국 중에서 27위로 권력 거리가 중간 정도인 나라로 밝혀졌다. 이런 결과는 한국인이 권위주의적 속성에 강하다는 측면을 생각하면 의외의 결과로 보인다. 그것은 한국인은 서열을 나누는 등 권위를 따지지만 한편으로는 각 개인이 평등에 대한 강한 열망도 가지고 있기 때문에 사회적 불평등을 수용하는 정도가 낮기 때문이라고 한다.

---

8) 네덜란드의 실험사회심리학자 모크 멀더(Mauk Mulder)의 연구에서 비롯된 것이다. 그의 연구는 상사로부터 부하를 격리시키는 감정적 거리에 대한 것이었다.

9) G. Hofstede, 앞의 책, p. 54.

토드에 따르면 이러한 사회 구조는 가족 구조에 따라 파생되며 한 나라의 권력 거리와 권위주의는 그 나라 국민의 정신적·사상적 배경에서 나온다. 우리나라는 의식적 차원에서 유교의 영향을 강하게 받아 왔기 때문에 권위주의에 익숙한 편이다. 유교의 스승인 공자는 한 사회의 안정은 사람들 사이의 '불평등한 관계'에 따라 유지된다고 보았다. 삼강오륜은 부모와 자식, 남편과 아내, 지도자(임금)와 신하 사이의 이러한 불평등한 관계를 잘 나타내고 있다. 유교의 영향을 받은 나라는 중국을 비롯하여 싱가포르, 홍콩, 대만, 일본, 한국 등이다.

각 나라의 권력 거리를 결정하는 요인은 위도, 인구, 경제 능력 등이다. 위도[10]가 높은 나라일수록 덜 권위적이 되고 인구가 많을수록 더 권위적이 되며 나라가 부자일수록 덜 권위적이 된다고 한다. 경제 능력 또한 상당히 결정적인 요인이 되어 권력 거리가 가까운 민주주의 사회를 정착시키려면 국가의 경제력이 밑바탕이 되어야 한다고 한다. 한국이 비교적 권력 거리가 먼 나라이지만 민주주의가 정착하게 된 원인 중 하나는 박정희 대통령 시절의 경제개발 이후 경제가 발전하면서 부가 축적되었기 때문으로 볼 수 있다. 현재 한국은 이러한 정치적·경제적 역량을 바탕으로 세계의 선진국으로 발돋움하기 위해 더욱 민주적인 사회를 구현하려고 노력하고 있다.

언어에 나타난 권위주의

언어는 그 언어를 사용하는 집단의 문화를 표현한다. 한국어는 한국 문화의 권위주의를 반영하여 복잡한 호칭과 경어를 사용한다. '먹다'라는 어휘의 경우 영어로는 'eat, take, have'와 같은 어휘가 시제나 성에 따라 변화하지만 나이나 서열에 따라 달리 사용하지는 않는다. 한국어의 경우 '먹다'라는 동사의 변형은 훨씬 복잡한 양상을 띤다. 그 어휘들은 상대방과 말하는 사람의 서열과 친분 관계에 따라 다르게 사용한다.

호칭의 격상을 통해 서로 간에 존중해 주는 의미도 있지만, 진정한 존경의 뜻이 없는 호칭의 격상은 앞에서만 권위를 인정하는 이중 문화를 양산하기도 한다. 복잡한 한국말의 호칭 체계는 권위주의를 반영하는데, 이러한 언어 사용 때문에 인간관계가 더 복잡해지는 것은 사실이다.[11]

---

10) 위도는 적도 지방(지도 한가운데)에 그어진 선을 중심으로 위쪽으로는 북위, 남쪽으로는 남위라고 칭한다.

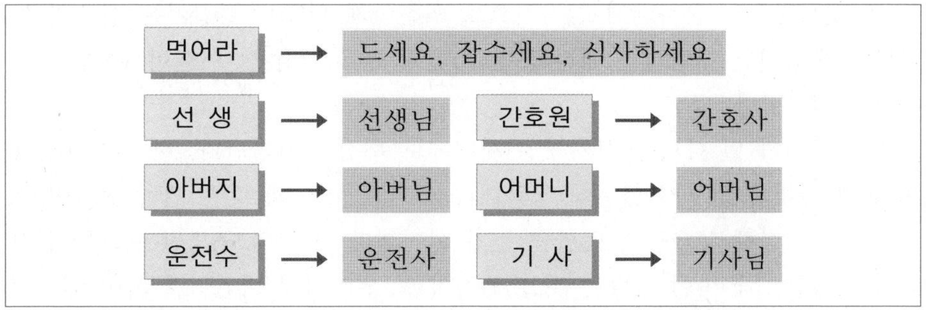

이러한 경어와 호칭 체계는 한국 사회가 서열상으로 세분화되어 있기 때문에 일어나는 현상으로 집단주의와 어느 정도 관계가 있다. 복잡한 경어 체계는 한국 문화에 익숙하지 않은 외국인이 한국어를 배우는 데도 어려움이 많을 뿐만 아니라, 우리 사회가 민주주의를 실현하는 데도 장애가 된다고 한다. 이러한 경어와 격상된 호칭의 사용은 동등한 민주적 관계보다는 더욱 권위적인 수직적 인간관계를 양산할 수 있기 때문이다. 이런 면에서 앞으로 한국 사회가 경어와 호칭 체계를 좀 더 단순화한다면 더욱 민주적인 관계로 발전할 수 있을 것이다.

가족 문화와 권력 거리

권력 거리에 따라 한 사회의 가족의 모습도 달라진다. 권력 거리가 먼 가정에서 태어난 아이들은 먼저 부모에게 복종해야 하고 아이들 사이에도 명확한 위계질서가 있다. 이때 연하자는 연장자의 뜻을 따라야 하고 연장자는 연하자를 정성스럽게 돌보아 주어야 할 의무가 있다. 이런 인간관계에서는 부모님, 직장 상사, 선생님 등 연장자에게 항상 의존하려는 강한 욕구를 갖는다. 권력 거리가 먼 사회의 경우 부모 자식 간의 불평등은 교사와 학생 간의 불평등으로 이어진다. 이런 사회에서는 교사의 권위가 막강하기 때문에 학생은 교사의 말을 비판할 수 없으며, 학교 밖에서도 그 권위를 인정하여 단순한 지식의 전달자가 아닌 삶의 스승으로서 인정하게 된다.

이런 가족 구조는 직장 문화에도 연장되어 나타난다. 권력 거리가 먼 조직에서는 상급자와 아랫사람의 관계에서 항상 권력이 소수의 상사에게 집중되어

---

11) 전혜영, 앞의 논문, p. 242.

있다. 아랫사람은 자율적 행동보다 상급자의 지시에 따라 움직이는 경우가 많다. 아랫사람은 상급자에게 감정적으로 의존하게 되므로 상급자는 실무의 능력도 중요하지만 개인적인 배려를 많이 해 주어 조직을 잘 이끌어 갈 수 있는 사람을 선호한다.

권력 거리가 먼 사회는 정치적인 제도에도 특징이 나타난다. 한국은 예전에는 권력 거리가 먼 사회였는데 청와대나 국회, 검찰들과 같은 권력 집단이 스스로를 성역화해서 국민의 비판을 듣기 싫어했다. 사회의 구성원은 그들의 사회가 불평등하게 짜여 있다는 것을 인정하며, 권력자와 비권력자 사이에는 의존적인 관계가 나타나기도 한다. 언론이 자유롭게 비판할 수 있게 되고 인터넷이 발달하면서 한국 사회는 이러한 권력 거리도 상당히 가까워지고 있다.

이런 문화권에서는 권력자가 특권을 가지고 그 특권을 이용해 부를 축적하는 것을 당연하게 생각한다. 이런 문화권은 정치적으로는 좌우익으로 갈려 있어 중도 노선이 약하다. 또한 경제력이 소수에게 집중되고 조세 제도도 그들에게 유리하게 짜여 있다. 이런 측면은 예전의 한국 사회의 모습과 비슷하다. 현재 한국은 꾸준히 사회 개혁을 통하여 이러한 불합리한 측면에 대한 제도적 개선을 해 나가고 있다. 권력 거리가 먼 사회는 중남미나 동남아시아 국가들이 이에 속하며 우리나라도 이 부류에 속한다.

반면에 권력 거리가 가까운 사회에서는 아이들을 부모에 예속된 존재가 아닌 하나의 인간으로 동등하게 대접한다. 이런 문화에서는 부모에게서 자식들이 빨리 독립하게 된다. 독립을 하는 동시에 자식은 부모와 대등한 인격체가 되고 모든 일을 스스로 처리한다. 예를 들어 미국에서는 결혼이나 중요한 결정을 할 때도 부모의 간섭에서 벗어나 독립적으로 스스로 결정하고 책임진다. 이런 사회에서는 교사와 학생의 관계가 동등하며 교육과정도 학생이 중심이 되어 교사와 학생이 토론을 벌일 수 있다.

권력 거리가 가까운 사회에서는 권력이 분산되어 상급자와 아랫사람이 동등한 위치에서 일하게 된다. 상하의 급여 차이도 크지 않고 간부나 상급자가 특별한 권리를 누리지도 않는다. 서로 업무에 관하여 자유롭게 의견을 나눌 수 있고, 아랫사람이 원할 때는 상급자가 항상 만나 줘야 한다. 주차장, 화장실, 식당 등의 사용에서도 상급자와 아랫사람 사이에 큰 차이가 없다.

권력 거리가 가까운 사회에서는 사회적 불평등을 나쁜 것으로 여기기 때문에 권력이나 경제 능력, 지위의 높낮이에 관계없이 모든 사람을 동등하게 대우하는 것이 이 사회의 이상이다. 정치적으로 좌우익 양 극단보다는 중도 노선이 강한 것도 이 사회의 특징이다. 수입 분포의 불균형도 적고 조세 제도를 통하여 수입도 비교적 잘 재분배된다. 대부분의 유럽 선진국이 이에 속하며 대표적인 국가가 스웨덴이다.

나라별 권력 거리

홉스테드는 설문 조사를 바탕으로 동서양의 권력 거리의 순위를 계산해 보았다. 〈표 3-4〉의 순위는 1위가 권력 거리가 가장 먼 나라이고 53위가 권력 거리가 가장 가까운 나라이다.

〈표 3-4〉 권력 거리의 나라별 순위

1	말레이시아	14	브라질	31	스페인	42~44	코스타리카, 독일, 영국
2~3	과테말라 파나마	15~16	프랑스, 홍콩	32	파키스탄	45	스위스
		17	콜롬비아	33	일본	46	핀란드
4	필리핀	18~19	엘살바도르, 터키	34	이탈리아	47~48	노르웨이, 스웨덴
5~6	멕시코, 베네수엘라	20	벨기에	35~36	아르헨티나, 남아프리카	49	아일랜드
7	아랍권	21~23	동아프리카, 페루, 태국	37	자메이카	50	뉴질랜드
8~9	에콰도르, 인도네시아	24~25	칠레, 포르투갈	38	미국	51	덴마크
10~11	인도, 서아프리카	26	우루과이	39	캐나다	52	이스라엘
12	유고슬라비아	27~28	그리스, 한국	40	네덜란드	53	오스트리아
13	싱가포르	29~30	이란, 대만	41	오스트레일리아		

자료: G. Hofstede, 앞의 책, p. 52.

말레이시아가 권력의 거리가 가장 멀어 집단 내의 권위 의식이 강하고, 53위인 오스트리아는 권력 거리가 가장 가까우므로 권위 의식이 약한 것으로 해석할 수 있다. 도표를 살펴보면 상대적으로 동남아시아 및 남미의 권력 거리가 멀고, 유럽과 북아메리카의 권력 거리가 가까움을 확인할 수 있다.[12]

12) 조성남, 「한국 사회와 여성의 삶」, 『한국 문화와 한국인』 (사계절, 2003), p. 275 참조.

4. 가부장적 권위와 한국 여성

　한국 사회에서 가부장제 문화는 사회 제도와 문화적 차원에서 여성에 대한 억압의 기제로 작용하였다. 한국의 근대 사회에서도 남성들은 가족 구성원의 가장으로서 상징적 권위를 가지고 있다. 그러나 출산, 양육, 교육을 담당하며 혈통 계승의 사명감을 통해 자신의 정체성을 분명하게 보여 주는 여성들이 한국의 가족주의의 뿌리를 이루고 있기 때문에 한국 문화는 모母 중심적 성격을 강하게 띠고 있다.

관련 내용 ⊙ 319쪽

입법 평가 토론회를
하고 있는
여성 국회의원들

문화 포커스

1. 한국 사회를 지배하는 권위주의가 한국의 여성에게 어떤 영향을 미쳤을까?

2. 유교적 가부장제의 권위주의적인 가족 문화 속에서 여성의 사회적 지위와 가정 내의 지위는 무엇이었을까?

3. 여성적 사회와 남성적 사회는 어떻게 다를까?

문화 키워드

유교적 가부장제　　　혈통 계승　　　여성적 사회　　　남성적 사회 한국의 가정은 남녀의 성 역할이 구분되어 있다. 아무리 맞벌이를 하더라도 여자가 가사를 담당하는 것을 당연하게 여기며 설사 남편이 가사를 한다고 해도 '도와준다'는 의식을 가지고 있다. 이러한 여성에 대한 차별은 남아 선호 사상을 낳았고, 취업이나 승진 등에서 여전히 여성에 대한 불이익과 차별이 존재하는 것이 사실이다. 최근 여성의 사회 진출이 급증하면서 전문직에서의 여성의 비율은 점차 높아지고 있으며, 남아 선호 사상도 차츰 사라지고 있다.

최근 한 조사에서 한국 여성의 사회·경제적 지위가 아시아 태평양 13개국 중 맨 밑바닥인 13위라는 조사 결과가 나왔다. 이는 노동시장의 여성 참여도, 대학 교육, 임원 비율, 평균 이상 수입 비중 등 네 가지 주요 지표로 측정했다. 이 같은 여성의 지위는 출산율 급락 등의 후유증을 낳으며 한국 경제의 미래를 불안하게 만드는 요인 중 하나로 조사됐다.

남성 중심의 권위주의

한국 문화의 특징인 서열 위주의 권위주의 문화는 나이와 지위에 영향을 받기도 하지만 남녀의 차이에 따라 영향을 가장 심각하게 받는다고 한다. 우리는 사회의 이곳저곳에서 여자가 평등하게 대접받지 못하고 무시당하는 경우를 많이 볼 수 있다. 한국 사회의 남녀평등 지수는 여성의 정치계 및 전문직 진출 비율을 따져 볼 때 OECD 국가 중에서 평균 이하의 낮은 순위를 기록하였다. 우리나라는 조선 전기나 중기까지만 해도 여성 또는 모계 쪽이 이처럼 부당하게 차별을 받았던 것은 아니었다. 조선 중기 이전까지만 해도 여성은 재산을 상속받을 수 있었고 그 재산을 계속 소유할 수 있었다. 조선 중기가 되면서 여성의 재산권이나 제사권, 상속권이 박탈되면서 사회적 권한이 대폭 축소되었다. 남자에게 권력이 집중되어 있는 유교적 가부장제에서 가족주의는 이와 같이 조선 시대 중기 이후에 형성된 것이라고 볼 수 있다.

남성의 권위로 여성을 억압했던 사례가 많다. 예를 들면 남자보다 앞서 걸어가는 여자를 질책한다든지, 정월 초하루(음력 1월 1일)에 여자가 먼저 다른 집에 들어가거나 전화를 하면 재수가 없다든지, 새벽에 여자가 택시의 첫 손님이 되면 재수가 없다든지 하는 일상생활의 금기를 통하여 여성은 사회적으로 부정적인 존재로 인식되었다. 또한 여자와 관련된 속담 등 언어생활을 통해서 여성에 대한 부정적인 이미지가 유포되기도 한다. 이러한 속담들은 남성의 권위적 시선으로 여성을 검열한다는 특징을 보여 주는데 그 속담을 살펴보면 다음과 같다.

"암탉(여성을 의미)이 울면 집안이 망한다."
"여자 셋이 모이면 사발이 깨진다."
"여자와 그릇은 내돌리면 깨진다."

이 외에도 한국의 언어 속에는 여성 비하적인 표현이나 여성의 성적 특징을 희롱하는 표현이 많다. 현재 한국 사회는 겉으로는 남녀평등이 이루어진 것처럼 보이지만 가정이나 직장 내에서의 성 차별은 여전히 존재하는 것으로 보인다. 같은 직장 내에서도 여성은 관리직보다는 육체적 노동을 주로 하는 생산직 근로자가 많다든지, 같은 동료 사이에서도 여성은 주요한 사안에 대한 결정권이 약한 경우가 많다.

홉스테드가 세계의 문화를 네 가지 기준으로 나눌 때 문화의 성적 특징을 기준으로 남성성의 문화와 여성성의 문화로 분류하였는데, 가부장적인 한국 문화는 의외로 여성성의 문화로 보았다. 농경 사회의 특성상 한국 문화는 씨를 보전하고 양육하는 혈통 계승의 주체인 여성의 이면의 역할이 중요한 가치를 이루는 여성성의 문화라는 것이다. 한국의 근대사회에서 남성은 가족 구성원의 가장으로서 상징적 권위를 가지고 있다. 그러나 출산, 양육, 교육을 담당하며 혈통 계승의 사명감을 통해 자신의 정체성을 갖는 여성이 한국의 가족주의의 뿌리를 이루고 있기 때문에 한국 문화는 모母 중심적 성격을 강하게 띠고 있다.[13]

권위주의 사회 속의 여성이 결혼을 통해 타 문화권에 정착하는 과정은 바로 자식의 출산을 통하여 가능하다. 결혼 이후의 여성은 혈통을 계승하는 행위, 즉 종족 보존의 임무를 수행하는 과정에서 점차 기득권을 획득해 간다. 남편의 집에 들어와서 가장 낮은 위치에 있던 여성이 자신이 낳은 자식이 집안의 혈통을 계승하면서 점차 자신의 세력권을 구축하게 된다. 울프는 여성을 철저히 배제한 것처럼 보이는 유교적 가부장제가 여성을 성공적으로 흡수할 수 있는 근거가 바로 자궁가족(uterine family)에 기반을 두고 있다고 설명한다.[14]

---

13) 조성남, 앞의 논문, p. 275.
14) 조성남, 앞의 논문, pp. 268~269. 볼프(M. Wolf), *Women and Family in Rural Taiwan, Stanford* (Stanford University Press, 1972), 재인용.

유교적 가부장제의 권위주의적인 가족 문화 속에서 여성은 혈통 계승, 특히 남아를 통한 혈통 이어 주기를 통하여 가족 내에 공고하게 뿌리를 내릴 수 있었다. 이처럼 한국의 전통적인 가부장제는 여성에 대한 억압이 심했지만 이면에는 혈통 계승자로서의 여성의 지위와 권한을 인정해 줄 수 있는 완충지대가 존재했던 것으로 보인다. 현대 한국 사회에 남아 있는 남아 선호 사상과 어머니의 자식에 대한 교육열은 한국의 가족 구조 속에서 아들이나 자식을 통해서만이 여성이 자신의 입지를 굳힐 수 있다는 생각이 잠재해 있기 때문인지도 모른다.

여성적 사회와 남성적 사회

인간 사회는 남자와 여자로 구성되어 있으며 그 수도 거의 반반이다. 남자와 여자는 생물학적으로 다르며 생식에서 남녀 역할은 확실히 구분되어 있다. 전통 사회나 현대사회에 사회적 성 역할 분포에서 공통적인 면이 있다. 전통 사회에서 사냥이나 전쟁을 맡았던 남성은 대체로 집 밖의 생활에서 성취감을 얻고자 하였다. 남성은 자기주장이 강하고 경쟁적이며 용감한 것으로 간주되고, 여성은 대체로 가정과 아이를 돌보는 역할로서 남성보다 더 부드러운 존재로 여겼다. 보통 생물학적으로 구분을 할 때 쓰는 남성(male)과 여성(female)의 의미는 문화적으로 결정되는 사회적 역할을 설명하기 위해서는 남성적(masculine) 및 여성적(feminine)이라는 용어로 대체할 수 있다.

남성적인 것과 여성적인 것의 사회적 특징을 살펴보면, 남성의 성취는 남성적인 자기 주장과 경쟁을 강화한다. 여성의 보육은 여성적인 부양과 인간관계 및 생활 환경에 대한 관심을 키운다. 남성들은 키도 더 크고 힘도 더 세고 자유롭게 다닐 수 있는 집 밖의 사회생활을 주도하는 경향이 있다. 그러나 현대 사회에 와서는 집 안에서는 남성과 여성 사이의 다양한 역할 분담이 가능해졌다. 어머니와 아버지가 보여 주는 남녀의 역할 형태는 아이가 평생 지니게 될 정신적 내용에 영향을 크게 끼친다. 그러므로 국가 가치 체계가 부모가 제공하는 남녀 역할 모델과 관련이 있다는 것은 사실이다.

남성성(masculinity)은 서양석인 것, 양陽, 과학기술주의, 생산, 효율성, 개인중심주의, 능률, 경쟁을 뜻한다. 여성성(femininity)은 동양적인 것, 음陰, 생태주의, 생산, 참여, 공동체, 안정, 균형을 의미한다. 인류 사회가 역사 발전 이래 남성 중심적으로 조명되어 왔기 때문에 그동안 억압되어 온 여성성을 복원하여 궁극적으로 남녀가 평등한 인본주의를 실현하는 것을 목적으로 한다.

<표 3-5> 여성적 사회와 남성적 사회의 특징

구 분	여성적 사회	남성적 사회
사회의 지배적 가치	다른 사람을 돌보고 보호하는 것	물질적 성공과 진보
중요한 것	사람들과의 따뜻한 인간관계	돈과 물건
가정 안의 부모 역할	사실과 감정을 공동으로 다룸	아버지는 사실, 어머니는 감정
공감 대상	약한 자	강한 자
규범 대상	평균 수준의 학생	뛰어난 학생
삶의 목적	살기 위해 일한다	일하기 위해 산다
강조점	동등, 단결	형평, 동료 간의 경쟁, 업적
갈등 해결 방법	화해와 협상	투쟁
인간관계	남성과 여성이 모두 부드럽다 - 관심	여성은 부드럽다 - 관심

자료: G. Hofstede, 앞의 책, p. 145 참조.

여성에 대한 동서양의 속담 차이

문화 플러스 동서양의 속담을 비교해 보면 아래와 같은 차이가 있다. 동양의 속담은 주로 여자에 대한 학대나 무시, 비하 등의 부정적인 속성을 강조하는 반면, 서양의 속담은 여자의 외모 추구, 수다, 아양, 변명 등의 속성을 비유하거나 중립적인 표현이 대부분이다. 속담은 오랜 세월을 거쳐 오는 한 사회의 문화의 속성을 나타낸다는 점에서 여성에 대한 동서양의 속담 차이는 문화적 차이를 반영하는 것으로 해석할 수 있다. 예를 들어 동양의 속담에는 다음과 같은 것들이 있다.

암탉이 울면 집안이 망한다. (동아시아)
처妻를 팔아 좋은 친구를 산다. (중국)
여자가 교활하면 남자의 재물운을 막는다. (미얀마)
여자는 수시로 뒤에서 비난하고 남들과 비교하기를 일삼는다. (티벳)

위와 같은 동양의 속담과는 달리 서양의 속담 중 여성에 대해 부정적인 속담은 여성성의 특성을 가볍게 비틀어 표현할 뿐인데, 이는 일반적인 속담의 표현 방식이다. 동양에서와 같은 여성 비하적이거나 학대적인 표현은 찾기 어렵다.

미인은 단지 피부 한 껍질뿐이다. (영국)
여자는 자기의 외모를 가장 중히 여긴다. (탈무드)
딸을 시집 보내려면 지참금 대신 말을 가르쳐야 한다. (프랑스)
만족은 여성의 얼굴에 최고의 화장이다. (덴마크)
젊은 여자의 입 속에서 싫다고 하는 것은 반드시 싫은 것은 아니다. (스웨덴)
남자에 대한 여자의 사랑은 그녀가 입은 옷으로 알 수 있다. (스페인)

참고 문헌

국제한국학회. 『한국 문화와 한국인』. 사계절, 1999.

김해옥. 「문학작품의 어휘를 통한 한국언어문화 교육방법 연구」, 『한국언어문화』 제27집. 2005.

루스 베네딕트 지음, 김열규 옮김. 『문화의 패턴』. 까치, 1996.

리처드 E. 니스벳 지음, 최인철 옮김. 『생각의 지도: 동양과 서양, 세상을 바라보는 서로 다른 시선』. 김영사, 2004.

박영순. 『한국어 교육을 위한 한국문화론』. 한국문화사, 2002.

임태성, 『정·체면·연줄 그리고 한국인의 인간관계』. 한나래, 1995.

최준식. 『한국인에게 문화는 있는가』. 사계절, 2002.

황익주. 『인류학자가 보는 세상(6) 특이성 많은 음주 문화』. 경향신문, 2006. 8. 25.

G. Hofstede 지음, 차재호·나은영 옮김. 『세계의 문화와 조직』. 학지사, 1995·2006.

Step 1 ➡ 본문 읽고 토론하기

※ 다음은 한국인의 일상생활과 사회에 반영된 권위주의 문화를 설명하는 본문 내용 중 일부입니다. 아래 내용에 대한 각자의 생각을 자유롭게 말해 봅시다.

> 한국인은 사람을 만나면 서로 나이를 밝혀 위아래를 가린 다음 형, 언니, 동생을 정한다. 경우에 따라서는 나이를 따지는 데 그치지 않고 태어난 달까지 계산하여 몇 달이라도 연장자임을 밝히기도 한다.

> 최근에는 많이 달라지고 있지만 한국인은 식사를 하면 돈이 없어도 선배나 상사가 돈을 내는 경우가 많다. 또 자신의 경제적 능력과 상관없이 직업적 위상에 걸맞은 옷과 차와 집을 소유하기를 원한다.

> 한국어의 동사 '먹다'는 상대방과 말하는 사람의 서열과 친분 관계에 따라 '먹어라', '드세요', '잡수세요', '식사하세요' 등과 같이 달라진다. 다른 사람을 부르는 호칭도 선생님, 아버님, 과장님과 같이 '님'자를 붙여 상대방을 높여 준다.

Step 2 ➡ 심화 확장하기

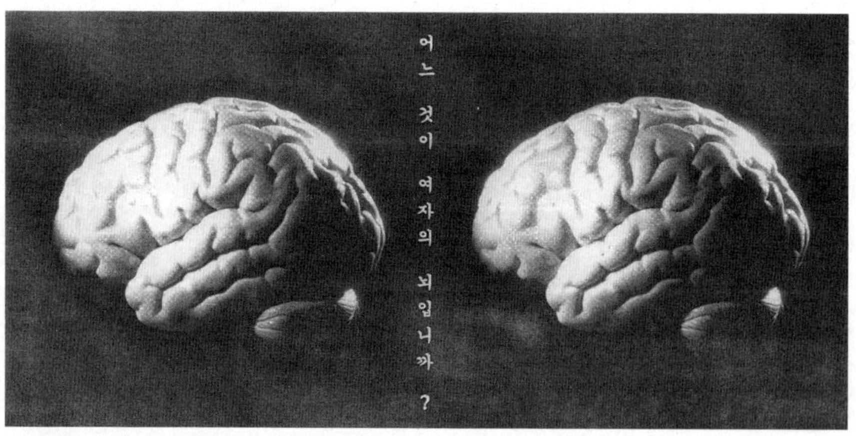

자료: 한국방송광고공사

1. 이 자료는 수년 전에 공익 광고에 사용된 이미지입니다. 광고를 처음 보고 어떤 느낌이 들었습니까? 어떤 메시지를 전달받았습니까? 여러분의 나라에도 남녀평등을 주제로 한 광고나 캠페인이 있습니까? 함께 이야기해 봅시다.

2. 나라별로 여성의 지위와 역할이 과거에서 현재까지 어떻게 달라져 왔는지 비교해 발표해 봅시다.

Step 3 ◑ 문화에 드러난 어휘

서열, 경어법 어휘, 직함의 '님'(교수님, 박사님, 판사님, 검사님), 어른, 웃어른, 공경, 존경, 존중, 선임/후임	중립적 | 부정적	체면, 눈치, 가부장제, 여성 비하와 관련된 어휘들

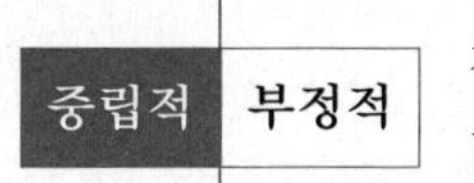

● 암탉이 울면 집안이 망한다. 냉수 마시고 이 쑤신다. 양반은 물에 빠져도 개헤엄은 안 친다. 큰 무당이 있으면 작은 무당이 춤을 안 춘다. 어른들 말씀은 틀린 거 하나 없다. 스승의 그림자도 밟지 말라.

Step 4 ◑ 문학작품을 읽고 토론하기

1. 박지원의 「양반전」을 읽고 한국인의 체면과 눈치 문화에 대하여 토론해 봅시다.

2. 박완서의 「꿈꾸는 인큐베이터」를 읽고 남아 선호에 기초를 둔 모(母) 중심적인 한국 문화의 여성성에 대하여 토론해 봅시다.

한국인은
지정학적으로 주변 강대국에
둘러싸인 반도에 위치하여 역사적으로 외적
침략을 많이 받아 왔다. 이러한 역사적 배경과
민족성의 요인에 의해 '다른 것' 과 '불확실한 것'
에 대해서는 '위험한 것' 으로 인식하려는 경향이
강하다. '다른 것' 에서 오는 심리적 부담을
줄이고 자유롭게 소통하기 위해 술과
회식을 즐기는 것이 한국문화
의 중요한 특징이다.

제4장 동질성 추구와 소통의 문화

Culture of Conformity Pursuit and Communication

1. 감추기와 드러내기

서양인은 개성을 중시하고 한국인은 다른 사람들 속에서 두드러지는 것을 회피하는 경향이 있다. 이러한 특성은 한국인의 생활문화에서 특정 브랜드나 유행을 선호하는 현상으로 나타나기도 한다. 한국은 불확실성을 회피하는 정도가 큰 나라로 알려져 있다. 이는 서구의 불확실성을 수용하는 문화와 대비되는데, 이런 차이는 생활양식과 인간관계, 규범의 준수에 매우 다양하게 영향을 미친다. 이 장에서는 불확실성을 회피하려는 한국인의 태도가 어떤 양상으로 나타나며 그 원인이 무엇인지 살펴본다.

관련 내용 ➤ 325쪽

최첨단 유행 문화의
거리 명동

문화포커스

1. 한국인이 다른 것, 낯선 것을 두려워하는 이유는 무엇일까?

2. 불확실성을 회피하려는 한국인의 속성은 일상생활에 어떻게 반영되어 나타날까?

문화키워드

불확실성의 회피　　유행　　전체주의

유행은 확실히 한국 사회를 특징짓는 요소 중 하나이다. 인간에 존재하는 모방적 전염의 특성이 어느 사회든 유행을 만들어 낸다지만, 특히 한국 사회의 유행은 지나칠 만큼 맹목적인 면이 있다. 흔히 외국인들은 한국의 아줌마 파마에 놀란다. 왜 한국의 아주머니들은 대부분 단발 혹은 중간 머리에 파마를 하고 있으며, 아나운서들도 다 왜 머리가 짧을까 하는 의문들이다. 비슷한 옷이나 가방을 든 사람을 만나는 것을 끔찍이 여기는 서양과는 달리, 철이 바뀔 때마다 우리는 거리에서 비슷한 복장의 많은 사람들을 만나게 된다. 옷뿐만이 아니라 휴대 전화갖기, 건강 열풍 등 유행의 실태는 다양하다. 심지어 집조차도 이른바 '브랜드' 명이 붙은 아파트를 선호하며, 자동차의 성능보다는 자동차 메이커의 '마크'를 선호하는 현상을 보인다. 한국의 거리에서 보면 항상 비슷한 의상을 한 많은 사람들을 볼 수 있다. 그만큼 한국인들은 유행을 즐긴다.

한국의 사교육에 대해서도 많은 외국인들이 놀란다. 하지만 자세히 들여다보면 대부분 학생들이 학원을 다니고 있으며, 다니는 학원 종류(영어, 수학, 논술 등)도 비슷하다. 또한 그중에는 남들이 다 하니까 덩달아 자기 자녀를 학원에 보내는 부모들도 적지 않다.

최근 젊은이들을 중심으로 개성을 강조한 '튀는' 복장들도 눈에 띄지만 곧바로 이어지는 '튀는' 복장 따라잡기 유행은 곧바로 개성을 무기력하게 만든다. 대안 학교나 홈 스쿨링과 같은 제도권 교육에서 벗어나려는 소수의 움직임도 '튀는' 행동이나 '잘못된' 행동으로 치부받기 쉽다.

한국인들은 '틀리다' 라는 단어를 '다르다' 의 뜻으로 사용하는 경우가 많다. 이 역시 다른 것은 틀린 것이라고 생각하는 의식의 반영이라고 볼 수 있다. 이러한 현상은 남들과 동일해지기, 남들처럼 되기에 치중하는 의식이라고 볼 수 있다.

다른 것을 회피하는 한국인

홉스테드에 따르면 불확실성의 회피란 한 문화의 구성원들이 불확실한 상황이나 미지의 상황으로 인해 위협을 느끼는 정도라고 할 수 있다. 불확실성을 회피하는 것은 보통 인간이 어떤 상황에 대해 느끼는 불안 때문이다. 불안이란 '일어날지도 모르는 일에 관해 막연하게 느끼거나 걱정하는 상태'를 표현한다. 공포에는 반드시 대상이 있지만 불안에는 뚜렷한 대상이 없다.

불안 수준이 높은 문화일수록 더욱 표현적인 문화일 가능성이 높다. 이런 문화에서는 사람들이 말할 때 대개 손동작을 함께 하는 경향이 있으며, 목소리를 높이거나 감정을 보이거나 테이블을 탕탕 치는 행동이 사회적으로 용납된다. 불확실성을 회피하는 경향이 강한 나라에서는 만나는 사람마다 바쁘고 안절부절못하며 감정적이고 공격적이며 활동적이다. 반면 불확실성을 회피하는 경향이 약한 나라에서는 사람들이 조용하고 까다롭지 않고 유유자적하며 절제되어 있고 게으르다는 인상을 준다.

불확실성의 회피는 애매성을 감소시킨다. 이런 문화에 사는 사람들은 자기들의 조직, 기관, 인간관계에서 구조를 추구한다. 이렇게 하여 사건들을 명확히 해석할 수 있고 예측할 수 있기 때문이다. 이런 문화의 사람들은 애매성을 줄이기 위하여 잠재적인 적이라고 생각하는 사람에게 싸움을 거는 행동을 보이기도 한다.

한국은 의식주의 생활문화 즉 옷이나 머리 스타일, 가방, 가구 등 하나의 유행 상품이 등장하면 누구나 유행을 쫓아 구매하는 경향이 있다. 가령 검정색의 옷이 유행이면 누구나 한 벌씩 검정색 옷을 구입하여 함께 입기도 한다. 얼마 전 월드컵이 개최되었을 때 한국인들은 붉은 악마를 상징하는 붉은색 티셔츠를 통일해서 입고 응원전을 펼치기도 하였다. 개성과 다양성보다는 획일적인 같음을 통하여 한국인은 불확실한 것을 회피하고 익숙한 것에서 편안함을 느끼고자 한다. 이처럼 개성을 찾기보다는 유행 사조를 쫓아가는 한국인의 소비 패턴 역시 불확실한 것을 회피하려는 경향에도 원인이 있다. 여럿이 같이 있으면 더 안전함을 느끼는 것처럼 한국인이 유행을 따르지 않고 자신만의 개성을 추구하는 데는 상당한 용기가 필요하다고 할 것이다.

다른 것의 수용과 회피

이질적이며 다른 것을 수용하는 문화와 이를 회피하는 문화의 주요한 차이점들은 규범, 학교, 가정, 직장을 통하여 광범위하게 나타나고 있다. 먼저 불확실성을 수용하는 문화에서는 규칙에 융통성이 있지만 회피하는 문화에서는 규범이 엄격하고 처벌이 강화되어 있다. 불확실성을 회피하는 경향이 강한 가정에서는 어떤 것이 더럽고 위험한지에 대한 분류가 엄격하고 절대적이다. 불확실성을 수용하는 가정에서는 더럽고 위험한 것에 대한 분류가 느슨하여 융통성이 있고 잘 알려지지 않은 상황이나 사람, 사고방식에 대해 수용하는 폭이 넓다.

불확실성을 회피하는 경향이 강한 나라의 학생들은 교사가 모든 답을 알고 있는 전문가이기를 기대하고 학문적 언어를 사용하는 교사들을 존경한다. 회피 경향이 약한 나라에서는 교사가 질문에 대해 모른다고 말할 수 있으며 학생들이 교사의 의견에 논리적으로 이견을 제기할 수 있다. 회피 경향이 강한 사회의 직장에서는 감정적으로 규칙을 필요로 하기 때문에 명료성과 정확성이 높아진다. 회피 경향이 약한 사회의 직장에서는 규칙을 상대적으로 덜 중요하게 여기지만 일반적으로 더 잘 지키는 특징이 있다.

타인 의식하기

흔히 한국인들은 혼자서 식당에 가지 않는다. 이는 식당에서는 대부분 둘 이상씩 모여서 밥을 먹기 때문에 혼자서 밥을 먹기가 어색하다고 생각하며, '밥은 반드시 둘 이상씩 모여서 먹어야 한다는 문화 또는 신념'에 순응한다. 왜냐하면 혼자서 밥을 먹는 모습이 타인에게 '다르게' 보일 수도 있다는 것에 대해 두려움과 부담감을 느끼기 때문이다. 주말에 쇼핑몰, 콘서트장, 극장을 가는 데에도 '혼자' 가기를 꺼린다. 이 역시 타인과는 다른 모습이 어떻게 보여질까 하는 남의 시선을 의식하는 태도에서 출발한다.

한국은 아시아에서 두 번째로 외국인이 살기 어려운 나라라고 한다. 외국인에 대한 차별도 심해서 외국인을 부르는 폄하적인 언어도 많이 발달해 있다. 그렇다면 한국인은 왜 이렇게 '다른 것'에 불안해하는 것일까? 2005년 통계에 따르면 한국의 자살률이 OECE 국가 중 가장 높고 알코올 소비량, 사고로 인한 사망률도 높다. 이러한 사회적 불안은 한국인들에게 마시고 함께 취하게 한다. 결국 한국의 높은 불안 수준은 '다른 것'에 대한 불안을 야기한다. 학교를 예를 들어 보면 교과과정표가 엄격하게 짜여 있으며 학생은 정답을 알기를 바라고 교사는 모든 것을 알고 있어야 한다고 생각한다. 법률과 규칙 또한 매우 엄격한 편인데, 법률과 규칙의 발달은 한 사회가 사람들의 불확실성을 예방하고자 하는 수단이 발달한 것으로 해석할 수 있다.

불확실성을 회피하는 경향이 강한 문화에서는 흔히 "단지 하나의 진리만이 있을 뿐이며 우리가 그것을 가지고 있다. 다른 것들은 모두 거짓이다."라는 신념을 가지고 있다. 인류학자 더글러스에 따르면 더러움이란 전적으로 문화적인 해석에 달려 있는 개념인바 더러움이란 기본적으로 상황에 맞지 않은 물건을 말한다. 한국인들의 머릿속에는 더럽고 위험한 것에 대한 분류가 내재화해 있다. 이는 외국인 공포증, 민족주의, 소수집단 배척 등으로 표현되며, 이러한 특징은 "나만이 정통이고 진리는 나한테만 있으며 다른 것은 이단이다."라는 배타성과 보수성의 정도가 매우 높다.

이러한 한국인의 습성은 때로는 개인의 개성이나 창의성이 무시하고 획일적이며 전체주의적인 속성으로 나타날 수도 있다. 이제 젊은 세대를 중심으로 획일적인 유행의 사조는 다양성과 개성의 표현으로 바뀌어 가고 있다. 다른 것을 인정하는 데 심리적인 불안을 느끼는 한국인의 심성은 역사적으로 한국을 국제적으로 개방하지 않는 쇄국주의 정책으로 나타나기도 하였다. 이제 국제화 시대를 맞이하여 한국의 현대사회에는 다름과 다양성의 가치에 대하여 인정할 수 있는 문화적 포용력이 필요하다고 할 것이다.

개성 드러내기

그렇다면 한국인에게는 '다른 것'을 회피하는 문화만 존재하는 것일까? 최근의 한국 문화 중에서 가장 특징적이고 신기한 것을 든다면 그것은 셀카 문화[1]다. 특히 자기 사진을 자기가 찍는 셀카는 독특한 한국 문화 중 하나라고 할 수 있을 것이다. 실제로 한국 사람이 지하철이나 카페에서 혼자서 사진을 찍는 모습 그리고 그 사진을 휴대전화의 화면으로 설정하는 것을 보고 깜짝 놀라는 외국인들이 많다. 한국 사람한테는 일상적인 광경일지도 모르겠지만 주위의 주목을 받으면서도 셀카를 찍어 대는 한국인이 마냥 신기하게 보일 뿐이다. 이러한 현상은 타인에게 주목받는 것을 부담스러워하는 한국인의 문화적 성향과는 상반되는 것으로 '주목받기'에 해당한다. 물론 이런 문화는 일반 대중에게까지 폭넓게 일반화하기는 어렵지만 많은 젊은이들에 폭넓게 존재하는 문화임은 분명하다. 이러한 '드러내기'의 문화는 어떻게 생겨났을까?

한국에서 셀카 문화가 발달한 배경에는 휴대전화의 보급이 큰 영향을 미쳤다. 늘 갖고 다니는 휴대전화에 카메라가 붙어 있기 때문에 언제 어디에 있어도 손쉽게 사진을 찍을 수 있고 또 다른 카메라하고는 달리 화면으로 자신의 모습을 확인하면서 촬영할 수 있는 휴대전화의 카메라 기능은 셀프 카메라에

---

1) 휴대전화에 달린 사진 찍는 기능으로 자신의 사진을 직접 찍는 것을 의미한다.

딱 맞는 도구가 됐다. 이러한 휴대전화의 등장과 함께 인터넷에서 이를 공유할 수 있는 '싸이월드' 같은 서비스가 시작되고 UCC 문화도 일반화 되었다. 이와 같이 누구나 자유로이 마음에 드는 사진이나 동영상을 남들에게 공개하고 공유할 수 있는 매체의 등장, 그리고 그 사진을 편히 찍을 수 있는 기기의 보급은 한국의 셀카 문화를 성장시킨 큰 요인이라고 생각된다. 하지만 이러한 이유만이 한국인이 셀카를 찍는 이유가 된다면 미국의 페이스북, 일본의 믹시(mixi)처럼 싸이월드와 비슷한 커뮤니티사이트가 발달돼 있는 다른 나라에서도 셀카가 유행해야 할 것이다.

한국에서 셀카 문화가 발달하는 이유로 한국의 외모 지상주의를 들 수도 있다. 최근 외모가 개인 간의 우열뿐 아니라 인생의 성패까지 좌우한다고 믿어 외모에 지나치게 집착하는 사회 풍조가 생겨나기 시작했고 이런 경향 때문에 외모의 아름다움에 대한 욕구는 당연히 강해진다. 이런 사회적인 배경을 가진 사람들한테 셀카는 자신의 외모를 확인할 수 있는 수단의 하나다. 촬영된 사진 중에서도 특히 잘 나온 사진은 그 사람의 아름다움에 대한 욕구를 채워 주며 자신의 모습을 남들에게도 보이고 싶다는 욕구를 인터넷 공간에서 해소하고 있다고 볼 수 있다. 하지만 인터넷에는 단순히 예쁜 사진만이 오르는 것은 아니며 모든 사람에게 공유되는 공개된 사진이 아닌 경우가 많다는 점에서 더욱 근원적인 이유를 찾아볼 필요가 있다.

흔히 외국인들은 한국인들이 갖는 자기 나라, 민족, 그리고 자신에 대한 긍지와 자부심의 크기에 충격을 받는다고 한다. 이러한 특성은 국가별 스포츠 경기에 대한 응원과 관심으로 이어진다. 즉 '우리(나)'를 주장하려는, 그리고 '우리(나)'를 인정받으려는 '자아의식'의 발로라고도 해석할 수 있다. 이런 측면에서 셀카 문화를 남에게 자기 자신을 조금 더 보여 주려는 일종의 자기주장 방식이라고 해석할 수도 있다.

동질성 추구에서의 동서양의 차이

서양인은 개성의 표출이 자유롭고 타인의 개성을 인정하는 편이지만, 한국인은 자신이 남들에 비해 두드러지는 것을 꺼리는 성향이 있으며 같은 이유로 타인의 개성도 너그럽지 못하다. 특히 일반적으로 기대되는 행동 양식과 다른 행동을 보이면 곧바로 문제 있는 사람으로 찍히기 쉬우며 집단행동에 적합하지 않은 사람으로 판단하기도 한다.

한국 사람들은 남들과 유사한 모습, 태도, 행동 양식에서 안정을 얻는다. 따라서 결코 모험을 즐기지 않는다. 자신의 인생을 결정짓는 대학 입시에서조차 스스로 선호하는 전공을 택하기보다는 당시에 유행하는 학문을 좇는 경향이 있으며, 일단 정한 전공은 자신과 어울리지 않더라도 줄곧 계속하는 경우가 많다. 한국인들은 학사, 석사, 박사에 이르는 학위 과정이 동일 전공으로 이어지는 것을 당연하게 여기며, 중간에 전공을 바꾸어 다른 학문을 하는 것은 큰 모험을 필요로 하는 것으로 본다. 실제로 학위 과정의 단계에서 동일 전공을 하지 않은 경우 교수 임용에서 문제가 되기도 한다.

이와는 달리 서양인들은 자유롭게 전공을 바꾸며 자신의 학문적인 세계를 확대해 가는 경향이 많다. 이는 직장 생활에서도 유사한 패턴으로 나타나는데, 한국이나 일본과 같은 동양권에서는 대부분의 사람들이 평생 직장을 선호하는 데에 비해, 서구에서는 적성에 따른 직장 옮기기와 더 나은 처우를 위한 직장 옮기기가 자연스러운 현상이다. 최근 한국에서도 일부 직업에서는 직장을 자주 옮겨 다니는 사람이 능력 있는 사람으로 인정받기도 하지만 대부분의 사람들은 자주 직장을 옮기는 사람은 대인관계나 능력에 문제를 가진 사람으로 판단하기 쉽다는 점에서 서구와는 매우 다름을 알 수 있다.

같은 동양권이라도 중국인은 '다른 것'에 대한 개인의 태도가 무관심으로 나타난다. 자기와 관련이 없는 일에 대해서는 철저히 무관심하다. "영국인들이 우산을 휴대하고 다니듯이 중국인들은 무관심을 가슴에 품고 다닌다."는 말이 있다. 그만큼 무관심은 중국인의 생활이라고 할 수 있다. 중국인들의 이런 무관심은 생활 언어에도 담겨 있다. '뿌즈다오不知道'는 '모른다'는 뜻을 가진 말로 중국에서 가장 많이 들을 수 있는 말인데 외국인들은 '뿌즈다오주의'라는 말로 중국인을 묘사하기도 한다. 또한 아래와 같이 타인에 대한 관심을 경계하는 속담도 있다.

"你走你的阳关道，我走我的独木桥."(너는 너대로 대로를 가라, 나는 나대로 외나무다리를 건너련다.)

"狗逮耗子，多管闲事."(개가—고양이가 잡아야 할—쥐를 잡듯, 쓸데없이 참견한다.)

2. 다른 것은 위험한 것

이질적인 것을 수용하는 정도가 낮은 문화의 공통적인 특성은 외계의 사물을 가르고 우리와 다른 것을 위험한 것으로 보는 경향이 있다. 이런 문화권에서 나오는 대표적인 현상은 평균적인 정상인과는 다른 사람, 즉 장애인·외국인·혼혈아를 대하는 반응에서도 감정적 수용 정도가 낮다. 그러나 현대의 한국인은 개방성과 융통성을 가지고 다문화적인 배경의 다양한 민족과 어울려 살기 위한 문화적 포용력을 키워 나가고 있다.

관련내용 ➡ 332쪽

다문화 시대의
한국에 늘어 가는
이주 외국인들

문화포커스

1. 한국인이 자신과 다른 사람들에 대해 너그럽지 못한 이유는 무엇일까?

2. 한국의 유교적 집단 문화가 한국 사회에 미친 부정적인 영향은 무엇일까?

3. 다문화 시대를 맞아 한국 사회가 나아가야 할 방향은 무엇일까?

문화키워드

장애인   외국인   혼혈아   다문화 사회   다문화 정책

한국은 아시아의 동쪽 끝에 삼면이 바다로 둘러싸여 있어 외부 민족과 교류가 활발하지 못했다. 중국과 일본을 제외하고는 유럽이나 서아시아처럼 타민족과 교류가 빈번하지 않았다.

또한 타민족과 부딪힌 경우도 대부분 일본이나 중국이 침입한 것이었으므로 타민족에 대한 감정적 수용을 기대하기 어려웠다. 근세 이후의 타민족과의 교류 역시 침입과 강점, 군대 주둔이라는 부정적 현상으로 나타났기 때문에 외부 민족에 대한 거부감이 컸다고 볼 수 있다. 또한 유교 사상의 영향으로 조상의 핏줄을 더럽히지 않겠다는 의식과 여성의 정조 관념 탓으로 혼혈은 수치스러운 것으로 인식되어 왔다.

병자호란 등으로 청나라에 끌려갔다 온 여성들은 '환향녀'라는 말로 불리다 정조 없는 여자를 속되게 부르는 '화냥년'이라는 말로 바뀐 것은 그러한 의식을 대표한다. 이후 일제 강점기 시절 '군대 위안부'라는 이름으로 여성들이 정조를 유린당하고, 6·25를 겪으면서 미군과의 사이에서 태어난 혼혈아가 많아지면서, 역사적으로 혼혈에 대한 부정적인 시각은 혼혈아를 낳은 여성에 대한 부정적인 시각과 크게 다르지 않았다.

이러한 이유로 불과 몇십 년 전까지만 해도 국제결혼에 대한 부정적인 시각은 당연했다. 하지만 최근 해외 유학이나 외국인과의 자유연애에 의한 국제결혼이 증가하면서 혼혈아에 대한 생각이 조금씩 바뀌고 있다. 하지만 농촌의 경우에는 결혼하지 못하는 농촌 총각들이 동남아시아 등지의 처녀와 국제결혼을 하는 추세로, 이에 대한 일반인의 인식이 크게 좋아지지는 않고 있다. 2005년 기준으로 전체 결혼 중 국제결혼이 차지하는 비율은 13.6퍼센트라고 한다. 이제는 다문화 사회의 초기에 진입했다고 볼 수 있다. 이러한 추세를 고려한다면 한국 사회는 더 이상 단일민족의 순혈주의를 주장할 수 없다는 현실을 받아들이고 그들과 더불어 행복한 삶을 일구는 방법을 모색해야 할 것이다.

다른 것은 위험한 것

다른 것을 위험한 것으로 보는 한국인은 평균적인 정상인과는 다른 사람, 즉 장애인, 외국인, 혼혈아를 감정적으로 수용하는 경향이 낮다고 한다.

우리나라 사람들의 외국인 공포증은 조선 시대 말기에 선교사들을 박해한 사건에서도 잘 드러난다. 외래 종교인 천주교를 전도하던 서양인 신부들은 구한말의 조선 사람에게 '양코쟁이' 또는 '예의도 모르는 양놈'의 낯설음으로 인식되었다. 제너럴 셔먼호 사건에서 볼 수 있는 것처럼 한국인은 서구 문화의 낯설거나 이질적인 것의 불안에서 벗어나기 위하여 공격적인 행동으로 대응하기도 하였다.

한국 문화의 바탕을 이루는 유교 윤리는 '그런 것'과 '그렇지 않은 것'을 확실하게 구별하는 종교이다. 부자유친은 부모와 자식 사이를 엄격히 구별하였고 부부유별은 남자와 여자 사이의 구별을 의미하며 장유유서는 어른과 아이 사이의 구별을 뜻한다. 이처럼 규범을 엄격하게 지키던 사회에서 사는 사람들은 개방적이지 않고 확실하지 않은 것에 대해 수용하는 정도가 약하다. 이런 문화 속에서 살았던 조선 시대 사람들이 동양인과 서양인, 외국인과 한국인을 구별하고 다른 것에 대해 배타적이었음을 알 수 있다.

국제화 시대를 맞이하여 한국인의 해외 이민도 크게 증가하였다. 이민지에서 외국인에 대한 인종과 문화적인 차별 때문에 고통을 겪는 한국 이민자들의 이야기가 종종 대중매체를 통하여 소개되고 있다. 그러나 한국인의 외국인에 대한 차별도 심각한 수준이라 할 수 있다. 한국인이 좀 더 문화적인 개방성과 융통성을 가지고 다문화적인 배경의 다양한 민족과 어울려 살아가는 미래 시대의 새로운 변화에 대처하기 위해서는 문화적 포용력이 필요하다고 할 수 있다.

뿐만 아니라 장애인과 혼혈아에 대한 사회적인 편견도 사라져야 할 것이다. 이질성을 회피하는 경향이 강한 문화에서는 어릴 때부터 깨끗한 것과 더러운 것, 안전한 것과 위험한 것을 엄격하게 구별하는 법을 배운다. 이러한 구별은 사물뿐만 아니라 사람에게도 적용된다. 그래서 일상적인 규범의 틀에서 벗어난 것은 위험한 것으로 분류한다. 장애인과 혼혈아에 대한 기피증은 이처럼 문화적 편견에 따라 나타난 것임을 알 수 있다. 현재는 시민의 의식 수준이 높아지고 한국인의 '정情'의 문화가 살아나면서 장애인에 대한 복지와 후생에 대한 관심이 높아졌다. 장애인은 특별법을 제정하여 보호하고 있으며, 혼혈아에 대한 일반인의 편견도 많이 사라져 평등한 시민사회를 구현하기 위한 노력을 계속하고 있다. 또 다문화 가정에 대한 사회적 지원도 교육 및 의료 분야에서 시작되고 있다.

문화적 다양성을 포용하기 위한 정책

한반도에 살면서 타문화와 접촉이 거의 없었던 한국은 지구촌 시대를 맞이하여 사회의 각 분야에서 외국인 노동자가 많이 활동하고 있으며 매년 700~800만 명 이상의 한국인이 다양한 목적으로 출국한다. 그러나 혈연 공동체의 집단적 성격이 강한 한국 사회에서 외국인은 아직도 이질적이며 낯선 존재이다. 이주 노동자와 혼혈아에 대한 배타적인 태도는 글로벌 시대인 21세기를 능동적으로 준비하기 위해 우리가 극복해야 할 과제라고 할 수 있다. 여기서 우리는 다문화의 전통을 더 먼저 경험하고 문화적인 장벽을 넘어서기 위해 노력하고 있는 미국이나 유럽의 문화 정책들을 살펴볼 필요가 있다.

〈표 4-1〉 타문화에 대한 정책의 종류

동화 정책	• 한 국가 내의 여러 문화 사이의 단일성과 통일성을 주장하는 정책 • 여러 문화 집단 간의 접촉, 경쟁, 조정 들의 과정을 거쳐 동화를 성취할 수 있다는 것 • 소수 인종이나 인종 집단은 주류 문화에 동화될 것으로 본다.
분리 정책	• 국가 내의 지배 집단의 주도로 시행하며 소수 집단의 분리를 시도하는 정책 • 지배 집단의 분리 정책은 전쟁, 인종 학살 및 축출의 결과를 가져오기도 한다.
다문화 정책	• 각 민족의 다양하고 이질적인 문화를 유연하게 수용하자는 정책 • 문화적 차이로 인한 상호적 풍요로움과 다양한 문화적 표현에 의해 구현되는 범세계적 요소들을 추구한다.

현재 다민족 국가들의 사례를 살펴보면 각 나라에 공존하고 있는 여러 민족 및 문화와 관련해서 그들이 수행한 정책은 동화(assimilation), 분리(separation), 그리고 다문화주의(multiculturalism)로 분류된다.

결국 우리의 문화 정책은 차별과 분리를 넘어서는 다문화 정책으로 나아가야 할 것이다. 나와 다른 사람들에 대한 진정한 포용과 이해가 있을 때, 국제 사회의 일원으로 성장할 수 있을 것이다.

다문화 시대의 한국

최근 한국에도 이주 외국인과 외국인 근로자가 많이 늘고 있다. 많은 외국인 근로자는 불법을 감수하며 아주 열악한 상태에서 일하고 있다. 이들을 위한 '외국인 노동자 센터'가 있어 한국어 교육, 의료 봉사, 쉼터, 상담실 등을 운영하기도 하지만 아직까지 체계적으로 지원하진 못하는 실정이다. 특히 한국인은 미국이나 유럽인과 같은 서양인에게는 친절하고 호의적이지만, 근로자나 이주 여성으로 들어오는 동남아 등지의 외국인에게는 비호의적이며 차별적인 태도를 가지고 있는 것이 사실이다.

이와 달리 미국에는 외국인을 위한 각종 제도가 체계화되어 있다. 작은 도시에 이르기까지 무료 영어 교육을 지원하는 단체가 있으며, 위급할 때 무료 의료 지원을 보장하고 있다. 물론 미국에서도 아시아계나 히스패닉계에 대한 인종적 차별과 직업적 차별이 있다고는 하지만 적어도 제도상으로는 다문화 정책을 취하고 있다고 하겠다.

역사적으로 한국이 아무리 혈연 공동체 사회였다 할지라도 최근 급속히 진행되는 국제화 추세에서 타민족을 진심으로 이해하고 받아들이는 자세를 갖추어야 할 것이다. 더구나 이주 여성은 더 이상 외국인이 아니며 한국인이라는 점을 인식해야 하며, 다문화 가정의 자녀가 급속히 늘고 있다는 점에서 향후 이어질 다문화 시대에 대한 준비를 하지 않으면 안 되는 시기가 된 것이다.

국제 교류가 활발한 지금, 세계는 이제 어디나 다민족, 다문화 국가로 변해 가고 있다. 진정으로 함께 살아가기 위해서는 타민족을 이해하는 열린 자세만이 인류의 화합을 가져올 수 있을 것이다.

3. 혈통을 중시하는 순혈주의

한국의 가족주의는 부자 관계를 중요하게 여기는 '유교적 가부장제'의 혈연 중심의 전통을 가진다고 하겠다. 이러한 순혈을 중요하게 여기는 한국인은 다른 혈연을 가진 사람을 가족으로 받아들이기를 꺼렸다. 이러한 순혈주의의 특징은 한국 사회에서 양자 입양을 기피하는 현상으로 나타나고 있다.

관련 내용 ◐ 336쪽

순수 혈연 관계를
중요하게 여기는
한국의 가족주의

문화 포커스

1. 한국의 양자 제도의 특징은 무엇이며 어떻게 달라져 왔을까?
2. 한국인의 순수 혈통의 원칙은 무엇에 기인한 것일까?
3. 한국 사회에 뿌리 깊은 가족주의 문화가 형성된 배경은 무엇일까?

문화 키워드

순혈주의(순수 혈통의 원칙)   가족주의   유교적 가부장제 우리나라의 양자 제도는 종법제에서 비롯한 남계 혈통 계속주의에 근거를 두고 '가家를 위한 양자 제도'를 원칙으로 삼아 왔다. 즉 조상의 제사를 받들고 집안의 계승을 도모하려는 목적에서 양자를 들였으며 그 요건도 매우 엄격하였다. 관습법상의 양자 요건을 보면 양부는 기혼 남자로 아들이 없어야 하고, 양자도 한 사람에 한하였으며, 양자는 양부와 동성동본의 혈족으로서 자와 동일한 항렬에 있는 근친의 남자여야 한다. 자녀 출산과 동시에 집안을 번성케 하는 것, 특히 아들에게 집안을 계승케 하는 혼인 특징으로 미루어 보아 전통적인 양자 제도는 제사 제도를 통한 조상숭배와 밀접한 관련이 있으며 집안을 계승하기 위한 것이다.

하지만 최근 양자 제도는 변화하고 있다. 과거의 가계를 계승하기 위해서나 어버이의 노후 부양을 목적으로 하는 양자 제도에서 양자의 복리와 보호를 앞세우는 방식으로 바뀌고 있다. 1990년의 민법 개정으로 과거의 불합리한 양자 제도는 많이 개선되었다. 양자의 성을 바꿀 수 있고 혈연 관계에 집착하지 않도록 자녀를 위한 양자 제도가 정착되어 가고 있다. 이런 측면에서 본다면 양자 제도에 대한 의식은 많이 변화하고 있다고 볼 수 있다.

가족주의 문화의 원인

한국인은 가족을 기본 단위로 인간관계를 확장해 간다. 가족과 친척에서 시작해서 문중이나 지연, 학연, 동문, 회사, 정당 등으로 그 관계를 넓혀 나간다. 특히 인간관계에서 혈통을 중시하는 경향은 유교 사상의 전통에 기인하는 것이다. 순수 혈통을 중요하게 여기는 한국의 가족주의는 가계를 계승할 때 혈통이 같은 친족 중심을 선호하며, 다른 혈통의 자식을 받아들이기를 꺼리는 경향이 있다.

이렇게 다른 혈통을 받아들이지 않는다는 점은 일본의 가족주의와는 다른 점이다. 아시아의 유교적 가족주의에 나타난 차이점은 한국이 원리 중심의 성리학적[2] 유교를 받아들였고, 일본은 원리보다는 실행과 실리를 중시하는 양명학이[3] 더 성행했기 때문이다. 한국의 유교는 대의나 명분, 원칙을 중시하는 원리 중심주의이기 때문에 가문의 계승에도 순수 혈통의 원칙을 지키려는 성향이 강하다.

이러한 가족주의의 전통은 유교적 가부장제의 사회에서 확립되었다. 한자 '孝효'는 자식(아들)이 노인(늙은 아버지)을 업고 있는 형상으로서 아들이 아버지의 뜻을 받들고 편안히 모시는 것이 유교적 가부장제를 지탱하는 효 사상이었다. 이러한 효 사상은 가족을 기본 단위로 국가를 통치하는 이념이 되면서 신하가 임금에게 충성하는 충忠의 개념으로 발전하였다.[4] 국가國家란 한국 사회에서는 서양의 경우처럼 계약 집단이 아니라 임금이 아버지가 되는 거대한 집이라는 의미를 지닌다. 그러니까 한국의 전통 사회에서 국가는 임금을 국가의 아버지 즉 국부國父로, 왕비를 국가의 어머니 즉 국모國母로 삼는 대가족 집단을 의미하였다. 이처럼 한국인이 사회를 파악할 때 기본이 되는 것은 가족으로서, 이것은 모든 집단을 재는 기본적인 척도가 되었다.

가족주의는 가족 간의 관계 형태에 따라 여러 형태[5]를 보여 주는데 한국의 가족주의는 아버지와 아들의 관계가 중요한 '유교적 가부장제'의 전통을 가지고 있다. 이러한 가족 관계는 그 사회 내에서 대인 관계나 사회 문화를 형성하는 데 결정적인 영향을 미치는 중요한 요소이다. 이러한 혈연 중심주의 때문에 한국 사회는 피가 다른 이질적인 집단에 대하여 개방적이지 않다. 가족 이외의 집단에 대한 배타성 때문에 한국인은 다른 사람의 혈통을 자기 자식으로 받아들이는 가족 입양이 사회적으로 흔하지 않다. 가령 자기 자신에게 자식이 없어서 양자를 들일 경우에도 형제나 친척의 자식처럼 혈연의 관련성이 있는 자를 선택한다. 한국 사회에서 매년 6,000명 이상이 해외로 입양되는데 이런 현상은 혈통 중심의 한국의 가족주의 문화 때문에 피가 다른 아이는 한국 가정 내에 입양되기 어렵기 때문이다.

직업적인 공동체를 나타내는 '전문가, 실업가, 정치가, 종교가, 화가, 음악가' 등의 어휘에도 한국인의 가족주의적인 의식을 엿볼 수 있다. 가령 건축을 하는 사람을 건축가建築家로 부르는 것은 개인을 개인으로 보지 않고 같은 직

---

2) 성리학은 남송의 주희(1130~1202)에 의해 집대성된 학문으로 주자학으로 부르기도 한다. 성리학은 명분적 체제를 중요하게 여기는 학문이었다.

3) 양명학은 중국 명나라 왕수인(1472~1528)이 집대성한 신유가 철학이다. 양명학은 실행을 중요하게 여기는 학문이었다.

4) 현대 한국인의 가족주의 가치관이 형성되는 데 기본적인 원형이 된 유교적 가부장제는 '효'를 기본 이념으로 정착하는 데 200~300년이 걸렸다고 한다.

5) 한·중·일의 유교 문화권에서는 아버지와 아들의 관계, 힌두교의 인도와 동남아권에서는 어머니와 아들, 이슬람 문화권에서는 형제 간의 관계를 중요하게 생각한다고 한다. 최준식, 『한국인에게 문화는 있는가』(사계절, 2002). p. 61 참조.

업을 가진 가족의 연장으로 파악한 것으로 볼 수 있다. 그 직업 공동체에서 직업이 계승되고 조직된 형태가 집에서 아버지를 중심으로 가족의 형태를 유지하는 것과 유사하기 때문이다. 이러한 직업관에 나타난 가족주의는 아직도 한국의 직장 문화나 사회 문화 속에 자리 잡고 있다. 가령 직장 내의 노동 환경에서도 서구의 개인적인 인간관계보다는 훨씬 더 가족적인 네트워크를 통해 일하는 관습에 익숙하다. 한국인에게서 발견되는 끼리끼리의 동류 의식과 우리 의식은 기본적으로 혈통 중심의 가족주의에 뿌리를 두고 있다, 어떤 집단이든지 혈통의 순수성에 기준을 두는 동류 의식을 만들어 가는 것이 한국 문화의 특징이라고 할 수 있다. 지금까지 설명한 특징을 바탕으로 한국의 가족주의 문화의 원인을 정리하면 다음과 같다.

첫째, 전통적인 유교적 가부장제의 영향

유교적 가부장제는 아버지와 아들을 통해 이어지는 상호 보살핌과 사랑의 감정인 '효'를 통해 한국 문화 속에 이어져 왔다. 혈통이 중심이 된 한국의 가족주의는 일제의 무단 정치와 6·25와 같은 한국전쟁을 겪으면서 개인이 생존하기 위해 가족에 대한 의존도가 높아졌다고 볼 수 있다. 즉 사회복지 제도가 정착되기 이전에 한국인은 노후 생활을 위하여 가족에게 헌신하고 이를 효 사상을 통해 보상받은 것이 한국의 가족주의를 강화시키는 요인이 되었다.

둘째, 자신의 혈통이 아니면 믿지 못하는 원형적인 가족애

피가 섞인 가족 이외에는 믿지 않는 성향은 집단의 기본을 이루는 가족주의에서 기인한다. 한국 사회에서는 식당·가게나 중소기업·대기업에서도 금전이나 회계와 관련된 곳에서는 친계 혈통인 자식이나 친척을 기용하는 경우가 많다.

셋째, 가족을 위한 개인의 희생이 미화된 전통 시대의 가족주의

근대화 시기에 장남이나 장녀는 동생들을 교육시키기 위해 공장의 노동자로 일하거나 결혼을 미루는 등 가족을 위한 개인의 희생이 미화되어 왔다. 현재 한국에서는 핵가족으로 인한 자녀 수의 감소, 서구의 개인주의의 영향으로 이런 경향은 점차 줄어들고 있다. 그러나 하층이나 서민층에는 여진히 가족을 위한 개인의 희생이 존재한다.

넷째, 가족 문화 속에서 전승된 가족의 이익을 위한 개인의 희생

가족의 이익을 개인의 가치보다 앞세우면서 한국인은 학교, 민족, 국가와 같은 집단을 개인보다 높이 평가하는 경향이 있다. 국가 정책이나 집단 행사의 경우 개인의 불편을 감수하면서 집단의 이익을 위해 배려하는 것이 한국인에게 흔한 일이다. 개인주의에 익숙한 서구인에게는 신기한 일로 비칠 것이다.

88올림픽이나 2002년 월드컵 대회를 성공적으로 개최할 수 있었던 것, IMF 구제 금융 사태와 같은 경제적 위기의 상황에서 집단적 단결이 잘 되었던 이유는 어린 시절부터 가족이라는 집단을 위해 개인의 희생을 당연하게 생각하도록 교육받았기 때문이다. 또한 월드컵과 같은 국가적인 경기에서 한국인이 놀라운 단결력을 보여 준 것도 바로 이러한 가족애에 바탕을 둔 한국의 집단주의에 의해 가능했다.

한국의 전통 속에서 순수 혈통의 가족주의를 유지하기 위해 희생을 가장 많이 요구받은 쪽은 여자들이다. 특히 한 가문의 순수 혈통을 유지하기 위하여 조선 시대부터 여성의 정절을 국가의 윤리 지침으로 강조했다. 남편이 죽었으나 다시 결혼하지 않고 순결을 지킨 여자(열녀)에게는 국가가 포상하고 비문을 세워 주는 등 사회적으로 그 희생을 가치 있게 기렸다.

서구의 입양과 한국의 입양

1960년대와 1970년대에 많이 이루어진 서구의 입양은 친부모와 양자의 관계를 완전히 단절하고 새로운 부모와의 관계만을 인정하는 완전 양자 제도(full adoption)를 취한다. 이는 미성년자, 기아, 고아를 위한 제도로서 완전히 새 부모를 찾아주는 제도라고 할 수 있다. 미국의 경우에는 위탁 보호[6] 형식으로 아이들을 입양한다. 1999년에는 미국에서 위탁 보호 대상이 되는 아동 약 58만 1,000명 중 약 22퍼센트가 입양되었다. 위탁 보호는 관련 단체나 정부 개입의 결과로 점차 증가하고 있다. 특히 특수아를 입양한 경우에는 지원금을 제공함으로써 단순한 위탁 보호에서 입양으로 한정하며 양부와 동성동본의 혈족으로서 자子와 동일한 항렬에 있는 근친 남자만을 입양했다. 특히 장남은 다른 집안의 양자로 갈 수 없다는 규칙은 우리나라의 입양이 가계를 계승하기 위한 혈족 중심의 입양이었음을 입증한다. 하

---

6) 위탁 보호란 보호를 필요로 하는 아동을 위탁받아 보호하기를 희망하는 가정에 대리 양육하도록 함으로써 아동이 가정적인 분위기에서 자랄 수 있도록, 위탁 가정과 아동이 입양으로 연계되도록 하는 것을 말한다.

지만 최근에는 우리나라 또한 국내 입양이 주로 위탁 보호를 필요로 하는 아동을 중심으로 이루어지고 있다. 이전에는 6·25 전쟁 후 발생한 혼혈아와 전쟁고아가 많았으나, 요즘에는 미혼모, 가정불화로 버려진 아이들이 입양의 대상이 되고 있다. 또한 과거에는 주로 자식을 낳지 못하는 가정의 입양이 많았으며 이러한 이유로 입양 사실을 숨기는 것이 일반적인 현상이었다면, 최근에는

피는 물보다 진하다

한 집안의 역사책인 족보는 중국 육조시대에 왕실의 계통을 기록하면서 시작됐다. 개인이 족보를 갖게 된 것은 중국 한나라 때 관리를 등용하면서 과거 응시생의 내력과 조상의 업적을 기록한 것이 시초라고 알려진다. 한국의 족보는 고려 시대에 왕실 계통을 기록하며 출발하는데, 시작은 중국보다 늦었지만 계보학의 종주국으로 꼽힐 만큼 세계적인 수준을 자랑한다. 가문마다 족보를 문헌으로 만들어 보물처럼 모시며 2000년 가까이 기록해 온 나라는 세계에서 한국이 유일하다. 현재 국립중앙도서관 계보학 자료실에는 600여 종, 1만 3000여 권의 족보가 소장돼 있다.

고려 시대엔 문벌 유족이 형성되면서 족보가 유행했고, 유교 국가인 조선 시대에도 문벌을 지키기 위한 방안으로 건국 초기부터 족보를 활발히 편성, 간행했다. 족보의 발달에 불을 붙인 것은 임진왜란, 병자호란이었다. 전쟁 통에 기존의 엄격한 신분제도가 해이해지면서 다른 혈족과 나를 차별화하는 족보가 필요했기 때문이다.

족보는 나와 나를 둘러싸고 있는 한 집안의 역사책이다. 하지만 최근 우리 사회가 서양화, 핵가족화되면서 족보에 대한 생각도 변하고 있다. 보통 족보를 내세우는 사람은 자신의 가문이 명문임을 자랑하는 경향이 많다. 요즘 사람들은 점차 가족주의에서 개인주의로, 권위주의에서 평등주의로 바뀌고 있다. 따라서 족보에 대한 비판적인 시각도 많아서 대부분의 사람은 족보에 대해 관심을 갖지 않으며 상대 집안을 볼 때 족보에 비중을 두지도 않는다.

하지만 우리는 "피는 물보다 진하다."는 말에서처럼 혈족과 가족 관계를 중요하게 생각해 온 민족이다. 아무리 세상이 바뀌어도 효도 정신이나 형제 간의 사랑, 조상에 대한 극진함은 세계 어느 민족보다도 소중히 여기며 살고 있다.

자식을 둔 부모도 불행한 처지의 아이를 도와 한가족을 이루겠다는, 혈연을 벗
어난 입양이 생겨나고 있다.

4. 소통을 위한 술과 회식 문화

레비 스트로스는 술은 자연에서 문화로의 변형이 이루어진 대표적인 음료로 보았다.
각 민족이 술을 향유하는 방법과 태도는 각기 독특한 특성을 가지고 있으며 술을 통해
추구하는 문화적 가치들은 매우 다양하다. 서열을 이루는 권위주의 사회에서 살아가는
한국인에게 술은 회식 장소에서 집단의 압력과 권위의 틀에서 잠시나마 벗어나 자유로
운 인간관계를 맺을 수 있는 매개체가 되고 있다. 한국인의 술 문화는 회식 문화와 함께
그 빈도와 술의 양에서 세계 수위를 차지하고 있으며 '술 권하기'와 '술잔 돌리기' 등 집
단주의의 특징이 나타나기도 한다.[7]

관련 내용 ▶ 342쪽

자유로운 인간관계를
맺을 수 있도록 하는
매개체인 술

문화포커스

1. 한국인의 술 문화의 특징은 무엇일까?
2. 한국인에게 술자리와 술은 어떤 의미를 가질까?

문화키워드

주도　　　술잔 돌리기　　　건배　　　이질성 해소

한국의 전통적인 술 문화는 철저하게 예절을 중요하게 여긴다. 특히 어른을 모시고 술을 마실 때는 먼저 어른에게 술잔을 올리고 어른이 술잔을 주면 두 손으로 받는다. 어른이 마신 뒤에 비로소 잔을 비우며, 어른 앞에서는 돌아앉거나 상체를 뒤로 돌리고 마신다. 술잔을 받은 후에는 다시 술을 올리는데, 한 손으로 술을 따르면서 반드시 다른 한 손은 술을 따르는 손을 받치는 것이 예의이다.[8] 이러한 예의는 현대인의 술자리에도 아직 남아 있다.

또한 한국의 술 문화의 대표적인 특징은 '다함께 마시는 것'이다. 술잔을 돌리거나 '건배'를 제의하는 것 등이 그것이다. 회식이나 모임에서의 폭탄주는 유명하다. 맥주잔에 위스키를 넣거나 맥주잔에 소주를 넣어 모두가 돌려 가며 마신다. 이것은 술을 좋아하지 않거나 마시지 못하는 사람에게는 매우 곤혹스러운 일일 수 있으며, 다른 이과 함께 어울리지 못하는 이방인을 만들기도 한다.

흔히 남자들은 술을 마시면서 마음속의 이야기를 주고받을 수 있다고 생각하며, 평상시에 말하기 어려웠던 문제를 털어놓을 수 있다고 믿는다. 술자리에서는 지위와 거리가 허물어지는 것을 어느 정도 용납한다. 이런 이유로 회식 자리의 술 문화는 집단 내의 결속을 다지며 집단 내의 숨은 문제를 해소하는 좋은 기회가 되기도 한다.

술을 통한 일탈과 이질성 해소

레비 스토로스의 주장처럼 술은 자연에서 문화로 변형이 이루어진 대표적인 음료이다. 인류는 전분이나 당분 원료가 야생의 미생물에 의해 알코올이 생성되고 발효 생성물에 의한 발효 현상을 터득하면서 술을 만들어 마시게 되었다. 처음에는 야생의 열매에서 자연 발생적으로 생성된 것을 마시다가 과일이나 곡물로 술을 빚을 줄 알게 되었고, 각 지역에서 생산되는 과일이나 곡물로 그 지역에 알맞은 여러 가지 술을 개발

---

7) 백승국, 「미디어 속에 나타난 술 문화 콘텐츠의 비교문화 교육」, 『언어와 문화』(2004), p. 171.

8) 최근 우리 전통 음주 예절인 '향음주례'에 대한 관심이 높아지고 있다. 향음주례란 성균관이나 전국의 향교에서 행하던 일종의 주도酒道 예절이다. 여기서 공경지심恭敬之心, 손을 씻고 잔을 씻어 상대방에게 권하는 청결지심淸潔之心, 일미동심一味同心의 공동체 의식, 적절한 양으로 끝낼 줄 아는 절제의 사양지심辭讓之心을 가르쳤다.

하였다. 우리나라의 조선 중기 문헌에 기록된 술의 종류는 모두 121가지이고 술 빚는 방법과 사용한 계량 도구 또한 다양하였다.[9]

각 민족이 술을 향유하는 방법과 태도는 각기 독특한 특성을 가지고 있으며 술을 통해 추구하는 가치들도 다양하게 나타난다. 서양인의 음주 스타일은 질적인 가치와 양적인 가치를 추구하는 두 가지 스타일로 구분할 수 있다, 질적인 가치를 추구하는 스타일은 절제되고 정제된 음주 문화로 술이 주는 긍정적 가치만을 추구한다. 한편 양적인 가치를 추구하는 스타일은 서구에서는 알코올 중독자와 같이 부정적인 평가를 받아 사회에서 고립감을 맛보기도 한다. 서구인은 파티를 제외하고 집단적으로 술을 마시는 경우보다는 혼자 술 마시는 경우가 많다.

한국에서는 술 마시는 것을 사회적으로 그렇게 부정적으로 인식하지 않으며 사회생활을 하기 위해서는 적당한 음주가 필요하다고 생각하는 사람이 많다. 한국에서는 낮에 쌓인 스트레스를 푸는 가장 좋은 방법으로 딱딱한 일상에서 일탈하기 위해 비슷한 사람끼리 모여 술 마시기를 즐긴다. 한국인은 집단주의와 권위주의 사회의 복잡한 인간관계 속에서 스트레스를 많이 받기 때문에 술을 마시며 평소에 억눌린 감정을 분출해야 사회생활이 원활해진다.[10] 그래서 한국에서는 어느 모임이나 술자리가 자주 만들어지며 혼자보다는 집단적으로 술 마시기를 좋아한다.

서로 다르거나 낯선 것을 회피하는 경향이 강한 한국인은 술을 마시고 함께 취해 자신과 다른 사람 사이의 경계를 허물고 서로 다른 점을 해소해야 직성이 풀린다. 그래서 한국은 매년 세계에서 술 소비량이 아주 높은 나라에 속한다. 한국인은 정신을 잃을 정도로 마시고 격식을 버린 채 원초적인 카오스의 상태에서 서로 어울려 하나가 되었을 때 그 사람을 이해하고 진정한 인간관계가 형성된다고 생각한다. 술을 마시고 서로가 망아의 상태(자신을 잊어버림)에서 하나가 돼 보지 않으면 그 사람을 깊이 알고 있다고 생각하지 않는다, 말하자면 술을 통해 이성의 껍질을 벗겨 내고 무의식의 본능까지 들여다본 후에야 그 사람이 어떤 인간인지를 이해하는 것이 한국인이다. 그래서 한국에서는 시바스 리걸과 같은 비싸고 독한 양주가 많이 팔리며 '폭탄주'와 '원샷' 처럼 짧은 시간에 한껏 취하는 음주 문화가 유행하기도 한다.

---

9) 백승국, 앞의 논문, p. 171.

10) 이기중, 「술 문화를 통해 본 한국인의 일상과 일탈」, 『한국 문화와 한국인』 (사계절, 2003), p. 97.

이러한 술 문화는 직장에서뿐만 아니라 대학의 신입생 오리엔테이션 미팅이나 엠티에서도 자주 등장한다. 신입생의 경우에 술은 짧은 시간 안에 자신의 틀을 깨고 나와 대학과 학과의 집단과 하나가 될 수 있는 윤활유로 인식된다. 그래서 신입생 환영회에서는 풋내기 신입생이 선배의 권유로 폭탄주를 돌리고 마시는 상황이 자주 벌어진다. 술은 이처럼 한국의 대학 문화에서도 서로 다른 것을 해소하여 집단 의식을 강화하는 방편으로 엠티나 회식 자리에서 삼겹살과 함께 빠지지 않는 음료가 되었다.

한국 사회에서 직장이나 대학 생활에서 술자리에 자주 빠지는 사람은 구성원들과 원활한 인간관계를 형성하기 어렵다고 한다. 이런 술자리의 미팅에 자주 참석한 사람은 동료나 선후배 간에 의사소통이 잘 이루어지고 인간관계가 원만하지만(인사이더) 모임에 자주 빠진 사람은 집단에서 소외되거나 인간관계가 좋지 못하여 아웃사이더가 되기 쉽다.

서열을 이루는 집단주의와 권위주의 사회에서 살아가는 한국인에게 술은 집단의 압력과 권위의 틀에서 잠시나마 벗어나 자유로운 인간관계를 맺을 수 있는 매개체가 되고 있다. 이러한 한국인의 술 문화는 그 빈도수와 술의 양 때문에 한국인의 건강을 해치거나 노동의 집중력을 떨어뜨리기도 한다. 개인의 술 실력을 무시한 채 강요받은 술 때문에 가끔씩 사고가 발생하기도 한다. 개인의 취향이나 능력을 무시한 술 권하기와 술잔 돌리기는 거절을 예의에 벗어난 것으로 생각하는 집단적인 획일성의 산물이라 할 수 있다.

개인의 자유와 인격을 존중하는 민주적인 사회로 나아가기 위해서는 이러한 술 문화는 개선해야 할 것이다. 또한 국민 건강을 해치는 과음과 빈번한 술자리는 가족과 함께 보내야 할 여가 시간이나 자신을 재충전해야 할 시간을 낭비하게 된다는 점에서 소모적인 술 모임을 대체할 수 있는 건전한 놀이 문화의 필요성이 제기되고 있다.

세계인의 술 문화

세계인의 술 문화는 어떻게 다를까?[11] 미국인은 함께 어울려 술을 마신다는 것은 상대방과 자리를 함께하는 의미이다. 즉 술을 마시더라도 각자의 술을 마실 뿐 서로에게 술을 권하는 일은 거의 없으며 특별한 일이 아니고는 취할 정

---

11) 네이버 지식 검색 참조 http://home.hanmir.com/~j1004tj/main1.htm

도로 마시는 사람도 드물다. 특별한 경우가 아니고는 각자의 술값은 각자 계산
하는 것이 보통이다. 취할 때까지 마시거나 2차나 3차를 당연하게 여기는 한국
인의 술 문화와는 대조적이다. 밥값을 각자 내는 계산이 보편화되고 있는 최근
의 추세에도 불구하고 술값은 여전히 한 명이 지불하는 '기분 내기'가 대부분
이다.

　일본 역시 술 마시기를 강요하지 않는다. 각자 주량만큼만 마시며 술을 즐긴
다. 특히 각각 다른 종류의 술을 주문해 즐기는 광경도 흔하다. 술잔을 채우는
방식은 잔을 비운 뒤 상대방이 술을 채워 주는 한국식 술 문화와는 달리, 상대
방이 마시는 도중 첨잔하는 방식이 일반적이다. 술값은 일행이 나눠 내거나 자
기 술값만 치르기도 한다.

전통 사상을 통해 본 한국의 술 문화

　한국인은 술자리 분위기와 술의 가치를 즐길 줄 아는 민족이라 할 수 있다.
한국인의 음주 스타일은 술의 질보다는 양의 가치를 추구한다. 한국 문화의 기
반이 되었던 유교와 도교에서는 술을 도리나 예로서 중요하게 여기고 술자리
에서의 주도를 강조하였다. 어른들과 술을 대작할 때는 얼굴을 돌려야 하며 술
잔은 반드시 두 손으로 받아야 한다. 또한 술잔은 돌려야 하며 술잔을 거절하
면 예의에 벗어난 것이고, 술자리에서 취한 모습을 보이는 것을 부끄럽게 생각
하지 않았다.

　도가의 노장사상을 통해 볼 때, 술 마시는 사람은 술을 마시는 순간 현실을
초월하여 자연과 교감을 이루는 새로운 세계에 몰입하게 된다고 한다. 그래서
술자리를 빈번히 이동하는 것은 새로운 세계와의 교감을 위한 것이라고 한다.
그러므로 술자리에서 음주하는 사람들은 순간적으로 사회의 물질적 가치를
망각할 정도로 취해야 술자리는 즐거움의 공간이 된다. 이것이 한국인이 술
의 질보다는 양의 가치를 추구하는 이유이다. 술이 주는 정서적인 즐거움을
강조한 노장사상에서는 인간이 술을 통하여 현실로부터 일탈함으로써 정신적
상승이 이루어져서 자연과 교감할 수 있다고 보았다. 그래서 노장사상이 성행
했던 시기에는 애주가가 많이 배출되었고 술에 묻혀 사는 선비들이 많았다고
한다.

러시아인은 술을 매우 좋아하고 술을 통해 친구를 사귄다는 점에서 한국인의 습성과 유사하다. 러시아인은 독한 술을 좋아하는 편이며 여러 명이 함께 마시는 것이 특색이다.

중국인도 역시 술을 좋아한다. 술을 통해 친구를 사귀는 것은 한국과 비슷하며, 자기에게 놓인 술잔을 모두 비우는 것이 보통이다. 대화를 나누면서 상대방에 보조를 맞춰 술을 마시는 것이 예의이다. 프랑스나 이탈리아인은 주로 식사와 함께 포도주를 마시는데 식사에 곁들이는 정도의 수준이며 취하거나 왁자지껄한 술 문화를 즐기지는 않는다.

한국인은 단일민족으로 서로 신뢰하고 하나 됨을 강조해 왔다. 한국인은 이러한 마음을 주고받을 때, 술을 마시면서 술잔을 돌려 가며 더불어 마시는 것으로 확인하고자 한다. 이렇게 일심동체를 다지는 함께 마시는 일은 살아 있는 사람뿐 아니라 신이나 죽고 없는 조상에게도 마찬가지여서, 제사 때 올린 음식과 술을 나누어 먹는 음복 절차가 바로 조상과 후손을 잇는 결속 행위라고 본다. 이러한 한국인의 술 문화를 이해한다면 한국인의 집단 의식과 일체감을 좀 더 이해할 수 있을 것이다.

참고·문헌

국제한국학회 지음. 『한국 문화와 한국인』. 사계절, 1999·2003.

김숙현 외. 『한국인과 문화 간 커뮤니케이션』. 커뮤니케이션 북스, 2001.

김인호(1998), 『중국 문화의 이해』. 1998.

루스 베네딕트 지음, 김열규 옮김. 『문화의 패턴』. 까치, 1996.

리처드 E. 니스벳 지음, 최인철 옮김. 『생각의 지도: 동양과 서양, 세상을 바라보는 서로 다른 시선』. 김영사, 2004.

백승국. 「미디어 속에 나타난 술 문화 콘텐츠의 비교문화 교육」, 『언어와 문화』. 2004.

왕샤오링. 『왕 샤오링의 한국 리포트』. 가람기획, 2002.

최준식. 『한국인에게 문화는 있는가』. 사계절, 2002.

프로이트 지음, 서석연 옮김. 『프로이트 정신분석학 입문』. 범우사, 2000.

G. Hofstede 지음, 최재호·나은영 옮김. 『세계의 문화와 조직』. 학지사, 2006.

naver. com 지식 참조.

Step 1 ➡ 본문 읽고 토론하기

※ 다음은 한국인의 일상생활과 사회에 반영된 불확실한 것을 회피하는 경향을 설명한 본문 내용 중 일부입니다. 각자의 생각을 자유롭게 말해 봅시다.

> 한국에서는 철이 바뀔 때마다 거리에서 비슷한 복장을 한 사람을 많이 만나게 된다. 옷뿐만이 아니라 휴대전화 갖기, 건강 열풍, 브랜드 아파트 등 유행의 모습은 다양하다.

Step 2 ➡ 문화에 드러난 어휘

유행, 개성	중립적	부정적	틀리다, 집단 따돌림, 왕따, 외국인(떼놈, 쪽발이, 양놈, 깜둥이), 장애자 관련 표현

○ 튀는 사람을 경계하는 표현(공주병, 왕자병, 왕비병, 하녀병 등)
● 모난 돌이 정 맞는다. 가만히 있으면 중간이라도 간다.

Step 3 ➡ 문학작품을 읽고 토론하기

1. 현진건의 「술 권하는 사회」를 읽고 한국인의 일상 속에서 술에 대한 가치관과 태도에 대하여 토론해 봅시다.

2. 이효석의 「산협」을 읽고 순수 혈통 계승을 위한 주인공의 가부장적 욕망과 양자 제도에 대하여 토론해 봅시다.

한국의
급속한 경제성장과 빠른
근대화 과정은 동양 전통의 유교 사상에
기반을 둔 역동성으로 설명할 수 있다. 유교적
역동성이란 집단주의 사회에서 조직의 결속력과 단결,
협동을 통하여 나타나는 효율성의 극대화를 의미한다.
미래를 지향하는 한국인의 교육열은 빠르게 변화하는 사
회에 적합한 인적 자원을 확보한다는 면에서 매우 역
동적이라고 할 수 있다. 또한 유교적 역동성에
기초한 가족주의적 경영 방식은 한국을
포함한 아시아의 경제를 부흥
시킨 초석이 되었다.

제5장 유교와 한국의 역동성

Confucianism and Korean Dynamism

1. 전통의 혁신과 현대화

보겔은 새로운 상황에 적응된 동아시아의 유교적 전통을 '산업적 신유교'라고 칭하고 이처럼 유교적 전통에 뿌리를 둔 제도와 문화적 관행이 세계 경제에서 동아시아 국가들의 역할을 한층 증진시켰다고 보았다. 마찬가지로 마이클 본드(Michael Bond)는 아시아 네 마리 용이 도약하게 된 원인을 유교적 역동성(Confucian Dynamism)이라고[1] 불렀으며, 최준식 교수는 이러한 힘의 원동력은 실용적인 윤리 기준을 제시한 공자의 가르침에 의해 가능하다고 보았다.[2]

관련 내용 ▶ 348쪽

고층빌딩이 우뚝 선
시내 중심가의
모습

문화 포커스

1. 한국이 경제성장을 이룬 원천은 무엇일까?
2. '유교적 역동성'이 한국의 경제 발전에 미친 영향은 무엇일까?
3. 장기 지향의 가치와 단기 지향의 가치가 경제성장에 어떻게 작용할까?

문화 키워드

| 한강의 기적 | 경제개발 5개년 계획 | 유교적 역동성 |
| 장기 지향의 가치 | 단기 지향의 가치 | |

한국의 경제가 발전한 배경에는 '새마을운동'이 있다. 새마을운동은 근면·자조·협동이라는 기본 정신으로 한 마을, 한 고장, 한 국가와 같은 공동체가 더불어 잘살자는 운동이라고 할 수 있다. 이는 단순히 물질적 풍요뿐만이 아니라 정신적인 풍요를 누리는 사회를 이루자는 운동이다. 1970년대에 시작한 잘살기 운동으로 박정희 대통령이 주도하였고 한국 사회는 이 새마을운동을 바탕으로 오늘날의 경제성장을 이루었다고 봐도 과언이 아니다.

새마을운동은 초기에는 단순히 농가의 소득 증대 운동이었지만 이것을 통하여 성과를 많이 거두면서부터는 도시·직장·공장에까지 확산되어 근면·자조·협동을 생활화하는 의식 개혁 운동으로 발전하였다. 이러한 운동을 통하여 경제적으로 자립하여 선진국 대열에 꼭 진입해야 한다는 의지를 국민에게 강하게 심어 준 정부 주도하의 국민적 근대화 운동이었다고 할 수 있다.

미국과 유럽 경제학자들은 당시 아시아 경제의 성공을 극찬했고, 그 원인을 분석하는 데 골몰했다. 한국은 독일의 '라인강의 기적'에 빗대어 '한강의 기적'이라고 불릴 만큼 눈에 띄게 성장했다. 물론 이러한 경제성장이 최근까지 지속되고 있지는 못하다.[3] 이렇게 세계가 놀란 한국의 경제성장의 배경에는 어떠한 문화가 자리 잡고 있으며, 이러한 문화는 한국 경제성장의 부침에 어떠한 영향을 미쳤을까를 차례로 살펴보자.

유교적 역동성

1980년대 제1세계 중심으로 세계 경제의 흐름이 형성된 가운데 아시아의 네 마리 용龍인 한국, 대만, 홍콩, 싱가포르의 경제적인 도약은 세계 경제학자들을 놀라게 하였다. 그 도약의 원인을 분석하던 학자들은 이 네 나라가 모두 유교 문화권에 속한다는 사실에 주목

---

1) 에즈라 보겔 지음, 장인영 옮김, 『네 마리의 작은 용』 (고려원, 1993).

2) 최준식, 『한국인에게 문화는 있는가』 (사계절, 2006). p. 242 인용.

3) 1990년대 본격적인 개혁 개방에 나선 중국의 부상에 따라 저임금 제조업에서 경쟁력을 잃어 갔고, 1997년 외환 위기 이후 성장세가 한풀 꺾였다. 실제로 아시아 4룡四龍의 경제는 최근 수년간 침체를 벗어나지 못하고 있다. 2004년 대만과 싱가포르의 평균 성장률은 2퍼센트대에 머물렀고, 다소 나은 한국과 홍콩도 3~4퍼센트대에 불과했다.

하였다. 마이클 본드(Michael Bond)와 같은 학자들은 이것을 유교적 역동성(confucian dynamism)으로 지칭하였으며, 홉스테드는 삶에 대한 태도를 장기 지향적으로 갖느냐 단기 지향적으로 갖느냐에 따라서 유교가 미친 영향력을 분석하였다. 아시아에서의 경제 부흥에 기초가 된 유교적 역동성을 형성하는 데 영향을 준 공자의 사상은 홉스테드에 따르면 다음과 같다.

> 첫째, 사회적 안정은 사람들 사이의 불평등한 관계를 전제로 한다. 이 관계들은 쌍방적 의무와 상호 보안적 의무에 기반을 두고 있다. 아랫사람은 윗사람을 존경하고 복종해야 하며 윗사람은 아랫사람을 보호하고 배려해야 한다.
>
> 둘째, 가족은 모두 사회 조직의 원형이다. 사람은 일차적으로 개인이 아니라 가족의 구성원이다. 아이들은 가족 안에서 조화를 유지하기 위해 개인주의를 버리고 자신을 자제하는 방법을 배워야 한다.
>
> 셋째, 타인에 대한 덕 있는 행동이란 자기가 대우받고 싶지 않은 방식으로 남을 대우하지 않는 것을 의미한다.
>
> 넷째, 인생에서 자기의 일에 대한 미덕은 기술을 획득하고 교육을 받으려 노력하는 것, 열심히 일하는 것, 필요 이상으로 낭비하지 않는 것, 참는 것, 그리고 끈질기게 노력하는 것이다. 일에서는 중용을 지키려는 노력이 필요하다.[4]

이러한 유교적 역동성은 한국의 근대화에 결정적인 영향을 주었다고 할 수 있다. 한국에서는 회사나 친목 단체인 2차 집단(이익사회)은 가족 또는 가족주의를 이루고 있으며, 이것이 한국적 집단주의를 이루며 개인주의와는 다른 결속력을 보여 주었다. 한국 기업의 가족적 경영 방식은 자원의 부족과 전후의 열악한 환경 속에서 집단의 단결과 개인의 희생을 통해 한강의 기적을 이루어 내었다. 박정희 대통령 시절의 경제개발 5개년 계획은, 경영자와 노동자가 불평등한 관계 속에서도 일사불란하게 단결하여 세계인을 놀라게 한 엄청난 속도로 경제 발전을 이루어 내었다.

또한 한국인의 끈기와 열정, 절약 정신, 기술 습득과 교육에 대한 깊은 관심이 한국의 근대화에 밑바탕이 되었다고 할 수 있다. 홉스테드는 이와 같은 유교적 가치들과 경제성장의 관계를 경제 부흥을 이룬 아시아 국가들이 전통에

---

4) G. Hofstede 지음, 차재호·나은영 옮김, 『세계의 문화와 조직』, pp. 241~242의 내용을 요약하여 정리하였다.

대한 강한 신념에도 불구하고 전통에 얽매이지 않는 유연성을 가지고 있다고 분석한다. 전통은 중요한 것이지만 그것이 지나치면 새로운 변화와 혁신에 걸림돌이 된다. 경제성장을 이룬 신흥 아시아 국가들은 전통을 과감히 청산하고 과거에 얽매이지 않는 자기 쇄신을 통해 서양의 과학 기술과 새로운 문화를 쉽게 수용했다는 것이다. 이것은 서구인이 서구 문화 중심주의에 기울어져 오리엔탈리즘이라는 동양 문화에 대한 왜곡된 시선을 갖게 되는 것과 대조되는 부분이다.

한국도 서양이 이룩해 낸 고도의 산업 및 과학 기술을 받아들이지 않았다면 오늘날과 같은 경제 발전은 불가능하였을 것이다. 새마을운동은 전통적인 생활양식을 혁신하고 의식주의 근대화를 통하여 한국인의 생활을 새롭게 변모시킨 대표적인 사례라고 할 수 있다. 그러나 서구적 근대화의 부작용으로 우리의 전통적인 가치 문화가 소실되고 문화적 정체성이 약화되는 경향은 우려되는 점이다. 앞으로 경제 발전과 더불어 한국인의 소중한 전통적 가치와 현대적 새로움을 조화롭게 융합해 나가는 것이 현대인의 과제라고 할 수 있다.

장기 지향의 가치와 단기 지향의 가치

홉스테드에 따르면 흔히 장기 지향의 가치(long-term orientation)는 동양권에, 단기 지향의 가치(short-term orientation)는 서구에 나타난다고 한다. 〈표 5-1〉은 장기 지향의 가치와 단기 지향의 가치가 가지는 특성들이다.

〈표 5-1〉 장기 지향과 단기 지향 가치의 특성 비교

장기 지향 가치	단기 지향 가치
• 끈기	• 사람됨의 꾸준함, 안정성
• 지위에 의한 서열과 질서의 존중	• 체면 유지
• 절약	• 전통의 존중
• 염치를 아는 것	• 인사치레, 신세진 것을 선물로 되갚기

자료: G. Hofstede 지음, 차재호·나은영 옮김, 『세계의 문화와 조직』(학지사, 1995), p. 242.

두 가지의 가치 가운데 장기 지향적 가치들은 미래 지향적이고 역동적이고, 단기 지향적 가치들은 과거나 현재 지향적이고 더욱더 정적인 것으로 평가된다. 어느 사회이든 이 두 가지 가치가 함께 나타나는데 어느 한쪽이 강하거나 약하게 나타날 수 있다.

경제 부흥을 이룬 아시아 국가들은 장기 지향의 절약과 끈기가 기업가 정신의 바탕을 이루어 발전하는 원동력이 되었다. 그 대표적인 사례가 한국의 현대그룹을 이끌어 온 아시아의 영웅인 고 정주영 회장을 들 수 있다. 둘째로 서열을 존중하는 태도는 상하 체계가 분명하여 기업가에게 리더십을 가지고 조직을 이끌어 가며 역량을 발휘하게 하였다. 절약은 자산 축적의 필수적인 요소이며 저축률이 늘면 국민총생산량이 증가하고, 경제적인 투자가 늘어나게 된다. 아시아의 국가들은 미국이나 영국에 비해 저축률이 높고 이것이 경제 발전의 원동력이 되었다. 미국의 가치 조사에서는 개인이나 정부가 소비를 미덕으로 보고 '절약'이나 '끈기'의 항목이 없다는 점이 두드러진 특징으로 나타났다. '염치를 안다는 것'은 인간관계의 민감성을 잘 조절하고 서로 간의 약속을 존중하도록 압력을 가하여 그 관계들을 보강시킨다.

반면에 단기 지향의 꾸준함과 안정성은 지나치면 개척이나 모험, 적응력이 떨어질 수 있고, 효과적으로 운용하면 기업 경영에 도움을 줄 수 있다. 체면 유지, 전통 존중 등도 현재의 상태를 유지하는 데는 바람직하지만 그것이 지나치면 변화의 시기를 놓치게 하는 요인이 될 수도 있다.

동아시아 국가 간 장기 지향 가치의 차이

홉스테드가 제시한 〔그림 5-1〕을 해석하면 중국과 일본은 같은 동아시아 문화권임에도 불구하고 다소 차이가 있음을 확인할 수 있다. 일본은 불확실성의 회피를 선호하므로 규칙화, 공식화, 표준화된 체계를 선호하고, 중국은 이와는 반대의 스타일을 선호함을 알 수 있다. 이러한 이유로 흔히 중국인 노동자는 편법을 좋아하고 규칙을 따르지 않는 이해하기 힘든 집단으로 보며, 중국인의 눈에는 일본인 관리자들은 업무의 효율성보다는 규칙에만 매달리는 피곤한 집단으로 생각하기 쉽다. 중국, 한국, 일본의 장기 지향성을 비교해 보면 중국 118, 한국 80, 일본 75로 한국은 중간 정도에 해당한다.

하지만 이러한 분석은 최근 시대의 변화에 따라 다소 변화를 겪고 있다. 최근 중국 근로자는 경제성장에 따른 서구 문화의 유입으로 장기 지향성에 급격한 변화를 겪고 있다. 즉 이들은 단기 성과적·서구적 가치관으로 급격히 변화하고 있다. 동양의 가치도 급격히 변화하고 있는 셈이다.

〔그림 5-1〕 한·일, 한·중의 장기 지향 가치의 비교

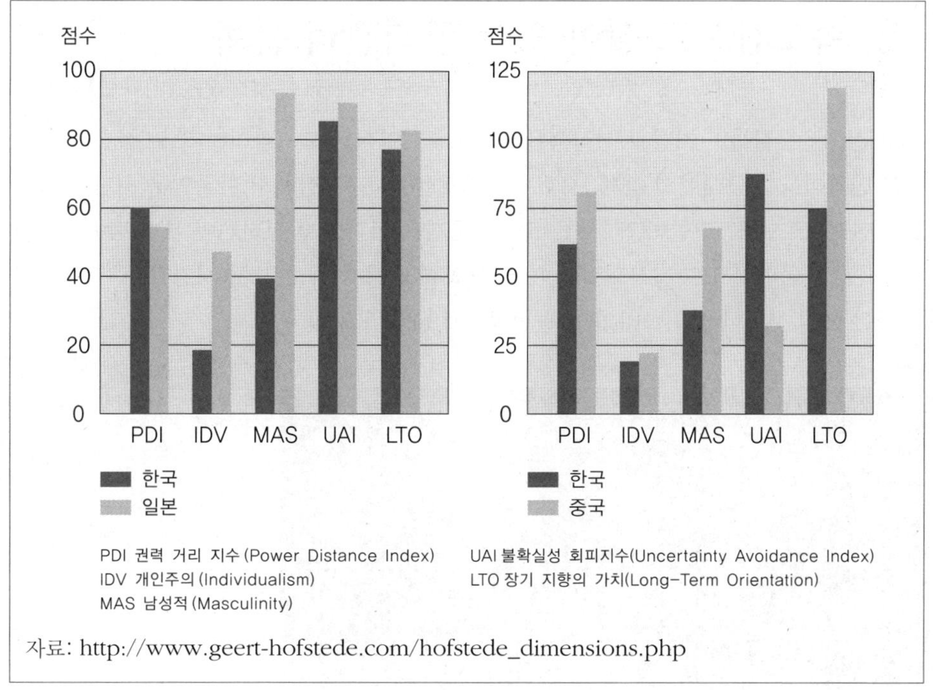

자료: http://www.geert-hofstede.com/hofstede_dimensions.php

2. 속도감으로 살아 있는 빨리빨리 문화

  한국인은 진취적인 기상과 성실성을 바탕으로 '열심히'와 '빨리빨리'로 상징되는 열정의 민족이다.[5] 근대화의 경제, 사회적 발전을 이루는 과정에서 한국인은 시간을 아끼고 생산적으로 쓰는 경향이 생겨서 이러한 특징은 급하고 열정적이며 부지런하고 성취 지향적인 한국인상으로 정착되었다. 한국인의 효율성에 바탕을 둔 시간관은 퀵 서비스와 같은 배달 문화나 빨리빨리의 문화 현상으로 나타나고 있다.

관련 내용 ● 354쪽

빨리빨리 문화의
소산인 퀵 서비스

문화 포커스

1. '빨리빨리 문화'는 한국 사회의 각 영역에서 어떤 현상으로 나타날까?
2. '빨리빨리 문화'의 긍정적 면과 부정적 면은 무엇일까?
3. 동양의 순환론적 관점에서 본 '빨리빨리 문화'는 어떤 특징을 가질까?

문화 키워드

빨리빨리　　　배달 문화　　　순환론적 시간관　　　직선적 시간관　　　만만디 한국인을 '빨리빨리'로 표현하는 현상은 최근의 일이다. 과거의 한국 민족은 여유롭고 느긋한 성격을 지녔다. 양반은 소나기가 와도 결코 뛰는 일이 없었으며 식사를 할 때도 언제나 여유를 가지고 즐기는 민족이었다. 급변하는 한국 사회는 이러한 '여유'를 '속도'로 바꾸어 놓았다. 음식을 배달시키거나 식당에서 주문을 할 때도 늘 "빨리 주세요." 하며 재촉한다. 이렇게 모든 것을 빨리 하려는 속성에 맞추어 패스트푸드 식당이 급속히 발전했고, 속도 위반에 따른 교통사고가 증가했다. 이는 짧은 시간에 효율성 있게 일을 하려는 심리에서 기인한 것이다. 빨리빨리 사회에서는 차를 운전할 때도 엄청나게 속도를 낸다. 홉스테드에 따르면 불안 수준이 높은 나라는 고속도로에서 차가 달리는 속도가 불안 수준이 낮은 나라보다 훨씬 빠르다고 한다. 한국의 총알택시나 버스 들의 난폭 운전은 바로 불확실성 회피 경향이 높은 나라의 특징을 보여 준다. 교차로에서 전 속력을 내며 달리고 앞 차가 조금만 늦어도 경적을 울리며 속도를 재촉하는 한국의 버스나 택시 기사들의 모습은 우리 사회가 속도에 대한 압박감으로 스트레스를 많이 받는다는 것을 알 수 있다.

운동을 할 때도 바둑을 둘 때도 상대방이 조금만 시간을 끌면 곧바로 '빨리' 하라고 재촉한다. 이는 해외 관광에서도 나타난다. 한국인들은 유명 관광지에 가서도 '빨리' '여러 곳'을 둘러보고 돌아오는 속도 문화에 익숙한 나머지 진정한 관광지의 추억을 느끼지 못하기도 한다.

자동차 운전을 하다 신호 대기 중 조금만 늦게 출발하면 뒤에서 요란하게 경적이 울리기 십상이고 조금만 속도를 늦추면 뒤차 운전자에게 시비를 당하기 마련이다. 영화관이나 경기장에서도 식당에서도 남보다 빨리 들어가고 빨리 나오려는 사람으로 늘 스트레스를 받아야 한다. 비행기가 하늘에서 내려와 바퀴만 닿아도 곧바로 일어나서 짐을 챙기는 한국인을 쉽게 볼 수 있다. 에스컬레이터에서 걷는 사람은 한국인이 가장 많다고 하고, 엘리베이터의 '닫힘' 버튼을 언제나 가장 많이 사용한다고 한다. 이렇듯 바쁜 일이 없어도 언제나 남보다 좀 더 빨리 해야 하는 한국인은 여유를 갖기 어렵다. 인생의 목표가 삶의 질을 향상시키는 것이 되어 버린 현대인은 무조건 '속도'에만 치중해 온 생활 방식에 대해 근본적인 회의를 가지는 사람이 늘어 가는 추세이다.

---

5) 박영순, 『한국문화론』(한국문화사, 2002), p. 68.

빨리빨리 문화

한국인은 항상 바쁘고 열심히 일하기를 좋아한다. 대다수의 한국인은 항상 바빠야 한다고 생각하고 바쁜 것이 곧 인생이며 시간은 곧 돈이라고 생각한다. 이런 측면에서 한국인은 밤이나 낮이나 세계의 어느 나라 사람보다 열심히 속도감 있는 생활을 하고 있다.

이런 사회에서 속도감을 측정할 수 있는 가장 좋은 방법은 운전자의 운전 습관을 보는 것이다. 한국에서는 한밤중이나 새벽 시산에 서울 도심을 질주하는 총알택시를 구경할 수 있다. 총알택시는 평소에 한 시간 걸리는 주행을 30분으로 단축할 만큼 속도를 내는데 이것은 시간과 택시비는 절약되지만 사고 위험이 아주 높은 운전 습관이다. 이것은 한국인이 얼마만큼 시간의 속도감에 심리적으로 압박당하고 있는지를 보여 주는 사례이다.

이뿐만 아니라 한국인의 음주 습관 중에서 폭탄주와 술잔 돌리기도 한국인의 시간관을 보여 주는 사례로서, 짧은 시간에 술자리에 참석한 사람들이 서로 다른 것과 알지 못하는 것을 빨리빨리 해소하기 위해 행해지는 음주 문화이다. 술잔을 돌리는 회식 문화에서 한국인이 다른 나라 사람에 비하여 술을 마시는 속도가 대단히 빠르다는 것을 알 수 있고 '폭탄주'를 통하여 한 번에 마시는 술의 양이 많다는 것을 알 수 있다.

좁은 공간에 많은 인구가 밀집하여 사는 한국에서는 생산자와 소비자를 빠르게 직접 연결하는 배달 문화가 발달하였다. 소비자와 판매자 사이의 관계는 그 사회가 작으면 작을수록 거래선의 길이가 짧고 매우 즉각적이고 직접적이라는 느낌이 든다고 한다. 또한 미국처럼 그 사회가 크면 클수록 생산자와 소비자의 관계는 멀고 우회적이며 간접적으로 느껴진다. 한국에서 현재 성행하고 있는 퀵 서비스, 택배 문화는 생산자와 소비자, 생산자와 주문자 사이의 거리를 단축시킨 배달 문화이다. 퀵 서비스(quick service)는 오토바이 등을 이용하여 짐이나 서류 따위를 지정된 곳에 빠르게 전달하는 서비스를 말한다. 택배는 물건, 짐, 서류 따위를 요구하는 지점까지 짐차로 직접 배달하는 것을 말하며 전국 어디에서나 2~3일 안에 원하는 것을 받아 볼 수 있다. 한국 사회에서 빨리빨리의 속도감을 느낄 수 있는 사례들을 얼마든지 찾을 수 있다.

한국에서는 요즘 전화나 인터넷으로 연락하면 배달해 주는 서비스가 늘고 있다. 배달의 원조인 중국 음식이나 양념 치킨을 포함하여 잉크 토너, 컴퓨터 수리, 편의점 상품, 사진, 만화책과 패스트푸드도 배달한다. 텔레비전의 홈쇼

핑에서도 여러 제품을 온라인으로 팔고 있다. 수산물을 비롯한 식품, 헬스 기구, 건강식품이나 의약품, 카메라와 같은 소형 전자제품 등이 팔리고 있고 그 수는 점점 늘어날 추세이다. 특히 중국집은 우리나라의 배달 문화의 원조답게 아직도 왕성하게 사업 영역을 넓혀 가고 있다. 예비군 훈련장, 대학 캠퍼스와 농촌의 논밭에서도 휴대전화로 자장면이나 짬뽕을 시켜 먹을 수 있다. 배달 상품들의 가격은 거의 그대로여서 배달에 대한 서비스 요금이 포함되어 있지 않다. 간혹 포장비나 우편요금 등이 붙기도 하고 편의점의 경우 천 원 정도의 배달 수수료가 붙지만 원상품의 가격과 큰 차이가 없다.

이것은 전통적인 농경사회에서 생산자와 소비자 사이에서 이루어지던 물물 교환과 같은 상호 직접 소통했던 경제 행위가 현대적으로 변형된 것으로도 볼 수 있다. 가령 삼성의 이건희 회장과 강원도에 사는 어부 송씨의 관계를 예로 들어 보자. 송씨 집에 있는 삼성 텔레비전, 냉장고 등 가전제품은 송씨가 이 회장의 소비자라는 것을 알 수 있게 한다. 그러나 송씨가 잡은 생선이 이 회장의 식탁에 오르면 이 회장이 송씨의 직접적인 소비자가 되는 경우라 할 수 있다.

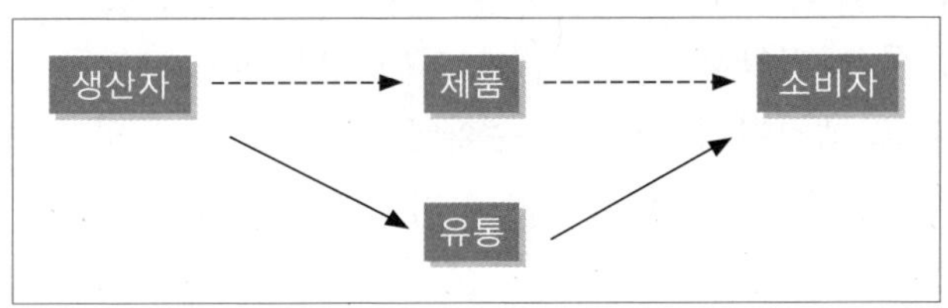

이처럼 한국에서는 생업에 종사하는 사람들끼리 서로서로 소비자이자 판매자가 될 수 있다. 그러므로 어떤 사회보다 소비자와 생산자의 관계가 직접적이고 그것은 배달과 택배 서비스, 퀵 서비스를 통해 직접적인 유통 경로로 이어지기도 한다.

현재 점점 늘어나고 있는 배달이나 온라인 서비스는 한편으로 생산자와 소비자 모두의 삶의 질을 떨어뜨린다고 한다. 배달을 함으로써 소비자가 큰 이익을 얻게 되는 소수의 품목과 업종을 제외하고는 매상을 늘리기 위해 출혈 서비스로 배달해 주는 상업 관행은 생산자의 삶을 힘들게 할 수 있다. 또한 배달하기 위한 포장은 자원을 낭비하고 환경을 오염시키는 원인이 되며 소비자에게도 처리하는 데 부담이 된다. 인터넷 쇼핑의 경우에는 소비자가 직접 제품을 보지 않고 구매함으로써 충동 구매, 과소비로 이어질 수 있는 단점도 있다. 보들리야르가 말하는 포스트 모더니즘 시대의 '소비 사회'를 맞이하여 한국인의 속도감 있는 구매 패턴은 합리적 사고를 통한 경제적인 구매 행위로 변화해야 할 필요성이 있다고 하겠다.

서양의 직선적인 관점과 동양의 순환론적 관점

한국에는 "다람쥐 쳇바퀴 돌듯 한다."는 속담이 있다. 이것은 한국인이 일상적으로 반복하는 바쁘고 빠른 생활을 비유한다. 한국인의 빨리빨리의 속도감 있는 생활이야말로 동양의 순환론적인 시간관의 관점에서 해석해 볼 수도 있다. 물론 넓은 대륙에서 살아온 중국 사람은 한국인에 비하여 대단히 느린 문화를 향유하고 있다. 이에 비해 반도의 좁은 공간에서 사계절의 변화가 뚜렷한 기후에서 살아온 한국인이 시간의 속도감을 내기 위해서는 다람쥐의 쳇바퀴처럼 연속적인 행동의 반복을 의미하는 순환적인 시간 감각을 지녔을 것으로 추정할 수 있다.

고대 그리스의 철학자들은 사물이란 쉽게 변하지 않으며 변하더라도 일정한 방향과 일정한 속도로 변한다고 믿었으며 이것은 서구의 직선적인 시간관으로 나타났다. 반면 고대의 중국 철학자들과 이들의 사상에 영향을 받은 현대 동양인은 사물이란 항상 변화하는 존재이며 어떤 경우에는 그것은 정반대 방향으로 바뀔 수 있다고 생각한다. 이것은 순환론적 시간관과 동양의 변증법적 사고의 특징을 나타내는데, 이러한 사고는 리처드 니스벳에 따르면 〈표 5-2〉와 같이 세 가지로 정리할 수 있다.

〈표 5-2〉 사고의 세 가지 유형[6]

변화의 원리	현실은 끊임없이 변화하기 때문에 현실을 반영하는 개념들 또한 고정적이고 객관적이라기보다는 유동적이고 주관적이다.
모순의 원리	우주는 끊임없이 변화하기 때문에 대립, 역설, 변칙이 늘 발생하며 신과 구, 선과 악, 강과 약이 사물 안에 동시에 존재한다.
연관성 또한 종합의 원리	어떤 사물도 다른 것들과 고립된 채 독립적으로 존재하지 않으며, 모든 것은 다른 무수한 것들과 관계를 맺고 있다.

---

6) 리처드 니스벳 지음, 최인철 옮김, 『생각의 지도』 pp. 165~166의 내용을 요약 · 정리하여 도표화했다.

빠름과 느림의 문화

중국은 한국과 같은 동양권 국가이면서도 흔히 '만만디'라고 표현한다. 이는 중국인이 느리고 게으른 것이 아니라 중국인은 참을성이 많다는 뜻이다. 중국인은 식당에서도 음식을 재촉하지 않고 수돗물이나 전기가 안 들어와도 무작정 기다린다. 비행기 출발 시간이 갑자기 연기되어도 누구 하나 항의하지 않고 기다린다. 아마 거대한 중국을 이끌어 가는 것은 '만만디' 정신이 아닌가 추측된다. 서구인 또한 '느림의 미학'을 즐기는 사람이 많다. 서두르지 않는 삶 속에서 자신만의 여유를 찾으며 삶의 진정한 모습을 즐기는 것이다.

하지만 한국과 같이 목표 지향적인 사회에서는 열심히 일하는 것을 좋아한다. 사람들은 항상 바빠야 하며 바쁜 것이 인생이고 시간은 곧 돈이라고 생각한다. 반면에 불확실성에 비교적 잘 적응된 사회에서는 필요하다면 열심히 일할 수도 있지만 내부에서 솟아나는 어떤 압력 때문에 끊임없이 활동을 계속하지는 않는다. 그들은 쉬는 것을 좋아하며 시간은 사람 자신이 이제 어느 쪽으로 향할 것인지 알려 주는 틀일 뿐이지 인간이 시간에 속박되지는 않는다.

이러한 관점에서 볼 때 한국인의 빨리빨리 문화는 시간, 인생, 돈에 대한 가치관에 따라 형성된 것으로서, 서구 사람의 느림의 문화와는 다른 점이 많다고 할 수 있다.

3. 미래 지향의 교육열

홉스테드가 말한 '삶을 내다보는 거리'로 비유해 보면 한국 문화는 유교적 역동성에 의해 비교적 멀리 내다보는 장기 지향의 문화로 분류할 수 있다. 즉 자신의 삶을 후손에게까지 연장하여 현실을 미래 지향적으로 보는 안목을 말한다. 이러한 한국인 특유의 삶과 현실에 대한 인식은 자녀 교육에서 돈과 시간을 아낌없이 투자하는 세계에서 가장 열정적인 교육열을 가진 국민으로 알려져 있다.

관련 내용 ● 359쪽

뜨거운 교육열을
엿볼 수 있는
입시 학원가의 간판들

문화 포커스

1. 한국인이 자녀의 교육에 집착하는 이유는 무엇일까?
2. 높은 교육열이 사회 발전에 미치는 긍정적인 영향과 부정적인 영향은 무엇일까?
3. 한국인의 교육열은 어디에서 비롯된 것일까?

문화 키워드

교육열   공교육   사교육   조기 유학   기러기 아빠 한국 부모의 교육열은 자녀가 어려서부터 시작된다. 주로 도시 지역을 중심으로 하여 자녀에 대한 교육열은 엄청난 에너지로 나타난다. 이는 최근 자녀 수가 2인 이하로 줄면서, 자녀를 적게 두고 잘 키워 보겠다는 부모의 욕망에 기인한 것으로 보인다.

심지어 두 살부터 영재교육을 시키는가 하면 키를 키우는 학원에 보내기도 한다. 몇 년 전까지만 해도 일부 아이들만 다니던 유치원은 지금은 대부분의 어린이가 다니고 있으며, 유치원 이전에 어린이집 등의 탁아 시설에 보내는 것도 일반적인 현상이 되었다. 유치원을 시작으로 초등학교에 이르기까지는 각종 학원 보내기가 성행이다. 태권도·수영·발레 등의 스포츠와 컴퓨터·영어·피아노 교습에 이르기까지 학원은 이제 일반적인 것이 되어 간다. 이 밖에 검도나 스케이트·스키·농구 등의 스포츠와 바이올린·클라리넷 등 예능 교육을 시키기도 한다. 한국의 아파트촌에는 이러한 스포츠와 음악 학습 보조 학원들이 즐비하다.

어린이를 대상으로 하는 원어민 영어 회화도 성행하고, 한자 학원, 중국어 학원도 최근 증가 추세이다. 각종 아동 발달 도구는 고가임에도 불구하고 불티나게 팔린다. 중학교나 고등학교에 이르면 대학 입시를 위한 각종 보습 학원과 과외수업이 성행한다. 새벽반, 야간반에 이르기까지 정규 수업 외에 학습을 보조하는 학원 수업에 매달린다. 대학에 이르러서 자녀에 대한 사교육비가 잠시 주춤한 듯하지만, 최근에는 대학생의 취업 준비를 위한 영어 학원이나 외국어 학원, 각종 고시 학원 등이 성행하고 있다.

국내에서의 교육열은 최근 국제화된 교육열로 번지고 있다. 예전에는 특수 계층에서만 다녀오던 해외 영어 연수가 초·중·등 학생에까지 널리 퍼져 가고 있으며, 대학생에게 어학 연수는 학생 시절 중 필수 코스로 인식되어 가고 있다. 심지어는 아예 해외 학교에 유학을 보내는 조기 유학도 성행이다. 최근의 조기 유학 경향은 과거 문제가 됐던 일부 부유층 자녀의 도피성 유학과는 달리 성적이나 생활면에서 별 문제가 없는 우수 학생들이 많다는 점이 특징이다. 현재 한국 학생이 주로 조기 유학을 가는 지역은 미국을 비롯하여 영국, 호주, 뉴질랜드 등 영어권 국가이며, 최근 들어 중국이나 러시아 등으로 유학 가는 학생도 늘고 있다. 조기 유학생이 2~3만 이상으로 추정되며 보통 고등학교 이상의 학교에 유학을 하지만 최근에는 점차 조기 유학의 연령이 낮아지고 있다. 그야말로 자녀 교육에 무한한 열정을 쏟고 있는 셈이다.

열정적인 교육열과 경쟁

한국인의 교육열은 세계적으로 유명하다. 한국인의 교육열은 공교육뿐만 아니라 과외나 학원 교육 등 사교육 현장에서도 전쟁을 방불케 한다. "배우지 않으면 경쟁력이 없다."는 생각으로 한국인은 교육에 대한 투자를 아끼지 않는다. 한국인의 교육에 대한 목표는 좋은 대학에 가서 사회적으로 좋은 지위를 얻어 좋은 배우자를 만나는 입신양명에 맞추어져 있어 아쉽다. 특히 예전에는 가난해도 공부를 잘하는 학생들에게는 교육이 사회적인 신분 상승을 위한 좋은 조건을 만들어 주었는데, 현재는 상류층 집안의 자식이 좋은 대학에 진학하는 경우가 많아서 교육을 통한 신분 이동이 점차 어려워지고 있다. 그렇지만 한국인은 누구나 교육을 통하여 좋은 사회적 지위가 보장될 수 있는 '교육의 평등주의'를 주장하고 있다.

한국에서 나타나는 최근의 조기 유학 열풍은 좀 더 좋은 교육 제도와 환경을 찾아 교육 소비자가 이동하는 현상으로 볼 수 있다. 정부의 교육 평준화 정책은 교육열이 높은 한국 부모의 욕구를 충족시키지 못했고 따라서 더욱 나은 교육 환경을 찾아서 해외로 나가는 학생들이 많아졌다.

현대경제연구원은 '2007년 세계 9대 트렌드' 가운데 하나로 아시아 지역의 교육 수요 급증을 꼽았다. 교육열이 높은 한국, 중국, 인도 등 아시아 신흥국들의 특성상 소득 증가와 함께 교육비 지출이 급증할 것이라는 분석이다. 21세기 아시아의 교육 시장은 황금알을 낳는 거위에 비유된다. 아시아 국가들은 특히 유교 등의 영향을 받아 교육열이 높고 인적 자원 육성을 성장의 근원으로 삼고 있어 교육 시장이 급성장할 가능성이 높다고 본다.

한국에서는 '교육 엑서더스'로 인해 해외로 나간 자녀를 뒷바라지하기 위해 엄마가 따라 나가면서 일명 '기러기 아빠'가 급증하고 있다. 통계청에 따르면 2005년 말 현재 국내 가구 중 1인 가구는 317만 가구로 2000년(222만 가구)과 비교해 43퍼센트 급증했으며, '나 홀로 가족'이 급증한 것은 기러기 아빠가 최근 크게 증가한 것이 적지 않은 영향을 미쳤을 것으로 추정한다. 기러기 아빠는 떨어져 사는 배우자와 이혼으로 이어지는 경우도 많아서 가정이 해체되는 사회적인 문제를 드러내기도 하였다.

한국인의 교육열과 고학력 열풍은 자원이 부족한 한국이 고도의 경제성장을 이루는 데 원동력이 되었다. 서구식 산업화의 경제 발전을 추진하는 데 무엇보다 서구의 앞선 산업 기술을 학습한 고급 인재들이 크게 기여하게 되었다. 이런 인적 자원에 의해 한국은 서양의 첨단 과학 기술을 짧은 시간 안에 받아들여 오늘날과 같은 눈부신 경제성장을 이루었다. 아랍이나 아프리카 등 돈 많은 산유국에서 학비를 대준다고 해도 학생들에게 학습의 동기가 부여되지 않는 경우와는 대조적이다. 한국인은 교육을 신성시하고 특유의 근면함과 투지가 있기 때문에 교육 강국으로서 21세기의 세계를 이끄는 지도자적 역할을 감당할 수 있을 것으로 기대된다.

그러나 과도한 교육열로 인한 기러기 아빠의 양산과 가족의 해체, 고학력 실업자의 양산과 산업 노동자의 빈곤으로 나타나는 노동 구조의 불균형, 교육비 지출로 인한 가정 경제의 어려움과 국가 경제의 적자 등은 과도한 교육열의 폐해로 볼 수 있다. 교육 정책의 변화로 한국인의 교육열을 만족시킬 수 있도록 국내의 교육 여건이 좋아지면 자국민의 교육은 자국에서 감당하는 합리적인 사회가 될 수 있을 것이다 .

교육열의 근원

유교의 기본 경전인 『논어』에서 공자는 '학이시습지 불역열호學而時習之 不亦說乎'(배우고 때때로 익히면 또한 기쁘지 아니한가)라 하여 교육의 가치를 강조하고 교육만이 인간을 바꿀 수 있다는 교육관을 펼쳤다.[7] 공자가 강조한 교육은 매일의 도덕적 실천을 통해 군자와 같은 참 사람이 되는 인성 교육을 목표로 하였다. 조선 시대부터 각 마을마다 서당이 있어 유교의 기본 경전을 가르쳤고, 사람은 태어나 교육을 받아야 사람이 된다는 것이 한국인의 의식 속에 깊이 새겨졌다. '맹모삼천지교孟母三遷之敎'는 자식의 교육을 위해 맹자의 어머니가 세 번 이사를 했다는 일화로서 교육 환경의 중요성을 일깨워 주었다.

금속활자의 발명으로 인한 인쇄술의 발달은 유교의 기본 덕목을 설명한 『삼강행실도三綱行實圖』와 같은 경전을 활자로 찍어서 전국에 유포하는 데 도움을 주어 좀 더 대중적인 교육이 가능하게 되었다. 6·25전쟁 시에도 피난지에 천막 학교를 세워 교육의 명맥을 이어 왔으며 학교는 한국인에게 배움의 신성함을 상징하는 공간이었다.

한국에서는 어떤 일이 있어도 학교에 출석하는 것을 중요하게 여기므로 결석이나 지각을 기피하였다. 지각이나 결석은 나태함을 보여 주는 사례로 학교

---

7) 김형찬 옮김, 『논어』 (홍익출판사, 2005).

나 집에서 엄격하게 다스렸다. 배움이 행해지는 학교는 성스러운 곳으로 조퇴나 결석은 쉽게 용납하지 않았다. 그래서 학교를 졸업할 때 받는 6년이나 3년 개근상은 성적 우등상보다 그 사람의 근면성과 학업에 대한 열의를 보여 주는 것으로 가치 있게 생각했다. 이렇듯 교육에 대한 한국인의 열정은 유교의 영향 아래 역사적인 배경을 가진 문화의 산물인 것이다.

동서양의 교육열

유교의 실천 덕목 중 하나가 교육이었다. 유교에서는 배우지 않으면 사람이 될 수 없다고 보았다. 이러한 이유로 한국은 예로부터 배움에 대한 의지가 아주 강했다. 농촌의 부모가 농사를 짓는 데에 반드시 필요한 '소'를 팔아서라도 자식을 교육시켰다고 해서 '우골탑'(죽은 소의 뼈로 세운 탑)이라는 말까지 등장했을 정도이다. 자식을 가르치기 위해서는 부모는 철저히 희생했으며, 그러한 교육의 결과가 경제성장의 중요한 원동력으로 작용했음이 분명하다. 그러한 교육에 대한 열정은 오늘날의 현대사회에까지 영향을 미쳐, 현대 한국 사회에서도 자식 교육에 모든 것을 쏟는 부모를 쉽게 만날 수 있다. 최근 한국은 자식 교육을 뒷바라지하기 위해 국외로 간 아내 때문에 남편이 혼자 사는 '기러기 아빠'라는 말까지 생겨났으며, 이는 사회적인 현상이 되었다.

직업에서 유교의 영향은 집단주의에 기초를 둔 회사와 공생 의식에서 찾아볼 수 있다. 한국인은 자기가 속한 집단의 발전을 위해 개인을 기꺼이 희생하는 집단 의식과, 조직화된 서열 체계 안에서 서로 도우며 목표를 달성하고자 하는 단결 의식이 경제 발전에 긍정적으로 작용했다.

이에 반해 서구의 교육은 철저히 자율성을 기초로 한다. 기초 교육을 제외하고는 교육에 대한 요구는 개인에게 달려 있다. 자식을 교육시키기 위해 자신의 삶을 희생하는 부모는 흔치 않으며, 자식이 원하지 않는 교육을 강요하는 부모도 찾기 어렵다. 또한 직장 생활에 대한 의식 역시 회사를 위해 개인을 희생하기보다는 회사 업무는 개인적인 성취의 일환이라고 생각한다.

조기 유학에 대한 한국인의 교육열도 대단하다. 최근 미국의 대학 이상 고등 교육 기관에 유학 중인 한국 학생은 2005~2006년 학기에 모두 5만 8847명으로 인도, 중국에 이어 3위를 차지했으나 증가율은 10.4퍼센트로 나타나 주요 국가 중 1위를 차지하였다. 한국 유학생은 1980~90년대에 걸쳐 꾸준히 증가하다가 1990년대 말 한국의 금융 위기로 일시 감소했으나 경제 회복에 따라 그 수가 지속적으로 증가하는 추세이다. 이러한 수치를 볼 때 한국인의 교육열은 현재까지도 꾸준히 계속되는 현상이라 할 수 있겠다.

늘어나는 조기 유학

　최근 한국은 자주 바뀌는 대입 제도에 대한 불안과 국내 교육에서 감당해야 할 엄청난 사교육비 때문에 차라리 외국 유학이 낫다고 판단하는 학부모들이 늘고 있다. 유학이 영어 등 외국어 습득과 장차 사회 활동에서 훨씬 유리할 것이라는 판단도 작용했음은 물론이다. 국외로 유학 가는 경향은 비단 한국 내에서만 일어나는 현상이 아니라 세계적인 현상이다.

　국내에 들어오는 외국인 유학생의 수도 2006년 최고점을 기록하고 있다. 유학이 국부의 손실이라는 부정적인 측면도 있지만 선진 지식의 습득과 새로운 문화에 대한 경험을 통한 자아 확대라는 긍정적 측면도 있다. 오늘날 한국 경제의 원동력이 자녀 교육에 있었다는 점을 감안한다면, 자녀에 대한 교육열은 부작용을 낳을 만큼 지나치지 않다면 분명 발전의 토대가 될 것이다.

4. 유교적 역동성과 비약적 경제성장

로버트 올리버[8]가 "한국인은 마치 소용돌이(vortex)와 같다."고 말한 표현 속에는 '열 받는 오기와 근성' 의 힘을 지닌 한국인의 기질적인 측면이 잘 드러나 있다. 이처럼 한국 사람의 성격의 원형에는 '은근과 끈기' 의 열정과 에너지가 잠재해 있다고 볼 수 있다.[9] 이러한 한국인의 특성은 역동성과 속도감으로 살아 움직이며 한국의 급속한 경제성장과 빠른 근대화를 이루어 내었다.

관련 내용 ● 365쪽

한국의 경제성장을
이끌어 온
산업의 현장

문화 포커스

1. 한국의 경제가 비약적으로 성장을 할 수 있었던 원천은 무엇일까?

2. 한국인의 역동성과 경제성장은 어떤 관계가 있을까?

문화 키워드

속도 문화　　오기　　근성　　근면성

문화 현상

IT 산업의 발달은 인터넷의 속도로 표현된다. 한국의 인터넷 속도는 세계 어느 나라보다도 빠르며 인터넷 환경도 빠르게 진보하고 있다. 이러한 속도감은 강한 추진력과 맞물려 경제가 빨리 성장하는 원동력이 되었다. 시간을 다투는 속도 문화는 한국의 경제를 빠르게 성장하는 길로 안내한 긍정적 측면도 있으나, 지나치게 속도만을 중요하게 여겨 부작용도 많이 나타나고 있다. 1998년 겨우 6.2퍼센트에 불과하던 우리나라의 인터넷 보급률이 현재 50퍼센트를 넘나들며 세계 인터넷 보급률 1, 2위를 다투고 있다. 심지어는 가정에의 보급을 넘어서서 개인의 휴대전화를 통한 보급이 급속도로 증가하고 있다. 이러한 초고속 인터넷 사용의 확대는 세계 경쟁력을 높이는 또 하나의 수단이 되었다. 한국 경제가 비약적으로 성장한 후면에는 이러한 역동성이 자리 잡고 있는 것이다.

한국인의 역동성과 경제성장

문화 분석

한국 사람은 세계에서 제일 바쁜 민족이라고 한다. 미국인 인류학자 오스굿이 한국인을 묘사한 것을 보면, 한국인의 성격의 원형에는 정서적 내향성이 있다고 했다. 동면하는 곰처럼 침묵을 지키는 것 같기도 하고, 화난 호랑이가 분노를 참고 있는 것과 같은 역동적인 면이 있다는 것이다. 이러한 특징은 평상시에는 조용하고 게으른 사람처럼 보이다가도 집중력이 필요한 순간에는 놀라울 정도로 부지런한 노동자가 되어 열심히 일하는 한국인의 특징으로 나타난다. 프로이트에 따르면 이런 유형의 사람은 스트레스를 구순기적 쾌락[10]을 통해 해소하는 경향이 많은데 한국인이 술을 많이 마시고 담배를 많이 피우는 것도 이런 경향으로 볼 수 있다.

한국인은 평소에 점잖다가도 '열받을 일'이 있으면 갑자기 엄청난 능력을

---

8) 대한민국의 초대 대통령인 이승만의 외교 고문으로 18년간 이승만 전 대통령의 미국 내 고문 겸 대리인.

9) 최준식, 앞의 책, p. 220.

10) 프로이트의 정신분석학적 용어이다. 프로이트는 무의식의 개념과 함께 정신을 구성하는 세 가지 구조적 요소를 이드(id, 자아), 에고(ego, 현실적 자아), 슈퍼 에고(superego, 초자아)로 설명하였다. 이러한 세 가지 요소가 발달하는 단계를 프로이트는 5단계로 구분하였다. 구순기는 1단계로서 출생 1년~1년 반 사이에 성적 리비도가 입 부위에 고착되어 있는 상태를 말한다.

발휘하는 경우가 있다. 말하자면 스트레스가 상승되어 어느 한순간에 폭발적 에너지로 승화하는 것이 한국인이 '열을 받았을 때' 나타나는 놀라운 힘이라고 할 수 있다. 한국의 경제적 기적은 이처럼 '열을 받으면 엄청난 오기와 근성'을 발휘하는 한국인의 저력에 의해 이루어진 것이다.

한국인은 열심히 일하기를 좋아한다. 세계 어느 곳에서나 한국인의 근면성과 부지런함은 인정받고 있다. 1970년대 경제개발 계획을 시행하던 무렵 한국인의 빨리빨리 근성이 세계 자본주의 시장에서 생산성과 역동성을 통해 주목받게 되었다. 세계 시장에서 수출 주문이 밀려들면 공장의 노동자들은 며칠씩 야근을 하며 시간에 맞추어 제품을 생산해 내었다. 바이어들은 한국인의 속도감과 근면성을 신뢰하게 되었고 지속적인 수출 주문을 통해 한국의 경제성장을 촉진하였다. 자원이 부족한 한국은 저임금 노동자의 헌신적인 노력의 대가로 수출을 통해 전후의 경제적 빈곤에서 벗어나 경제 대국으로 성장할 수 있었다.

한국인의 빨리빨리의 속도감은 소비자의 독특한 소비 패턴에서도 나타난다. 최근 들어 나타나는 재미있는 현상으로 미국 등에 비해 소비 시장 규모가 작은 우리나라의 경우 하나의 상품이 정상적인 유행 주기를 밟지 않을 만큼 소비 속도가 빠르다는 것이다. 정점에 이른 트렌드가 쇠퇴기를 거치지 않고 새로운 상품에 밀려 그 자리에서 '증발' 해 버리는 현상까지 나타난다고 한다. 이것은 인터넷의 영향으로 유행의 확산 속도가 빨라져서 쇠퇴기를 거치지도 못한 채 새로운 유행의 물살로 거대 이동이 일어나는 소비 행위의 빨리빨리 현상으로 볼 수 있다.

흔히 마케팅이나 광고 현장에서도 소비자의 시선과 호기심, 관심을 이끌어 내기 위해서는 튀어야만 한다는 강박관념에 사로잡혀 속도감을 좇는 현상이 나타난다. 광고 주제 구상, 제품 기획, 제목을 기획하더라도 다른 상품에 비해 특이하고 새로운 것을 만들기 위해 밤잠을 설치며 속도에 매달린다.

한국은 유교적 역동성을 바탕으로 세계에서 가장 빠른 경제성장을 이루어 낸 경이로운 힘을 발휘하였다. 그러나 빨리빨리의 속도감은 한국인의 일상생활에 스트레스를 많이 줄 뿐만 아니라 사회 곳곳에서 여러 가지 부실 공사나 사고의 원인이 되기도 하였다. 이제 한국 사회도 속도감을 보완할 수 있는 안정감과 조화를 통하여 좀 더 성숙한 사회로 발전해야 할 과제를 안고 있다.

예로부터 우리 민족이 가진 특성을 은근과 끈기라고 불렀다. 하지만 현재의 한국 사회는 엄청나게 빨리 변화하고 있다. 더 이상 끈기나 기다림은 미덕이 아니며, 빠른 성장과 빠른 변화가 미덕이 되고 있다.

한국인은 많이 기다리는 것을 참지 못한다. 더욱 빨리 가려는 욕구는 더욱 쉽게 가려는 욕구로 이어지고, 과정을 무시한 결과에 초점을 두기 쉬우며, 이로 인해 경쟁이 점차 가속화되고 있다. 이러한 일방적인 속도 경쟁은 분명 부정적인 측면도 초래한다.

한국 사회가 현재처럼 경쟁력을 가질 수 있었던 것은 아끼고 줄이면서 꾸준히 미래를 준비하는 저축의 힘에서 찾아볼 수 있다. 또한 이러한 성실성을 바탕으로 질 좋은 노동력이 큰 몫을 했다고 할 수 있다. 하지만 급속한 경제성장만을 추구하는 정책은 대기업 위주의 집중화 정책으로 인한 정경 유착과 개발 위주 정책으로 인한 환경 파괴, 과도한 경쟁으로 인한 도덕적 해이를 낳았다고 볼 수 있다.

참고 문헌

김형찬 옮김. 『논어』. 홍익출판사, 2005.

루스 베네딕트 지음, 김열규 옮김. 『문화의 패턴』. 까치, 1996.

리처드 E. 니스벳 지음, 최인철 옮김. 『생각의 지도: 동양과 서양, 세상을 바라보는 서로 다른 시선』. 김영사, 2004.

최준식. 『한국인에게 문화는 있는가』. 사계절, 2002.

홉스테드 지음, 차재호·나은영 옮김. 『세계의 문화와 조직』. 학지사, 1995.

「돈이 보이는 리얼타임 뉴스」. 머니투데이.

세계일보 & 세계닷컴(www.segye.com)

Daum 카페 사료 인용, 참조.

Step 1 ➡ 본문 읽고 토론하기

※ 다음은 빨리빨리 문화, 교육열 등으로 한국인의 일상생활과 사회에 나타난 역동성의 문화를 설명하는 본문 내용 중 일부입니다. 잘 읽고 각자의 생각을 자유롭게 말해 봅시다.

> 한국에는 한밤중이나 새벽 시간에 서울 도심을 질주하는 총알택시가 있다. 총알택시는 평소에 한 시간 거리를 30분으로 단축할 만큼 속도를 내는데 이것은 시간이 절약되지만 사고의 위험이 아주 높다.

> 한국은 태권도·수영·발레 등 스포츠와 컴퓨터·영어·피아노까지 유치원 때부터 학원 보내기가 성행이다. 뿐만 아니라 조기 유학 붐으로 해외로 나간 자녀를 뒷바라지하기 위해 엄마가 따라 나가면서 '기러기 아빠'가 급증하고 있다.

> 한국은 상품의 소비 속도가 빠르다. 최고조에 달한 하나의 유행이 쇠퇴기를 거치지 않고 새로운 트렌드에 밀려 그 자리에서 사라져 버리는 현상까지 나타난다.

Step 2 ➡ 심화 확장하기

1. 사진 속 장소는 어디일까요? 사람들은 무엇을 하고 있을까요? 사진 속 사람들의 삶은 어떤 차이가 있을까요? 함께 이야기해 봅시다.

2. 여러분은 삶에서 '속도'와 '여유', 어느 쪽을 추구합니까? 왜 그렇습니까? 각각의
   장점과 단점은 무엇입니까? '속도'와 '여유', 두 가지 양상이 여러분의 나라에서는
   사람들의 일상생활에 어떻게 나타나는지 이야기해 보고, 정리하여 글로 써 봅시다.

Step 3 ➡ 문화에 드러난 어휘

| 다이나믹 코리아, 신속 배달, 총알택시, 퀵 서비스, 배달 문화, 한강의 기적, 하루 배송, 즉석 코너, 엄지족, 퀵터리즘 | 중립적 / 부정적 | 기러기 아빠, 치맛바람, 우골탑(죽은 소의 뼈로 세운 탑), 느려 터지다, 굼벵이, 느림보, 게으름뱅이, 폭탄주 |

○ 에스컬레이터에서는 걷거나 뛰지 마세요.

● 빨리 다는 화로가 빨리 식는다, 급하다고 바늘허리에 실 매어 쓸까, 급히 먹는 밥에 목이 멘다.

Step 4 ➡ 문학작품을 읽고 토론하기

1. 한국의 역사적 인물과 설화에 나타난 이야기를 중심으로 한국인의 교육열에 대하여 토론해 봅시다.(예 한석봉의 어머니, 정약용이 유배지에서 아들에게 쓴 편지 등)

2. 조세희의 「난쟁이가 쏘아올린 작은 공」의 서사 구조를 중심으로 한국의 빠른 근대화로 인한 사회 계층적인 갈등에 대하여 토론해 봅시다.

한국인은
예로부터 노래와 춤을 좋아하는
민족이다. 노래와 춤은 한국인이 집단주의
사회를 이루며 살아가면서 향유했던 놀이 문화였다.
권위주의 사회 속에서 살아온 한국인은 때와 장소를 가리지
않고 노래와 춤을 즐기며 복잡한 인간관계 속에서 누적된 스트
레스를 해소해 왔다. 너와 나의 구분이 없는 망아忘我의 경지에
서 서로 얽힌 감정을 풀고 함께 노래 부르며 춤추고 어우러져
나타나는 집단적인 에너지가 한국인의 신명神明이다. 신명
은 너와 나의 경계가 허물어진 공동체 의식에서 발로된
집단적 즐거움과 기쁨의 감정이며 누적된 한이
해소되는 감정의 '카타르시스'
로 볼 수 있다.

제6장 한국인의 열정과 신명 神明

Passion and Excitement of Korean

1. 노래와 춤을 좋아하는 신바람 문화

인간은 누구에게나 희로애락이 있는데 한국인은 특히 이러한 감정을 춤과 노래로 해소하는 경향이 많았다. 『삼국지』 위지 동이전에는 한국인이 악기를 두드리고 노래하며 노는 것을 즐겼다는 기록이 있다. 한국인은 그만큼 흥興과 멋을 아는 정감의 국민임을 알 수 있다. 역사적으로 어려움과 시련이 많았던 한국 사람은 그 상황을 반영한 노랫말을 만들어 민요나 대중가요로 불렀다. 이 같은 노래는 한국인들이 공통적으로 경험한 생활의 애환을 담고 있어 춤추고 노래하는 과정 속에서 집단적인 카타르시스를 가능하게 하였다.

관련 내용 ◗ 369쪽

젊은이들이
즐겨 찾는 거리에
가득 들어선 노래방

문화포커스

1. 한국인이 노래와 춤을 좋아하는 이유는 무엇일까?
2. 한국인의 신명과 신명 풀이의 근원은 무엇일까?

문화키워드

신명　　굿판　　노래와 춤　　노래방 문화　　흥의 민족

한국에는 곳곳에 노래방이 많이 있다. 특히 대학가나 회사 근처의 음식점과 술집이 모여 있는 상가 근처에는 어김없이 많은 노래방이 성행하고 있다. 노래방 문화는 긍정적 측면과 부정적 측면이 공존한다.

최근 변질되고 있는 노래방의 여성 도우미나 노래방에서의 술 판매 등을 들어 우리 문화를 병들게 하는 존재라는 주장이 있다. 노래방은 일본 가라오케 문화의 모방일 뿐이라고 폄하하는 시각과, 특히 노래방이 청소년에게 미치는 나쁜 영향을 들어 노래방 문화를 부정적으로 판단하는 사람도 많다.

하지만 노래방은 긍정적으로 활용되기도 한다. 한국의 회식 문화나 뒤풀이 문화는 과거에는 거의 술집이 그 대상이었다. 모임이 끝난 뒤 밥을 먹고 나면 갈 수 있는 곳이 술집이나 당구장밖에 없었기 때문이다. 하지만 최근에는 술집 대신 노래방을 택하는 모임이 많아졌다. 싼값으로 기분을 전환할 수 있고 남들의 노래를 듣거나 좋아하는 대중음악을 부를 수 있다는 점에서 대중적인 문화 공간이라고 할 수 있다. 골치 아픈 대화나 시간과 장비를 소요하는 스포츠 대신 타인과 쉽게 어울릴 수 있는 노래방은 친목 도모와도 연관이 있다. 노래방은 직장인의 경우 술자리에 이어 스트레스를 풀기 위해, 이웃 주부들끼리는 동네 노래방에서 즐거운 시간을 갖기 위해, 시험이 끝난 학생들은 해방감에 사로잡혀 노래방을 선택하기도 한다.

한국인이 노래를 좋아하는 것은 분명한 일이다. 가족끼리 노래방에 가는 경우도 많고, 심지어 집 안에 노래방 기기를 설치하여 건전한 놀이 문화로 바뀐 사례도 있다.

신명의 근원

한국인은 희로애락의 감정을 노래를 통해 해소하려는 경향이 많았다. 역사적으로 어려움과 시련이 많았던 한국 민족은 그 상황을 반영한 노랫말을 만들어 민요나 대중가요로 부르게 되었다. 예를 들자면 옛날에는 노동이나 여성의 시집살이를 표현한 민요가 많았고, 6·25전쟁 이후에는 가족 이산의 아픔이나 전쟁의 고통을 그린 대중가요가 유행하였다. 이 같은 노래의 가사는 한국인이 공통적으로 경험한 생활의 애환을 담고 있기 때문에 누구에게나 공감을 일으켜 함께 즐기고 노래하며 집단적인 카타르시스[1]를 가능하게 하였다.

　노래는 한국인이 집단 사회를 이루며 살아가는 데 필요한 놀이 문화로서의 성격을 강하게 지니고 있다고 할 수 있다. 술, 춤, 노래의 문화는 인간관계가 복잡한 한국인이 현실을 일탈하여 스트레스를 해소하는 방법 중 하나로 이해할 수 있다. 불확실성을 회피하려는 정도나 불안 수준이 높은 한국인은 집단주의와 권위주의 사회에서 살면서 다른 문화권에 사는 사람들에 비하여 정신적으로 긴장하게 된다. 이로부터 받은 스트레스를 해소하고 긴장을 이완시키기 위하여 한국인은 때와 장소를 가리지 않고 술판, 노래와 춤판을 벌여 원초적인 자유분방함에 이르는 것이다. 원초적인 자유분방함은 너와 나의 구분이 없는 무아無我의 경지로서 상호 간의 대립이나 갈등을 해소하여 '우리'라는 집단으로 상호 융합되는 것을 말한다. 이때 서로 얽힌 감정을 풀고 노래를 부르며 함께 춤을 추고 어우러져 나타나는 집단적인 에너지가 한국인의 신명神明이다. 이것은 개인주의 사회에서 상상하기 어려운 집단주의 사회의 공동체 의식에서 나오는 것이다.[2]

　이러한 한국인의 신명풀이의 원형은 한국 무교를 바탕으로 한 굿판에서 찾을 수 있다. 한국의 샤머니즘은 민중 종교로서 그동안 서민의 애환과 고통을 위안하는 기능을 담당해 왔다. 인간의 한과 원망, 소원을 풀어 주는 굿판에는 노래와 춤이 핵심이다. 굿에서는 신령이 내려오길 기원하고 신이 오르면 노래와 춤으로 신령을 즐겁게 하고 노래와 춤으로 신령을 보내기도 한다. 처음부터 끝까지 북과 장구의 두드림과 무당의 현란한 춤사위, 노래를 통해 굿판(난장판)에 참석한 사람들은 나와 너의 구분이 없는 하나가 되기도 한다.

　한국인의 현대 사회생활에서 전통적인 굿판은 술자리와 춤판, 노래판으로 변형되었다. 특히 노래를 좋아하는 민족의 특성은 1990년 무렵 우리 대중문화를 주도한 노래방 문화로 이어졌다. 이 시기부터 생겨나기 시작한 노래방은 빠른 속도로 전국에 퍼졌으며 어느 골목에서나 술집, 음식점, 노래방을 볼 수 있게 되었다. 노래방에서도 한국인은 타악기를 두드리며 노래와 춤이 어우러지는 종합적인 놀이 문화를 즐기기 좋아한다.

---

1) catharsis, 문학에서는 비극의 감상으로 평상시 마음속에 억압되어 있던 감정을 해소하고 마음을 정화하는 일을 의미한다. 심리학에서는 자기가 직면한 고뇌 따위를 외부에 표출함으로써 정신의 안정이나 균형을 찾는 일로 해석되며 정신요법으로 많이 이용된다.
2) 이기중, 『술 문화를 통해 본 한국인의 일상과 일탈』, 국제한국학회 지음, 『한국 문화와 한국인』, pp. 91~94.

한국 사회 깊숙이 뿌리내린 노래방 문화는 남녀노소 구분 없이 온 국민이 즐기는 여가 문화가 되었다. 직장 회식, 아이들의 생일 파티, 어른들의 회갑연·칠순연 등의 잔치, 주부나 동네 모임, 시험이 끝난 학생들은 노래방을 즐겨 찾는다. 기쁠 때나 슬플 때나 또는 어울림이 필요할 때마다 노래방은 대중의 놀이터가 되어 스트레스를 풀며 해방감을 맛보는 제2의 굿판이 되었다.

이러한 노래방이 상업성과 맞물려 우후죽순으로 생겨나면서 한국의 밤 문화를 번성시키고 향락 산업과 소비 문화를 지나치게 증가시키는 부작용을 낳고 있다. 또한 밤 시간을 과다하게 놀이 문화로 소비함으로써 휴식과 재충전의 시간이 줄어들어 건강을 해치고, 다음 날의 작업 능률을 떨어뜨리는 부정적인 결과를 가져오기도 한다. 또한 일본의 가라오케에서 이식된 것으로 알려진 노래방 문화의 양산은 우리 전통 놀이 문화의 전승을 어렵게 하는 요인이 되고 있다. 청소년과 국민의 건전한 놀이 문화를 지켜 나가기 위해서는 전통과 현대의 문화를 조화시키며 한국인의 흥을 절제하는 새로운 놀이 풍토가 조성되어야 할 것이다.

노래와 춤을 좋아하는 한국인

한국인은 예전에 마을굿과 동제를 통하여 마을의 공동체 의식을 강화하였다. 마을굿과 동제는 한 해 동안 마을에서 벌어진 여러 가지 사건에 얽힌 마을 사람들의 감정을 노래와 춤으로 풀어 주고, 서로 좋은 감정으로 다음 해를 시작하는 해거리의 의미가 있다. 그리하여 정월 초에는 노래패들이 꽹과리와 북을 치고 마을을 돌며 노래와 춤을 추면서 새해에 마을의 안녕을 기원하는 제의를 시행하기도 하였다.

현대에는 대부분 주거 형태가 아파트로 바뀌고 전통사회에서 현대사회로 전환되면서 이러한 제의가 사라진 지 오래이다. 이제 한동네에 사는 사람끼리 서로 감정을 소통할 수 있는 놀이 문화가 없어지면서 신명을 해소할 수 있는 새로운 놀이가 필요하게 되었다. 마을 사람이나 계 모임에서 친목을 위해 봄, 가을에는 단체로 여행을 많이 가는데, 이때 어김없이 등장하는 것이 노래와 춤판이다.

한국인은 차분히 앉아서 논리적으로 토론하고 이야기하는 데 익숙하지 않다. 다과를 즐기며 조용히 이야기하며 지내는 것보다는 큰 소리로 감정을 발산하며 감정적으로 대응해야 직성이 풀린다. 마치 신들린 것처럼 신명 속에 빠져

들어야 사람 사는 기분을 느끼는 것이 한국인이다. 그래서 한국인은 '흥의 민족'이라고 할 수 있다.

한국인은 왜 그렇게 노래와 춤을 좋아하는가? 노래와 춤은 우리를 황홀경 속으로 몰아넣는 힘이 있다. 우리 민족이 노래와 춤을 좋아하는 것은 그런 상태를 좋아하기 때문이다. 한국어에 "숨통이 트인다."라는 표현이 있는데 이것은 숨 막히는 현실에서 벗어나 긴장이 이완되는 것을 의미한다. 이때 필요한 것이 바로 술을 마시고 춤을 추며 노래하는 공간이다.

이런 황홀경과 자유분방함의 상태를 좋아하는 한국인은 정형을 싫어하며 순발력으로 일을 처리하기를 좋아한다. 그래서 순간에 대처하는 능력이 뛰어나며 변통이나 융통성이 강하여 변덕스럽지만 임기응변에 뛰어나다. 이러한 민족성은 부정적으로 나타날 때 계획성이 없이 일을 대충대충하는 것으로 보이지만, 위기의 순간에는 엄청난 순발력과 창의력을 발휘하게 된다.

동서양의 굿

굿은 무교의 사제인 무당이 하늘에 제를 지내는 행위를 일컫는 말이다. 현대를 사는 한국인이 굿을 보기란 쉽지 않다. 무교는 오랫동안 한국인의 삶에 많은 영향을 미쳐 왔으며 생활의 일부분으로 자리 잡은 바 있다. 하지만 현대에 이르러 더구나 도시 지역에서는 굿을 보기 쉽지 않다. 물론 대학 입시에 합격하기를 기원하거나, 나쁜 운수를 몰아내거나, 병자를 낫게 하려는 목적으로 굿을 하는 사람이 더러 있기는 하나, 대부분의 한국인은 굿의 효용성을 믿지는 않는다.

한국인에게 굿은 굿이라는 형태를 빌려서 좁게는 개인, 나아가서는 마을 단위, 더 나아가서는 나라의 안녕과 풍요를 기원하는 행사였다. 각 지방마다 굿의 형태는 조금씩 다르지만 굿이 추구하는 뜻과 목적은 같았다. 굿은 현실에서 억압된 사람들의 마음을 해소해 주고 살아오면서 생기게 되는 이웃 간의 반목을 풀어 버리고 한마음으로 서로를 위로하면서 상생할 수 있는 계기를 제공하는 축제적인 기능을 지니고 있다.

서양에서도 고대에는 굿과 유사한 제천의식이 행해졌다고 알려져 있으며, 고대 그리스에서도 정기적으로 행해지는 제천의식이 있었다고 한다. 이러한 제천의식은 축제 형식으로 이루어졌으며 춤이 함께 하였다. 그러나 서양의 경우는 기독교의 강한 영향으로 이러한 의식이 사라졌다고 하겠다. 서양인의 경우, 주로 교회를 통한 개인적 기도와 기원이 이루어지며 정적인 예배로 나타난다.

21세기 디지털 혁명의 시대는 세상이 너무 빨리 변해 미래를 예측하기 어려운 불확실성의 시대라고 한다. 이런 시대에 잘 대처할 수 있는 사람이 한국인과 같은 신명 있는 민족이다. 가령 일본 사람은 계획을 세워 주도면밀하게 일을 해 나가지만 돌발 상황에 대한 대처 능력이 떨어진다고 한다.[3] 한국인의 신명을 통한 임기응변성이 치밀함이나 주도면밀함을 잘 보완하여 조화를 이룬다면, 21세기의 불확실성 시대에는 한국인의 역동적 에너지가 세계적인 경쟁력을 가질 수 있을 것이다.

---

3) 최준식, 『한국인에게 문화가 없다고?』 (사계절, 2000), pp. 89~90의 내용을 요약해 인용.

2. 놀이 문화에 나타난 기쁨과 열정

한국의 현대 놀이 문화를 대표하는 것은 스포츠와 거리 응원전에 나타난 축제 문화라고 할 수 있다. 스포츠는 '경쟁과 유희성을 가진 신체 운동경기'를 말하는데 현대사회에서 스포츠는 단지 운동을 하거나 관람하는 수준에 머물지 않고 새로운 문화 코드로 등장하여 거대한 힘을 가진 권력으로 작용하고 있다. 오늘날의 스포츠는 '사회적 세력을 규합하는 상징의 권력'으로서 현대사회에서 정치·경제와 밀접한 관련성을 지닌 힘을 갖고 있다.

관련 내용 ➡ 374쪽

상암 월드컵 경기장에 모여 독일 월드컵에 출전한 축구 대표 팀을 응원하는 장면

문화 포커스

1. 한국인이 스포츠에 열광하는 이유는 무엇일까?
2. '붉은 악마'의 응원전에 나타난 한국인의 역동성의 원천은 무엇일까?
3. 문화인류학적, 지리적 관점에서 본 한국인은 어떤 특성을 가졌을까?

문화 키워드

붉은 악마   거리 응원전   공동체 의식   역동성

한국인의 스포츠 사랑은 남다르다. 그 사랑은 스포츠 자체라기보다는 집단주의나 민족주의적 성향과 연계되어 있다는 점이 특징이다. 예를 들면 국내 프로야구는 보지 않으면서도 한국인이 속한 미국이나 일본의 야구 팀 경기는 밤을 새워서도 본다거나, 보지 못했다면 스포츠 뉴스를 통해 결과를 알고자 하는 열성을 들 수 있다. 한국 선수가 이긴 경기의 하이라이트를 보고 또 보면서 자신과 일체화시키는 것이다.

한동안 한국의 여성 선수들이 선전한 골프 경기를 보느라 잠을 설쳤다. 심지어 골프를 한 번도 구경해 본 일이 없는 사람들도 연신 규칙을 물어 가며 두 손에 땀을 쥐고 경기를 관전한다. 이유는 하나, 한국인이 참가한 경기이기 때문이다.

최근에는 2002년 월드컵 축구의 열풍으로 해외로 진출한 축구 선수들에 대한 열기가 뜨겁다. 경기 자체보다는 축구 스타들에 더 열광하는 추세이다. 지난 두 번의 월드컵에서 보여 준 한국인의 경기 관람은 광풍에 가까웠다. 한국의 경기가 있는 날이면 한집에 모여, 또는 한곳에 모여 집단으로 경기를 관람하면서 광풍에 가까운 집단주의를 보여 준 바 있다. 월드컵을 보지 않거나 응원을 하지 않는 사람은 비정상적인 사람으로 여겨질 정도였다.

이는 일종의 광신적 애국주의로 비쳐지기도 했다. 군중이 모여 집단적으로 응원할 때에는 소리치고 열광하며 집단 응원의 황홀경에 빠진다. 한국인은 이렇듯 동호회, 스포츠 경기, 연예 이벤트 등을 쫓아다니며 소속감과 정체성을 확인하려고 한다. 집단 속에서 함께 환호하며 몰아의 경지에 빠지는 것이다.

한국인의 놀이 문화

한국의 현대 놀이 문화를 대표하는 것은 스포츠와 거리 응원전에 나타난 축제 문화라고 할 수 있다. 스포츠는 현대사회의 대표적인 문화 양상으로 한국에서도 스포츠를 즐긴다는 것은 세련되고 앞서 가는 감각을 지닌 신세대의 표상으로 인식되고 있다. 스포츠는 '경쟁과 유희성을 가진 신체 운동경기'를 말하는데 현대사회에서 스포츠는 단지 운동을 하거나 관람하는 수준에 머물지 않고 새로운 문화 코드로 등장하여 거대한 힘을 가진 권력으로 작용하고 있다. 오늘날의 스포츠는 '사회적 세력을 규합하는 권력의 상징'으로서 현대사회에서 정치·경제와 밀접한 관련성을 지 닌 힘을 갖고 있다.

현대의 한국인이 스포츠에 열광하는 이유는 해소와 동일시 현상, 소속감의 극대화에 그 원인이 있다고 한다. 관중은 직접 경기를 하는 것은 아니지만 경기에 몰두하여 자신이 응원하는 특정 팀이나 선수가 승리를 거둘 때, 그 승리에 동참하여 성취감을 느끼며 대리 만족을 하게 된다. 관중은 경기 관람에 몰입하는 동안 현실적인 삶의 괴로움을 잊고 선수들의 동작 하나하나에 도취된다. 스포츠의 승리감은 모든 삶의 영역으로까지 확대되어 세상에 대한 자신감으로 나타나게 된다. 한국인이 김연아, 박지성 등 세계적인 스포츠 스타에 열광하는 것은 그들의 활약상을 보면서 마음속으로 자신도 그런 능력을 지녔으면 좋겠다고 선망하기 때문이다.

즉 세계적인 스타와의 동일시 현상을 통해 자신의 능력을 한층 더 끌어올리자 하는 욕망을 드러낸 것이다. 게임 자체의 재미와 함께 스포츠 관람은 고독한 현대인에게 어떤 집단에 소속됨으로써 심리적 불안감과 두려움을 훨씬 줄어들게 한다. 한국 선수를 응원하는 동안 '우리'라는 연대감으로 한데 묶여 서로 동질감을 느끼고 같은 팀을 응원하며 친숙감을 갖게 된다. 이처럼 한국 현대사회에서 스포츠의 가치는 '더 높이, 더 멀리, 더 빠르게'의 차원을 넘어서 삶의 위안이자 휴식처의 역할을 하며 한국 사회에 역동성을 불어넣고 있다.

2006년 6월 독일과 2010년 6월 남아프리카공화국에서 개최된 월드컵 축제를 통하여 많은 세계의 시민들은 붉은 악마의 열정적인 응원전을 보면서 한국인의 에너지에 놀라움과 찬탄을 보냈다. 한국 문화를 대표하는 '빨리빨리'라는 속도감과 붉은 악마의 정열은 이제 한국 사회의 역동성을 대표하는 트렌드가 되었다. 몇 년 전 독일의 잡지 기자가 한국을 소개하는 기사에서 북한의 김일성 주석을 애도하며 울부짖는 평양 시민의 모습과 남한 교회에서 통성 기도하는 신도들이 찍힌 사진을 나란히 게재하였다고 한다. 이처럼 외국인의 눈에 비친 남북한의 한국인의 모습은 이성적이고 냉철하기보다는 감성과 열정이 풍부한 동아시아 민족인 것이다. 김치와 태권도, 아리랑과 같은 한국의 대표 문화를 통하여 세계 속으로 퍼져 가고 있는 한국은 세계인이 주목할 만큼 빠른 속도로 근대화를 이루어 경제적으로도 세계 10위권 내외에 속하는 중진국으로 성장하였다. 한국 축구는 2002년 월드컵에 이어 2006년, 2010년 월드컵에서도 세계의 축구 강호들과 싸워 불굴의 투지와 강인한 정신력으로 스포츠의 신선함을 더해 주었다.

스포츠를 통한 한국 사회의 역동성은 단군 건국 이래 끊임없는 외침과 일제의 식민 통치, 한국전쟁과 근대화의 과정 속에서도 굳건히 민족의 정체성을 보존하고 국가를 수호했던 강인한 정신력에 바탕을 두고 있다. 근대화 과정에서 고난의 역사를 함께한 한국인은 스포츠 현장에서 국가애에 바탕을 둔 '우리'라는 공동체 의식의 높은 소속감을 보여 주고 있다. 붉은 악마의 열정적인 응원은 한국인으로서의 공동체 의식에 바탕을 둔 강한 응집력에 의해 가능한 것이다.

열정으로 빛나는 역동성

열정적이며 감수성이 뛰어난 한국인의 종족성은 문화인류학적, 지리적 관점에서 파악해 볼 수 있다. 문화인류학적 관점에서 최근의 대뇌 연구의 성과에 따르면 한국인은 우측 대뇌 반구형에 속하는데 우측 대뇌는 감성을 관리하는 능력과 관계가 있다. 그래서 한국인은 선천적으로 이성적이기보다는 감성적이며, 논리를 따지기보다는 느낌과 깨달음으로 사물을 이해하려는 경향을 갖는다고 한다.[4] 이러한 연구는 결정론적이라는 한계는 있지만 한국인의 감성적인 민족성을 이해할 수 있는 단서가 될 수 있다.

한국은 지정학적으로 중국 대륙과 일본의 해양 문화를 이어 주는 반도 국가에 속한다. 한국 문화는 중국의 대륙과 일본의 해양 문화를 이어 주는 역동성과 창조의 문화로서 동아시아를 대표하는 중간부 문화이다.[5] 최근에 중국과 일본, 베트남 등의 아시아 국가를 중심으로 불고 있는 한류韓流 열풍은 지역 문화로서의 한국 문화의 우수성을 보여 주는 중요한 사례들이다. 중간부로서의 반도인의 기질적 특징은 서로 다른 문화의 패러다임을 적극적으로 수용하고 이를 창조적으로 융합하여 수준 높은 문화적 가치로 승화하는 열정을 가지고 있어 유럽의 반도 국가인 이탈리아인과 유사한 특징을 보여 주고 있다.

스포츠 제전은 종종 정치적·이념적 갈등을 해소하는 화합의 장을 만들어 내기도 한다. 남북한이 정치적으로 대립하고 있지만 지난 아테네 올림픽에서 단일 팀을 구성하여 입장하기도 하고, 남북한이 하나가 되어 응원전을 펼치는 등 스포츠를 통하여 민족의 대화합을 보여 주기도 하였다. 스포츠가 지닌 경제

---

4) 조흥윤, 『한국문화론』, 동문선현대신서 91 (동문선, 2001), pp. 11~36.
5) 조동일, 『세계 문학사의 전개』 (지식산업사, 2002).

의 힘이 선수들의 경기력을 향상시키는 데 한몫을 하고 있다. 국제 경기에서 메달을 딴 선수들에게 연금이나 포상금을 지급하고 선수들은 메달의 영광과 함께 부를 얻기도 하였다. 한국 사회에서 스포츠를 통해 경제력을 얻는다는 것은 많은 사람의 부러움을 사고 있으며, 유명 선수들은 텔레비전 광고에 출연하여 더 많은 돈을 벌기도 하였다.

2002년 서울에서 열린 월드컵 경기를 통하여 한국인은 창조적인 응원 문화를 펼쳐 내고, 강인한 정신력을 바탕으로 축구 경기를 펼치며 세계인에게 잔잔한 감동을 선사하기도 하였다. 앞으로도 한국인은 스포츠를 통하여 역동적인 잠재력을 선보이며 세계 문화 속에 한국인의 모습을 더 자랑스럽게 자리매김하게 될 것이다.

동서양의 응원 문화

2002년 월드컵 응원에서 한국인이 보여 준 대규모 군중집회는 개인의 정체성이 발달된 서구 사회에서는 좀처럼 찾아보기 힘든 일이다. 물론 미국에서도 미식축구(슈퍼볼) 결승전이나 유명 가수의 콘서트 장에는 대규모 관중이 모이기도 하지만, 관중 전체가 응원의 열기로 뭉쳐지기보다는 개인 각자가 또는 가족끼리 스포츠 경기를 즐기는 경우가 많다. 또한 개인적으로 스포츠의 취향이 차별화되어 자신이 좋아하는 경기에 흥미를 가지는 데 비해 한국의 스포츠 열기는 경기 자체보다는 민족의 성패에 더 관심을 갖는다는 특징이 있다.

예를 들어 올림픽을 관전할 때도 메달 수보다는 스포츠 경기 자체를 감상하는 서구인에 비해, 몇 개의 메달을 획득했는지를 시간 단위로 보고하며 열광하는 동양인의 열기는 경기 자체보다는 집단적 승리감에 목적을 두고 있는 듯이 보인다.

한국인의 월드컵 열기는 정말 뜨거웠고 외신들은 이러한 한국인의 집단적 열광을 자세히 보도하기도 했다. 하지만 처음에 순수한 마음으로 응원했던 것이 점차 상업적 상술과 연계되는 부작용을 적지 않게 낳았다. 향후의 한국 사회는 집단적 응집력과 역동성을 발전시키는 것도 중요하지만 이에 못지않게 개인적 다양성을 인정하고 이를 배려하는 문화도 함께 해야 한다고 본다.

3. 전통음악에 드러난 한과 신명

한국인은 함께 어울려 즐기면서 타자와의 경계를 해체하여 집단화되는 경향이 있다. 이러한 속성은 한국의 전통음악과 놀이마당에서도 찾아볼 수 있다. 사물놀이는 우리 민족의 흥을 돋우는 민속놀이로 세계적으로도 널리 알려져 있다: 한국의 전통음악은 관객과 호흡하며 관객과 배우가 함께 참여하여 즐기는 독특한 형태로 나타난다. 이 장에서는 한국의 전통음악의 특성을 살펴보고 여기에 녹아 있는 한국인의 문화적 특성에 대해 고찰한다.[6]

관련 내용 ◗ 378쪽

농악에 맞추어
상모를 돌리며
즐기는 민속놀이

문화 포커스

1. 한국인에게 노래와 춤을 통한 '공유'란 어떤 의미일까?
2. 한국의 전통음악에는 어떤 특성이 있을까?
3. 한국의 민중 문화에는 어떤 유형이 있을까?

문화 키워드

전통음악　　　놀이 문화　　　민속놀이

음악을 좋아하는 한민족의 풍속은 근래에 만들어진 것이 아니라 아주 오랜 전통이었다. 우리 민족이 유희를 즐겼다는 기록은 중국 서진西晉의 진수陳壽(233~297)가 편찬한 『삼국지』 위지 동이전의 다음과 같은 기록을 보아도 알 수 있다.

夫餘 …… 以殷正月 祭天 國中大會 連日 飮食歌舞 名日迎鼓 … 無老幼皆歌 通日聲不絶(부여에서는 …… 정월에 많은 사람들이 모여 하늘에 제사지내고 며칠 동안 마시고 먹고 노래하며 춤추는데 이를 영고라고 했다. …… 어린이나 어른 할 것 없이 모두 노래를 부르고 하루 종일 노랫소리가 끊이지 않았다.)

弁辰 …… 俗喜歌舞飮酒 有瑟 其形似筑 彈之亦有音曲(변진 사람들은 노래와 춤과 술 마시기를 좋아하였다. 축과 비슷한 모양의 슬이란 악기가 있는데 연주하는 것을 보니 제법 소리가 나더라.)[7]

집단주의 사회에서는 그 집단을 유지하기 위해서 구성원 간의 인간관계가 중요하다. '우리'라는 공감대를 형성하기 위해 상호 간에 마음을 열고 함께 어우러지는 것이다. 공감대를 형성하기 위해서는 술과 노래가 떠오르게 되며, 이러한 이유로 전통적으로 한국인의 삶 속에서는 일과 놀이가 구분되지 않고 함께 어우러져 있었다. 이런 점은 한국인의 역동적인 예술에도 잘 나타난다. 한국의 전통 예술인 사물놀이와 판소리는 소리와 춤의 융합을 통해 연주자와 관객이 하나가 되는 엑스터시를 경험하게 한다. 사물놀이의 경우에는 클라이맥스로 올라갈수록 수많은 변주를 통하여 연주자와 관객이 하나가 되는 경험을 선사하기도 한다. 판소리 또한 소리꾼이 소리와 하나가 되어 관객을 끌어들이는 불가사의한 힘을 발현하는 전통적인 성악으로 세계 문화유산이다.

신명과 흥興

우리 민족의 다양한 정서가 함축된 전통음악은 우리의 숨결과 가장 밀착된 전통문화의 한 갈래라 할 수 있는데,

---

6) 이 장은 연세대학원 『한국문화론』 강의에서 조재현·김가연(2009)의 「전통음악에 나타난 한국인의 신명과 멋」이라는 발표에 기초하여 작성하였음.
7) 전인평 「전통음악의 새로운 인식」 (한국음악평론가협회, 1985. 5).

이는 우리의 노래요 가락이요 멋의 상징이다.

국악을 들으면 어깨가 저절로 들썩여진다. 이 점은 서양음악의 안정된 음악적 색채와 특히 구별이 되는 점인데, 국악이 이러한 들썩거리는 신명과 흥을 가지게 된 가장 중요한 이유로 원칙적으로 모든 곡들이 3분박으로 나뉜다는 점을 들 수 있을 것이다. 우리가 행진을 한다고 했을 때 그 박자는 음악적으로는 2박 또는 4박 계통의 행진곡풍의 음악이 될 것임은 분명하다. 그러나 이러한 짝수 분박의 행진곡풍의 느낌이 소거된 들썩이는 느낌의 3분박 곡이 서양에도 없는 것은 아닌데, 예를 들면 춤곡으로 주로 쓰이던 왈츠와 같은 것들이 있다. 하지만 이 왈츠가 서양음악에서 독특한 위치를 차지하는 까닭은 2·4분박 계통의 음악이 대부분을 차지하는 상황에서 그것이 특이하게 3분박을 띠기 때문이다. 국악이 3분박이라고 말할 때에는 거의 모든 곡이 이러한 특성을 공유하고 있음을 의미한다는 점에서 구별된다.

이런 국악의 특색이 어떻게 신명이나 흥의 요소를 일으키는가? 2분박 계통의 서양음악이 강·약·강·약 등으로 좌우 대칭적임에 반해 3분박을 취하는 국악과 같은 음악은 강·약·약·강·약·약 등의 비대칭적 구조이다. 즉 우리가 국악을 들었을 때 들썩거린다는 느낌은 비대칭적 구조가 한국음악의 흥을 창출해 내는 가장 근본적인 힘이라고 볼 수 있다.

선율의 길이도 문화의 특성을 반영한다. 우리 민족이 가진 특성으로서 자유분방하여 단순한 반복을 싫어하고 완전히 균질한 몰개성적 상태를 지양한다는 사실은 민족의 음악인 국악에도 반영되어 있다. 이 점은 음의 길이를 배열하여 장단 구조를 구성하는 데에 '장·단·장·단'이나 '단·장·단·장' 등의 균질성을 파괴한다는 사실에서 잘 드러난다. 국악의 장단은 한 번 긴 것이 나왔으면 다음에는 짧은 것이 나오며, 그 다음에는 동일한 구조의 반복을 피하기 위하여 다시 짧은 것이 나온 후에야 긴 것이 나오는 등 길고 짧은 음을 교차하여 배치함으로써 음의 길이에서 다양한 효과를 획득한다.

그러나 한국인들이 불확실성을 회피한다는 의미는 자아라는 울타리의 외부 대상에 더욱 적용되는 논의로서 특히 한국 사회에서 튀는 사람을 고운 시선으로 보지 않는다는 점이 방증이 된다. 하지만 국악 장단의 이러한 불균일성의 특성은 자아 내부에 대한 시선과도 연결된다. 한국인들은 사회 전반적으로는 어떠한 경향성을 가지고 한쪽으로 나아가는 동질성 추구의 상태를 바람직한 것으로 여긴다. 그럼에도 불구하고 자아 개개인의 처지에서는 자기가 남과 완전히 똑같은 상태라는 것에는 상당히 부정적인 인식을 가지고 있음을 부인할 수는 없다. 즉 국악 장단이 가진 이러한 통일되지 않은 길이의 개성적인 진행 방식은 한국인이 근원적으로 동질성을 추구하면서도 내가 남과 다른 개성적인 측면이 있기를 바라는 양면적인 자아 인식과 밀접한 관련성을 띠고 있다.

한과 무게의 음악

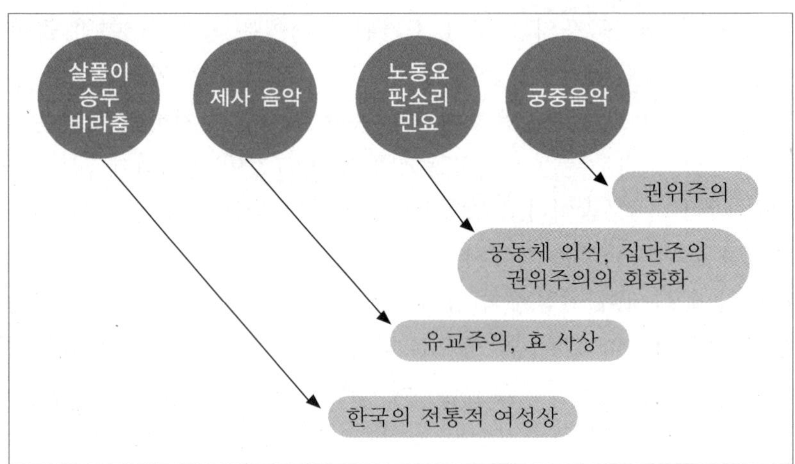

　국악은 '신명과 흥興의 음악'이요 곧잘 '한과 무게의 음악'이라고 말하기도 한다. 신명과 한은 모순적인 것이요 서로 상충되는 의미로서, 이 둘이 모두 국악을 대표한다는 말은 양립할 수 없는 듯하다. 그러나 한 개인의 감정이 시시각각 여러 가지로 변화하는 다양성을 가진 것과 마찬가지로 한 나라의 음악에도 다양한 모습은 존재하기 마련이며, 이러한 '한'과 '무게'라는 단어 역시도 우리의 전통음악인 국악을 잘 규정해 주는 단어임을 부정하기는 힘들 것이다. 아래에서는 우리 음악의 어떠한 특징들이 한 또는 무게와 관련이 있는 것이며, 또 이러한 단어들이 우리의 고유한 문화적 특성과는 어떻게 연결이 되는 것인지 논의해 보고자 한다.

민중의 억눌린 감정의 분출(민속음악의 계면조)

　우리 음악을 들었을 때 뭔가 애상적이라거나 슬프다는 느낌이 드는 이유는 바로 국악 악곡의 구성에 계면조라는 조성이 많이 쓰이기 때문이라고 볼 수 있다. 이러한 계면조의 조성은 서양음악으로 따지면 단조에 해당하는 슬프고 어두운 느낌의 선율 구성 방식이다. 일례로 판소리에는 평조, 우조, 계면조 등의 조성이 있으나 평평하게 질러 내는 소리인 평조라든지 평조와 같이 담담하면

서도 화사한 느낌을 가지는 우조보다는 계면조를 많이 쓰고 있음을 알 수 있다.[8]

이러한 계면조의 구성이 특히 전라도를 기반으로 한 음악 장르인 남도민요와 판소리, 산조 등에 많이 쓰이고 있다는 것은 이 지역에서 살아가던 민중들의 한과 서러움의 의식이 음악에 배어 나온 것이라고 추측할 수 있다.

민속무용(살풀이, 승무, 바라춤)

음악과 직접적인 관련이 있는 것은 아니지만 간접적인 영역으로서의 무용에 대해 언급하고자 한다. 우리 민속무용의 3대 작품을 꼽으라면 살풀이, 승무, 그리고 바라춤을 꼽을 수 있는데, 공교롭게도 살풀이와 승무는 모두 여성이 추는 춤이다. 이런 사실은 다른 나라의 경우에도 무용은 여성에 의해서 많이 연희되어 왔다는 점을 고려한다면 전혀 이상하지 않을 수도 있다. 그러나 이러한 춤이 한국 민속무용의 근간을 이루는 중요한 작품들이고 또 이 작품들에 여성의 '한이 베어 있는 아름다움'이라는 미학적 요소가 강하게 투영되어 있음을 고려하면, 이러한 경향은 홉스테드가 지적한 한국인의 특성 가운데 하나인 '여성성'과 관련지어서 생각해 볼 수 있다.

전통적으로 여성은 자손을 낳아서 가문을 이어 준다는 의미에서 전통 사회의 자궁과도 같은 원초적 중요성을 지니고 있었다. 조선 시대로 넘어오면서 남아 선호 사상이 확립되어 여성들에게 부과된 핍박과 억압은 상당한 정신적·신체적 압제로 작용했을 것이다. 이러한 전통 사회에서 여성이 가진 한恨이라는 독특한 감정이 우리의 중요한 전통 예술인 민속무용에 자연스럽게 녹아들어 있다는 것은 당연한 귀결이라고 할 수 있다.

궁중음악(정악)

국악에서는 한국인의 특성 중 홉스테드의 분류에 따른 권력 거리의 넓에서 기인한 권위주의나 수직적인 사회의 위계질서와 같은 요소도 확인할 수 있다. 이러한 특색은 민속음악보다 궁중음악인 정악에서 쉽게 발견된다. 즉 정악은 민중이 향유할 수 없는 사대부 또는 왕족 계층의 음악이었으며 이러한 음악은 공통적으로 특권층의 음악이라는 고귀함을 전제로 성립되었다. 특권층은 민중의 음악은 음악이라고도 부를 수 없다는 인식하에 음악이나 노래가 아닌 '소리'라는 명칭을 부여하여 아예 다른 층위의 대상으로 인식하였다.

---

8) 김영운 외, 『종횡무진 우리 음악 10』(한국문화예술진흥원, 2002), p. 178.

제사 음악 (문묘제례악)

국악에는 한국의 전통적인 유교 의식도 담겨져 있다. 유교에서 최고의 선생님으로 추앙하는 공자孔子를 제사지내는 음악을 문묘제례악이라고 한다.

이 음악은 세종 때 박연이 원元나라의 임우林宇가 쓴 「대성악보大成樂譜」에 의해 정리한 것인데[9] 특이하게도 현재 전 세계에서 공자의 제사 음악인 문묘제례악이 보존되어 있는 나라는 한국뿐이다. 한민족도 아닌 중국의 성인을 제사지낼 때 사용하던 음악을 아직까지도 연주하고 있는 유일한 나라가 한국이라는 사실은 한국 사회에서 유교가 가지는 힘, 또한 '유교주의'라는 이데올로기가 얼마나 강력한 것이었는지를 증명한다고 할 만하다. 이러한 유교주의는 사회 곳곳에서 우리의 가치관에 영향을 끼쳐 왔음을 확인할 수 있는데, 전통음악인 국악도 여기에서 예외일 수는 없을 것이다.

함께하는 놀이 문화

한국인은 다른 사람에게 관심이 많으며, 다른 사람이 자신을 어떻게 평가하는가에 많은 주의를 기울인다. 거리를 지나갈 때에도 다른 사람이 입은 옷, 화장 등에 눈길을 주는 경우가 다반사이며, 고민이 있거나 중요한 결정을 내리기에 앞서서 주변 지인들의 의중을 모아서 다른 사람들이 그 문제에 대해 어떻게 생각하는지를 안 다음에야 안심하고 올바른 판단을 내릴 수 있다고 믿는다. 이러한 공동체 의식은 전통음악과 놀이에도 반영되어 있다.

서양의 클래식이나 오페라 등을 감상할 때 최고의 관객은 공연 중에는 쥐 죽은 듯이 숨을 죽이고 있다가 공연이 다 끝난 뒤에 자신이 그 공연장에 있었다는 사실과 공연에 대한 칭찬 등의 평가를 드러내며 자리에서 일어서서 크게 박수를 치고 환호성을 지르는 특성을 띤다고 할 수 있다.

그러나 한국 전통 예술 장르 가운데 판소리나 산조 등의 민속예술을 감상하는데 최고의 관객은 공연자와 혼연일체가 되어서 같이 울고 웃으며 하나의 공동체로 어우러진다. 그 판에서만큼은 공연자와 관객이라는 구분이 없어진 집단적인 협력자의 모습이 된다. 이러한 협력의 과정은 특히 추임새라고 하는 요

---

9) 서한범, 「국악통론」, 개정판(태림출판사, 1994). p. 152.

소로서 명시적으로 드러난다. 공연이 진행되는 도중에 청중들이 연주에 동참하여 '얼쑤, 헐씨고, 암믄, 그라제, 좋지' 등의 말을 하거나 '으이'라고 단전에서부터 뽑아내는 소리를 내뱉음으로써 공연을 하는 사람들에게 기운을 북돋아 주는 형식을 취한다.

이렇듯 판에서 너와 나의 구분이 없이 하나의 집단이 되어 공연을 함께 이끌어 가는 형태는 서양음악에서는 좀처럼 찾아보기 힘든 특수한 현상이다. 공연자와 관객의 경계가 허물어진 공동체적 공연 구성은 한국 음악만의 독특함으로 규정할 수 있을 것이다. 특히 역사적으로 빈번했던 외세와의 전쟁이나, 현대의 IMF 금융 위기 등 고난의 그림자가 비추어질 적마다 나타났던, 전체 민중이 혼연일체가 된 단결력과 집단의식의 발로가 이 추임새라고 하는 국악의 요소에도 고스란히 녹아 있다고 할 수 있다.

판소리라고 부르는 우리의 전통 성악 장르는 막힌 곳이 없는 열린 '판'이라고 하는 장소에서 1인의 고수鼓手와 1인의 창자唱者, 그리고 청중聽衆이라는 세 가지 구성 요소를 바탕으로 연희되는 예술이다. 이때 소리판의 3대 구성 요소 가운데 청중이 들어 있다는 것이 판소리만의 독특한 특성이라고 할 수 있다.

이러한 판소리는 문학, 음악, 무용과 연극을 통합한 장르로서 예술성과 대중성을 모두 갖춘 한국 특유의 종합예술 장르이며, 민속악의 하나로서 창자의 소리와 그 대사를 총칭하는 이름이다. 따라서 판소리는 구비문학의 주요 장르요 민속음악의 장이고, 몸짓이 있다는 면에서는 연극적인 요소도 가지고 있다.

서양 뮤지컬과는 달리 판소리는 주로 넓은 마당을 무대로 하여 한 사람의 고수가 치는 북 장단에 맞추어 한 사람의 창자가 소리, 아니리, 발림의 세 가지 요소를 가지고 긴 이야기를 엮어 가는 종합예술인데, 한민족의 주요한 민속예술 형태의 한 갈래다. 이미 구성된 대본과 소리를 기본으로 하나, 청중의 반응을 보아 가며 창자가 즉흥적으로 가감 수정 등의 윤색을 할 수 있다는 데에 판소리의 특징과 묘미가 있다.[10]

---

10) 도서영(2001: 235~237), 박영순, 『한국어 교육을 위한 한국문화론』(한림출판사, 2006), p. 157 재인용.

4. 대중문화에 투사된 신명

  발터 벤야민은 대중문화는 기술 복제에 의해 대량 생산과 대량 소비가 가능한 산업사회의 문화 산물로 정의하였다. 대중문화는 그 사회의 대중들의 의식과 욕망을 직접적으로 반영한다는 점에서 한 나라의 문화적 특성을 이해하는 중요한 지표가 된다. 한국의 대중문화는 고도로 발전된 매스 미디어와 인터넷에 의해 날로 번창하면서 한국 문화의 지형도를 바꾸어 놓고 있다. 최근 몇 년 사이에 중국, 일본 등 아시아와 구미 지역 등 세계의 여러 나라에서 영화, 드라마, 가요 등 한국의 대중문화가 인기를 끌고 있다. 한류는 문화적 가치뿐만 아니라 사회적·경제적 파급효과도 매우 크다.

관련 내용 ● 384쪽

한류 열풍과 함께
주목받고 있는
한국의 대중문화와
연예인들

문화 포커스

  1. 한국의 대중문화는 어떤 특성을 가지고 있을까?
  2. 외국인이 한류에 열광하는 이유는 무엇일까?
  3. 한류 열풍의 배경과 파급 효과는 무엇일까?

문화 키워드

  대중문화　　　문화 콘텐츠　　　한류

한국의 대중음악은 한국뿐만 아니라 아시아 지역에서도 큰 인기를 얻고 있으며 최근에는 미국 시장으로 진출하려는 한류 가수가 늘고 있다.

이렇듯 한국 음악이 세계적으로 알려진 데에는 여러 가지 요인이 있다고 하겠다. 한국의 가수들은 음악적인 가창력 이외에도 섹시하고 감각 있는 이미지를 가지고 있다. 또한 조직적이고 체계화된 음반 기획사가 철저히 관리하고 있다. 기획사들은 대규모 자금을 가지고 가수를 홍보하고 질 높은 음반을 제작하며 새로운 감각의 뮤직 비디오를 제작하여 케이블 텔레비전과 같은 다양한 매체의 음악 방송을 통해 아시아의 전 지역에 전파하고 있다.

최근에는 해외시장으로 진출하기 위해 아예 이중 언어를 구사하는 가수를 길러 내기도 한다. 뿐만 아니라 코러스에 영어나 아시아 지역의 언어를 사용하거나 음반 제작에 반영하는 등 국제 무대를 목표로 한 글로벌 마케팅을 추구하고 있다. 1999년 클론을 시작으로 2000년대 이후에는 SES나 핑클, HOT, 이정현, 보아, 박지윤, 베이비복스, 2006년에는 세븐 등이 각종 아시아권 음악 대회에서 수상함으로써 한국의 음악이 널리 알려지게 되는 계기가 되기도 하였다. 특히 가수 비는 세계를 움직이는 영향력 있는 100인에 선정되기도 할 만큼 세계를 향한 한국 문화의 파급 효과가 커졌다.

한편 드라마는 최근 들어 한류를 주도하는 분야이다. 특히 일본과 중국에서의 문화 파급력이 매우 크다. 그렇다면 그 이유는 무엇일까? 먼저 한국으로 오는 유학생이나 근로자의 왕래가 급격히 증가한 점을 들 수 있다. 이들을 통한 드라마나 영화 등의 DVD나 화보의 송출이 해마다 급증하고, 드라마의 열풍을 반영한 기획 상품들의 판매도 함께 증가하고 있다. 또 다른 이유는 한국과 인접한 지역의 위성방송 수신으로 인한 한류 확대이다. 북경, 청도, 상해, 연변, 대만 등 한국과 인접한 지역에 거주하는 한국인이 증가하면서 위성을 이용한 실시간 텔레비전 송출이 늘었고, 이에 따라 한국 드라마가 실시간으로 방영되고 있다. 이는 과거의 방송국을 통한 시간차 드라마 송출과는 차별화되는 현상으로 한류의 세대교체를 더욱 가속하고 있다.

뿐만 아니라 몇 년 전부터는 인터넷의 보급과 막강한 정보 전달력도 드라마의 송출에 일조하고 있다. 인터넷 망으로 연결된 드라마 다시 보기는 굳이 텔레비전이라는 방송 매체를 거치지 않고도 개인들이 드라마를 수신할 수 있게 만들었다. 이미 한국의 드라마 스타일과 드라마 스타에 젖은 사람들은 더욱더 한국 드라마에 빠지게 되는 연쇄 효과를 낳고 있다.

이렇게 한류 드라마의 파급력이 쉽게 수그러들지 않는 이유는 이제 한국의 드라마 제작이 아예 한류를 겨냥해서 만들어지고 있다는 데에서도 찾아볼 수 있다. 드라마의 촬영 장소를 한류 지역으로 삼거나 해당 지역의 사람들이 선호하는 한류 스타를 겨냥하여 만든 드라마들이 그것이다. 이러한 한류 드라마의 기획력은 당분간은 지속될 분위기이다. 한때 스포츠나 정치적 상황으로 인한 중국의 '혐한' 현상이 양국 간의 관계에서 문제가 되기도 했지만, 전체적인 한류 드라마의 발전 추세를 크게 변화시키지는 않고 있다고 볼 수 있다.

한류 드라마의 파급력은 일본과 중국, 동남아에 그치지 않고 미국으로 상륙해 가고 있다는 점에 주목할 만하다. 2000년대 후반에 이르러서는 가수 '비', 작곡가 '박진영'을 비롯한 가수들의 진출과 맞물려, 영화배우나 드라마 스타들의 할리우드 진출도 이어지고 있다. 아직 적은 수이기는 하지만, 미국의 경우에는 문화 수입에만 의존했다는 점에서 최근의 문화 송출은 주목할 만한 점이다. 이러한 배경에는 전자제품, 자동차, 컴퓨터 관련 국내 기업의 약진과 더불어 골프나 피겨스케이팅과 같은 스포츠에서의 국제 무대 진출, 김치나 발효 식품을 앞세운 음식 문화의 진출 등이 한몫을 하고 있다고 볼 수 있다.

최근 텔레비전의 한 다큐멘터리 방송에서는 미국인들 사이에 불고 있는 한국 드라마 열풍에 대해 소개하였는데, 교포 중심으로 이루어지던 한국 드라마 DVD 빌려 보기가 히스패닉이나 백인들 사이에도 파급되고 있는 현상을 소개하였다. 뿐만 아니라 미국의 대형 마트에서 한류 드라마 DVD를 팔기 시작했으며, 아마존 닷컴을 통해 온라인으로도 보급되고 있다. 동호회 형식으로 서로 간에 DVD를 돌려 보며 한국 언어나 음식에도 관심을 보이는 장면은 과거에는 상상하기 힘든 일이었다. 그들에게 알려진 동양 음식이나 문화가 중국이나 일본에 제한되었던 것과 달리 이제는 한국의 문화 진출도 서서히 시작하고 있음을 확인할 수 있다.

대중문화 속의 신명

대중문화는 기술 복제에 의해 대량 생산과 대량 소비가 가능한 산업사회의 문화 양식이다.[11] 이러한 대중문화는 그 사회의 대중의 의식과 욕망을 직접적으로 반영한다는 점에서 한 나라의 문화적 특성을 이해하는 중요한 지표가 된다. 한국의 대중문화는 고도로 발달한 매스 미디어와 인터넷에 의해 날로 번창하면서 한국 문화의 지형도를 바꾸어 놓고 있다. 그러나 문화의 매체적 양식은 변하였어도 대중문화를 주도하는 흐름은 역시 한국 대중의 기호에 맞는 신명과 흥의 정서이다.

현재 한국의 대중문화를 대표하는 것은 텔레비전과 라디오이다. 텔레비전은 '제2의 신'이라고 정의할 만큼 대중문화를 주도하면서 엄청난 창조력과 파괴력으로 안방 문화를 점유하고 있다. 텔레비전은 세계를 보는 창으로서 한국인의 정보 전달 및 여가 활동을 주도하는 사회화의 터전이기도 하다.

한국의 텔레비전 프로그램을 분석해 보면 오락이나 노래가 주축을 이루는 쇼 프로그램이 차지하는 비율이 매우 높다는 것이 특징이다. 일요일 낮에 전 국민을 신명판으로 끌어들이는 대표적인 장수 프로그램인 'KBS 전국노래자랑'은 무대장치나 반주 수준, 출연진 등이 소박한 편이지만 벌써 20년 넘게 방영되고 있다. 이 프로그램은 춤과 노래를 바탕으로 출연자와 사회자, 관중들이 함께 어우러지는 놀이판을 연출해 내고 있다는 점에서 한국인의 정서를 대표하는 대중문화의 전형이라고 할 수 있다.

이 밖에도 '가요무대'나 '열린 음악회', '인기가요' 등의 프로그램과 '주부가요열창', '스타킹' 등 방송사마다 출연자의 노래와 춤을 통하여 한국인의 신명을 일으키는 프로그램이 높은 비율로 편성되어 있다. 또한 반주를 해 주면 청취자가 전화기를 통해 노래를 부르고 그 가운데 잘 부른 사람을 뽑아 상을 주는 '라디오 노래방'과 같은 프로도 노래를 좋아하는 한국인의 신명을 대변하는 대표적인 대중문화 프로그램으로 볼 수 있다. 이것은 미국이나 서구의 대중문화를 주도하는 프로그램과 비교하면 한국적인 특징이라 할 수 있다. 서구의 방송국에서는 UHF 채널이나 주말 저녁 시간대에나 쇼 프로그램을 볼 수 있다.

한편 방송사들이 일일 드라마, 주말 드라마, 쇼, 코미디, 음악 프로그램 등 오락성 프로그램을 많이 편성하면서 뉴스나 시사, 교양 프로그램들은 상대적으로 시청률이 낮아 편성 비율이나 방송 시간대에서 오락성 프로그램에 밀리고 있다.

이처럼 오락과 유흥이 주도하는 한국의 대중문화는 대중의 욕망을 대리적으로 만족시키는 기능을 하고 있지만 매스미디어가 정서 함양이나 정보 전달의 기능보다는 소비문화를 부추기고 오락적인 기능에 치중되어 있다는 비판을 받

---

11) 존 스토리 지음, 박모 옮김, 『문화연구와 문화이론』(현실문화연구, 1999), pp. 18~31.

고 있다. 그런 면에서 한국의 대중문화는 춤과 노래를 좋아하는 한국의 대중적 취향을 만족시키면서도 대중을 의식적으로 선도할 수 있는 건전한 내용으로 개선되어야 할 필요가 있다. 또한 많은 프로그램이 20~30대의 젊은 계층을 겨냥하면서 그 밖의 사회 구성원들을 텔레비전의 즐거움으로부터 소외시키고 있어서 여러 계층이 함께 공감하며 즐길 수 있는 프로그램을 시급히 개발해야 할 것이다. 더불어 텔레비전이 세상을 바라보는 창으로서의 역할을 다하기 위해서는 시청자가 문화 소비자로서의 역할을 적극적으로 담당해야 할 것이다.

대중문화의 관점에서 본 한류

이러한 한류가 본격적으로 일어나기 시작한 것은 언제부터이며, 그 배경은 무엇일까? 첫째, 한국의 경제적 성장과 그에 따른 '한국을 향한 세계의 주목'으로 해석할 수 있다. 몇십 년 전만 해도 한국은 전쟁이 휩쓸고 간 폐허의 국가였다. 그 이전의 한국 역시 세계사에서 주목받는 존재라고 보기는 어려웠다. 이로 인한 서구 사회에 대한 상대적 열등감과 막연한 두려움은 한국을 비롯한 동아시아와 동남아시아의 많은 국가들에서 쉽게 찾아볼 수 있는 정서였다. 하지만 1980년대에 들어서며 한국 경제는 급성장을 이루었으며, 급격한 경제성장은 주변 국가에게 한국을 되돌아보게 하는 계기를 갖게 했다.

둘째는 국제화 시대가 진전되면서 주변국을 통합하는 문화 교류가 활발해졌으나 정작 동아시아를 묶는 문화의 전초기지는 없었다는 점이다. 1970년대와 80년대를 풍미하던 홍콩 영화는 더 이상 매력적인 콘텐츠로서의 기능을 상실했으며, 블록버스터의 형태와 고도의 컴퓨터 그래픽으로 무장한 할리우드 영화에 눌려 '무술과 무협'을 토대로 하는 영화들은 매력을 가지지 못하게 되었다. 또한 홍콩의 정치적 상황과 맞물려 많은 홍콩 배우가 할리우드로 자본과 더불어 이동해 갔다는 점도 커다란 원인으로 작용했을 것이다. 이러한 공동화 현상을 보인 동아시아의 문화에 자연스럽게 한국의 드라마가 편입되기 시작했다고 볼 수 있다.

홍콩과는 달리 사회주의 이데올로기를 기반으로 하는 중국 본토는 자본주의에 바탕을 둔 문화 생산에 동화되기 어려웠고 서구 문화를 받아들이는 데에도 자유롭지 못했다. 일본 역시 문화적 폐쇄성 때문에 동아시아 가치의 문화적 모델로서는 한계를 보였다. 게임이나 만화와 같은 개인을 대상으로 한 문화 영역은 매우 발달했지만, 함께 가치를 공유하고 정서를 나누는 드라마나 영화에서는 주목할 만한 성과를 내지 못한 것이 사실이다.

　셋째는 한국 드라마가 가진 문화적 콘텐츠의 내용이다. 한국의 드라마나 영화는 동양의 유교적 가치를 바탕으로 하면서도 서구의 문화에 개방적인 양면성을 지니고 있다. 특히 한국 드라마가 지향하는 사랑에 대한 순수성이나 가족에 대한 소중한 가치, 부모에 대한 공경, 동양적 역사에 기반을 둔 동양적 보편성 등은 동아시아나 동남아시아 사람들의 공감을 얻는 데에 성공적 요소로 작용했다.

　이러한 문화 콘텐츠의 파급효과는 장기적으로 볼 때 매우 큰 것이다. 한국의 문화 콘텐츠로 인한 한국 문화에 대한 긍정적 호감은 한국 대외 이미지 제고로 나타나고, 이로 인해 한국 기업의 상품을 선호하게 되거나 한국을 찾는 관광객이 증가하는 등 이른바 '단계적 파급효과'를 가져오기 때문이다.

한드와 미드

　최근 한국에서는 '미드'라는 말이 유행이다. '미국 드라마'의 약자로 국내의 일부 젊은 층 마니아들은 '미드'와 '일드(일본 드라마)'에 열광한다. 이렇게 국외의 드라마에 열광할 수 있게 된 것은 인터넷이나 위성방송을 통해 그러한 것들을 쉽게 접할 수 있게 된 덕분이기도 하지만, 그만큼 드라마에 대한 취향이나 기호가 '국제화'되어 가고 있기 때문이라고도 볼 수 있다. 인류의 보편성을 추구하는 경향이 많은 영화와는 달리 개별 국가의 전통적 가치 문화에 기반을 둔 드라마의 경우 과거에는 다른 나라 사람들의 공감을 얻기가 쉽지 않다. 최근 유행하고 있는 미드나 일드의 내용들은 국가 간의 '차이'보다는 동일한 연령층이 흥미로워하는 소재를 바탕으로 하고 있어 더욱 쉽게 공감을 얻고 있다.

　한편 한국의 드라마도 국외 송출이 더욱 활발해지고 있는데, 이 역시 한국의 드라마가 더 이상 개별 국가의 전통적 가치에만 머물러 있지 않고 주변 국가 사람들의 공감을 얻을 수 있는 소재를 대상으로 삼고 있다는 데에 성공의 비결이 있다고 하겠다. 이러한 세대별 공감과 보편성 추구라는 점 외에도 한국의 드라마가 가진 경쟁력을 찾아볼 수 있다. 한국 드라마가 가진 차별성에 따른 효과가 그것이다. 한국 드라마의 특징은 폭력적이지 않고 외설성이 적다는 면에서 가족 전체가 함께 즐길 수 있는 내용을 담고 있다. 서구권의 국가나 일본에서 발견되는 비정상적인 사랑이나 부패, 패륜, 끔찍한 살인과 같은 자극적인 소재의 드라마에 비해, 가족 간의 일상적 갈등과 아기자기한 사랑, 해피엔딩으로 마무리되는 결말 등은 스트레스로 지친 현대인들을 '편안하게' 휴식하도록 하는 효과를 준다. 비교적 완결된 구조의 단막극 형태의 탄탄한 시나리오도 '부담스럽지 않은' 시간적 호흡을 갖게 하는 효과가 있다고 하겠다.

참고 문헌

강명구. 『소비대중문화와 포스트모더니즘』. 민음사, 1993.

권오호. 『우리 문화와 음양오행』. 교보문고, 1996.

김영운 외. 『종횡무진 우리 음악 10』. 한국문화예술진흥원, 2004.

낭월 · 박주현. 『음양오행』. 동학사, 1997.

리처드 E. 니스벳 지음, 최인철 옮김. 『생각의 지도: 동양과 서양, 세상을 바라보는 서로 다른 시선』. 김영사, 2004.

박영순. 『한국어 교육을 위한 한국문화론』. 한림출판사, 2006.

백대웅. 『전통음악의 랑그와 빠홀』. 통나무, 2003.

서한범. 『국악통론 개정판』. 태림출판사, 2002.

송방송. 『한국음악통사』. 일조각, 1984.

송혜진. 『국악 이렇게 들어보세요』. 다른세상, 2002.

이병원. 「전통음악 이해의 양면성」. 이화여자대학교 한국문화연구원, 2007.

전인평. 「전통음악의 새로운 인식」. 한국음악평론가협회, 1989.

조동일. 『세계 문학사의 전개』. 지식산업사, 2002.

조흥윤. 『한국문화론』, 동문선 현대신서91. 동문선, 2001.

존 스토리 지음. 박모 옮김. 『문화연구와 문화이론』. 현실문화연구, 1999.

최준식. 『한국인에게 문화가 없다고?』. 사계절, 2000.

편집부. 『말이 힘이다 삶이 문화다』. 한양대학교 출판부, 2004,

황병기. 『깊은 밤 그 가야금 소리』. 풀빛, 1994.

G. Hofstede 지음, 차재호 · 나은영 옮김. 『세계의 문화와 조직』. 학지사, 1995.

Step 1 ⮞ 심화 확장하기

대~한민국!
2002년 월드컵이 열린 뜨거운 여름, 한국팀의 경기가 있는 날이면 많은 사람이 서울시청 앞 광장 등 곳곳에 운집하여 열띤 응원전을 펼쳤다.

1. 사진 속 사람들을 모이게 한 힘은 무엇이었을까요? 함께 이야기해 봅시다.

2. 한국인은 2002년 월드컵 응원전을 어떻게 기억하고 있을까요? 외국인은 어떻게 생각할까요? 인터뷰 또는 설문 조사를 실시하여 조사해 보고, 그 결과를 정리하여 발표해 봅시다.

Step 2 ⮞ 문화에 드러난 어휘

노래방, 굿, 무당, 신바람, 어우러지다, 노래판, 춤판, 씨름판, 굿판, 흥이 나다, 흥을 내다, 신나다, 신바람, 의성어/의태어의 발달	중립적	부정적	막장, 1차, 2차, 3차, 끝장

● 판을 벌이다, 판을 치다, 갈 데까지 가 보자

Step 3 ⮞ 문학작품을 읽고 토론하기

1. 이청준의 「서편제」를 읽고 한국인의 한(恨)과 신명에 대하여 토론해 봅시다.

2. 드라마 「대장금」과 「겨울연가」에 나타난 극적 갈등과 줄거리를 요약해 보고 한류 열풍의 문화적 가치에 대하여 토론해 봅시다.

한국인은
단군신화에서 볼 수 있는
것처럼 하늘과 인간의 교감을 중시
하는 신성의 민족이다. 그러므로 한국인은
옛날부터 인간 세상의 세속적 가치를 초월한 종교적
삶을 다양하게 누리며 살아왔다. 한국 사회는 전통의 무속
신앙과 현대적인 기독교가 공존할 뿐만 아니라 유교와 불교
등 세계의 다양한 종교가 별다른 갈등 없이 조화를 이루며
사는 다종교 국가이다. 한국 사회에서 종교는 나눔과
사랑의 실천을 통하여 삶을 행복하고 풍요
롭게 하는 사회적 기능을 담당
하고 있다.

제7장 # 다종교 사회와 한국인의 종교관

Muti-Religion Society and Korean Religious Perspective

1. 단군신화와 샤머니즘

한국의 건국 신화인 단군신화는 무교에 바탕을 둔 샤머니즘의 원형을 보여 준다. 단군신화는 하늘과 자연의 결합을 통해 인간의 생명이 탄생하는 과정 속에서 생명 존귀와 생태 사상을 담고 있다. 하늘 신의 아들인 환웅과 땅의 신인 웅녀 사이에서 태어난 후손이 바로 한국인이다. 단군신화는 한국인이 하늘과 땅의 원리를 통해 인간으로 태어났으며 '널리 인간을 이롭게 하는 홍익인간 정신'(Humanitarian Idea)을 구현하여 하늘의 뜻을 인간 세상에 펼치려는 선택된 민족임을 상징하고 있다.

관련 내용 ◐ 390쪽

최근 성행하고 있는
길거리의 점집

문화포커스

1. 한국인의 세계관에 근본적인 영향을 준 종교는 무엇일까?
2. 샤머니즘이 한국인의 일상생활에 어떤 방식으로 나타날까?
3. 단군신화는 종교적 관점에서 어떤 가치를 가질까?

문화키워드

효孝   유교   가부장제   상속   자연숭배 한국에는 불교, 유교, 기독교와 같은 고등 종교도 있지만 샤머니즘에 바탕을 둔 무교적 세계관을 완전히 제거하지는 못하였다. 여전히 무교적 정서를 기본으로 하고 신앙생활을 한다고 보아야 더 정확할 것이다. 불교의 사찰 내에 있는 삼신각이 그 실례이다. 불교인이 찾는 삼신각은 무교의 삼신 사상, 즉 사람이 출생하여 성인이 될 때까지 삼신이 지켜 준다는 신앙을 반영하는 것이다. 기독교에서는 헌금 행위에서 기복적 행태를 보이는 것도 그 예가 될 수 있다. 무교에서는 병 치유 또는 재물의 보상을 기대하는 차원에서 굿을 하는데, 기독교 신앙인에게도 이러한 보상적 기복 행위가 잔재해 있다고 볼 수 있다. 물론 신앙인들만 샤머니즘의 영향을 받았다고 말할 수는 없다. 이런 의미에서 한국인이라면 누구나 그 밑바탕에는 무속적 세계관이 잔존하고 있다고 하겠다.

무교의 사제, 무당

한국인의 영원한 종교인 무교, 그 사제인 무당에게서 한국인은 무엇을 생각할까? '미신, 점, 굿, 사주, 궁합' 같은 단어들을 떠올릴 것이다. 과학이 발달한 산업사회에서 한국인이 이처럼 무교에 관심을 갖는 이유는 무엇일까?

한국에는 무당이 20~30만 명이나 있어 한국의 여러 종교 가운데 성직자가 가장 많다고 할 수 있다. 한국의 건국 신화의 주인공인 단군은 제정일치 사회에서 제사장인 무당이었을 가능성이 많다는 것이 학계의 정설로 받아들여지고 있다. 『삼국지』 위지 동이전을 보면 한국 민족이 여러 가지 제천 행사를 하며 하늘에 제사를 지냈고, 며칠씩 가무歌舞—노래와 춤—로 밤을 지새웠다는 기록이 있다.

이 제천 행사를 주도한 사제는 분명 무당이었을 것으로 추측된다. 신라의 시소 박혁거세와 그 다음 왕인 차차웅도 무당이었음을 짐작힐 수 있고, 고려 시대에도 정치적으로는 불교를 내세웠으나 무당이 민중의 생활 속에 깊이 뿌리내려 샤머니즘이 성행하였음을 자료를 통해 확인할 수 있다.

조선 시대에는 무교를 탄압했으나 왕실에서도 굿을 할 만큼 생활 속에 깊이 뿌리 내리고 있었다. 일제 강점기에는 한국의 민족성을 억압하기 위해 굿판에 대한 탄압이 심했지만 무교의 끈질긴 생명력은 지속되었다. 근대화 이후 과학

문명과 기독교가 들어왔지만 현재까지 무교는 대중의 삶 속에 깊이 살아 움직이며 작명, 입학, 결혼, 취직, 이사 등 한국인의 중요한 일상사에 관여하며 민간신앙으로 성행하고 있다.

단군신화와 그리스·로마 신화

단군의 출생과 즉위에 관한 신화로 한국의 건국 신화이다. 천제 환인의 아들 환웅이 태백산 신단수 아래로 무리 3000명을 이끌고 내려와 새로운 도시를 세우고 나라를 다스릴 때, 사람이 되기를 원하는 곰과 호랑이에게 쑥과 마늘을 주면서 100일 동안 햇빛을 보지 말고 동굴 속에서 생활하라고 하였다. 호랑이는 이 시련을 참지 못하여 나갔으나 곰은 웅녀가 되어 환웅과 결혼하여 단군을 낳았고, 그 단군이 고조선을 세웠다는 내용이다. 우리 민족의 기원과 관련된 신화로서 『삼국유사』, 『제왕운기』, 『세종실록지리지』, 『동국여지승람』 등 여러 책에 실려 전한다.

서양에는 선사시대에 만들어진 그리스·로마 신화가 있다. B.C.3000년 이래 지중해에는 크레타 섬을 중심으로 크레타 문명이 있었고, 이것이 커다란 세력이 되어서 그리스 본토에까지 영향을 끼치게 되었다. 한편 B.C.2000년 무렵부터 아카이아 인이라고 하는 그리스 민족이 북방으로부터 그리스 반도의 각지로 남하하여 문화적으로도 세력을 뻗쳐서 미케네 문화를 구축하였다. 다시 B.C. 12세기에는 도리스 인이라고 하는 그리스 민족이 침입하여, 먼저 그리스에 들어온 민족은 새로 들어온 민족에게 정복당하기도 하고 또 지중해로 도망쳐 소아시아로 이동하기도 하였다. 이와 같은 이주민과 그리스 본토의 주민들이 섞여 고대 그리스 문화와 신앙을 이룸으로써 신화에도 자연히 여러 가지 요소가 혼합되었다. 그래서 신화의 내용도 복잡해져 여러 가지 불일치나 모순을 포함한 점이 그리스·로마 신화의 특징 중 하나라고 할 수 있다. 호메로스의 『일리아드』, 『오디세이아』는 그리스 신화를 체계적으로 얘기하고 있지는 않지만 신과 영웅의 생생한 모습을 그렸다.

신화의 가치는 인간이 생존하는 데 가장 중요한 문제들—전쟁과 평화, 삶과 죽음, 선과 악 등—에 필요한 지식의 끊임없는 원천이 된다는 것에 있다.

단군신화

한국적 샤머니즘의 원형인 단군신화의 구조를 살펴보면 다음과 같다.

· **단군신화의 구조**

양 (+) 하늘	신 (天) (환웅)
음 (−) 땅	신 (地) (웅녀)

⇩

단군의 탄생(인간: 人)

· **해석**: '널리 인간을 이롭게 한다.'는 홍익인간 사상은 『삼국유사』에 기록된 단군신화의 세계 안에 표현되어 있다. 단군신화에서 환인은 천신天神을 의미하며 하늘의 세계를 상징한다. 웅녀는 지신地神이며 땅의 세계를 의미한다. 천신은 아들인 환웅을 인간 세상에 내려보낸다. 곰은 하늘의 씨를 받기 위하여 쑥과 마늘을 먹고 100일 동안 동굴에 칩거하는 고난과 인내를 통하여 인간 웅녀로 변신한다. 환웅과 웅녀가 결합하여 단군을 낳은 과정은 하늘의 씨가 지신의 자연 속에 뿌려져 인간의 생명으로 탄생하는 서사 과정을 보여 준다. 단군신화는 하늘과 자연의 결합을 통해 인간의 생명이 탄생하는 과정 속에서 생명 존귀 사상과 생태 사상을 잘 보여 준다. 하늘신의 아들인 환웅과 땅의 신인 웅녀 사이에서 태어난 후손이 바로 한국인이다. 단군신화는 한국인이 하늘과 땅의 원리를 통해 인간으로 태어났으며 '널리 인간을 이롭게 하는' 홍익인간 정신(humanitarian idea)을 구현하여 하늘의 뜻을 인간 세상에 펼치려는 선택된 민족임을 상징한다.[1]

---

1) 조흥윤 저, 『한국문화론』, 동문선 현대신서 91 (동문선, 2001), pp. 55~60.

2. 한국의 무속과 굿·점·사주

한국인의 영원한 종교인 샤머니즘은 '점, 굿, 사주, 궁합'과 제의를 주관하는 무당을 통해 한국 사람들의 현대 생활 속에서도 살아 움직이고 있다. 종교학자인 엘리아데는 샤머니즘을 엑스터시의 고대 기술이라고 불렀다. 엑스터시란 원초적인 혼돈(archaic chaos)의 상태를 말하며 모든 것이 뒤엉켜서 무질서한 상태를 말한다. 한국 사람들이 노래와 춤을 좋아하고 술에 취해 무아경에 이르기를 좋아하는 것은 이처럼 한국인의 의식 속에 무교의 엑스터시의 경험이 잠재되어 있기 때문이다.

관련 내용 ● 394쪽

마을을 지켜 주는
장승과 돌탑

문화포커스

1. 한국인의 일상생활 속에 녹아 있는 무속 종교는 어디에 뿌리를 두고 있으며, 어떤 특성이 있을까?
2. 종교 사상의 관점에서 한국적 샤머니즘의 특성을 어떻게 설명할 수 있을까?

문화키워드

무속 종교　　　민간신앙　　　만신 사상　　　다신론

한국의 전통 신앙인 무교는 인류의 시작과 더불어 삼신으로부터 시작되었다. 무교의 기본 원리는 우주의 모든 사물에는 생명이 있으며 그 생명이 있음으로써 또 다른 생명이 살아갈 수 있다는 생각에 바탕을 두고 있다. 즉 만물은 함께 화합하여 더불어 잘살아야 한다는 뜻이다. 따라서 이러한 무교 사상을 바탕으로 수천 년간 살아온 한국인은 외부의 종교가 들어와도 배척하지 않았다. 불교와 유교가 그랬듯이 그 어떤 종교라도 이 땅에 들어와서 무교와 어울려 자기들만의 독특한 형태의 종교로 정착되었다.

불교, 유교, 기독교와 같은 외래 종교가 한국에 전파될 때 민중 속에는 여전히 무교가 잔재했으며, 그래서 무교는 이런 외래 종교와 종종 마찰을 빚거나 외래 종교를 변형시키기도 했다. 일부 학자들은 오늘날의 기독교와 불교도 민간신앙인 무교적인 요소를 수용함으로써 성장하고 있다고 지적한다.

한편 한국인의 일상생활에서 드러나는 무교의 특성은 다양하다. 일단 무교는 현세 구복의 성격이 강하기 때문에 개인이나 가정 또는 단체의 욕망을 반영한다. 입시철에 자식을 위해 부적을 장만하거나 새로운 사업체를 열면서 고사를 지내는 풍속, 길일을 정해 결혼 날짜를 정하거나 손 없는 날을 택해 이삿날을 정하는 것 등이 그것이다. 신년이 되면 토정비결을 보면서 새해의 운세를 점쳐 보거나, 점집에 찾아가 운명을 상담하는 일은 흔하다. 결혼이 늦어지거나 건강이 좋지 않을 때도 적극적으로 노력하거나 병원을 찾기보다는 점집을 찾아가 언제 결혼할 수 있는지 무엇 때문에 몸이 좋지 않은지를 상담하기도 한다.

만신 사상에 뿌리를 둔 민간신앙

한국의 샤머니즘은 만물에 신이 깃들어 있다는 만신 사상이다. 그것은 우주 만물 중의 하나인 인간이 스스로 그 기운을 낮추어 우주의 기운을 거스르지 않고 섬기면 소원을 성취할 수 있으며 모든 일이 질서를 찾아 편안해진다는 우주적 신관과 신앙 체계를 갖추고 있는 한국의 토속적인 민간신앙이다. 서양의 학문적 용어로는 범신론과 물활론(animism)이라고 할 수 있다. 그래서 신앙의 대상이 유일신으로 한정되어 있지 않고 하늘의 해 · 달 · 별자리, 땅 위의 산 · 들 · 바다, 동네의 우물 · 바위 · 고목, 주택의 대들보·화장실까지 그 존재를 인정하는 다신성多神性을 특징으로 한다.

자연 발생적인 원시종교의 틀에서 벗어나 한국의 무속 신앙은 신을 받아 모신 무당과 신도를 중심으로 전승되고 있다. 영매 또는 사제자로서의 무당은 특정한 과정을 통해 신의 사제자로 임명되었다. 그들은 신과 인간 사이에서 다양한 종교적 주술과 의식 들을 통해 아래로는 인간의 뜻을, 위로는 신령의 뜻을 전달하며 그 종교성을 유지하고 있다.

이 종교의식에 필요한 구비 경전으로서의 무가와 무의 신화가 있는데, 여기에 한국 무교가 정의하는 우주관과 한국 민중의 원망, 한, 꿈 들이 투영되어 있다. 여기서 무당은 신의 뜻을 전달하는 공수 행위를 하는 자로서 하늘의 뜻과 인간의 이상을 조화롭게 이어 주는 역할을 한다. 말하자면 무당은 하늘의 뜻을 인간에게 전달하고 인간의 소망을 신에게 전달하는 사제자의 역할을 담당하는 것이다.[2]

한국인이라면 누구나 집안의 일상사에서 한 번쯤은 무교에 의지해서 일을 해결하려 한 적이 있을 것이다. 집안에 액운이 있을 때 굿을 한다든지, 입학, 취직, 사업, 결혼 등 불안한 미래에 대비하여 점을 보고 예측하기도 하며, 중요한 혼사를 앞두고 남자와 여자의 생년월일을 맞추어 사주를 보기도 한다. 이처럼 무교는 한국인의 삶 속에 깊숙이 침투하여 앞으로도 그 영향력이 지속될 것이다. 디지털 혁명 시대인 21세기에도 무당의 수가 늘고 무업이 성업 중이라는 것이 이 사실을 증명한다.

무교는 한국 문화의 뿌리를 이루면서 한국 예술에 가장 깊은 영향력을 남긴 종교이기도 하다.[3] 가장 한국적인 성악인 판소리, 한국적인 기악인 산조, 한국춤의 백미인 살풀이춤은 모두 남도굿의 시나위에서 나온 것으로 샤머니즘의 영향을 받았다는 것을 알 수 있다. 이 밖에도 한국의 무속화나 불화는 한국 전통 미술의 토대를 이룬다.

이처럼 무속은 한국인의 생활 깊숙이 침투하여 한국인과 함께 생존한 민간 신앙이다. 현재도 한국인은 어려운 일과 맞닥뜨리면 점·사주와 같은 무속에 의존하여 자신의 문제를 해결하려 한다. 한국의 샤머니즘은 나약하고 소박한 민중이 어떤 초현실적인 힘에 기대어 자신의 뜻을 이루려는 기복 종교의 속성

---

2) 최봉영, 『한국 문화의 성격』 (사계절, 2002), pp. 321~322.

3) 최준식, 『한국인에게 문화는 있는가』 (사계절, 2002), p. 267.

이 강하다. 그래서 지나치게 무속에 의존하면 인간의 의지가 나약해지고 생활이 비현실적이 되기 때문에 적절한 절제가 필요하다. 현대의 한국인들은 샤머니즘의 종교적 신성성과 주술성을 회의적으로 받아들이는 사람도 많지만, 아직도 원시적인 민간신앙으로서 한국인의 생활 속에 살아 숨 쉬고 있다.

한국적 샤머니즘의 특성

무속은 불교, 유교, 기독교 등 외래 종교가 들어오기 훨씬 이전부터 한민족의 원본적인 신앙의 기반을 이루면서 외래 종교를 토속화하는 데 많은 영향을 주었다. 현대에 이르러 샤머니즘의 종교성을 부정하는 사람도 많지만 아직도 대중이 숭앙하는 원초적 신앙으로 자리 잡고 있는 한국인의 대표적인 종교라 할 수 있다.

동북아시아 일대에 퍼져 있는 샤머니즘은 좁은 의미에서는 무속과 관련한 종교 현상을 가리키며 넓은 의미에서는 전래 신앙을 의미한다. 샤머니즘이나 무속에는 융(k. Jung)이 말한 집단 무의식이 반영되어 있어서 선조들의 생활 풍습, 가치관, 신념 체계, 사고 양식이 간직되어 있다. 특히 우리 선조가 자연과 환경에 대하여 어떠한 생각을 가지고 있었는지를 엿볼 수 있는 좋은 단서가 된다. 무속과 샤머니즘은 한국 문화 속에서 자연관·우주관을 살펴볼 수 있다는 데 큰 의미를 지닌다.[4]

한국의 민속신앙은 다신론에 깊이 뿌리를 두고 있으며 모든 자연물에 생명이 있다는 생태 친화적 사상을 바탕으로 하고 있다. 다신론에서는 인간과 자연물의 관계는 절대적이 아니요 상대적이어서, 인간도 결국 자연의 일부에 지나지 않는다는 생각을 내재하고 있다. 이러한 세계관은 자연이 인간을 위하여 존재한다는 서구의 인간 중심주의에서 벗어나 인간과 자연의 삼라만상이 생명으로서 소중한 가치가 있다는 생명 존중 사상을 보여 준다.

인간이 자연을 지배하면서 파괴한 지구 환경을 되살리기 위한 생태 운동이 세계적으로 벌어지고 있다. 이런 측면에서 한국의 샤머니즘이 내포하고 있는 생명 사상은 환경 생태론자들에게 주목을 받는 인문주의 사상이 될 수 있다. 만물에 깃들어 있는 신성神聖(divine nature)을 중시하는 한국의 샤머니즘은 생태 운동의 대안이 될 수 있다는 점에서 세계적인 사상으로 주목할 필요가 있다.

---

4) 김욱동, 『한국의 녹색 문화』(문예출판사, 2000), pp. 25~27.

포용을 특징으로 하는 한국의 무속

어느 나라나 상고시대에는 무교적인 전통이 있다. 다른 나라의 무교에 비해 한국의 무교는 관용의 정신을 가지고 있음을 알 수 있다. 새로운 외래 종교가 들어오면 반복하는 것처럼 보이지만 결국은 외래 종교 속으로 들어가서 영향을 미치게 된다. 이는 부리야트 무교가 구 소련 시절에 가혹한 탄압을 받았던 것과 비교된다.

이 세상의 모든 종교는 나름대로 인간주의, 평화 정신, 평등 정신, 관용 정신 등을 가르친다. 그러면서도 그들은 진리와 비진리를 엄격하게 구별한다. 그래서 어느 학자는 종교가 다른 종교에 대하여 가질 수 있는 관용에는 한계가 있을 수밖에 없다고 말하기도 한다. 그러나 한국 무교는 다른 종교를 모두 수용해 왔다.

새로운 것을 배척하기보다는 포용하는 한국의 무속에는 민중 종교로서의 강한 역동성이 자리 잡고 있다. 고등 종교가 병존하는 이러한 한국인의 무속은 개인이나 가족의 현세적 복을 강하게 추구하는 한국인의 특성을 반영한다고 하겠다.

3. 한국의 유교와 불교

유교는 중국 상고시대의 신앙과 합리주의적이고 인문주의적인 예를 중요하게 여기는 문화를 바탕으로 공자의 사상에 근거하여 성립되었다. 유교는 삼국시대를 전후하여 한자와 함께 전래되어 한국의 사회 문화와 가치관의 형성에 깊은 영향을 주었다. 유교는 한국인의 생활 속에서 정부 조직, 행정 관서, 법률 제도, 학술 사상, 교육 제도, 가치관, 자연관, 생활 체제 등의 역사 현실을 형성하는 데 불가분의 요인으로 작용하였다. 한국의 불교는 삼국시대에 전래되었으며 고대 신앙이나 고유 습속 등 전래의 문화와 잘 융화되어 훌륭한 민족문화를 형성하였다. 불교는 조선조 때 극심한 탄압으로 사회의 중심 세력권에서 물러났으나 근래에 와서 그 영향력을 서서히 회복하고 있다

관련 내용 ▶ 398쪽

한 사찰의 대웅전에 모셔진 불상들

문화 포커스

1. 유교 사상에 기반을 둔 한국 문화의 특징은 무엇일까?
2. 유교는 한국인의 가치 체계와 사회에 어떤 영향을 미쳤을까?
3. 한국 전통 불교의 특징은 무엇일까?

문화 키워드

효 사상   장유유서   한국적 가족주의   호국 불교   기복 종교

문화 현상

유교는 중국 상고시대의 신앙을 중심으로 한 종교 문화와 그 이후의 합리주의적이고 인문주의적인 예禮를 중요하게 여기는 문화를 바탕으로 한 공자의 학문과 사상에 근거하여 성립되었다. 유교 문화는 공자와 그 제자들의 가르침인 경전과 후세 학자들이 이 경전을 체계적이고 학문적으로 연구한 성과에 근거를 두고 있는데, 여기에는 공자 사상의 내면적·관념적인 측면과 외면적·경험적인 측면이 통합적으로 나타나 있다.

유교는 삼국시대를 전후하여 한자와 함께 한국에 전래되면서 한국의 사회 문화와 가치관의 형성에 깊은 영향을 주었다. 즉 유교는 시대가 지남에 따라 한국인의 생활 속에 자리 잡고 그 영향이 깊어 가면서 정부 조직, 행정 관서, 법률 제도, 학술 사상, 교육 제도, 가치관, 자연관, 생활 체제 등의 역사 현실을 형성하는 데 불가분의 요인으로 작용하였다. 6·25전쟁의 참화 속에서 '한강의 기적'을 이루어 낸 대한민국과, 패전국의 시련을 딛고 세계적 경제 대국으로 성장한 일본, 그리고 대만과 싱가포르 등 아시아 국가들의 기적적인 발전의 원동력은 유교 문화에서 유래한다고 보는 학자들의 견해가 있다.

유교주의는 절약과 근면 그리고 성취를 위한 지속적인 노력, 이 세 가지를 중요하게 여기는데 이러한 것들이 동아시아에서 기적을 이루어 냈다고 보는 것이다.

한국의 유교 문화 속에서 자녀를 교육시키기 위해 근면 절약하며 희생하는 부모와, 그 기대에 부응하기 위해 학문적 성취를 이루려고 노력하는 자녀가 생겨났다. 이런 과정에서 탄생한 인재들이 한국의 경제성장과 민주화를 이룩하는 원동력이 됐다고 볼 수 있다.

한국의 유교

문화 분석

현대사회는 종교가 세속화되면서 종교의 힘이 많이 퇴색했지만, 전통적으로 인류 사회에 가장 큰 영향력을 미친 것은 종교라고 할 수 있다. 한국 사회에도 한국인의 가치관과 세계관에는 전통적인 종교의 영향이 많이 남아 있다. 한국의 전통 종교 중 가장 영향력이 큰 것은 유교와 무교이며, 불교 신도가 전체 인구의 30퍼센트를 넘어선다는 점에서 불교의 영향력도 무시할 수 없다.

한국 문화의 특징은 한마디로 '가부장적 집단주의'와 '서열을 중시하는 권위주의'로 요약할 수 있다. 이 두 가지 특징은 바로 전통적인 유교 사상에 기반을 두고 있다고 하겠다. 한국 문화의 기초를 형성해 온 유교의 영향권에서 벗어나게 된 것은 해방과 함께 미국 문화가 들어오면서부터라고 할 수 있다.

유학 연구의 대가인 드 베리(De Bery)나 줄리아 칭(Ching)에 따르면 조선 유교의 특징은 학문의 깊이보다는 실천의 강도에 있다. 그만큼 한국은 유교 국가 중 실생활에서 실천력이 뛰어나다고 할 수 있다. 이런 실천력은 그만큼 유교가 한국 사회에 끼친 영향력이 크다는 점을 의미한다.

한국 유교에서는 효 사상이 가장 중요하며 아버지와 아들로 이어지는 혈통의 결속력으로 한국적 가족주의의 집단의식을 형성하게 되었다. 효 사상은 임금과 신하의 관계로 확장되어 충의 개념으로 발전하였으며, 조선왕조는 효를 바탕으로 한 가부장적 왕권을 구축하기도 하였다. 유교 윤리에서 효 사상을 이어받은 것은 '장유유서'를 강조하는 제弟의 개념이다. 제는 아들 간의 질서를 확립하는 것으로서 형과 아우의 관계에서 서열을 중요하게 여기는 권위주의 의식을 형성하였다.[5] 현재 한국 사회는 유교 이념을 바탕으로 한 가족의 통합 원리가 점차 약화되고 점차 서구의 개인주의로 변화하는 과정에 있다.

또한 유교의 경전인 『논어』는 배움을 강조하였고 배움을 통하여 인간이 군자로서 완성되는 자기 수련을 최고의 가치로 삼았다. 열정적인 배움의 강조는 한국에서는 과도한 교육열로 나타나 사회적으로 부정적인 현상을 낳기도 하였다. 그러나 자원이 부족한 한국은 열정적인 교육열 때문에 고급 인재를 양성할 수 있었고 인적 자원을 확보함으로써 전후의 빈곤에서 탈출하여 세계인의 부러움을 사는 현대화를 이루어 냈다.

유교는 보편적 종교로서의 평등이나 사랑을 가르치기보다는 이처럼 상과 하, 남과 여, 노와 소를 구분하며 차별화를 강조했다. 이런 유교를 바탕으로 한 윗사람 중심의 권위주의는 사회 구조를 경직되게 만들었고, 남성 중심의 유교적 가부장제는 여성의 인권을 유린하거나 여성을 비하하기도 하였다. 또한 가족을 지나치게 중요하게 여기는 가족주의는 사회나 국가에 대한 관심을 떨어뜨리고 파벌 의식을 조성하는 기현상을 낳기도 하였다.

그러나 유교는 한국의 경제개발을 이끌어 낼 만큼 한국 사회에 역동적인 힘을 불러일으킨 것도 사실이다. 신유교자본주의로 통칭되는 아시아적 가치를

---

5) 최준식, 앞의 책, p. 34.

중요하게 여기는 학자들은 서열 인정하기, 배움의 중시, 개인보다는 집단에 가치를 두는 아시아의 유교적 전통이 현재의 눈부신 경제 발전을 이끌어 냈다는 점을 높이 평가하고 있다. 앞으로의 한국 사회는 동양의 유교적 전통의 가치를 계승하면서 그 부정적인 측면들을 보완하여 21세기를 이끌어 갈 수 있는 효율적인 가족 제도와 국가 사회를 만들어 가는 것이 과제로 남아 있다고 하겠다.

한국의 불교

한국에서 불교를 받아들인 때는 삼국시대이다. 불교는 고대 신앙이나 고유 습속 등 전래의 문화와 잘 융화되어 훌륭한 민족문화를 형성하였다. 불교는 조선조 때 극심한 탄압으로 사회의 중심 세력권에서 밀려났고 그 후 영향력이 크게 쇠퇴하다가 근래 들어 그 영향력을 서서히 회복하고 있는 중이다.

한국 전통 불교의 큰 특징으로 호국 불교를 들 수 있다. 호국 불교란 부처님의 힘으로 나라를 지키는 불교 신앙의 한 형태이다. 한국의 호국 불교적인 성격은 불교가 도입된 삼국시대까지 거슬러 올라간다. 고구려 때 당나라 태종이 침입하자 고구려의 승려 3만 명이 출전하였고, 고려 시대에도 재난을 극복하고 국가의 이익을 증진하기 위해 많은 도량을 열었다. 또한 몽고의 침입을 격퇴하기 위해 팔만대장경을 만들었고 승려로 편성된 항마군이라는 특수한 군대가 나라를 지키기 위해 싸우기도 하였다.

동아시아 불교의 원류인 중국은 공산주의 혁명을 겪으면서 기존의 종교가 가지고 있던 전통을 많이 상실하였다. 이에 비해 한국 불교는 동북아에서 매우 고유한 문화를 창출해 냈다. 여기에는 절, 탑, 탱화와 같은 외형적인 요소도 있지만 선을 수행의 근본으로 삼는 한국 불교의 교육 체계가 특징이다. 한국 불교의 선 수행 방식과 설법의 모형은 동북아시아의 전통을 그대로 이어 오는 정통을 지켜 나가고 있다.

한국 불교의 가장 독특한 측면은 승려들의 치열한 구도열과 수행력을 들 수 있다. 지금도 한국에는 깨달음을 얻기 위해 속세의 모든 것을 버리고 출가하는 젊은이들이 있고 이들은 참선과 수행 정진을 위하여 쉬지 않고 힘쓰고 있다. 특히 이들의 수행 방식 중 발우 공양은 검소하게 식사하는 법을 통해 도를 깨닫게 하며, 성철 스님은 '오래 앉고 눕지 않는' 고행을 통해 성불하였다고 전해진다. 한국 불교는 전통적인 수행법이 대외적으로 관심을 많이 끌면서 숭산 스님과 같은 세계적인 승려를 배출하였다.

불교의 깊은 철학적 이성과 자비심에 대한 강조는 어느 지역이나 시대를 불문하고 종교로서의 보편적 가치를 지니고 있다고 할 수 있다. 불교 사상은 현대 물리학이나 양자역학과 같은 최첨단의 과학과 접목될 수 있는 가능성을 담고 있어서 불교의 현대화에 대한 노력이 필요하다고 할 수 있다.

현재 한국 불교는 기복 종교로서 많이 세속화되어 사회를 정화하는 종교로서의 기능이 미약해졌다. 한국 불교는 동아시아 전통을 유지하는 정통 불교로서 그 역사성을 계승하면서 현대사회에서 참된 진리를 실천하는 종교로서의 기능을 다할 수 있도록 교단과 승려, 신도들을 통한 새로운 변화가 요구되는 시점에 와 있다.

서구 문화 속에 녹여 낸 유교 문화

「뉴욕타임스」는 지난 5년 사이 중국 젊은이 사이에 한국 스타일 추종 현상이 생긴 것을 논하면서 문화 수출국으로 위상이 바뀐 한국의 소프트 파워는 중국인의 물질적인 면과 정신세계에도 영향을 미치고 있다고 지적했다.

한국의 소프트 파워가 세력을 확대한 이유는 미국식 생활 방식을 받아들이면서도 유교적 전통을 지켜 가고 있는 한국 문화의 특성 때문이며, 이러한 방식이 서구 문화에 접근하는 대안이 된다는 설명이다.

성과 폭력이 주를 이루는 일본의 애니메이션 문화나, 지나치게 전통성만을 고집하며 개방에 대해 보수적인 중국에 비해, 한국 문화는 서구 문화 내에 동양의 유교 문화를 녹여 내는 독특한 힘을 가졌다고 볼 수 있다.

4. 한국의 기독교

기독교는 한국의 근대화와 독재 정권에 항거하는 민주화 운동에 기여하였다. 언더우드와 같은 선교사들은 기독교를 전파하였을 뿐만 아니라 근대적인 교육 기관인 사립대학을 세워 근대 교육의 발전에 크게 공헌하였다. 유일신을 강조하는 한국의 기독교는 제사 문화와 충돌을 일으키는 등 전통문화와 융합되지 않은 측면이 있어서 토착화라는 중요한 과제를 안고 있다. 한국의 기독교인들은 기독교의 사랑의 실천을 통해 전통 종교에 부족했던 사회와의 소통을 지향하면서 세계적인 기독교로 거듭나도록 노력하고 있다.

관련 내용 ● 402쪽

세계에서 제일
큰 교회가 있는 나라,
한국

문화포커스

1. 한국 기독교의 특성은 무엇일까?

2. 한국에 기독교가 정착할 수 있었던 사회 문화적 배경은 무엇일까?

3. 한국 기독교가 융성하게 된 사회학적 요인은 무엇일까?

문화키워드

종교의 공동화   유교적 가부장성   엑스터시   현세 구복 한국 기독교는 세계에서 제일 큰 교회가 있는 나라, 도시 면적 비율로 교회가 가장 많은 나라, 한 건물 안에 교회 수가 제일 많은 나라로 알려져 있다. 현재는 인구의 25퍼센트가 기독교 신자로서 전 세계적으로 유래가 없는 전파 속도를 보이고 있다. 커다란 십자가를 들고 거리를 누비며 예수 그리스도를 믿으라고 전도하는 사람, 단체로 서서 찬송가를 부르는 사람들, 심지어는 지하철 안에서도 죄를 뉘우치고 예수 그리스도의 품으로 돌아가라고 목청 높여 권하는 사람들이 많다.

기독교는 불교, 이슬람교와 함께 세계 3대 종교 중 하나로 예수 그리스도가 하느님의 아들이며 인류의 구원자로 믿는 것을 신앙의 근본 교의로 삼는다. 기독교는 역사적으로 변천을 겪는 동안 크게 보아 로마가톨릭교, 동방정교, 프로테스탄트교 등 세 갈래로 갈라졌는데, 한국에도 이러한 세 가지 기독교의 유형이 모두 존재한다. 이들은 교파의 분열로 목회자별로 운영하고, 이들이 모인 연합회의 공동체를 형성하며 끊임없이 교세를 확장해 나가고 있다.

한국 사회와 기독교의 정착

한국에는 오랜 세월 뿌리내려 온 무교와 불교가 존재해 한국인의 일상에 깊이 관여해 왔다. 한편 기독교는 서구 문물의 유입과 함께 들어온 종교임에도 오늘날에는 크게 융성하고 있다. 과연 그 힘이 어디에 있을까? 최준식 교수의 견해를 참조하여 정리하면 다음과 같이 요약할 수 있다.

첫째, 전통 종교의 공동화空洞化 현상에 있다. 전통 종교인 유교와 불교의 종교적 기능이 많이 상실되자, 이 자리를 대체한 것이 기독교이다. 유교는 남녀 차별이나 권위적인 교리 등 전근대적인 특징 때문에 근대화 시대에 뒤떨어진 종교로 전락하였다. 불교는 사회의 활력을 살리는 종교로서 그 기능이 상실되고 기복 종교로 밀려나게 되었다. 이렇게 전통적인 종교가 쇠퇴하자 한국인은 새로운 가치관이나 세계관을 제시할 종교의 대안을 찾게 되었다. 이때 서구화와 함께 소개된 미국 문화의 충격과 동경으로 인해 의식주와 같은 생활 문화뿐만 아니라 종교도 근대식으로 개종하는 사례가 많았다.

둘째, 한국인은 대단히 보수적인 것같이 보이지만 아주 개방적이며 놀라운 흡인력을 가졌다는 점이다. 한국이 단시일 내에 근대화를 이루고 산업화를 이루어 낸 원인 중 하나는 서구의 과학 기술 문명을 적극적으로 받아들였기 때문인데 이것은 한국인의 개방적인 태도에 의해 가능했다. 해방이 되자 종교에서도 한국인은 놀라운 흡인력을 보이며 새로운 종교인 기독교를 받아들였다.

셋째, 기독교의 교리인 하느님과 구세주 예수의 관계는 아버지와 아들의 관계를 중요하게 여기는 한국의 유교적 가부장제의 윤리와 잘 부합하였다. 또한 성리학의 이理의 절대성과 하느님의 초월성이 유사하여 한국인이 기독교의 교리에 더욱 친숙해질 수 있는 전통이 이미 한국 문화 속에 있었다고 볼 수 있다.

한편 민중 속에서는 샤머니즘의 굿에서 보는 망아경과 유사한 상태를 기독교의 의식에서 찾아볼 수 있다. 한국인에게는 신명을 바쳐 자신의 내부에 있는 열정을 해소할 공간이 필요한데 개신교의 부흥회가 굿판처럼 신명의 마당을 열어 주었다. 신도들은 부흥회나 예배에서 함께 찬송을 부르고 손뼉을 치며 통성으로 기도하는 가운데 망아경에 빠져든다. 이러한 엑스터시 상태에서 신과 하나가 된 체험으로 방언까지 하게 되면 그 신명은 절정에 이른다.

한국의 기독교는 한국의 민주화 운동에 기여하였다. 박정희 독재 정권 시절에 천주교의 신부와 개신교 목사 들이 반독재 투쟁에 많이 참여했다. 한때 명동성당은 민주화 투쟁의 성소가 되기도 하였다. 또한 언더우드와 같은 훌륭한 선교사들은 한국에 근대적인 교육 기관인 사립대학을 세워 한국 교육의 발전에 크게 공헌하였다. 그러나 아직도 한국의 기독교는 전통적인 제사 문화와 충돌을 일으키는 등 우리 문화와 융합하지 못한 측면이 있어서 토착화라는 중요한 과제를 안고 있다. 한국인은 기독교의 드높은 종교 정신을 받아들이고 전통 종교의 부족한 부분들을 보완하면서 한국적이며 세계적인 기독교로 거듭날 수 있도록 노력해야 할 것이다.[6]

한국에서 기독교가 융성한 사회학적 요인

한국에서 기독교가 교세를 확장할 수 있었던 사회학적 요인은 다음과 같다.

첫째, 유교적 가부장제하에서 차별 대우를 받던 여성이 기독교의 교리 안에서 남녀가 동등하게 종교 의례를 행할 뿐만 아니라 여성도 동등하게 교회 일에 참여할 수 있는 기회를 갖게 되었다. 여성은 교회의 조직 안에서 집사, 권사, 구역장으로서 직책을 맡아 어엿한 교회 조직의 일원이 되었으며, 그 사회 속에

---

6) 최준식, 「한국 사회의 종교－현 상황과 그들이 해야 할 일을 중심으로」, 『한국 문화와 한국인』 (사계절, 1999), pp. 150~155.

서 인정을 받고 자아를 실현하는 남녀평등의 기회를 가질 수 있었다. 일제시대의 신여성 가운데 기독교 교인이 많았던 까닭도 이러한 자아 실현의 가능성을 심어 준 종교의 힘이라고 할 수 있다.

둘째, 기독교는 '사랑과 정의'의 종교라고 정의할 수 있다. 기독교가 다른 종교와 다른 가장 중요한 특징은 정의의 요소로서 사회에 대한 관심을 바탕으로 한 비판 정신을 갖는 것이다. 이 과정에서 또한 소외된 이웃에 대한 강렬한 사랑과 관심을 갖게 된다. 지난 역사 동안 기독교는 사회 비판 의식과 이웃 사랑 정신을 통하여 전 세계의 수많은 종교인의 마음에 감동을 선사했다.

이러한 경향은 기독교의 봉사 정신에서도 발견된다. 이런 이타적인 행위를 할 수 있는 요인은 예수께서 평생 실천하신 구세주로서의 사랑의 행위를 본받기 위함이다. 유교의 가족 중심주의에 갇혀 있던 한국인의 의식은 기독교의 봉사 정신을 통해 이웃 사랑에 눈을 뜨기 시작하였다. 정情이 많은 한국인은 기독교의 봉사와 사랑의 정신을 통해 세계 속에 보편적인 인류애를 실천하기도 하였다. 즉 어려운 이웃을 돕고 세계 각지의 재난 상황에 동참하여 구조 활동을 벌이면서 어둠을 밝히는 빛의 역할을 톡톡히 해내고 있다.

한국의 기독교와 미국의 기독교

한국인의 교회는 무교와 유교 문화에 그 기원을 둔 만큼, '종교적' 개념은 현세의 관심의 연장이거나 현세의 기복적 형태가 많았다. 그래서 초월 세계에 대한 기대, 종말론적인 삶 등에 종교적인 신비를 갖기보다는 실용주의적 가치를 추구하는 경향을 보인다.

미국의 개신교는 흔히 근본주의로 알려져 있는데, 근본주의는 기독교의 역사적·전통적·정통적 신앙을 그대로 믿고 지키는 것 즉 전통 신앙과 동일한 것이다. 즉 새로운 어떤 것이 아니고 옛날부터 있었던 무엇을 찾는 것이다. 기독교의 근본적 교리들을 성경에 계시된 대로 그대로 믿고 따르고자 하는 역사적 기독교 신앙의 견해를 갖고 있다. 따라서 이들은 동성애자나 낙태 등의 사회 문제에 대해 포용하지 않고 이를 죄악시하는 시각을 가지고 있다.

한국의 기독교는 기존 종교인 무교나 불교에 비해 지식인이 선택하는 종교로 인식하고 받아들였으며, 우리의 전통적 사상과 유사한 점들이 교회를 수용할 수 있게 하였다.

참 고 문 헌

김욱동. 『한국의 녹색 문화』. 문예출판사, 2000.

김해옥. 『한국 현대 서정소설론』. 새미, 1999.

국제한국학회 지음. 『한국문화와 한국인』. 사계절, 2003.

머레이 북친 지음, 문순홍 옮김. 『사회생태론의 철학』. 솔, 1997.

박영순. 『한국문화론』. 한국문화사, 2002.

박이문. 『문명의 미래와 생태학적 세계관』. 당대, 1997.

조흥윤. 『한국문화론』, 동문선 현대신서 91. 동문선, 2001.

최봉영. 『한국 문화의 성격』. 사계절, 2002 · 1997.

최준식. 『한국의 종교, 문화로 읽는다 1 · 2』. 사계절, 2006.

──. 『한국인에게 문화가 없다고?』. 사계절, 2000.

──. 『한국인에게 문화는 있는가』. 사계절, 2002.

과 제 활 동

Step 1 ▶ 본문 읽고 토론하기

※ 다음은 한국인의 일상생활과 사회에 반영된 종교와 엑스터시를 설명하는 본문 내용
중 일부입니다. 잘 읽고 각자의 생각을 자유롭게 말해 봅시다.

> 최근 젊은이가 즐겨 찾는 번화가에 사주카페가 눈에 띄게 늘어나고 있다. 차
> 를 마시면서 한 해의 운을 점쳐 주는 토정비결이나 평생의 운을 짐작해 보는 사
> 주를 보는 곳이다.

> 거리를 걷다 보면 커다란 십자가를 들고 예수 그리스도를 믿으라고 권하는
> 사람, 단체로 찬송가를 부르며 서 있는 사람들을 흔히 볼 수 있다. 심지어는 지
> 하철 안에서 죄를 뉘우치고 예수 그리스도의 품으로 돌아가라고 목청 높여 권
> 하기도 한다.

Step 2 ➡ 심화 확장하기

> 젊은이들이 넘쳐나는 시내 번화가에 포장마차형 점집과 사주카페가 성업 중이다. 카페 안에서 차를 마시며 자신의 순서를 기다리는 젊은이들의 모습과 길거리에 노출된 채 미래를 점쳐 보는 젊은이들의 모습을 보는 것은 더 이상 낯선 풍경이 아니다. 뿐만 아니라 사이버 공간이나 휴대전화를 통해 운세를 상담하는 젊은이들도 많다. 할머니와 어머니 세대의 비밀스러운 문화였던 점이 과학적·합리적인 것을 추구하고 최첨단의 문화를 향유하는 젊은이들에게 새로운 문화로 개방되어 탈바꿈하고 있는 것이다.

1. 점을 본 적이 있습니까? (있다면) 어떤 종류의 점이었습니까? 결과를 어느 정도 믿습니까? (없다면) 점을 보지 않는 특별한 이유가 있습니까? 함께 이야기해 봅시다.

2. 여러분의 나라에도 점집이 성행합니까? 여러분 나라 사람들은 어떤 경우에 점집을 찾습니까? 함께 이야기해 봅시다.

Step 3 ➡ 문화에 드러난 어휘

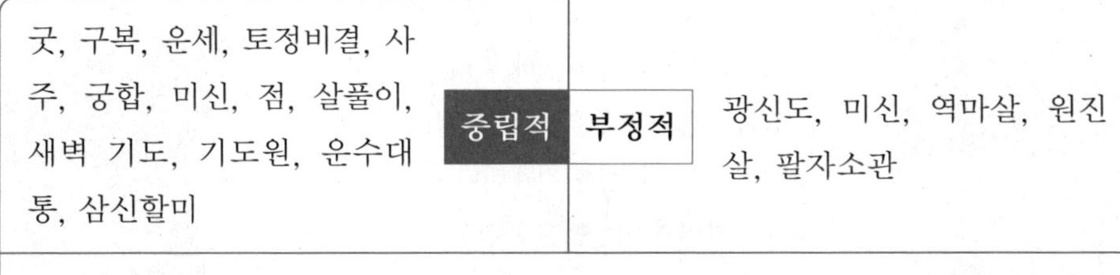

중립적	부정적
굿, 구복, 운세, 토정비결, 사주, 궁합, 미신, 점, 살풀이, 새벽 기도, 기도원, 운수대통, 삼신할미	광신도, 미신, 역마살, 원진살, 팔자소관

○ 팔자가 세다, 하늘이 노하다, 천벌을 받다, 제물로 바치다, 살이 끼다,
★ 중이 제 머리 못 깎는다, 중 염불하듯, 공든 탑이 무너지랴, 십 년 공부 도로아미타불.

Step 4 ➡ 문학작품을 읽고 토론하기

1. 김동리의 「무녀도」에서 아들과 어머니 사이에 벌어진 종교적 갈등이 어떻게 전개되는지 살펴보고 현대의 한국 사회에서 다양한 종교가 어떻게 공존할 수 있는지 토론해 봅시다.

2. 윤동주의 「서시」, 「십자가」와 서정주의 「국화옆에서」를 읽고 기독교와 불교의 종교 사상이 한국인의 근대적인 생활양식에 어떠한 영향을 미치고 있는지 토론해 봅시다.

한국인은
직관이 발달한 우뇌형 인간형
으로 직감이나 감정에 따라 사고하는
경향이 많다고 한다. 감성이 뛰어난 한국
인의 사고 유형은 전통 건축이나 자기, 정원 문화
에서도 자연과 어우러진 자유분방한 미의식을
통해 잘 드러난다. 이러한 한국인의 의식
구조는 형용사와 부사가 발달한 한국
어의 특성과 소박한 멋으로
나타나고 있다.

제8장 자유분방한 한국의 멋과 미

Freewheeling Beauty and Composure of Korea

1. 감성적인 한국인

한국인의 의식구조는 직관이 발달한 우뇌형의 특징으로 설명하려는 가설이 있다. 조흥윤 박사에 따르면 이성적 · 논리적으로 사고하기보다는 직감이나 감정에 따라 사고하는 것이 우뇌형 인간의 특징으로 한국인은 이에 더 가깝다고 보았다. 이것은 한국인들이 좌뇌보다는 우뇌가 상대적으로 더 발달한 것으로 볼 수 있다.

관련 내용 ◉ 406쪽

우뇌가 발달해
음악에 두각을
나타내는 한국인

문화 포커스

1. 의식구조에서 한국인의 특징은 무엇일까?
2. 우뇌 우세형인 한국인의 장점과 단점은 무엇일까?
3. 한국인의 직관적 사고 체계는 한국어에 어떻게 반영되어 나타날까?

문화 키워드

우뇌 우세형   감각적 언어   직관적 사고

한국인 중에는 인류학적으로 북방계가 많다는 사실은 우측 뇌의 속성인 감성뇌가 우세한 형이 많다는 뜻도 된다. 학자들은 한국인이 일상생활에서 우뇌를 자주 쓰며 이는 북방형계의 조상이 많다는 것을 의미한다고 설명한다. 우뇌는 공간 지각력이 우수하고 언어에서 형용사를 발달시켰다. 그러나 한국인이 개념을 추상화하는 좌뇌적 사고 능력에서는 다소 떨어진다고 알려져 있다. 이것은 한국인의 경우 두뇌 회전이 빠르고 직관력이 높은 사람이 많이 배출되는 데 비해 개념 추상력이 필요한 사람이 비교적 많지 않다는 것으로도 알 수 있다.

1981년 노벨 생리·의학상 수상자인 로저 스페리(R. Sperry)는 '좌·우뇌의 기능 분화설'을 발표했다. 좌뇌는 언어 뇌로서 순차·논리·수리를 담당하는 이성 뇌이고, 우뇌는 감각 뇌로서 시각·청각의 직관적 정보 처리를 맡는 감성 뇌라는 설명이다. 물론 좌·우뇌가 완전히 독립적으로 작용하는 것은 아니며 상호 정보 교환을 하며 교환의 정도 또한 사람마다 다르다. 흔히 한국인을 비난할 때 대체로 이성적·합리적 사고가 모자란다고 하는데 이는 북방계의 우뇌적 속성이 있다는 설명이다. 반면에 조상의 업적이 뛰어난 것도 바로 우뇌의 직관력·창의력이 우수했기 때문으로 인식한다.

한국인이 다른 나라 민족에 비해 음악 방면에 두각을 나타내는 까닭은 우뇌 성향의 사람이 많기 때문이다. 음의 고저 강약을 처리하는 '멜로디 센터'는 우뇌의 측두엽에 있는데 한국인에게 우뇌가 큰 사람이 많다는 것은 음악에 선천적인 자질이 있는 사람이 많다는 것을 의미한다. 한국인은 특이하다. 정이 많지만 다혈질이고 유행에 민감한 데다 모이기를 좋아한다. 감정을 맘껏 발산하는 세계적인 연주가는 많지만 냉철한 판단이 요구되는 세계적인 작곡가는 거의 없으며, 전체적인 감각에 의존해야 하는 양궁이나 골프에서 한국인이 특히 강세를 보이는 것도 이런 특성 때문이다.

우뇌가 발달한 한국인의 특징

한국인의 의식구조는 이성적·논리적으로 사고하기보다는 직감이나 감정에 따라 사고하는 것이 특징이라는 가설이 있다. 이런 관점은 한국어와 한국인의 의식구조의 특성을 이해하는 데 객관적 근거를 제시하는 것이다.[1]

인간의 두뇌는 오른쪽(우뇌)과 왼쪽(좌뇌)의 뇌로 나누어져 있다. 좌뇌는 이성·언어 등과 같이 추리나 논리적 사고를 관장한다. 우뇌는 직관이나 사물을 전체적으로 파악하는 공간 지각력 또는 감각 등을 관장한다. 예를 들면 우리가 노래를 배울 때 가사는 좌뇌에, 멜로디는 우뇌에 저장된다. 어떤 사고로 인해 좌뇌가 손상되면 노래의 가사를 기억하지 못하지만 우뇌에 저장된 멜로디는 기억한다.

한국인은 좌뇌보다는 우뇌가 상대적으로 더 발달한 것으로 볼 수 있다. 한국인은 노래방에서 노래를 부를 때 대부분 잘 기억하지 못하는 가사는 스크린을 보면서 따라 부른다. 감정적인 사고는 인간적인 감성을 풍요롭게 하지만 때로는 감정의 흥분 때문에 판단력을 흐리게 하는 단점도 있다.

좌뇌는 부분을 파악하고 그것을 분석해서 부분들 사이의 인과관계를 파악하고, 우뇌는 사물 전체를 직관으로 파악하고 총체성을 감지하는 능력을 지니고 있다. 한국인은 대부분 논리적으로 사고하거나 인과적인 추상적 분석을 기피하는 경향이 있다. "그렇게 따지기냐? 대충대충 하자."는 것이 한국인의 사고이다. 그래서인지 한국어는 깊게 사고할 수 있는 추상어나 개념어가 발달하지 않았다. 추상적인 개념이 담겨 있는 명사는 고유의 한국어이기보다는 한자어가 대부분이다. '개념, 사고, 발달, 추상, 고유'와 같은 개념어들은 대개 한자어이다.

한편 한국어에는 형용사와 부사 같은 감각적인 언어가 매우 발달되어 있다. 감각적으로 묘사할 수 있는 형용사나 관형어가 매우 세분화되어 있고 어휘수도 많다. '푸르다'는 형용사는 '푸르스름하다. 짙푸르다. 푸르딩딩하다' 등등 많은 어휘로 대상의 명도나 색깔을 세분화하여 표현하기 때문에 다른 언어로 번역하기 어렵다.

한국인은 순간적으로 직관을 사용하여 전체를 파악하는 감感을 잡는 능력이 뛰어나다고 한다. 한국어에는 '감 잡았다', '감 잡아서……'라는 표현이 있는데 이것은 우뇌를 사용하여 직관으로 순간에 사태를 종합적으로 판단하는 능력이다. 좌뇌를 사용하여 분석적 사고와 논리적 사고를 순차적으로 하는 것과는 대조적이다. 감을 잡는 능력은 공간 지각력과 관계가 있는데, 상황을 그림과 같은 공간으로 전체를 파악해서 인지하고 판단하는 능력이다.[2]

---

1) 조흥윤 저, 『한국문화론』, 동문선 현대신서 91 (동문선, 2001), p. 17.
2) 최준식, 『한국인에게 문화는 있는가』 (사계절, 2002), pp. 228~289.

    올림픽 종목 가운데 양궁은 한국인이 세계 최강임을 자랑하는 종목이다. 활 쏘기는 부분과 전체를 인과관계의 논리로 파악하는 것이 아니라 전체 그림을 순간적인 직관으로 파악하는 우뇌의 기능과 관련이 있다. 한국인은 선천적으로 우뇌의 활동이 활발하여 양궁에서도 정확하게 과녁을 향하여 화살을 쏘아 댄다. 주몽의 후손인 한국인은 전통적으로 활쏘기에 능숙한데 이것은 우뇌가 발달한 한국인의 감성적 직관 능력 때문에 가능한 것이다.

    이처럼 직관적인 사고에 능숙한 한국인들이 분석적으로 사고하는 능력은 어떨까? 한국인은 질서나 일정한 틀을 벗어나기 좋아하다 보니 합리적인 측면에서 보충할 점이 나타나고 있다. 한국인은 안전 수칙을 지키지 않고 감感으로 대충대충 하다 보니 각종 안전사고 및 교통사고율이 높은 편이다. 한국인 특유의 낙관적 인생관에 기초를 둔 '설마 괜찮겠지' 하는 대충대충주의 한국인을 부끄럽게 만든 대형 사고를 일으키기도 하였다.

〔그림 8-1〕 좌뇌와 우뇌의 사고 영역

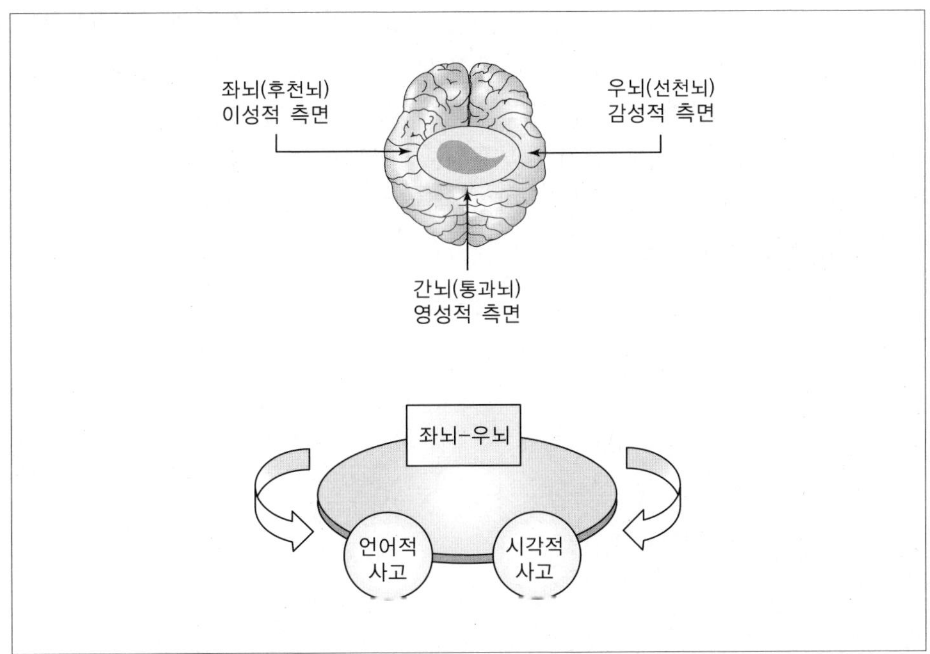

북방계 민족과 남방계 민족

최근 학자들은 유전자 분석을 동원하여 한민족을 북방계와 남방계로 분류한다. 단국대학교의 김욱 교수는 Y염색체를 이용한 연구 결과에 근거를 두고 한민족을 크게 두 갈래로 나누어 70~80퍼센트는 북방계이고 20~30퍼센트는 남방계이며 나머지는 유럽인과 다른 그룹이 섞여 있다고 발표하여 우리를 놀라게 했다. 자료에 따라 북방계가 60~70퍼센트, 남방계가 30~40퍼센트라는 설명도 있음을 덧붙인다.

남방계는 좌뇌형, 북방계는 우뇌형이 많다는 뜻인데, 한국인의 경우 3 : 7 정도로 우뇌 반구 우세형이다. 이와 반대로 일본인은 7 : 3 정도로 좌뇌형이 많은데, 이 수치는 교육 정도와는 거의 무관하다. 한국인은 우뇌형이 많고 일본인은 반대로 좌뇌형이 많다는 것은 두 나라 사람이 여러 면에서 다르다는 것을 설명해 주는 단서가 된다.

북방계와 남방계는 얼굴 모양도 다르다. 이는 두뇌 형태가 다르다는 것을 의미하는데, 북방계형은 우측 이마가 더 돌출했고 남방계는 좌측 이마가 더 돌출했다. 우측 이마가 크다는 사실은 우뇌 반구가 클 가능성을 뜻하며, 이를 역으로 생각하면 좌측 뇌가 큰 경우 좌측 이마가 더 돌출한다. 학계에서는 이를 고구마형 북방계와 땅콩형 남방계로 부른다. 남방계형은 얼굴이 모난 사람이 많아 이 형질이 강하면 땅콩 모양이 되고, 북방계는 얼굴이 타원형으로 길고 정수리가 돌출한 것이 보편적이다.

2. 건축·자기에 표현된 자연미

로렌츠의 '카오스의 이론'에 따르면 자연의 무질서한 혼돈 속에는 인간의 눈에 드러나지 않은 질서가 존재한다. 한국인의 미의식은 자연의 모습 그대로를 소박하게 담으려는 본능을 가지고 있다. 질서와 균형이 딱 잡힌 실체는 인위적이고 딱딱해 보이지만 인간이 꾸민 것이 아닌 자연 그대로의 모습은 무질서를 포용하는 넉넉함을 보여 준다. 한국미의 핵심은 이러한 자연스러움에 있으며 한국의 건축물, 전통 자기는 소박하고 자연 친화적인 아름다움을 그대로 담고 있다.

관련 내용 ◗ 411쪽

한국의 자연미를 드러내는 창경궁의 처마선

문화 포커스

1. 한국인의 도자기 문화는 동양의 그것과 어떻게 다를까?
2. 한국인의 건축 양식은 서양의 그것과는 어떻게 다를까?
3. 한국의 도자기 문화와 건축 양식에 나타난 한국인의 미의식을 어떻게 설명할 수 있을까?

문화 키워드

고려청자　　　조선백자　　　기와지붕　　　관조성　　　소박성　　　포용성
탈기교성

한국은 훌륭한 도자기 문화를 꽃피웠고 상감청자와 분청사기를 만든 나라다. 고려 시대에는 청자를 중심으로 도예 문화가 발달했음에 비해, 유학을 정치 이념으로 하는 조선 시대에는 거칠어진 상감청자를 계승한 분청사기와, 당시 중국을 비롯한 도자 예술 문화를 가진 나라들의 유행에 따라 백자의 제작이 크게 발전하였다. 백자의 흰빛을 내기 위해 끊임없이 노력하여 한국인의 심성에 맞는 색깔을 만들어 냈고 그릇의 형태 또한 특색 있는 조형미를 보여 주는데, 특히 크고 작은 항아리가 지닌 둥근 맛은 한국 미술의 바탕이 되었다.

한국 건축에서 지붕의 중요성은 먼저 ‘집’과 ‘지붕’이라는 언어적 유사성을 통해서도 알 수 있지만, 지붕의 일정한 정형을 유지하기 위하여 굴뚝을 지붕 위로 올리지 않고 따로 독립된 수직적 요소로서 부각시킨 점, 그리고 문·담·굴뚝 등에도 기와를 얹어 지붕 형태와 일체감을 주려 한 점을 통해서도 파악할 수 있다. 지붕 위에는 용두, 취두, 치미, 잡상, 절병통 등을 설치하여 시각적 흥미를 유발시키면서 강한 상징적 의미를 부여하였다. 한국 전통 건축에서 기둥의 참된 멋은 미가공성에 있다. 집을 짓는 장인은 전국의 산야를 다니며 기둥으로 쓸 나무를 직접 골랐다. 이렇게 고른 나무는 가능한 한 가공을 최소화하여 기둥으로 썼다. 나무의 밑동과 윗동만 자른 채 그대로 기둥으로 쓴 경우도 많다.[3] 개심사의 범종각은 누각을 구성하는 네 개의 기둥에 모두 구부러진 나무를 그대로 사용해서 지었다. 이렇듯 한국의 건축은 있는 그대로의 자연미를 보여 준다.

소박한 자연미로 완성된 자기와 건축 문화

로렌츠의 ‘카오스의 이론’에 따르면 자연의 무질서한 모습 속에는 인간의 눈에 드러나지 않은 질서가 존재한다고 한다. 질서와 균형이 딱 잡힌 실체는 인위적이고 딱딱해 보이지만, 인간의 손길이 닿지 않은 자연 그대로의 모습은 무질서를 포용하는 넉넉함을 보여 준다.

한국미의 핵심은 자연스러움에 있으며, 한국 건축물은 자연과의 조화를 중

---

3) 임석재, 『우리 옛 건축과 서양건축의 만남』(대원사, 1999), p. 35 인용.

요하게 여긴다. 택지를 정할 때도 풍수설에 따라 인간과 자연이 가장 조화를 잘 이룰 수 있는 땅을 선정한다. 실제로 건축을 할 때에도 서양 건축처럼 측량과 계산을 엄밀하게 하기보다는 눈짐작, 어림짐작에 의존하여 자연스러움을 추구하고자 한다. 그것은 한국인의 미의식이 자연의 모습 그대로를 소박하게 담으려는 본능을 가지고 있기 때문이다.

한옥의 기와집에서 주춧돌을 세울 때도 자연의 순리를 따라 자연의 재료 그대로를 가공하지 않고 옮겨다 쓴다. 절 건물 양식을 보면 주춧돌은 대부분 자연석을 그대로 쓰거나 대충 다듬어서 썼다. 기둥도 원목을 가공하지 않고 쓰는 경우가 많았다. 휘어진 나무를 다듬지 않고 그대로 사용하거나 투박한 표면을 매끄럽게 다듬지 않고 그대로 기둥으로 세우니 한국의 건물에는 자연스러움이 흠뻑 배어 나온다. 이 투박미는 자연성이 몸에 밴 한국적인 미로서 그 바탕을 이해하지 못하면 조야하고 거칠다고 느끼기 쉽다.[4]

한국 건축에서 가볍게 휘어진 지붕의 선이야말로 자연미를 대표적으로 보여 준다. 중국처럼 멋을 부려 한껏 치켜올리지도 않았고, 일본처럼 급박하게 경사지지도 않은, 처마의 양끝이 살짝 치켜 올라간 모습은 언제 보아도 아름답고 자연스럽다. 우리의 조상들은 살짝 휜 곡선을 좋아했다. 저고리의 소매, 버선코, 초가의 지붕, 노년기 지형인 한국의 능선과 같이 살짝 휜 자연스러움에서 한국인의 취향이 묻어 나온다. 한옥에서처럼 문만 열면 사방이 뻥 뚫려 자연과 하나가 되는 것이 한국의 건축물이다.[5]

한국의 자연스러움의 미를 보여 주는 것으로 도자기를 들 수 있다. 고려청자의 아름다움은 세계적으로 인정받고 있다. 청자의 비색미翡色美는 완벽하지만 청자의 마지막 마무리는 만들다 만 것처럼 대충대충 처리하여 매끄럽지 않다. 여기에도 소박하고 투박한 자연의 멋을 그대로 살리려는 한국인의 미의식이 드러난다. 완벽하고 빈틈없는 매끄러움의 인공미보다는 거칠고 소박하여 불완전한 듯 보이는 편안한 자연스러움을 그대로 담으려 한 것이 한국의 자연미라고 할 수 있다. 자연과 항상 일체화된 삶을 살아온 한국인이 아니고서는 발휘할 수 없는 최상의 예술 양식이라고 할 수 있다. 한편 백자는 흔히 서민적 취향으로 설명하는데, 이 역시 백자만이 지닌 특유의 소박함을 강조한 것이라고 할 수 있다.

---

4) 임석재, 『우리 옛 건축과 서양건축의 만남』(대원사, 1999), pp. 41~54 참조.
5) 신영훈, 『우리 한옥』(현암사, 2005), pp. 264~280.

　이상에서 살펴본 한국의 건축물에 나타난 미의식을 정리하면 〈표 8-1〉과 같다.

〈표 8-1〉 한국의 건축에 나타난 미의식

한국의 미의식	내 용
관조성	• 겉으로 드러난 형식이나 외모를 보지 않고 사물의 내면의 중심을 바라보는 격조 높은 미의식 • 현란하고 눈에 띄는 미보다는 형태나 색채가 없는 듯하면서 고요한 마음으로 관찰하고 음미해야 인식 가능한 미 • 실내 공간에 잘 나타남. 가구나 그림으로 꽉 채우지 않은 빈 공간과 여백이 만들어 내는 여유와 한가로움에서 맛볼 수 있음.
소박성	• 주변 환경에 어긋나거나 거스르지 않고 자연의 흐름에 동화된 극히 순종적인 모습 • 자연의 위대함이나 권위에 도전하지 않겠다는 소박한 의지의 표현 • 거대하거나 뾰족한 첨탑으로 이루어진 서구의 건축물과는 달리, 작고 아담하여 버선코와 같이 휜 곡선을 따라 펼쳐지는 소박한 형상
포용성	• 건축 재료는 자연에서 형성된 그대로의 형태를 쓰거나, 조형물의 형성 과정에서 생길 수 있는 형태의 변형까지 그대로 포용하는 자연스런 율동미 • 율동미란 살아 있는 생명력의 힘을 말함. • 자연의 재료를 인공적으로 다듬지 않고 되도록 그대로 수용하는 매우 넉넉하고 포용적인 태도
탈기교성	• 인위적인 기교나 인공을 가미하는 것을 최대한 줄여서 본래의 미를 살려 냄. • 인공적인 색이나 문양을 줄이고 원재료의 특성을 그대로 살려서 자연과 부딪치지 않는 부드러운 조화를 만들어 냄. • 한국의 자연이 과다한 기교를 부리지 않듯이, 한국의 건축물도 자연의 순리에서 벗어나지 않은 고고함을 지님.

자료: 박영순 외, 『우리 옛집 이야기, 한국 전통 주택의 실내 공간』(열화당, 1998), pp. 191~208 내용을 요약하여 정리하였음.

한국과 서양의 건축

한국의 건축물에 나타난 미의식의 특징은 자연주의 또는 자연에 순응하는 조형 개념에 바탕을 두고 있다. 그 세부적 특징은 관조성, 소박성, 포용성, 인위적이지 않은 자연스러움, 즉 탈기교성이라 할 수 있다. 맞배지붕에서처럼 우리 건축은 넓은 지붕면이 정면이 된다. 서양 건축이 삼각형의 박공면이 정면을 이루는 것과는 좋은 대조가 된다. 그것은 동서양 건축의 차이를 나타내는 것으로 우리 건축은 안에서 밖을 내다보며 바람소리, 빗소리, 사람들의 희로애락을 포용하는 개념이고, 서양 건축은 건축물 안에서 자아를 확립하고 외부 세계와 단절을 시도하는 건축이다.

자연 친화, 간결함, 절제 같은 것은 흔히 일본적 문화라고 생각하는데 원조는 한국이다. 전통적이면서도 모던한 한국 소품들의 멋은 물론이고 동일한 공간이 침실도 되고 거실도 되고 사랑방도 되는 건축의 유연성은 놀랍다.

우리 조상은 서양의 환경심리학처럼 과학적, 개량적, 양태적으로 접근하지는 않았다. 우리 조상은 체험적으로 얻은 지혜로 '아늑한 공간'을 파악했다. 안마당이 아늑한 공간을 느낄 수 있는 것은 결국 휴먼 스케일 조건을 만족시켰기 때문이다.

3. 자연 친화적인 전통 정원

한국 정원 전체를 지배하는 일관된 흐름은 자연에 순응하면서 자연과 조화를 이루려는 한국적 자연주의이다. 그것은 자연의 자유분방함을 인위적으로 정제하려 하지 않고 자연 그대로의 특성을 드러내는 것이다. 이것은 한국이 한반도라는 하늘의 혜택을 받은 자연환경 속에서 자연의 리듬을 말없이 수용하면서 살아오는 과정에서 체득된 자연 친화적인 성정의 발로라고 할 수 있다. 창덕궁의 후원은 자연 친화적인 한국 정원의 전형적 특징을 보여 준다.

관련 내용 ▶ 415쪽

자연 본래의 모습을 간직한 창덕궁의 후원(비원)

문화포커스

1. 한국 정원의 특징은 무엇일까?

2. 한국 정원에 반영된 한국인의 가치는 무엇일까?

3. 한국 정원과 일본, 중국의 정원은 어떻게 다를까?

문화키워드

소박미   자연 친화적 사고   창덕궁   후원   부용지 먼 선사시대로부터 오늘에 이르기까지 한민족의 생활 사와 함께 비롯돼서 문화의 성장과 함께 자라 온 한국 건축의 아름다움은 모든 한국미를 길러 낸 요람 구실을 해 왔다. 말하자면 한국의 건물처럼 한민족의 성격과 생활 정서를 가식 없이 드러 내는 건축 작품은 없다고 또 할 수 있다. 이러한 가장 전형적이며 본질적인 한국 주택미의 기조를 간직한 건물들이 600년의 역사를 가진 고도 서울에 남아 있다.

한국의 대표적 정원으로 꼽히는 창덕궁의 정원은 낮은 언덕에 잡목이 무성하다. 이는 정원이라기보다는 그냥 자연에 가깝다.

한국의 정원은 자연의 본래 모습을 감상하기 위한 장소이다. 정원을 통해 자연과 일체가 됨으로써 아름다움을 찾으려 했고 가공된 것을 좋아하지 않았다. 이는 한국인의 일반 주택에도 적용되어, 한옥의 마당에는 화초나 수목을 기르는 것을 별로 좋아하지 않았다. 나지막한 싸리문과 싸리문 너머의 자연 풍경이 있을 뿐이다. 마루에서 마당과 담 너머의 산과 나무를 보는 것을 좋아했으며, 이렇게 자연을 곁에 두고 보는 것을 좋아했기 때문에 자기 집 앞마당을 인위적으로 다듬는 데는 신경을 쓰지 않았다.

한국적 자연주의의 산물인 한국 정원

한국의 대표적인 정원인 창덕궁의 후원은 비원으로 더 알려져 있다. 유네스코에 세계 문화유산으로 등록된 비원은 많게는 하루 5000명이 관람한 바 있으며 이를 관람한 외국 사람들은 한국인의 자연스러운 미의식에 찬탄을 금치 못하고, 한국 정원의 단순함과 소박함에 충격을 받는다고 한다. 그것은 자연에 거의 손을 대지 않고 자연을 손상시키지 않으면서 거기에 알맞게 조형물을 세운 한국인의 독특한 미의식 때문이다. 한국의 정원에 들어오면 자연 안에 있는 것인지 집 안에 있는 것인지 모를 만큼 편안함을 느끼게 된다. 말하자면 한국 정원의 특징은 자연과의 경계가 없는 자연스러움이라고 할 것이다.

이에 비해 일본 정원은 자연을 축소하여 건물 안에 인위적으로 설치한다. 예를 들어 일본 경도에 가면 용안사라는 절에 세계적으로 유명한 정원이 있다. 이 정원을 보면 담과 건물 사이에 하얀 조약돌을 깔아 놓고 까만 바위를 한두

개 그 가운데 배치하였다. 그 정원을 감상할 때 '아름답고 좋은 것은 사실이지만 적어도 자연적이지는 않다'는 느낌을 받는다. 일본의 정원은 한국의 정원에 비하여 말끔하게 정돈되어 더 인위적인 미를 느낄 수 있다. 자연스런 무질서를 좋아하고 난장판과 같은 굿판을 좋아하는 한국인의 자연스러움과는 분명한 차이가 있다.[6]

한국 정원의 가장 큰 특징은 주변 환경을 감상할 수 있는 위치에 들어선다는 점이다. 그래서 정원은 주로 경사지에 짓고, 담장도 상당히 낮은 편이다. 그렇게 주변 풍광을 감안해 조성한 정원의 담장 안쪽에는 보통 여백을 두는데, 이는 자연경관을 내부에 들여놓는 장치 중 하나다. 결국 후원으로 대표되는 한국 정원의 특징은 자연을 꾸미지 않고 있는 그대로 담으려 하는 자연 친화적인 발상에서 출발한다.

한국 정원이 지닌 또 하나의 특징은 자연물에 이름을 지어 주고, 그것에 의미를 부여하는 데 있다. 추상적이고 관념적인 사색을 통해 얻은 그 이름들은 오늘에 이르러 정원 주인의 사색의 깊이와 당대 정원 철학을 짐작할 수 있는 중요한 단서들이 된다. 이런 특징들을 흡수해 조성한 우리의 정원이 바로 창덕궁의 후원인 비원이다.

비원에는 현재 160여 종의 식물이 자라고 있는데, 이 중 70퍼센트 이상이 300년 넘은 고목이다. 우리 선조는 전통적으로 활엽수를 정원수로 택했다.[7] 사시사철 푸르기만 한 상록수보다 계절에 따라 꽃이 피고 낙엽도 지는 활엽수를 심은 데는 나무 하나에서도 자연에 순응하고자 했던 자연에 대한 겸손함이 담겨 있다.

분수 대신 폭포를 즐기는 것 또한 "물은 위에서 아래로 흐른다."는 자연의 섭리를 거스르지 않으려는 의지의 반영이다. 정원에 설치한 분수와 폭포를 통해서도 한국적 자연관과 서구적 자연관의 차이가 드러난다. 폭포에는 위에서 아래로 흐르는 자연의 흐름에 순응하는 한국인의 자연관이 드러나고 분수에는 물의 흐름을 역류시켜 자연의 힘을 극복하려는 서양적 자연관이 투영되어 있다고 할 수 있다.[8]

부용지는 '하늘은 둥글고 땅은 네모나다'는 천원지방설天圓地方說에서 기인

---

6) 최준식, 『한국미 그 자유분방함의 미학』(효형출판사, 2000), p. 60.

7) 주남철, 『한국건축의 장』(일지사, 1996), pp. 180~199.

8) 정기호, 「초월과 극복의 개념과 현상－한국 전통 조경의 현대적 계승 방안」, 『환경과 조경』 110호 (1997, 6), pp. 92~97.

한 우리의 전통 연못 형태를 취하였다. 부용지 가운데 떠 있는 둥근 섬이 하늘을 뜻하는데, 입수된 물이 섬 주위로 자연스럽게 흐름을 만들어 물이 고여 썩지 않게 해 준다. 애련지愛蓮池에는 이전에는 가운데 둥근 섬이 있었고 연꽃이 있었다고 한다. 예로부터 연꽃은 선조들에게 사랑받은 식물로, 흙탕물에서 피어나면서도 물에 젖지 않고 흙에 더러워지지 않기 때문에 군자의 기상을 상징한다. 우리 정원에서 못이 있는 곳에는 대부분 연꽃이 떠 있는데, 이는 연꽃에 대한 선조들의 남다른 애정에서 비롯된 것이다.[9]

한국 정원의 특징은 자연과 결코 분리되지 않고 하나가 되었다는 것이다. 한국 정원 전체를 지배하는 일관된 흐름은 자연에 순응하면서 자연과 조화를 이루려는 한국적 자연주의이다. 또한 자연의 자유분방함을 인위적으로 정제하지 않고 자연 그대로의 특성이 드러난다는 것이다. 여기에는 자연경관을 주된 것으로 하고 인공 경관은 그 다음의 위치에 두려는 정원 조성 태도가 뚜렷이 나타나 있다. 이것은 한국이 한반도라는 하늘의 혜택을 받은 자연환경 속에서 자연의 리듬을 말없이 수용하면서 살아오는 과정에서 체득한 자연 친화적인 성정의 발로라고 할 수 있다.

정원 경관 구성을 통해 본 한국인의 자연관

서양에서 정원(garden)은 둘러싼다는 뜻의 라틴어 'gar'와 아름답게 꾸민다는 뜻의 'eden' 또는 'oden'에서 나왔다. 헤세의 말처럼 서양의 정원은 인간의 '창조' 능력을 보여 주는 데 초점이 맞추어져 있다. 동양 정원의 전형처럼 알려져 있는 일본의 정원도 크게 다르지 않다. 이들은 정원을 '자연의 축소판'으로 봤다. 한정된 공간 안에 자연의 모든 것을 오밀조밀하게 배치해 자연을 최대한 재현하려 했다. 그래서 계절과 관계없이 늘 아름답게 유지하기 위해 상록수를 많이 쓴다.

반면 한국은 정원을 '자연의 연장'으로 인식한다. 사람의 손길이 거의 느껴지지 않도록 자연의 모습 그대로를 담아 낸다. 봄에 꽃이 피고 여름엔 녹음이 우거졌다가 가을에 잎이 져 겨울엔 앙상한 모습을 드러낸다. 공간의 배치도 자연주의와 신선 사상 또는 선 사상의 영향을 받아 비정형적 형태를 띤다. 한국 전통 조경에서 가장 큰 특징은 수평적인 구분보다는 수직적인 공간 구분이 강

---

9) 주남철, 『한국의 정원』 (고려대학교 출판부, 2009), pp. 163~165.

하다. 이러한 특징은 평지에 정원을 구성하여 수평적으로 배치한 중국이나 일본과는 매우 다른 점으로, 한국 전통 정원의 후원 양식인 화단에 가장 잘 나타난다.[10) 건물의 입지는 풍수지리설에 따라 산을 등지고 물을 가까이 하는 양택을 하게 되므로 건물 뒤쪽에는 경사지의 후원이 생긴다.

이러한 경사지에 직선적인 돌계단을 쌓아 꽃나무를 심는 화단을 만들었는데 계단으로 고저차를 처리한 공간에다 수직적 변화를 주어 굴뚝이나 석물을 장식하였다. 한국 전통 조경에서 건축물의 배치는 자연환경과 조화를 이루도록 하였으며 여기에 기본이 되는 것은 풍수지리설이다.

가장 자연에 가까운 정원을 만들어 내는 것이 바로 한국식 정원의 기본 틀이다. 크고 작은 나무와 각종 꽃, 풀을 적절히 조합해 생태계가 유기적으로 순환하는 자연 그 자체가 한국의 정원이다. 한국의 정원에는 자연과 교감하며 자연과 조화를 이루려는 한국인의 자연주의적인 생태적 사고가 살아 숨 쉬고 있다.

한·중·일 세 나라의 정원

최근 중국 광둥성의 중심 도시인 광저우 시내에 한국의 전통 정원이 문을 열었다. '해동경기원'으로 이름 붙여진 이 공원은 전남 담양의 소쇄원을 본따 지었고 경기도가 23억 원을 들여 2년 만에 완공했다. 입구에 버티고 선 누각을 돌아서면 바로 연못과 함께 작은 정자가 자리 잡고 있는데, 이는 옛 양반들이 풍류를 즐기던 고급 정원이다. 초가지붕의 소박한 정원도 눈길을 끈다. 고급스러움은 떨어지지만 졸졸 흐르는 시냇물 소리가 더해져 넉넉한 여유를 느낄 수 있다. 이것이 한국 정원의 전형적 모습이다.

이에 반해 중국이 자랑하는 왕실 정원의 하나인 베이징의 이화원을 보면, 그들의 전통적 원림 조성 기술을 최대한 발휘하여 명승지의 경관을 재현하는 원림 조형 효과를 나타냈다. 정원은 산·호수·계곡·동굴·폭포 등 자연을 모방해 조성하고, 누정 등의 건물을 화려하게 장식하여 보는 이에게 시각적 포만감을 만끽할 수 있게 하였다. 이것은 정원을 구성하는 요소들이 궁정 취향에 맞게 선택했고 어떤 목적, 예컨대 궁정을 불로장생하는 신선의 거처로 만드는 데

---

10) 허균, 『한국의 정원. 선비가 거닐던 세계』(도서출판 다른세상, 2002), pp. 21~25.

기여하고 있음을 말해 준다.

　일본의 정원은 자연의 축소판을 만드는 쓰키야마築山식과 모래나 자갈 등으로 산·강·바다를 표현하는 가레산스이枯山水식으로 분류할 수 있다. 오카야마의 고라쿠엔後樂園이 전자의 대표적 사례인데, 연못·폭포 등 물의 성질을 교묘히 이용한 정원 조성법으로 주목받고 있다. 후자의 대표적인 것으로는 교토 료안지의 선禪 정원이 있다. 작은 자갈을 깐 장방형의 마당에 7~8개의 크고 작은 돌을 배치해 놓은 이 가레산스이식 정원은 자연에 대한 일본적인 해석과 미학이 잘 드러난다. 그런데 그런 평가와는 별도로 이 정원은 인간의 자연 모방 능력의 한계를 보여 주는 것이기도 하다. 인간의 재주로 자연을 모방하려고 하면 할수록 자연의 본질에서 더욱 멀어진다는 것을 일본의 정원은 방증한다.

4. 자유분방한 멋과 여유

　엄격한 규칙을 깨뜨리며 자유분방하게 보이는 한국인들의 행동 속에는 서구의 합리성이나 이성으로 이해하기 힘든 멋과 여유로움이 살아 있다. 한국인 특유의 정情 때문에 질서와 규칙이 한순간 느슨해지지만 이러한 자연스러움 속에 질서가 살아 움직이는 삶의 역동성을 느낄 수 있다. 이것이 한국인만의 멋과 여유로움, 정情의 문화라고 할 수 있다.

관련 내용 ● 420쪽

출근길
버스 정류장의 모습

문화 포커스

1. 한국인의 미약한 질서 의식은 일상생활에서 어떻게 반영되어 나타날까?
2. 문화적 관점에서 한국인의 질서 의식이 미약한 이유는 무엇일까?

문화 키워드

님비 현상　　가족적 집단주의　　권위주의　　서열　　개인주의 길거리에서 운전을 해 본 외국인이면 한국인이 교차로에서 자동차가 끼어드는 장면을 쉽게 볼 수 있다. 누구나 교통 체증 때문에 짜증이 나고 시간을 낭비하고 있는데 얌체처럼 끼어드는 차량들은 질서를 지키고 기다리는 다른 사람에 대한 배려가 없다는 것을 알 수 있다. 화장실 줄서기, 극장, 버스 터미널 매표소나 관공서에서 질서를 지키며 줄을 서서 일을 순서대로 진행하는 것은 한국인의 습성에 잘 맞지 않은 것 같다. 아는 사람을 통하거나 급행료를 내고 좀 더 빨리 자신의 일을 처리하는 데 한국인은 더 익숙해 있다.

한국인이 식당이나 상점, 길거리에서 전혀 모르는 사람에게 친절하게 안내하는 서비스 정신이 부족하다는 것도 많이 알려져 있다. 그러나 상대가 아는 사람의 소개로 방문하거나 같은 집단이 될 수 있는 근거만 주어지면 그들을 대하는 태도가 백팔십도 바뀌는 것이 한국인이다. 음식점의 주인은 소개로 온 손님에게 다른 손님보다 더 좋은 방이나 자리를 먼저 마련해 주고 반찬이나 음료수를 더 서비스하기도 한다. 이러한 한국인의 습성은 어디서 연유하는지 한국 문화의 특징들을 통해 알아보자.

집단의 서열을 중시하는 한국인

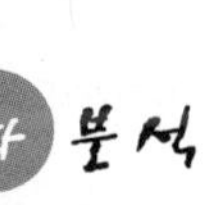

한국인이 질서 의식이 미약한 것은 국민들의 의식 수준과도 관련이 있지만 집단주의 문화의 특성으로 이해할 수 있다. 전통적으로 한국인은 가족이나 친족, 가문을 중심으로 집단을 이루며 살았으며 삶의 범위를 넓혀 동네나 마을 중심의 공동체를 이루고 살았다. 가족이나 마을 사람들과 같은 집단 내의 사람들과 살아갈 때는 공중도덕은 별로 필요가 없다. 공중도덕이란 모르는 사람들끼리 살아갈 때 타인을 배려하고 자신의 권리를 찾기 위해 필요한 것이다. 친척이나 마을 사람들끼리 집단을 이루며 살아갈 때 이들 사이에는 이미 서열이 정해져 있고 정으로 연결되어 있어서 질서 이전에 집단적 감정이 작용하게 된다.

예전에는 은행이나 버스 정류장에서 줄을 섰다가도 할아버지, 선생님, 가까운 친척이 오면 서열이 높은 사람에게 양보하는 것이 미덕이었다. 이때 질서 의식이나 줄서기는 의미가 없어진다. 현재 젊은 세대를 중심으로 합리적인 질서 의식이 형성되고 있지만, 아직도 한국에서는 엄격하게 순서를 지키는 것보

다 정을 배려하여 집단의 서열을 지키기도 한다. 가령 직장 내에서 휴가 일정
을 짤 때 상사를 배려하는 것도 이런 경우이다. 이처럼 집단주의 사회에서는
서구의 개인주의 사회처럼 엄격한 줄서기와 질서 의식을 확립하기 어려운 까
닭은 집단 내의 독특한 정情으로 인해 그 규칙을 일률적으로 적용하기 어렵기
때문이다. 최재석 교수의 〔그림 8-2〕는 내집단 중심으로 살아가던 한국인에게
질서 의식이 형성되기 어려운 이유를 보여 준다.

　한국인은 내가 약수를 받으러 먼저 왔어도 아버지의 친구나 집안 어른이나
아는 사람이 오면 순서를 바꾸어 내 앞에 서게 해 준다. 가부장제 사회에서 아
버지나 아버지의 친구, 집안 어른들은 나보다 서열이 윗사람으로 내가 순서를
양보하는 것은 당연하다. 그러나 외집단에 속한 타인이 오면 필요한 상황일지
라도 양보할 수 없는 것이 한국인이다. 한국인은 자연히 순서나 규칙보다는 집
단내의 상황을 고려하는 데 익숙하다. 자신이 속한 집단에 대해서는 정을 통한
배려가 있지만 집단 밖의 남에게는 냉정하게 대하는 것이 집단주의 문화의 특
징으로 나타나기도 한다. 질서나 줄보다는 자기가 아는 사람을 먼저 챙기는 것
에 익숙한 한국인의 이런 현상들은 집단주의와 서열을 중요하게 여기는 권위
주의 사회의 특성들이 뒤섞여 나타나는 것으로 이해할 수 있다.

　이렇게 질서 의식과 순서의 개념보다 정에 약한 한국인은 논리적 사고보다
는 감정으로 상황을 판단하다 보니 교통사고 발생률이나 산업재해의 발생률도
매우 높은 편이다. 그리고 예외적인 상황이 많아서 사회 전반이 원활하게 돌아
가는 데 필요한 일관성이 사라져 무질서하게 보이는 아수라장이 연출되기도
한다.

　그러나 서구인의 눈에는 질서가 없는 것처럼 보이는 한국인의 공동생활에서
도 나름대로 집단의 서열을 고려하는 암묵적인 질서가 존재한다는 것을 알 수

〔그림 8-2〕 질서보다 정을 중시하는 한국인의 배려 문화

자료: 최재석, 『한국인의 사회적 성격』, 중판 (현음사, 1994), p. 175 참조하여 재구성함.

있다. 스웨덴의 국왕도 국민과 똑같이 줄을 서서 기다리는 서구 사회와는 다르게 한국에서는 혈연, 지연, 학연에서 자기보다 윗사람에게 순서를 양보하는 나름대로의 질서가 존재함을 알 수 있다. 질서와 규칙에서 벗어나 보이는 한국인의 행동 속에는 서구의 합리성이나 이성으로 이해하기 힘든 한국인의 멋과 여유로움이 살아 있다고 할 수 있다. 말하자면 규범이 느슨한 한국 사회에는 자연 발생적인 질서가 살아 움직이는 역동성을 느낄 수 있다.

세계의 운전자들

영국이나 미국에서는 운전자끼리 서로 양보하는 모습을 흔하게 볼 수 있다. 누가 한쪽에서 도로로 들어서려고 하면 교통 흐름에 방해되지 않는 한 양보해 준다. 한국에서는 도로 위의 끼어들기에 경적을 울리거나 양쪽 경광등을 번쩍이며 상대방에 대한 경고의 표시를 하기도 한다.

또한 미국에서나 영국에서는 특별한 일이 아니면 자동차의 경적을 울리지 않는다. 앞차가 거북이처럼 기어가는 운전을 해도 뒤차가 추월할 수 있을 때까지 함께 천천히 뒤따라간다. 한밤중에 횡단보도를 건너는 사람이 하나도 없는 한적한 거리라도 일단 보행 신호가 켜져 있으면 신호를 준수한다. 그런데 한국에서는 사람만 없으면 정지 신호등을 무시하고 횡단보도를 지나쳐 버리기도 하고 심지어는 건너가고 있는 사람 사이로 곡예 운전을 하며 지나가는 경우도 있다.

도로교통안전관리공단에서 펴낸 OECD 회원국들의 교통사고 건수를 보면, 2004년 인구 10만 명당 교통사고 건수에서 1위가 일본(743건)이며, 그 뒤는 미국이 676건이고, 한국은 503건으로 5위라고 한다. 얼핏 보면 이는 일본의 교통사고 발생률이 높아 보이지만 교통사고에서 사망률을 살펴보면 교통사고 100건당 일본의 치사율은 0.9명으로 회원국들 중 최하위이고 한국은 3명이 사망해 보행자 사망률이 세 배 이상 높음을 알 수 있다. 한국의 2004년 교통사고 사망자의 40퍼센트가 보행자였으며 이는 OECD 회원국들 중 압도적으로 높은 1위다. 한편 승용차 승차 사망자의 비율은 23.8퍼센트로 가장 낮다. 이 통계는 질서를 지키지 않고 약자를 배려하지 않는 한국인의 교통 문화를 반영한다.

참고 문헌

박영순 외.『우리 옛집 이야기 한국 전통 주택의 실내 공간』. 열화당, 1998.
박영순.『한국문화론』. 한국문화사, 2002.
이상억.『한국어와 한국 문화』. 소통, 2008.
임석재.『우리 옛 건축과 서양건축의 만남』. 대원사, 1999.
정기호.「초월과 극복의 개념과 현상-한국 전통 조경의 현대적 계승 방안」,『환경
　　　과 조경』110호. 1997. 6.
조흥윤.『한국문화론』. 동문선현대신서91. 동문선, 2001.
주남철.『한국의 정원』. 대원사, 1997.
────.『비원』. 대원사, 1997.
────.『한국건축의 장』. 일지사, 1996.
최봉영.『한국 문화의 성격』. 고려대학교 출판부, 2009.
최재석.『한국인의 사회적 성격』. 개문사, 1992.
최준식.『한국미 그 자유분방함의 미학』. 효형출판사, 2000.
────.『한국인에게 문화는 있는가』. 사계절, 2002.
허　균.『한국의 정원. 선비가 거닐던 세계』. 도서출판 다른세상, 2002.
naver.com 지식 참조.

과제 활동

Step 1 ▶ 본문 읽고 토론하기

※ 다음은 한국인의 일상생활과 문화에 반영된 멋과 미를 설명하는 본문 내용 중 일부
　입니다. 잘 읽고 각자의 생각을 자유롭게 말해 봅시다.

> '푸르다'라는 형용사는 '푸르스름하다, 짙푸르다, 푸르딩딩하다'와 같이 대
> 상의 명도나 색깔을 세분화하여 표현하기 때문에 다른 언어로 번역하기 어렵다.

> 예전에는 은행이나 버스 정류장에서 줄을 섰다가도 할아버지, 선생님, 가까
> 운 친척이 오면 서열이 높은 사람에게 양보하는 것이 미덕이었다. 한편 음식점
> 의 주인은 소개로 온 손님에게 다른 손님보다 더 좋은 방이나 자리를 먼저 마련
> 해 주고 반찬이나 음료수를 더 서비스하기도 한다.

Step 2 ➡ 심화 확장하기

1. 위의 대화는 외국인 한국어 학습자의 실제 의견을 바탕으로 재구성한 것입니다. 여러분은 '이게 바로 한국인의 정이구나.' 하는 생각을 한 적이 있습니까? 한국인의 정이 무엇이라고 생각합니까? 함께 이야기해 봅시다.

2. 한국인의 정情처럼 여러분의 나라 사람들만이 가지고 있는 보편적인 정서 또는 감정이 있습니까? 한국인의 정과 비교하여 글로 써 봅시다.

Step 3 ➡ 문화에 드러난 어휘

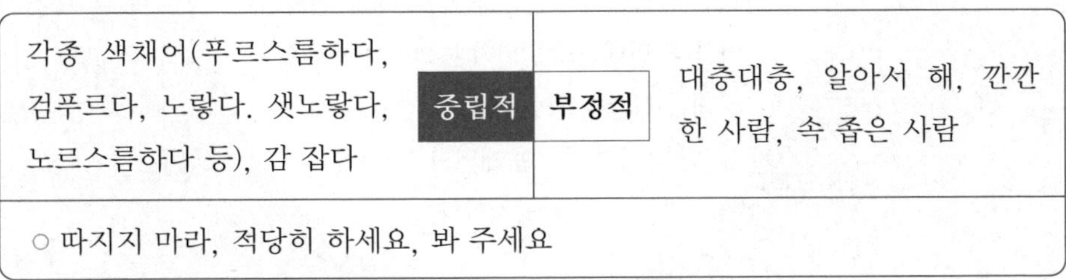

Step 4 ➡ 문학작품을 읽고 토론하기

1. 이효석의 「메밀꽃 필 무렵」과 황순원의 「소나기」를 읽고 한국인의 자연관과 감성에 대하여 토론해 봅시다.

2. 은희경의 「아내의 상자」를 읽고 문화 어휘를 비교하여 전통과 현대의 주거 문화가 어떻게 변화하고 있는지 토론해 봅시다.

한국인의
의식은 급격히 변화하고
있다. 빠른 경제성장과 그로 인한
서구 문화의 도입은 한국인의 생각도 변화
시키고 있다. 한국의 경쟁력을 대표하는 정보
문화는 한국인의 결혼관과 직업관에도 영향을
미친다. 현대인의 변화하는 의식은 가족주
의나 집단주의의 속성과는 다르게 개
인 중심의 가치와 개인의 '질적인'
삶을 중시한다.

제9장 변화하는 한국인의 가치 의식

The Change in Value consciousness of Korean

1. 앞서 가는 정보 문화

오늘날 급격히 변화하는 한국 사회를 이끄는 가장 대표적인 것은 바로 인터넷이라고 할 수 있다. 1995년 말 한국의 인터넷 사용 인구는 35만 명에 불과하였다. 그러나 현재는 무선 인터넷 사용자까지 합쳐 약 3000만 명을 넘어서고 있다. 또한 초등학생부터 노인에 이르기까지 휴대전화를 사용하지 않는 사람이 없게 되었다. 이 장에서는 한국을 인터넷 강국, 휴대전화로 대표되는 정보 강국으로 만들어 가는 정보 문화의 실상을 살펴본다.

관련 내용 ➡ 425쪽

최첨단
정보 검색 시스템을
갖춘 한 대학 도서관

문화 포커스

1. 사이버 공간에서의 소통을 기반으로 하는 인터넷 문화의 대표적인 특징은 무엇일까?
2. 인터넷 문화의 특성이 한국인의 집단 문화에 미치는 영향은 무엇일까?

문화 키워드

사이버 공간   익명성   은둔성   소통   네티즌   집단적 커뮤니티

한국인은 흔히 외국 여행을 하면서 느린 인터넷 속도에 놀라며 외국 여행 중 휴대전화를 사용할 수 없음으로 해서 '금단현상'에 시달린다고 한다. 그만큼 한국인에게 인터넷과 휴대전화로 상징되는 정보 문화는 생활의 일상이 되었다.

정보 문화가 발달하면서 정보 처리 속도가 빨라졌음은 말할 것도 없다. 신문이나 텔레비전 뉴스에서는 정기 뉴스 시간이나 다음 날 신문 발행 후에나 접할 수 있는 사건 사고를 인터넷과 같은 온라인 매체를 통해 실시간으로 신속하고 유연하게 받아 보고 있다.

또한 정보 사용의 편리성이 높아졌다. 인터넷을 통해 원하는 정보를 검색하는 것은 물론 은행 거래와 주식 매매, 쇼핑까지 불가능한 것이 없다. 뿐만 아니라 재테크, 날씨, 게임, 스포츠, 심지어 대리 운전 서비스에 이르기까지 하루에도 수십 가지의 정보가 휴대전화 문자 서비스를 통해 날아든다.

한국인의 인터넷 사용량과 속도 경쟁은 세계가 주목할 정도다. 초고속 인터넷이 가정과 학교에 보급되면서, 좀 더 빠른 속도와 편리한 사용 환경을 제공하기 위한 경쟁이 계속되고 있다. 거리의 카페나 지하철, 공항, 기차 안에 이르기까지 대부분의 지역에서 인터넷을 사용하는 것은 어렵지 않은 일이다.

사용 환경을 개선하기 위한 노력은 사용 지역의 확대를 넘어, 사용 도구의 다양화와 편리성 제고로 이어지고 있다. 최근 텔레비전과 인터넷, 전화를 잇는 통합 시스템이 개발되어 가정에 보급되고 있고, 터치스크린을 바탕으로 하는 스마트 폰이 등장하기 시작했다. 휴대전화, 인터넷을 자유자재로 사용할 수 있는 기술이다. 이로 인해 이동 중에도 각종 정보를 검색할 수 있게 되었고, 다양한 부가 기능들을 통해 트위터(지인들 간의 실시간 의사소통), 실시간 메일 확인, 실시간 교통 정보 확인 등 생활의 편리함이 더해지고 있다. 최근에는 지하철이나 버스에서 DMB를 사용해 텔레비전 프로그램을 직접 보는 사람이 늘고 있다. 지금의 한국인들은 '디지털'과 '인터넷'의 두 가지를 떠나서는 생활을 할 수 없다고 말한다. 대부분의 한국인은 아침에 출근해서 또는 저녁에 귀가해서 처음으로 하는 일이 인터넷에 접속하는 일이라는 기사도 있다. 한국의 버스나 지하철 속에서 휴대전화의 각종 기능을 이용해 친구들과 채팅을 하거나 메시지를 보내거나 게임을 하느라 손가락을 열심히 움직이는 젊은이들을 보는 것은 더 이상 낯선 풍경이 아니다.

새로운 소통의 마당, 사이버 공간

한국 사회에서 인터넷 문화가 급속도로 발달한 이유는 무엇일까? 그 답을 찾기 위해서는 인터넷이 우리 문화를 어떻게 자극하고 녹여 내는지를 살펴보아야 한다. 사람들은 인터넷을 통해 다른 사람들과 관계를 형성하고자 하는 욕구를 충족시키며, 자신만의 공간을 통해 자신의 생각을 자유롭게 펼치고자 하는 욕구를 발산한다. 또는 정보나 지식 등을 얻고자 하며, 타인과 의사소통을 통해 자신의 생각을 공유하고 서로에게 격려와 용기를 주고받는다. 또는 아무 의미 없이 인터넷에 집착하기도 한다.[1]

사람들은 사이버 공간에서 긴장이 이완되고 더욱 개방적으로 자신을 표현한다. 사이버 공간에서 비밀스런 감정, 두려움, 소망을 토로할 수 있기 때문이다. 하지만 이러한 긍정적 감정 외에도 이유 없이 비난이나 욕설, 위협 등을 하기도 한다. 이런 일이 일어나는 이유는 인터넷이 가지는 익명성[2]과 비동시성 때문이다. 비동시성이란 이메일이나 게시판처럼 즉각적인 반응이 지연되는 것을 말한다. 물론 최근에는 동시적인 대화를 즐기는 인터넷 메신저를 사용하기도 한다. 하지만 인터넷에 노출되는 자신의 행동에 심리적 부담을 느껴 '오프라인 상태'로 표시하거나 상대방이 말을 걸어도 즉각적으로 대답하지 않는 경우가 있는 것을 보면 여전히 비동시성과 은둔성을 선호하는지도 모른다. 또한 인터넷상에서는 상대방과 동등한 지위를 가지게 된다. 나이, 성별, 지위에서 자유로워짐으로써 상대와 동등한 지위에서 의견을 교환할 수 있는 것이다.

하지만 사이버상의 문화가 언제나 익명성이나 은둔성을 기반으로 하는 것은 아니다. 자신을 드러내며 적극적으로 자신이 가진 정보를 전달하거나 자신의 견해를 알리고 싶어 하기도 한다. 사회에서 이슈가 되는 정치적·사회적 논란거리들은 흔히 사이버 공간에서 시작되어 공론화되고 오프라인 공간으로 나오기도 한다.

한국 사회는 오랜 중앙집권적인 시스템과 사회적인 권위, 도덕과 규범, 물리적 공간의 심리적 거리 등으로 인해 억압되어 왔다. 이제 일반인은 인터넷을 통해 정치나 경제의 현안을 토론하고 이를 문제화할 수 있는 힘을 얻게 되었다. 권위적이고 불평등한 현실 세계의 장벽이 제거된 상태에서 자유롭게 의사

---

1) '문화분석'의 내용은 추병완, 「사이버 범죄의 현황과 대응 방안」(2002)에서 발췌, 인용하였다.

2) 미국에서 행한 연구 결과에 따르면, 익명으로 의사소통을 한 집단이 실명으로 의사소통을 한 집단에 비하여 6배 이상이나 많이 악의적인 글을 사용했다.(Wallace, 1999)

를 개진하고, 활발하게 토론하면서 자발적으로 여론을 형성할 수 있게 새로운 토론 문화를 이끌어 가는 것이다. 또한 이를 통해 위에서 아래로, 권력자가 비권력자에게로 일방향으로 전해지던 과거의 정보 전달 방식에서 벗어나 네티즌이라는 생산자를 통해 스스로 만들거나 함께 만들어 전해지는 정보 전달 방식으로 바꾸어 간다. 그 밖에 사이버 공간을 자신을 드러내고 자신을 상품화하는 도구로 사용하기도 한다. 최근에는 자신의 동영상을 홈페이지에 올려 인터넷 상의 스타가 되거나 이를 발판으로 오프라인 세상의 스타로 자리를 옮기기도 한다. 일상생활에서부터 자신의 취미, 특기를 알리고 자신과 뜻을 같이하는 사람들과 공동체를 이루어 관심사를 공유하는 '개인 방송국'의 형태를 지니게 된 것이다.

온라인화를 통해 집단적 공동체를 형성하는 새로운 집단 문화를 만들어 가고 있다. 과거의 학연, 혈연, 지연에 의한 모임을 대체하여 같은 취미와 같은 관심사를 가진 사람들이 온라인상에서 만나 새로운 공동체를 이루어 내는 것이다. 이러한 공동체는 오프라인에서의 만남으로 확대되기도 한다. 이는 과거의 제한된 인간관계를 폭넓고 새로운 유형의 인간관계 형성으로 바꿀 수 있는 계기를 제공하였다.

세계 주요 국가들의 휴대전화 사용 실태

휴대전화는 이제 더 이상 단순히 음성 통화를 사용하는 메시지 전달 기기가 아니다. 카메라 기능이 장착되고 이메일, 음악, 게임과 같은 다양한 서비스가 보급되면서 이른바 다중매체 휴대전화로 거듭났다. KOTRA에서 실시한 한 조사 보고에 따르면 세계 주요 국가들의 다중매체 휴대전화 사용 실태는 다음과 같다.[3]

첫째, 멕시코가 가장 자주 휴대전화를 교체하는 것으로 나타났다. 휴대전화 사용이 널리 확대된 이후 휴대전화 제조업체들은 해마다 새로운 기능을 추가한 신제품을 출시하고 있다. 그리고 사용자들은 이에 맞춰 휴대전화의 수명과

---

3) http://www.kotra.or.kr: 국가별 다중매체 휴대전화 사용 현황 – 세계 주요 국가 16퍼센트가 한국 휴대전화 사용 – 참조. 이 설문 조사는 ATKEARNEY와 케임브리지 대학 비즈니스 스쿨이 공동으로 조사한 것으로 세계 21개국 4000명을 대상으로 실시한 것이다.

상관없이 새로운 기능에 매료되어 휴대전화를 교체하고 있다. 둘째, 국가별로 휴대전화를 구입할 때 고려하는 사항도 다르다. 한국과 일본의 소비자들은 휴대전화를 구입할 때 '가격'을 가장 중요하게 생각하고, 중국 소비자들은 '브랜드'를, 대만 소비자들은 '사용 편의성'을 최우선으로 고려한다. 또한 한국인들과 중국인들은 휴대전화의 사진이나 비디오 관련 기능에도 많은 관심을 보이는 것으로 나타났다. 동아시아 지역에서 휴대전화를 가장 자주 교체하는 나라는 중국인 것으로 확인됐다. 중국 소비자들의 경우 교체 주기가 6개월~1년 이내의 사람이 49퍼센트에 이르는 것으로 나타났다. 최근 한국 소비자의 경우 연령별로 극명한 차이를 보이는데, 젊은 층에서는 새로운 디자인과 기능에 초점을 두어 휴대전화를 교체하고 장년층 사용자는 전화 기능에 초점을 두기 때문에 교체 주기가 느린 편이다.

하지만 휴대전화 기능의 다양화와 관련된 젊은 층의 새로운 휴대전화에 대한 선호는 특정 국가의 경향이라기보다는 새로운 것에 빨리 반응을 보이는 성격이 강한 젊은 층의 보편적인 현상으로 볼 수 있다. 친구들 간에 나누는 실시간 대화에 가까운 문자 사용량이나, 휴대전화를 사용한 각종 정보 검색과 음악·영화 자료의 활용이 젊은층의 생활에 필수적인 요소가 되어 버린 셈이다. 이제 스마트 폰으로 명명되는 새로운 휴대전화의 등장으로, 소유한 휴대전화에 따라 변별되는 세대가 생겨나고 있다.

2. 한국인의 연애관

　최근 한국의 젊은이가 결혼에 대해 가지는 생각은 과거와는 확연히 달라지고 있다. 앞서 살펴보았듯이 한국인의 결혼은 집안과 집안의 관계이며 많은 젊은이가 부모의 뜻을 거스르지 않는 결혼을 전제로 한다. 하지만 최근에는 결혼 자체를 거부하거나 결혼 전의 성관계에 대한 가치관이 변하고 이혼율이 급격히 증가하는 등 과거의 결혼관이 크게 흔들리고 있다. 사회의 변화에 따른 한국인의 연애관과 결혼관의 변화에 대해 살펴본다.

관련 내용 ➲ 429쪽

적극적이고
자유분방한 신세대
젊은이들

문화포커스

1. 한국인 기성세대와 신세대의 연애관과 결혼관은 어떻게 다를까?

2. 달라진 결혼관과 이혼율은 어떤 상관관계가 있을까?

문화키워드

마담뚜　　결혼정보회사　　데이트 친구　　자유분방

과거의 결혼은 두 집안을 오가는 중매쟁이에 의해 이루어졌다. 불과 20년 전만 해도 이른바 '마담뚜'로 불리는 전문적인 중매쟁이들이 양쪽 집안을 오가며 혼인을 주선하였다. 하지만 최근 들어 이러한 혼인 형태가 급격히 사라지고 이를 대체하는 새로운 기업 형태의 '결혼정보회사'가 등장하였다.

결혼정보회사들은 탁월한 이벤트 기획력으로 우수한 회원 확보에 주력하면서 젊은 세대에게 각광받는 새로운 혼례 문화를 만들어 가고 있다. 뮤지컬 미팅, 사랑의 오작교 행사, 영호남 사돈 맺기 등 수천 명의 남녀가 동시에 참가하는 대규모 만남 행사를 비롯한 다양한 이벤트를 통해 자연스러운 만남을 이끌어 내고 있다. 홈페이지를 통해 간단한 심리 테스트나 연애 취향 등 개인 정보를 입력한 후 이상형의 배우자를 찾아볼 수도 있는데, 이처럼 젊은 세대에게 익숙한 인터넷도 큰 회원을 확보하는 데에 한몫하고 있다.

최근의 결혼 중 가장 많은 비중을 차지하는 것은 역시 연애결혼이다. 인터넷이나 친구 소개, 각종 동아리 등을 통한 자연스러운 만남에서 상대를 선택한다. 여전히 학벌, 외모, 재력 등의 배경을 결혼 조건으로 중요하게 생각하지만 나이나 학벌을 넘어선 결혼도 늘고 있다. 하지만 과거에 비해 결혼에 대한 부모의 영향력이 줄고 본인의 선택에 따른 결혼이 늘어나면서 쉽게 이혼하는 현상으로 나타나 최근 들어 한국인의 이혼율이 급속히 증가하고 있으며, 이혼에 따른 자녀 양육 문제가 심각한 사회 문제로 떠오르고 있다.

달라진 연애관과 결혼관

최근 젊은 층의 연애관은 급격히 달라지고 있으며, 이러한 연애관은 중년층에게까지 파급되고 있다.

과거에는 남성이 주도하는 연애가 주를 이루었다면, 최근의 젊은 층은 남녀 모두 이성과의 만남에 매우 적극적이며, 자신의 가치를 높이기 위해 투자를 많이 한다. 이로 인해 성형외과가 만원을 이루고 패션 업계가 호황을 누린다. 직업이나 학벌 같은 요소 외에 개인의 외모나 매력 등이 배우자를 선택하는 주요 요소로 작용하고 있다.

더 이상 연애 경험은 결혼에 장애가 되지 않으며, 성공적인 결혼을 위해서는 다양한 연애 경험을 가지는 것이 좋다고 생각하는 젊은 층이 늘고 있다. 이들은 이런 이유로 쉽게 만나고 쉽게 헤어지기도 하지만 오히려 더욱 신중하게 상대방을 선택한다. 가족 중심의 결혼이 개인 중심의 결혼으로 바뀌면서, 결혼은 개개인의 능력이 주요 요소로 자리 잡아 가고 있는 것이다. 배우자의 직업에 대한 선호도도 많이 변하고 있다. 과거에는 안정적인 전문직을 선호하였지만 최근에는 연예인이나 자유직에 대한 선호가 상대적으로 증가하고 있다. 또한 과거의 여성이 결혼 후 전업 주부로 사는 경향과는 달리, 남자들 역시 여성 배우자를 선택하는 주요 요소로 직업을 꼽고 있다.

이는 맞벌이라는 한국 사회의 새로운 구조와 무관하지 않다. 도시의 비싼 주거 비용과 소비 문화의 고급화 경향 등을 고려하여 결혼 후 맞벌이에 대한 선호도가 매우 높기 때문이다. 연애에 대한 의식은 더욱 자유로워졌지만, 결혼의 선택은 오히려 더욱 신중해지는 현상이 대조적으로 보인다. 이는 비단 한국 젊은이들의 특성만은 아닐 것이다. 국제화 시대에 인터넷 환경의 발달로 인한 정보 공유와 각종 매체가 쏟아내는 다양한 정보, 개인의 국제적 활동 등을 바탕으로 결혼이나 연애에 대한 시각이 매우 빠르게 서구화되고 있음을 알 수 있다.

현대 한국 문화에서 변화가 큰 것 중 하나가 '결혼' 문화이다. 최근 결혼율은 여러 가지 이유로 낮아지고 있는데 그 이유는 먼저 여성들의 결혼 기피 현상을 들 수 있다. 아직까지 전통적 사고방식을 가진 가족 중심의 결혼 제도에 적응하기 어려운 젊은 여성들은 결혼을 아예 기피하고 있다. 결혼 후 육아에 대한 부담과 직장 생활을 병행하기 어려운 환경, 남성 중심의 가정생활과 시부모 봉양 의무 등에서 벗어나고자 하는 사고가 늘고 있고, 여성이 사회에 진출하려는 의지가 커지고 안정적인 직업을 갖게 됨으로써 결혼에 대한 필요성을 절감하지 못하는 것도 이유이다. 이는 과거 가부장 중심 사회에서 여성의 희생을 요구하던 문화가 변화하고 있음을 의미하며, 딸을 둔 부모 또한 자신의 딸이 재능을 발휘하지 못한 채 가정생활에 묻히기를 원하지 않기 때문이다. 이런 이유로 남자 못지않은 경제력과 사회적 능력을 가진 여성을 지칭하는 '알파걸'이나 이런 능력을 가진 채 늦게까지 결혼을 하지 않는 '골드미스'라는 용어가 생겨나고 있다. 현대의 젊은 여성들에게는 결혼이 더 이상 당위가 아닌 선택이 되어 가고 있는 것이다. 이러한 경향은 일부 남성에게도 나타나고 있어 결혼을 하지 않으려는 젊은 층이 증가하고 있다. 결혼의 당위성을 느끼는 젊은이보다는 결혼과 연애를 분리하려는 시각을 가진 사람들이 늘고 있음을 의미한다.

둘째, 결혼관에 대한 시각이 변하고 있다. 이는 개인의 능력을 중요하게 여기는 사회 풍조나 젊은 층의 국제화에 따른 의식 변화에 기인한다. 즉 국제결혼 비율이 크게 증가하고 있고 이에 대한 기성세대의 시각도 변화하고 있다. 국제화에 따라 외국어 능력 소유자가 늘고 타문화에 대한 이해가 넓어지면서 더 이상 결혼 대상자를 내국인에만 한정하지 않는 사고의 변화가 한몫을 하고 있다. 또한 남자가 여자보다 나이가 많아야 한다든지, 이혼한 여자는 초혼 남자와 결혼할 수 없다든지 하는 고정관념도 파괴되고 있다. 아직까지 부모 세대의 반대를 겪고 있기는 하지만, 주위에서 이런 결혼을 발견하는 것은 어렵지 않은 풍경이 되어 가고 있다. 즉 전통적 관념에 매어 있기보다는 개인의 능력이나 당사자 간의 사랑에 초점을 두고 있는 것이다. 결혼이 과거에는 가족 간에 이루어지는 가정의 중요한 일이었다면, 이제는 개인의 선택이 더 중요하다는 인식이 점점 늘고 있는 것이다.

이와 더불어 최근에는 주로 농촌 지역 남성들이 동남아 여성을 배우자로 맞는 국제결혼이 늘고 있다. 이는 결혼 적령기의 여성들이 농촌 지역 남성을 결혼 대상자로 선호하지 않는 사회적 현상 때문인데, 나이 많은 한국 남성과 나이 차가 큰 이주 여성의 결혼이 급증하고 있어 한국 문화의 새로운 현상으로 나타나고 있다. 이는 한국 사회를 다문화 사회로 이끄는 동인이 되고 있으며, 다문화 사회로의 진입에 대한 한국인의 시각도 적극적인 방향으로 바뀌어 가고 있는 추세이다.

셋째, 아직까지 흔한 일은 아니지만, 한국 내에서도 동성애자가 늘고 있다. 서양과 비교해 적은 편이지만 이들에 대한 사회적 시각은 매우 빠르게 변화하고 있다. '단지 다를 뿐'이라는 허용적 시각이 늘고 있는데, 이는 과거 한국 사회의 보수적 결혼관을 볼 때 매우 큰 변화라고 할 수 있다. 하지만 여전히 대다수의 결혼은 부모의 허락하에 가족과 가족의 결합으로 인식하는 경우가 더 많은 게 사실이다. 국제결혼과 동성애자에 대한 시각 변화는 '혈통과 전통'을 매우 중요하게 여겨 온 한국인의 의식 구조가 크게 바뀌고 있음을 의미한다.

이러한 결혼관의 변화는 결혼 후의 연애나 이혼률의 증가로 이어지고 있다. '포장으로 이루어진' 결혼은 신분 상승이나 신분 유지의 방편으로 삼지만, 연애는 '비포장된' 본성의 실현이라는 이중적 잣대를 가지게 된 것이다. 최근 이러한 경향은 드라마에도 반영되어 '불륜'이나 '이혼'이 주요 소재가 되고 있다. 이혼에 대한 시각도 매우 달라져서 더 이상 애정이 없이 의무감만으로 결혼생활을 지속하는 것은 무의미하다고 보거나 자녀를 책임져야 한다는 부모로서의 책임 의식이 엷어지고 있다. 최근에는 '황혼 이혼'이 증가하고 있고 이혼 이후 자녀 양육권을 서로 떠넘기려는 사람조차 생겨나고 있다.

　　이러한 현상은 과거의 가부장적 문화에 억눌려 지내던 많은 여성이 더 이상 이러한 관습을 받아들이려 하지 않고 개인의 행복에 더 무게 중심을 두게 되었기 때문이다. 한국의 대중가요는 대부분 '사랑' 노래라는 말이 있을 정도로 남녀 간의 사랑에 대한 관심은 뜨겁다. 이제 여성들은 더 이상 과거와 같은 희생과 봉사, 복종의 삶을 원하지 않으며 자유로운 연애관에 더욱 관심을 보이게 되었다. 여성의 경제적 지위가 향상될수록 향후 이러한 경향은 더욱 늘어날 가능성이 높다. 한국 사회에서 가장 빠른 사회적 변화를 보이는 영역이 결혼과 이혼 현상이라고 하겠다.

세계의 이혼율

　　현대 한국인의 결혼관은 크게 변화하고 있다. 특히 도시를 중심으로 여성의 결혼관은 결혼의 당위성에 대한 부정에서 부터 결혼에 대한 선택론에 이르기까지 다양하게 나타난다. 그로 인해 가족주의는 점차 해체되고 있으며, 이혼이나 늦은 결혼에 따른 '홀로 살기'도 늘고 있어 점차 결혼의 양상이 서구화되어 가고 있음을 확인할 수 있다. 〈표9-1〉은 연도별 혼인 및 이혼 건수를, 〔그림 9-1〕은 그것을 그래프로 나타낸 것이다.

〈표9-1〉 연도별 혼인과 이혼 통계

연 도	혼인 건수	이혼 건수
1970	29만 5137	1만 1615
1980	40만 3031	2만 3662
1990	39만 9312	4만 5694
2000	33만 4030	11만 9982
2002	30만 6573	14만 5324
2005	31만 6375	12만 8468
2006	33만 2752	12만 5032
2007	34만 5592	12만 4590

자료: 통계청.

　　그래프를 보면 급격한 이혼율의 증가 현상을 볼 수 있다. 특히 2002년에 이르러 가장 높은 이혼율을 보이는데, 한 조사 결과에 따르면 이때 한국의 이혼율이 47.4퍼센트를 기록했다. 1980년 5.9퍼센트, 1990년 11.4퍼센트이던 것에 비하면 10년 사이 4배나 높아진 셈이다. 세계에서 이혼율이 높은 나라 중 미국(51%), 스웨덴(48%)에 이어 3위를 차지하였는데, 사회적으로 이혼에 관대한 것으로 알려진 노르웨이(44%), 캐나다(38%), 프랑스(33%), 독일(30%) 등에 비해서도 상당히 높은 편이다.[5] 이혼율의 증가는 아이의 양육 문제 등 다른 사회적 문제를 불러오고 재혼의 증가가 새로운 문화 현상으로 나타나고 있기도 하다.

〔그림 9-1〕 연도별 혼인과 이혼 통계

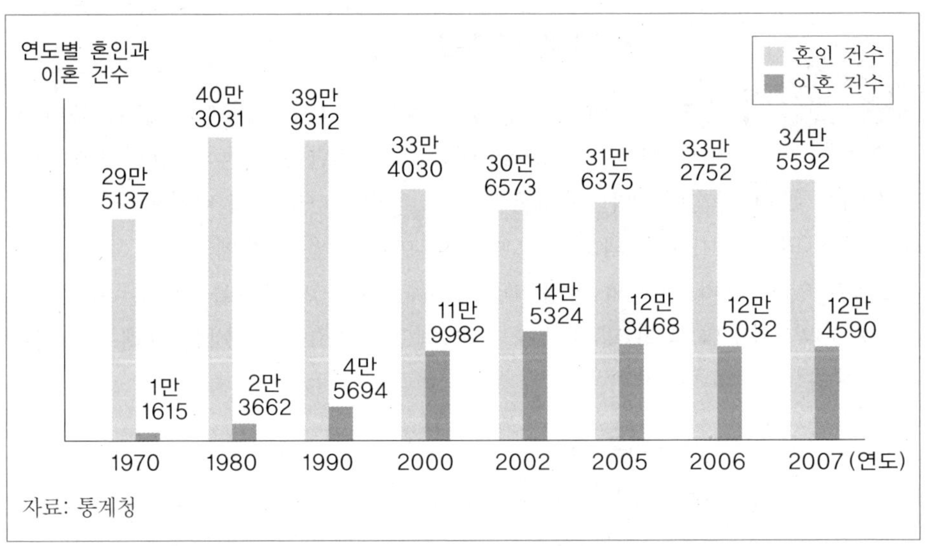

---

5) 중앙일보(2004. 1. 26) 기사 참조.

3. 한국인의 직업관

　최근 한 신문 보도에 따르면 신입 사원이 입사 1년 뒤 절반 이상 떠난다는 통계가 있다. 중소기업의 경우는 더해서 대기업의 두 배에 달하는 신입 사원이 1년 내에 회사를 그만둔다고 한다. 평생직장을 선호하는 한국인의 이러한 변화는 어디에서 온 것일까? 종신 고용이 사라지는 것을 보며 자란 신세대가 불확실한 미래보다 즉각적인 만족과 보상을 원하기 때문인지도 모른다. 이 장에서는 달라지고 있는 한국인의 직업관을 자세히 살펴본다.

관련 내용 ● 434쪽

한 출판사의
편집실 근무 장면

문화포커스

1. 한국인 기성세대와 신세대의 직업관은 어떻게 다를까?
2. 피터팬 증후군의 의미와 탄생 배경은 무엇일까?
3. 직업관의 변화가 한국인의 삶에 어떤 영향을 미치고 있을까?

문화키워드

피터팬 증후군　　　직종 선호도　　　이직률

한 통계조사에 따르면 한국인이 가장 선호하는 고용 형태는 정규직(37.4%)이다. 그 다음이 개인 사업(35.2%), 프리랜서(28.4%) 등의 순이다. 세대별로 선호하는 고용 형태에 차이가 있는데, 10대는 프리랜서(37.3%)와 정규직(37.3%)을 같은 비율로 선호하고, 20대는 정규직(45.2%)을 가장 많이 선호하였다. 실제 직장인의 대열에 들어는 30대는 개인 사업(37.4%)을 가장 선호하고 그 다음으로 정규직(33.6%), 프리랜서(26.3%) 순으로 선호하는 것으로 나타났다.

이러한 통계들을 보면 한국인은 고정적 직장을 선호한다는 것을 알 수 있다. 이는 일본과 마찬가지로 한국인에게 직장은 평생직장이며 회사를 위해 개인을 희생해야 하는 곳, 나의 모든 창의력과 능력을 쏟아붓는 곳으로 인식한다는 증거이기도 하다. 또한 불안정한 한국 사회에서 경제적으로 안정된 고정직을 선호하는 것도 또 다른 이유이다.

하지만 최근 이러한 직업관이 변화하기 시작했다. 최근 젊은이의 직업관을 '피터팬 증후군'이라는 말로 묘사한다. 영원히 어른이 되지 않는 곳에 사는 자유로운 사람이 되고 싶은 젊은이들의 속성을 빗대어 하는 말이다. 실제로 대학을 졸업하고 나서 정규직에 취직하지 않고 아르바이트 형식으로 돈을 벌면서 자신만의 시간을 갖는 사람들이 늘고 있다. 정시에 출근하고 퇴근해야 하며 상사의 눈치를 보며 업무를 감당해야 하는 직장의 틀에서 벗어나고 싶어 하는 사람들이다. 같은 이유로 상대적으로 자유 시간이 많은 프리랜서를 선호하는 경향도 늘고 있다. 일하고 싶을 때 일하고 쉬고 싶을 때 쉴 수 있는 직업을 선호하는 것이다. 자유로운 옷차림에 주위의 눈총이나 간섭을 받는 일이 없고 서열화된 직급도 없으며 개인적 능력에 맞게 주어진 일을 할 수 있는 직업을 선호한다.

최근 직장을 선택하는 기준도 연봉이라는 경제적 조건보다는 휴가나 사원 복지와 같은 여타 조건으로 바뀌고 있다.

직업관의 변화에 따른 삶의 변화

현대 한국 사회는 점차 경직된 대형 관료 조직이 무너지고 자유롭고 개성적인 조직이나 창조적 개인들이 늘고 있다. 과거에는 직장을 자주 옮기는 사람은 주위의 곱지 않은 시선을 받아야

했다. 사회 부적응자라거나 인간관계에 문제를 가진 사람으로 치부되기 쉬웠고, 평생을 한 직장에 봉사하고 희생하는 것이 의미 있는 직장 생활이라고 여겼다. 하지만 최근에는 직장을 옮겨 다니는 것도 능력이라는 의식을 가진 사람이 있다. 자신의 적성에 맞고 보람을 찾을 수 있는 일과 기회를 찾아 옮겨 다니게 된 것이다. 나이든 사람은 현재의 직장을 옮길 생각이 없다는 의견이 높음에 반해 30대 이하 젊은이는 직장을 옮길 준비를 하겠다는 의견과 당장 옮기겠다는 의견이 아주 높다.

하지만 통계조사에 따르면 여전히 반 이상의 한국인은 한 직장에서 근무하는 것이 가장 바람직하다고 생각하고 있음을 알 수 있다. 아직도 우리나라 사람들은 한 직장에서 오래 근무하는 것이 여러 직장을 경험하는 것보다 훨씬 더 바람직하다고 생각하는 것으로 해석된다. 따라서 직업관의 변화는 최근 젊은이 사이에서 새롭게 생겨나고 있는 현상임을 알 수 있다. 사실 '피터팬 증후군(Peter Pan Syndrome)[6]' 이라는 말은 부정적 의미로 주로 사용한다. 자립할 나이가 되었는데도 부모나 사회에 의존하려는 나약해진 심리 현상을 말한다. 이는 가정의 과보호에 길들여져 각박해진 현실 생활에 적응하지 못하고 이로 인한 불안 심리, 도피 의식으로 나타난 현상이다. 성취 지향의 사회 현상이 안고 있는 필연적 역기능으로 볼 수 있다.

그러나 이러한 변화는 새로운 시스템을 가진 기업의 등장을 예고한다. 출퇴근 시간과 같은 규정을 그다지 중요하게 여기지 않으며, 회사의 발전보다는 구성원의 발전을 앞세우고, 회사는 구성원들이 자신 인생을 연출하는 무대가 된다. 부장이니 과장이니 하는 서열 제도가 없어지고 아무리 젊은 사원이라도 능력이 있으면 승진할 수 있다. 물론 기성세대는 이런 변화를 환영하지 않을 것이다. 또한 이러한 현상이 회사의 발전과 업무에 더 효율적일 거라는 보장도 없다. 그럼에도 불구하고 노동자의 피와 땀만이 모든 가치의 원천이라는 주장은 이미 의미를 상실한 지 오래이며, 창의력과 도전 의식 없이는 기업이나 개인 모두가 유의미한 결과를 얻을 수 없다는 점에 공감하고 있다.

---

6) 피터팬 신드롬이라고도 한다. 동화에 나오는 피터팬은 어른 사회에서 '공상의 섬'으로 떠나, 이 꿈나라에서 모험하는 영원한 소년이다. 1970년대 후반부터 미국에는 어른들의 사회에 끼어들지 못하는 '어른아이'의 남성이 대량으로 발생하기 시작하여, 이 남성들이 보여 주는 마음의 증후군을 임상심리학자인 D.카일리 박사가 피터팬 증후군이라 한 것이다. PPS(피터팬 증후군)는 전사춘기前思春期에서 청년기에 이르는 각 발달 단계에서 그 기본 증상을 차례로 나타낸다(교육심리용어사전).

그 밖에 직종 선호도에서도 많은 변화를 보인다. 과거에는 전통적인 교육직이나 군인, 대기업체 사무원에 대한 선호도가 높았으나, 최근에는 신종 직업인 컴퓨터 프로그래머나 펀드매니저와 같은 직업에 관심이 많다. 또한 요리사나 연예인도 선호도가 아주 높다. 이는 직업상의 업무 스트레스와도 관련되는데, 직장 내에서 승진에 따른 어려움과 직무에 대한 역할 갈등이 스트레스의 주된 원인으로 파악할 수 있다. 상대적으로 조직 사회가 아닌 개인적 전문성을 바탕으로 하는 업무를 선호하는 것과 무관하지 않다고 해석할 수 있다.

최근 한국인의 직업관은 일 중심에서 차츰 가족 중심, 여가 중심으로 이동하는 양상을 보인다. 주 5일제 근무의 정착은 이러한 의식을 반영한다. 또한 여성의 취업도 현격히 늘고 있다. 여성은 결혼 이전에만 취업하는 것이 바람직하다거나, 직업을 가진 여성보다는 현모양처형의 전업주부가 좋다는 말은 옛말이 되어 가고 있다. 한편 자신의 경제력과 상관없이 노년에 소일할 일자리를 찾는 것도 최근 나타난 사회 현상 중 하나이다.

동서양 각 나라의 이직률

　　최근 한국인의 직업관은 직업 선택의 기준부터 직업 선호도 모두에서 크게 변화하고 있다. 보수보다는 자신의 여가를 소중히 하고, 고정적 직업보다는 자유로운 전문직을 선호한다. 이러한 추세는 높은 이직률과도 관계가 있음을 확인할 수 있었다. 〈월간조선〉의 조사에 따르면 미국인은 40대까지 블루칼라는 10~20번, 화이트칼라는 5~10번 직장을 옮긴다는 결과가 있다. 평균적으로 2~3년에 한 번 꼴로 직장을 옮긴다는 뜻이다. 한국 직장인의 이직률과 비교해 보면 상당히 높다.

우리가 기억하는 미국인은 유머와 농담, 취미 생활, 스포츠를 좋아하고 인생을 즐기지만, 그들의 직장 생활로 들어가 보면 한국인과 마찬가지로 많은 스트레스에 시달린다고 한다. 높은 이직률은 자유로운 삶을 선호하는 것으로 보이는 미국인이 자신의 적성에 맞는 일을 찾아 직장을 옮기는 것으로도 보이지만, 달리 보면 자유로운 해고 제도 때문인 것일 수도 있다. 미국인은 해고에 민감하지 않으며 쉽게 다른 직장을 찾고자 한다.

잦은 이직은 능력 있는 개인도 자신만의 가치를 회사 내에서 계속해서 보장받기 힘들다는 것을 의미한다. 경험 없는 대졸자들은 이름 있는 회사에서 첫 직장을 구하기가 무척 어렵고, 들어가더라도 살아남기 위해서 피나는 노력을 하지 않을 수 없다. 이러한 이유로 자연히 회사의 생산성은 높아지며 하루 여덟 시간 일을 하는 경우라도 회사가 원하는 수준의 생산성이 나오게 되어 있다. 그러나 한국의 회사에서는 여덟 시간 이상을 근무하더라도 실제로 일을 하는 시간은 상대적으로 적어져 생산성이 떨어질 수도 있는 문제가 있다.

일본인의 직업관은 회사에 대한 절대적인 충성으로 표현할 수 있다. 일본인은 직장을 더 큰 가족 사회처럼 여기며 웬만한 가정사보다 더 중요하게 여겨 왔고, 반대로 직장은 종업원을 가족처럼 잘 보살펴 주며 화답해 왔다. 일본도 많이 서구화되어 평생 고용의 개념이 사라지고 있다고는 하지만 여전히 가족주의적 직업관은 뿌리 깊다고 볼 수 있다.

한편 최근 중국의 이직률은 아주 높다고 한다. 이는 직업 선택에서 가장 중요한 기준을 수입에 두는 중국인의 직업관에서 비롯된다. 조금이라도 더 받을 수 있는 곳이라면 쉽게 직장을 바꾸기 때문이다.

4. 한국인의 건강관

삶에서 가장 중요한 가치는 무엇인가? 경제성장에 주력하던 한국인에게 삶의 가치가 물질적 풍요에 있었다면, 최근 한국인에게 삶의 가치는 정신적 풍요로 옮겨 가고 있다. 더불어 건강에 대한 관심도 지대해졌다. 그리고 이러한 관심은 일종의 문화로 나타나고 있다. 한국인에게 웰빙 열풍은 식품과 가전, 주거에 이르기까지 광범위하게 나타나고 있다. 과도한 다이어트는 외모 지상주의의 병폐이며 웰빙 제품의 상업화 역시 사회의 병폐가 되기도 한다. 이 장에서는 최근 일고 있는 정신과 육체의 조화를 통한 삶의 가치 추구에 대해 살펴본다.

관련 내용 ➡ 438쪽

웰빙 열풍과 함께
성행하고 있는 요가

문화포커스

1. '웰빙(well-being)'의 의미와 탄생 배경은 무엇일까?
2. 웰빙 문화가 한국인의 삶에 어떤 영향을 미치고 있을까?
3. 한국의 '웰빙'의 특징은 무엇일까?

문화키워드

웰빙　　웰빙 열풍　　웰빙 제품

최근 점심시간을 이용해 걷거나 헬스클럽에 가는 직장인이 늘고 있다. 퇴근 후에도 친구들과 술을 마시거나 집에서 텔레비전을 보는 대신 헬스클럽에 가거나 집 근처의 공원에 나가 걷거나 자전거를 타는 사람들도 늘고 있다.

새로 지은 아파트에는 주민 편의 시설로 헬스클럽이나 산책로를 만들기도 하고 간단한 골프 연습장을 만들기도 한다. 살기 좋은 아파트의 조건으로 산책이나 운동로를 갖춘 뒷산이나 걷기에 적합한 고수부지 등이 큰 인기를 끌고 있다.

저녁 시간에 집 근처의 학교 운동장이나 공원에 나가 보면 밤 늦도록 운동을 하러 나온 주민들을 쉽게 만날 수 있다. 아이들과 함께 걷기를 하는 가정주부, 운동복 차림에 달리거나 찜질방에서 살을 빼는 직장인, 인라인을 타는 청소년 등 주민들이 가로등 아래서 열심히 운동하고 있는 모습을 볼 수 있다.

여가 시간을 활용한 운동 외에 더욱 적극적으로 건강관리에 나서는 사람들도 있다. 주변의 문화센터나 스포츠클럽에 등록해 요가나 필라테스와 같은 '웰빙 운동'에 열중하는 사람들이 늘고 있다. 이러한 현상으로 인해 '멘탈 비즈니스'(정신세계를 다룸에서 유래) 또는 '워크아웃 프로그램'(자아를 일깨움에서 유래)이라고 불리는 웰빙 운동 시장의 규모가 급성장하고 있다.

'웰빙'이라는 말은 운동뿐만 아니라 음식을 비롯해 한국인의 일상 속에 깊숙이 파고들었다. 이른바 좋은 음식을 먹고 열심히 운동하는 웰빙(well being) 열풍이 불고 있는 것이다. 유기농 음식과 같이 몸에 좋은 음식을 찾는 사람도 늘고 있으며, 건강을 위해 육식을 피하는 '베지테리언(vegetarian)'도 늘고 있다.

조화로운 삶을 추구하는 웰빙 문화

웰빙(well-being)이란 육체적·정신적 건강의 조화를 통해 행복하고 아름다운 삶을 추구하는 삶의 유형이나 문화를 통틀어 일컫는 개념이다.[7] 산업의 발달은 인간에게 물질적 풍요를 주었지만 그만큼 정신적 여유는 적어졌다. 한국인은 그동안 경제 발전을 위해 매진

---

7) naver.com 자료 참조.

했지만 정작 가정이나 개인의 삶에는 소홀히 해 왔다. 하지만 최근 이러한 생각이 변하기 시작했다. 물질적인 풍요보다도 정신적 건강에 신경을 쓰기 시작한 것이다. 1970년대가 경제 발전에 관심을 가진 시기였고 1980년대가 경제 발전을 실현한 시대였다면, 1990년대를 거쳐 2000년대에 이르러 이제 한국인의 관심은 '경제'에서 '건강', '환경', '문화'로, 양적인 삶에서 질적인 삶으로 옮겨 가고 있는 것이다.

웰빙이라는 용어가 본격적으로 나타나기 시작한 것은 2000년 이후의 일이다. 웰빙을 추구하는 것은 세계적인 추세로 볼 수 있다. 한국에서 웰빙 열풍이 형성된 것은 그리 오래되지 않았다. 2003년 이후 웰빙(문화)이 확산되어 건강, 음식, 여행 등 각종 상품이 출시되기 시작했고, 최근에는 웰빙 관련 인터넷 사이트도 많이 생겼다. 웰빙에 관심 있는 이른바 웰빙족을 겨냥한 기업의 마케팅 전략이 적중하여 각종 건강 관련 상품이 불티나게 팔리고 있다. 도시의 공해에 찌든 사람들은 깨끗한 자연환경을 동경하게 되었고, 도시에서 즐길 수 있는 다양한 웰빙 활동에 주의를 기울이게 되었다. 특히 전문직 종사자들의 호응이 높고, 스트레스로 인한 삶의 부작용들을 건강 요법으로 치유하고자 하는 이들이 늘었다. 최근 친환경 농산물을 취급하는 전문 매장이 빠르게 늘어나고 있는 것도 웰빙 열풍의 영향이라고 볼 수 있다. '잘 먹고 잘 살기'라는 대중매체의 프로그램을 통해 웰빙 개념은 일반인에게도 확산되었으며, 텔레비전에서 몸에 좋다는 음식이 소개되면 다음 날 슈퍼에서 해당 물건이 품절되는 웃지 못할 일이 벌어지기도 한다.

최근 발생하는 각종 환경 재해와 암과 같은 질병에 대한 공포도 웰빙 개념의 확산에 기여하고 있다. 일부 사람들은 아예 도시를 떠나 시골에 정착하여 자연인의 삶을 추구하기도 한다. 웰빙 개념이 주거 환경에까지 확산되면서 많은 사람이 '새집 증후군'에도 관심을 갖게 되었다. 그리고 새 아파트의 벽에 숯을 바르거나 공기 청정기를 설치하는 등 건강에 대한 관심이 최고조에 달하고 있다. 한편 이러한 대중매체의 보도는 전문직이나 고소득층을 대상으로 하는 고급 소비의 또 다른 일면이라는 비판도 제기되고 있다. 웰빙 제품으로 소개되는 상품들이 생활필수품이라기보다는 고가의 제품이기 때문이다. 웰빙 열풍은 한국인의 술 문화에도 영향을 미치고 있다. 삼겹살과 소주로 대표되던 모임 자리는 보리밥이나 쌈밥, 한식 위주의 식단으로 바뀌고, 소주 대신 건강에 좋다고 알려진 붉은 포도주와 막걸리의 판매량이 증가하고 있다.

국내 기업들은 기존 상품의 마케팅에 웰빙을 활용하는 데 그치지 않고, 건강·환경 관련 신기능을 부가한 신제품 개발에도 주력하고 있다. 먼저 식품 분야에서는 조류독감이나 광우병 등 건강을 위협하는 식품에 의한 질병의 발생 이후 몸에 좋다는 샐러드나 호밀빵, 골다공증·탈모·노화 등을 예방한다고 알려진 검은콩·검은깨·검은쌀을 중심으로 한 블랙푸드(black food) 열풍이 불기도 했다. 맥반석을 사용한 오징어구이나 오색 과일 먹기 운동도 모두 웰빙을 추구하는 마케팅에 속한다. 가전업계에서는 은나노 기술을 이용하여 살균 효과를 강화한 세탁기와 냉장고를 개발하기 시작했다. 은입자 항균 코팅 처리로 박테리아의 번식을 완벽하게 차단한다는 것이다. 음이온을 발생하는 에어컨이나 체지방을 측정하는 웰빙폰, 혈당을 체크하는 당뇨폰도 등장했다. 황토나 진흙을 이용한 화장품이나 친환경 속옷도 인기다. 또한 고기능·친환경 소재를 원료로 한 다양한 건강 섬유도 속속 등장하고 있다. 땀을 빨리 배출하거나 항균 기능이 있는 소재나 자외선 차단 소재 등이 주목받고 있으며, 대나무·옥수수 등의 식물이 친환경 섬유 원료로 각광받고 있다. 스포츠, 레저 패션이 새로운 트렌드로 부각되기도 했는데, 웰빙 열풍으로 운동복이 외출복을 대체하게 된 것이다. 이처럼 웰빙은 한국인의 일상생활 속에 깊숙이 스며들고 있다.

동서양의 웰빙 열풍

웰빙은 한국에서만 일어나고 있는 변화가 아니다. 그러나 한국의 웰빙과 구미의 웰빙에는 큰 차이가 있다. 한국의 열풍이 대중매체를 통해 사람들의 일상에 파고들었다면, 구미의 웰빙은 사회 대안 운동으로 활발히 전개된 채식주의, 생태주의, 히피 등의 영향으로 시작되었다. 또한 서구에서는 고령자, 여성, 장애인 등 사회 약자를 위한 복지 차원의 사회적 웰빙을 중요하게 생각한다. 남성에 비해 상대적으로 소외되어 오던 여성의 건강을 관리하고 사회복지를 실현하기 위해 웰빙 센터 등을 운영하였고, 마사지 요법, 자연 요리법, 요가 강좌가 열렸다. 일본에서의 웰빙도 구미와 마찬가지로 복지(welfare)의 새로운 개념으로 도입되기 시작했다. 인간의 다양성에 기초를 둔 생활 방식을 선택하고 삶의 질을 향상시키기 위하여 웰빙 개념을 도입하고 자연환경을 가꾸는 것도 복지의 일부로 생각하였지만, 한국에서는 더욱 질 높은 삶을 추구하는 사람들을 위한 개인적인 웰빙이 강조되었다. 그 밖에도 구미의 웰빙과 한국의 웰빙에는 많은 차이가 있다. 〈표 9-2〉는 세계의 여러 나라와 한국의 웰빙 문화를 비교한 것이다.

〈표 9-2〉 웰빙 개념의 확산에 따른 선진국과 한국의 차이점

구 분	구 미	일 본	한 국
본격적 등장 시기	1990년대 이후	1990년대 이후	2000년대 이후
등장 배경	• 사회 대안 운동 확산과 함께 생활 속에서 웰빙 개념 체득	• 건강 붐 조성	• 대중매체의 적극적 개입 • 황사, 광우병 등 환경 재해에 대한 공포
사회적 웰빙과의 관련성	• 여성 건강 및 복지와 관련	• 고령자 · 장애인 등의 복지와 관련	• 복지와는 무관 • 개인적 웰빙 추구에 집중
웰빙 시장의 범위	• 유가 관련 상품 • 유기농 · 자연 식품	• 건강식품 중심	• 식품, 가전, 섬유, 건설 등 전 분야에 영향

자료: 전영옥 · 윤종언. 「웰빙 문화의 등장과 향후의 전망」(삼성경제연구소, 2005).

한국의 웰빙 문화는 빠른 사회 변화와 무거운 업무로 인한 스트레스에서 벗어나려는 현대인이 추구하는 새로운 삶의 방식이다. 어느 쪽이 옳다고 단정적으로 말할 수는 없지만, 구미에 비해 지나치게 개인의 삶에 국한된 웰빙을 넘어서서 인간 본연의 삶을 중시하는 차원 높은 웰빙 문화로 발전해야 할 것이다.

참 고 문 헌

라도삼. 「한국 인터넷의 발전과 사이버 문화의 이해」. 서울시정개발연구원, 2003.
박선영 · 이지은 · 김유진. 「소비자 신뢰 구축을 위한 웰빙 마케팅 전략 – 구매 고객과 잠재 고객 모델 비교를 중심으로」. 통합학술대회, 2007.
전영옥 · 윤종언. 「웰빙 문화의 등장과 향후의 전망」. 삼성경제연구소, 2005.
추병완. 「사이버 범죄의 현황과 대응 방안」. 2002.

Step 1 ➡ 본문 읽고 토론하기

※ 세계적인 조류에 맞물려 한국 사회는 빠르게 변화하고 있습니다. 다음은 한국인의 일
   상생활과 사회에 반영된 가치 의식의 변화를 설명하는 본문 내용 중 일부입니다. 잘
   읽고 각자의 생각을 자유롭게 말해 봅시다.

> 평생직장을 선호하던 기성세대들과는 달리 자신의 적성에 맞고 보람을 찾을
> 수 있는 일과 기회를 찾아 직장을 옮기겠다는 젊은이가 많다. 한편 대학을 졸업
> 하고 나서도 정규직에 취직하지 않고 아르바이트 형식으로 돈을 벌면서 자신만
> 의 시간을 가지는 사람도 늘고 있다.

Step 2 ➡ 심화 확장하기

> "자유에도 한계가 있다.
> 익명성을 이용한 언어 폭력은
> 간접 살인이다."
> "사이버 세상에도 책임이 필요
> 하다."
>
> | 찬성 | 반대 |
> |------|------|
> | 43.2% | 56.8% |
>
> "어디까지가 모독인가. 객관
> 적인 기준이 없다면 표현의 자
> 유를 억압하는 것일 뿐이다."
> "현행법으로 충분하다."

  일부 몰지각한 네티즌들의 악플과 악성 루머에 시달리던 한 연예인의 자살로 파
문이 인 적이 있다. 한국 정부는 '사이버 모독죄' 신설을 검토하겠다고 밝혔고, 이
에 대한 네티즌들의 찬반 논쟁이 이어졌다. 위의 결과는 대학생 150여 명의 찬반 의
견을 조사한 결과이다.

1. '사이버 모독죄'가 무엇일까요? 여러분은 '사이버 모독죄'가 필요하다고 생각합니
   까? 왜 그렇습니까? 함께 이야기해 봅시다.

2. 인터넷이 없다면 어떻게 살 수 있습니까? 여러분의 나라 사람들의 일상적인 삶에
   인터넷이 미치는 긍정적인 영향과 부정적인 영향을 조사하여 발표해 봅시다.

Step 3 ▶ 문화에 드러난 어휘

휴대전화, 인터넷, 넷티즌, 디지털, 채팅, 느림의 미학, 웰빙, 신인류	중립적	부정적	악플, 익명성, 자유분방, 3D 업종, 피터팬 증후군, 철새

Step 4 ▶ 문학작품을 읽고 토론하기

1. 이영도의 「드레곤 라자(Dragon Raja)」는 최고의 조회수를 기록한 인터넷 연재 소설로서 네티즌의 적극적인 호응 속에서 샤이버 문학 시대를 열었다. 이 작품을 통하여 사이버 공간이 현대 한국인의 문화생활에서 어떠한 영향력을 갖는지 토론해 봅시다.

2. 영화 「결혼은 미친 짓이다」를 감상하고 현대 한국인의 이성관, 연애관, 결혼관의 변화에 대하여 알아봅시다.

Readings in korean Culture for Foreigners

Chapter 1_ Korean Familism

Korean familism refers to the pure blood relationship binding members of the same family together. It is an important factor in the understanding of Korean cultural values to the extent that it contrasts with groupism and authoritarianism. This chapter examines the cultural value system of familism, which forms the base of Korean society.

1. Ceremony Culture and family Communality

The special feature of Korean culture is a typical familism based on Confucian patriarchy. Thus, with a strong family bond between a father and a son, filial piety based on Confucianism provided a foundation for Korean patriarchy. The culture of memorial ceremonies in Confucianism can be said to complete Korean filial piety which is to care for parents during their lives and honor ancestors through memorial ceremonies after they died. A memorial ceremony, which is the way to have eternal life for keeping them in descendants' memory, has become the factor to strengthen familism based on blood in Korean society.

Cultural Phenomenon The chief traditional ceremonies are 'deathday'(기일, 릳日) ceremonies, seasonal ceremonies, and memorial ceremonies held at gravesites. Deathday ceremonies are held annually on the day an ancestor died, and they are the most important ancestor worship ceremony in Korea today. Deathday ceremonies are typically continued for up to two generations. Next, seasonal ceremonies (사시, 四時) were traditionally held four times a year once during each of the four seasons. However, in modern times they are normally only performed during the two major national holidays of Lunar New

Year and Chuseok. During the Lunar New Year ceremony, Koreans eat rice dumpling soup (떡국), while during Chuseok they eat half-moon-shaped rice cakes (송편) and fruit. Finally, there are memorial ceremonies held at gravesites, in which family members visit their ancestors' graves to pay their respects. Although all three of these ceremony types may differ depending on the local community or family, the general procedure is always the same. First, they summon the spirit and greet them. Then they serve the spirit a cup of alcoholic drink, which is followed by a meal and tea. This may seem like a complicated ceremony, but it is actually similar to inviting people to one's home and serving them drinks and a meal. Traditionally, ancestor worship ceremonies started from midnight and lasted until 1:00 AM, when it is very quiet. These days, however, it is common for people to perform the ceremony whenever it is convenient after dark. These ancestor worship ceremonies are performed at the chief mourner's house, and while the participants are normally descendants of the ancestor, close relatives may also participate.

These days, young wives who are not used to doing a lot of housework feel much stress during ancestor worship ceremonies, and as a result such occasions often cause family conflicts. Nonetheless, most Korean families still believe it is important to honor their ancestors through worship ceremonies. In the past, ancestor worship ceremonies were performed chiefly by men, but recently they may also be performed by women. Some Christian families choose to perform a Christian service instead of a traditional ancestor worship ceremony, but this can also cause conflicts among family members. In this way, many changes are occurring with respect to the concept of ancestor worship ceremonies and their procedures.

Cultural Analysis

Familism and ceremony culture in the lives of Koreans

The culture of ancestor worship ceremonies is representative of the traditional worldview and passion of Koreans. In fact, unique aspects of Korean familism can be found in this culture of ancestor worship. Ancestor worship ceremonies are ways of practicing the Confucian virtue of "filial piety." Korean filial piety refers to taking care of one's parents while they are alive and performing ancestor worship ceremonies after they are deceased. A foreign anthropologist once noted that Koreans are the longest living people on earth. The reason is because one's descendants remain in memory for a long time through ancestor worship ceremonies long after they have died. These customs and beliefs are all rooted in the Confucianist concepts of eternal life.

The biggest event during national holidays such as Lunar New Year and Chuseok is the ancestor worship ceremony. In traditional Korean society, ancestor worship ceremonies were performed for political reasons in addition to religious reasons. During the Choseon dynasty, ancestor worship ceremonies were designated as common law and often performed for the purpose of showing family pride or some other purpose. In this way, ancestor worship ceremonies were a public way to remember and honor one's ancestors. Patriarchy in the Choseon dynasty was completed by authorizing the eldest grandson of the main family to perform the ancestor worship ceremonies. Further, the family was the core unit with respect to maintaining the social system, and the eldest son and grandson had the roles of maintaining family order. There was also favoritism in the form of granting ceremony performing rights to the eldest son and grandson; this was a way of reinforcing patriarchy. Choi Junsik (2002) calls this the "family right of kingship," which is comparable to "sovereignty." The right of performing a ceremony was considered to be granted from god, not the government. Political systems in which all of the power is concentrated at the top, that is, in the king, are similar to this system of Confucian patriarchy in which all power is concentrated in the eldest son.

Ancestor worship ceremonies represent familism in Korean life. Traditionally, the relatives who could participate in the ceremonies extended only to third cousins. Through these ceremonies, in which family members were able to form stronger bonds with each other, Korean familism became stronger. Further, ancestor worship ceremonies help justify family lineage through the eldest son. Indeed, Korean genealogic tables are the most developed in the world due to this ceremony culture. Korean genealogic tables are distributed at family meetings and they allow Koreans to encounter their ancestors through ancestor worship ceremonies even though they never had the chance to actually meet them.

The main duties of kindred associations (a regular meeting of family members) in Korea are to publish family registers and perform ancestor memorial services and seasonal memorial rites. However, familism of this form, which puts the family as the centerpiece of Korean life, is not without its negative aspects. For example, although kindred associations can strengthen solidarity among those with the same family name, they can by the same token be exclusionary toward those with different family names. In this way, kindred associations have a tendency to be conservative and family-centered. This type of family-centered thinking can lead to strong attachments to lineage, often resulting in a type of self-centeredness where consideration of other families or those belonging to other groups is lacking.

In contrast to Korean familism, in the USA it is often difficult to determine the names of one's great-great-grandfather or even great-grandfather. In societies built on individualism it is considered proper to become independent from one's parents as quickly as possible, and for this reason there is not much interest in one's ancestors. In groupism-oriented societies like Korea, however, the eternal continuation of the family group represents the most important social virtue, and therefore it is not considered proper to seek independence from one's family.

The change in ancestor worship culture

Korean ancestor worship comprises a set of beautiful customs. On ceremony days, all family members come from their separate homes and gather together to pay respect to their deceased parents by offering food and reinforcing the bonds among the family members. Recently, however, the culture of ancestor worship ceremonies has changed greatly. The younger generations often go abroad to enjoy their long vacation instead of returning home to participate in ceremonies.

More so than ever before, trends toward individualism are appearing in Korean society. Rules regarding the rights to perform and inherit family ancestor worship ceremonies, which used to be restricted to the eldest son, have been relaxed, and now both men and women, regardless of birth order, have equal rights of inheritance in Korea. Moreover, if the eldest son is not available to take charge of a family's ancestor worship ceremonies, then his siblings can perform them.

As for the negative aspects of filial piety and the culture of ancestor worship ceremonies, which are based on Confucianism, they tend to place unnecessary burdens on Korean women, such as obligations to always serve the family elders and perform a great deal of housework. It was partly for these reasons that a number of Koreans have voiced opposition to such traditional Confucian ceremonies, perhaps the most well-known of which is the book *The Country Lives if Confucius Dies*.

Burdensome housework could be reduced by reducing the number of ceremonies. There needs to be a rational adjustment among family members of family ceremony duties so that they do not unnecessarily waste time and place too many obligations on certain family members. In other words, the introduction of a certain degree of independence into the Korean group-minded value system could result in a more modern and healthy version of the traditional culture of ancestor worship. For example, the work required for a ceremony could be divided among family members, and a larger number of family members could contribute both financially and physically in ceremony planning as a way to preserve the tradition in modern times.

Korean thoughts expressed in ceremony culture

There is no specific history record of Korean ancestor worship ceremonies before the age of the Three Kingdoms. However, it is thought that such services were performed to worship nature to obtain luck from the divine. It is also assumed that the services developed into ancestor worship ceremonies during the Three Kingdoms period, with ceremonies being held by the royal families. However, because this time in Korean history was also largely influenced by China, it is thought that ceremonial rites were first adopted from Chinese culture and then altered to a unique, Korean style.

The peak of the ancestor worship ceremony culture in Korea was at the end of the Goryeo period when the gentry were actively trying to install family shrines according to "Juja's Customary Formalities of the Family" along with the adoption of Sung Confucianism. Ancestor worship ceremonies were first developed as social customs, later becoming formal rules during the Choseon dynasty, for example, "Five Customary Formalities of the Country" for royalty, and "Customary Formalities of the Family" for the rest of the populace class. This ancestor worship ceremony culture became an important part of people's lives as part of Confucian culture until the end of the Choseon dynasty.

In modern times, the worship of nature is considered superstitious, and thus much of the meaning behind the ceremonies has disappeared. Nonetheless, even today rites of sacrifice are performed at ancestral shrines, community auditoriums, and some households. In this way traditional Confucian ideas have influenced Korean culture.

Today there is a wide variety of ceremonial foods, including alcoholic drinks, chestnuts, fruits (dates, persimmons, pears), bowls of rice, noodle soup, rice cakes, chips, kebabs (meat, fish, crab), stew (meat, fish), tempura (meat, fish), jerky (meat, fish), seasoned vegetables, and kimchi. Further, seasonal foods including fruits, rice-cake soup and stuffed rice cakes are also used.

The reason ancestor worship ceremony culture has flourished in Korean society is related to Korean shamanism. There is pantheism, in which people believe that everything has a spirit, and there is animism, which is the belief that life resides in everything, including rocks. According to shamanism, humans return to nature after they die and share energy with those still living. Ceremonies are therefore held out of a sense of duty to one's ancestors while praying for the safety of their family.

Cultural Plus	**Familism and inheritance**

In a society based on blood relations, inheritance is often based on primogeniture (the firstborn son's right to the family inheritance). In the West, many stories from the Bible in which a family's inheritance was given to the eldest son have greatly influenced societies. There are also historical records showing that titles of nobility were often only given to eldest sons. If a father was a merchant, he would leave his business to the eldest son and teach his other children about business, leaving them with enough assets that they could be independent.

As for women, in most societies they could inherit land and exercise their property rights during the Middle Ages. Daughters often received land from their parents upon marriage, and sometimes still inherited land even after marrying into another family. Moreover, husbands transferred their land to their wives or gave them joint ownership before they died to give them a means to live.

These days, however, the tradition of primogeniture has disappeared from Western society. Assets are divided according to the will of the deceased, which means that in some cases a person can inherit something unexpectedly from a relative.

In Korea, until the middle of the Choseon era only the eldest son could receive an inheritance. However, the laws have gradually changed to allow all offspring the right to receive an inheritance. Before 1990, the eldest son, as head of the family, would receive a 1.5 proportion of the inheritance, whereas a younger son or unmarried daughter would get a 1.0 proportion, a married daughter would get a 0.25 proportion, and the wife would get also a 1.5 proportion (the same as the eldest son). Thus, although the eldest son no longer got all of the inheritance, assets were still not divided evenly, especially with respect to daughters who had married.

Familism in a multicultural society

In 1990, however, Korean civil law was revised to give all offspring the same rights of inheritance, regardless of age, gender, or marital status. Thus, it can be argued that with respect to inheritance laws, sexism has disappeared and everyone is treated equally. Sons and daughters may receive more inheritance if they take care of their parents while they are living, but this is neither related to the law nor to gender. Nonetheless, regardless of the current fairness of the legal system, there are still many examples of families leaving more inheritance to the eldest son because of the strong expectations on the eldest son to take care of his parents before they die.

2. Appearance of Korean Familism in Language

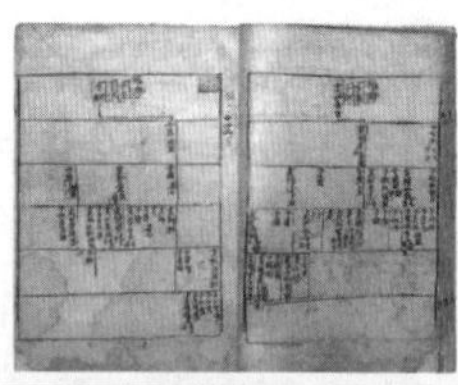

Related Content ⊙ p.20

The terms of address in a language can be a marker to reveal the social relationship between a speaker and a hearer. The terms of address of Korean are especially diverse. The hierarchy of the terms of address that is used within a family differs according to the proximity of kin, and the relationship of a maiden home genealogy and male oriented genealogy can be seen by the terms of address used within the family. The terms of address used within the family can be also used outside the family in order to express intimacy. The fact that the terms of address used to denote social position has also developed is quite unique. This is a linguistic marker that shows hierarchy, and it is a linguistic phenomenon that best reflects the Confucian characteristic of regulating standards of conduct based on social status.

Cultural Phenomenon Although the terms of address are very familiar to Koreans, to foreigners, diverse terms of address of Koreans are constantly unfamiliar and often puzzling. Most of the time they must 'agonize' and 'weigh' which terms of address to use when they could easily call others simply by their name. This sort of variety in terms of address does not only give foreigners difficulty in their study of language, but it also comes as a social phenomenon that is difficult to comprehend.

In Korean, there is distinctive amount of varying familial terms of address. Even though there are terms of address that exist for far relatives such as 'Tangsuk'(uncle) and 'Chonghyŏngje'(cousin), Korean speakers will use familial terms of address such as 'Ŏnni', 'Oppa', 'Hyŏng', 'Nuna', 'Imo', 'Ŏmŏni', 'Ajumŏni', and 'Ajŏssi' in very general everyday use. The first difficulty that migrant women who marry into Korean households face is trying to figure out what to call the various relatives that they meet during frequent family events. It is difficult to not be perplexed by the need to distinguish not only between the paternal and maternal terms of address, but also between the terms of address for close and far relatives. The diverse familial terms of address that is decided based on the relationship is also reflected in the terms of address used within a family. Therefore familial relations that are determined by this sort of terms of address surpasses the basic use of terms of address and symbolizes the blood relations between two people and thus forms the inseparable relationship of called 'the family'.

These familial terms of address of Korean ultimately expands its usage as the most intimate expression used to call others. Even though there is no blood relationship involved, familial terms of address is used to show the intimacy between two people. In Korea, without any distinction in age or sex, when there is an age difference in close relationships, familial terms of address is used. For example, the 'Sŏnbae' that one meets in college will become either 'ŏnni' or 'opa' depending on how intimate one becomes with the other. One can even go so much as to call a boyfriend who is older than one as 'opa'. Perhaps that is why in recent years, the term 'sŏnbae' has disappeared and the trend is to use familial terms of address regardless of actual familial ties. Although in formal settings in the workplace the terms '대리님' and '팀장님' are used, it is reported when alone, the terms 'hyŏngnim' and 'nunim' are being commonly used. Companies that emphasize family-like intimacy suggest doing so for the workplace atmosphere.

Moreover Koreans call salesperson at the store 'ŏnni' or 'opa' and vice versa. This is an example of using familial terms of address even when there is absolutely no personal relationship established. In result, some calls their favorite celebrities by the term 'opa' , and there had been instances where those who follow the celebrities are being called 'opabudae'('opa' groupie). So then what is the reason behind the wide usage of familial terms of address in Korea like these? What cultural characteristics are causing familial terms of address to be used expansively? If the fact that the terms of address reflect Korean culture isn't recognized, one will have trouble making and keeping social relationships. How Korean culture is displayed through the terms of address and their relationship with familism will be discussed next.

Cultural Analysis Koreans figure out their individual self through their relations with wholes such as family or society. To Koreans, actions are controlled by the relationship with other people, and these actions influence other people, therefore creating a balance in human relationships becomes an important goal in societal life. People are included into some sort of organization from the minute they are born, and they must depend their whole lives upon such an organization. Under any circumstance it is fundamental to sacrifice one's benefit for the group. In return, they receive protection from the group and they develop a strong sense of belonging to the group.

Being born as a Korean with the typical Confucian influence means entering into a 'high context society,' and which further shows that Koreans develop their identity from the very beginning through their many familial relationships. Thus Koreans are passing down the tradition of consolidating the relations between families and relatives. An anthropologist, Edward Hall explains these differences through a distinction of a 'low context' society and 'high context' society.

Hierarchy and the Familial Terms of Address

Consider the weekend entertainment program that had showed high viewer rates. The name of the program 'Familyga Tuta' is already grouping celebrities no blood relation with each other as being a 'family.' In this program, the participants call each other 'Opa, Ŏnni, Nuna, Hyŏng(nim)' By using familial terms to refer to each other, the participants display their closeness in relationship, and through those terms of address, they also show themselves building a family-like bond with each other.

However, familial terms of address like these also create a hierarchy that is strictly based on age. It gives 'Hyŏng(nim)s' the right to command 'Tongsengs' to work, and it presumes that 'Tongsengs' should not confront the 'Hyŏng(nim)s' regarding this. This symbolizes the strict hierarchical structure that is based upon Confucian culture. This program induces laughs by paradoxically breaking down the hierarchy based on age when the 'Hyŏng(nim)s' create accidents or display marring images of themselves. Assuming the laughs here are seen as having been produced by a twist from the 'supposed outcome,' we can see how much hierarchy based on age is significant in Korean society. In this program, familial terms of address show intimacy while at the same time showing the Korean regularity that give the right to authority to age.

In the actual case of extended families when there a relative that is young in age but superior in hierarchy, the relative that is older will use and even stricter term of address to maintain the familial hierarchy relationship.

Regulating the strictness of hierarchy based on age and friendliness is clearly revealed from selecting the appropriate terms of address. In College life, determining which terms of address to use depends on age, thus one has to figure out and negotiates with the other by combining the following facts: the year of entrance to college, whether one finished the military service or not, whether one repeated a college entrance exam, and even the date of birth. This is because if one chooses a term of address solely by his/her decision without negotiating with the other can cause unnecessary misunderstanding and create a problem in communicating with the other. Hence asking people about their age and the year of entrance to college or company becomes a natural step when meeting a person, even at the first meeting.

Revealing Friendliness

It has been heard that it is not common even in other Asian countries to use familial terms of address as often as it is used in Korean. Even in the case of Japan, which is near Korea, it is very rare to find instances using familial terms such as 'Ŏnni', 'Opa' outside the family. The usage expansion of terms of address spread to religious circle as well, and as a result, the terms of address such as 'Hyŏngjenim'(brother) and 'Chamenim'(sister) positioned itself to the churches in Korea.

Referring a person at the first meeting can be done in various ways, but it can be classified into a One-time relationship and continuous relationship. Regarding the terms of address, a case of One-time relationship and continuous relationship could display many different aspects. For the most of the time, a One-time relationship doesn't require to know the name of the person. Such an instance can be when buying products or ordering foods. In this case, usually a guest can use the term 'Chŏgiyo'(there) to refer to the owner or the employee. Other acceptable terms are 'Ajumma(Ajumŏni)'(aunt)/Ajossi(uncle)'. However, such terms that originally started out from the familial terms of address do not function as kinship terms any longer, and the terms gradually started to function as a general terms of address.

For this reason, the terms 'Ŏnni(Nuna)/Opa(Hyŏng)', and 'Imo' began to be introduced as the terms to reveal the friendliness. It is very unique phenomenon to see that these terms of address are limited to the usage of familial terms of address. The term 'Imo' is usually used to refer the owner of the restaurant or bar, and the term 'Ŏnni/Opa' is used to refer to a guest by the salesperson in the scene of purchasing clothes. The term 'Imo' is also used to refer 'Toumi'(a housekeeper), a person who helps with housekeeping; however, these terms are usually used by young people, and it is difficult to state that such phenomenon has been generalized in the Korean society.

In the case of a continuous relationship, knowing a person's name is essential. Mostly a name is used to refer the person, and honorific titles like '-si' or '-nim' are used at the end of a name depending on the situation. In the case of work-place, schools or religious community, people are called by putting their name next to their title such '○○○ Kyosunim'(professor), '○○○ Kwajangnim(man-ager) or just by their title. There is greater chance to use the same terms in a con-tinuous relationship In this case there are many instances where mutual respect is required, thus they are likely to use the same terms of address in the continu-ous relationship. '-ssi' is mostly used when the age gap is not so big but one still needs to respect the other person. This is also used to address the person met for the first time on the blind date or an underclassman met for the first time at an extracurricular activity club. In most cases, the terms of address is decided by the age relationship, thus the younger person needs to get a permission from the older person when he/she desires to call the older person by their names or infor-mal terms of address such as 'Hyŏng(Opa)/Nuna(Ŏnni)'. When it is not the first time they have met, they will continue to use a terms of address that is comfort-able for both of them. However, when presuming a continuous relationship, the terms that were used at the first meet tend to stay as permanent terms. Once both finds out that they are the same age and become friends, in most cases, it is com-mon to call each other by their names. There are also a lot of cases when a younger person calls an older person '○○ Sŏnbae' or '○○ Ŏnni(Opa, etc.)' under an implicit mutual agreement. This is an instance where there was not an explicit negotiation of rules, but the rules of the terms address solidifies as the relationship becomes close.

Thus the terms of address of Korean people can be a rule that is changed by negotiating with the other depending on the degree of intimacy, which connects to a first meet-a continuous relationship-an old acquaintance, rather than an expression that is solidified depending on the other. As a result, the change of terms of address can be a language that expresses the connectedness between two people.

Confucian Culture Shown in the Familial Terms of Address

Korean terms of address differentiates male and female, and reflects the Confucian culture which regulates its ethics and conducts. This allows us to read patriarchal genealogy and male oriented genealogy.

<table>
<tr><td>Familial
Terms of
Address</td><td>할아버지(Halabŏji/Grandfather), 할머니(Halmoni/Grandmother), 아버지(Abŏji/Father), 어머니(Ŏmŏni/Mother), 큰아버지 (K'unabŏji /uncle), 작은아버지(Chagunabŏji/uncle), 아저씨(Ajŏssi/uncle, Mister), 아주머니(Ajumŏni/aunt, missis), 조카(Chok'a/newphew, niece), 질부(Chilbu/the wife of a nephew), 동생(Tongseng/younger brother or sister), 아범(Apŏm/father), 동서(Tongs?/ [male]the husband of one's wife's sister; a brother-in-law[female] the wife of one's husband's brother;a sister-in-law), 올케(Olk'e/a girl's sister in law), 아가씨(Agassi), 언니(ŏnni/an elder sister called by female), 형(Hyŏng/an elder brother called by male), 오빠(Oppa/ an elder brother called by female), 누이(Nu'i/an elder sister called by male)…
할아버님, 아버님, 어머님, 아주버님, 조모님, 숙부님, 백부님, 당숙님, 도련님, 형님…</td></tr>
</table>

The strict system of the familial terms of address, a genealogy that clarifies the system, and the maintenance of the usage of the terms of address are important parts in preserving the Confucian culture. This started from a family-centered culture which has been forming a blood relation centered village. Thus the intention behind this lies in a desire to bring in outsiders into the family circle. .

One of the characteristics of Korean familial terms of address can be that it is formed of diverse Korean familial and relative terms of address. For example, what we say as 'uncle' in English, and おじさん in Japanese, we divided and categorize into 'Samch'on', 'Oesamch'on', and 'K'unabŏji(Pekbu)' Comparing to the well development of the familial terms for the paternal side, the terms of address for the maternal side is relatively less developed, and the most common way to form the terms for the maternal side is by just attaching the prefix 'Oe-' to the identical terms of address of the paternal side. There is an opinion saying that the case is similar to those of 'Uisa(doctor), Yŏuisa(female doctor)' that generalizes male and considers female as a special phenomenon. This verifies that the paternal side is the important relative, whereas the maternal side being attached to the paternal side and that it is a supplemental category of relatives. Such is an instance that displays male-centered Confucian culture even in the familial terms of address.

Fence Building Shown in the Familial Terms of Address

Another characteristic of Korean Familial terms is that 'we' precedes 'individual'. For instance, words that imply 'us' such as '우리나라' '우리가족' '우리○○' are used very frequently. Even when one needs to show one's personal possession or personal relationship, phrases such as '우리 부인' '우리 강아지'. If we compare to this to the English expressions of 'my home, my wife', we will find that such expressions are very community oriented. However, not only do these expressions symbolizes the community oriented characteristics, but also a characteristic that differentiates an 'in-group' and 'out-group.'

For instance, Mini Hompi, which is an online social network that is being actively developed over the internet, uses words such as '일촌 맺기' frequently. A Korean Mini Hompi network called Cyworld allows individuals to forge connections with his or her acquaintances, and these connections are called '일촌', which allows the formation of a family within Cyworld. However '촌수 맺기' is strictly limited to the owner of the mini hompi, thus allowing one to form a family with only those whom one chooses to be a family with, while keeping up a guard against the people that one chooses not to be a family with. This factor indicates that this sort of familial terms of address is as excluding as it is including. Korean idioms such as 'attend upon as own parents', 'treated me like a real son', and 'followed like a real sister' also show this sort of connectedness as well as exclusivism of what only families can have.

However the connectedness between family members also calls for an infinite amount of responsibility, and it is displayed as an extreme connectedness such as an understanding relationship. When international students who come to Korea to study are asked what cultural difference has shocked them the most in Korea, of the various answers given, the most amusing answer was 'how college students took for granted the idea of not yet becoming financially dependent'. In most countries, after going to college, students will become almost 100% financially independent from their parents, but on the contrary in Korea, even after going into college, students will continue to live with their parents and rely on them for tuition and living expenses. This difference appears because in the extremely education oriented country of Korea; parents tend to think that if their child does not receive a proper education the blame falls on them. Thus they believe that they the parents must take the responsibility of making sure that their child receives the proper education from start to finish. Also unlike several Western cultures where parents and children are considered complete individuals, in Korea sharing the same blood is taken very deeply and thus this insight is shown by infinite responsibility and connectedness between family members.

Age Gap and Hierarchy

In Korean, when meeting a person for the first time, they would first ask you about your age. This is to figure out which honorific forms to use from then on, yet foreigners say they feel unpleasant about being asked about their age at the first meet because the concept of using honorific forms is not generalized to foreigners. Foreigners who stayed in Korea for a long time will be able to accept the culture naturally and adapt themselves to it; however, it is possible for the foreigners who are unfamiliar to the Korean culture to feel like they are exposing their privacy. Of course, other countries also use polite expressions and behave differently when there is an age gap, but there are not any other countries that treat people differently based on even a single difference in birth date.

If you were born in November, you will be treated as having the same age as someone born in February of the following year, but you will treat those born after March of the following year as one who is younger than you. This is because there is less difference in age gap between one born in November and the other born in February of the following year. In foreign countries such as the United States, the grade is not automatically dependent upon the age of a student, and if a student fails he or she will have to repeat the grade and has no obligation to advance his or her grade according to their age. What Western Cultures find difficult to understand is how Koreans make friends according the date of birth. In the case of a person who is strict about age, it is common to treat someone who is exactly one year younger as not a friend but as a younger acquaintance. However, when we look at foreign films or dramas, we see that even though the characters have five years or more in age gap, they can still easily become friends if they share same interest or have similar thoughts. For that reason, westerners tend to be puzzled when a person, who is only couple years older of younger, treats him/her as if they are much older or younger.

3. Birth, Life, and Death in a Familistic Society: First Birthdays, Weddings, and Funerals

In this section, we attempt to see how each major life event, from birth to death, is connected to familistic culture in Korea. It is difficult to exclude 'family' from important events such as first birthdays, normal birthdays, 20th birthdays, weddings, 60th birthdays, and funerals. Therefore, in this section we will study how familism works in many fundamental family events.

Cultural Phenomenon The main foods of the event known as the "First Birthday Party," which is literally a party given for a baby's first birthday, are steamed rice cake and rice cake coated with mashed red beans. The steamed rice cake is white, and the rice cake coated with mashed red beans is red, with the red symbolizing protection from bad energy. There is also a "Grabbing Event," in which rice, noodles, a book, a paintbrush, a bottle of ink, an ink stone, and some thread are placed in a circle on a table, with the baby placed in the middle, from where it can reach and pick up one of the items. Whichever item the baby chooses is believed to foretell the baby's "future." These days, many Korean parents also put money on the table.

These days most Korean weddings are non-traditional, with the couple dressing in Western-style wedding clothes; however, some people still wear traditional Hanbok and have traditional weddings. And even in Western-style weddings, there is still a bowing procedure after the wedding, and for this the bride and groom wear Hanbok and are blessed by their parents or other relatives. In this way many Koreans have two events on their wedding day. Further, Western style weddings are also divided into Catholic cathedral style or Protestant church style, and there are also Buddhist style weddings, although most people choose to have their wedding in a professional wedding hall. Modern Korean weddings have become too luxurious in the eyes of some Koreans, so many people, and especially those living in cities, choose to have their wedding at a hotel, with the ceremony often including a number of events such as the cake cutting ceremony and classical music performances. The purpose of a wedding is to pursue happiness, and that is one reason why Koreans will often still adhere to the traditional belief in having a fortune teller select the wedding date, although there are still many times when the bride and groom will decide the date based on work schedules, the availability of relatives, and simple convenience. Guests usually give the couple money and enjoy the provided food, while close relatives sometimes buy small household appliances as gifts. It is considered good manners to attend the wedding of someone who attended your own wedding, or the wedding of someone in your family, despite their busy schedule. Even if you are not able to attend a wedding you are invited to, then it is appropriate to still give the couple some celebration money.

Funerals in Korea, on the other hand, are very serious occasions when the living take care of the recently deceased, and for this reason manners are very important. These days, a funeral ceremony will often be held in a hospital for three days, with some lasting as long as five. As for the task of notifying hotifying others of a recent death in a family, and in particular in cases of unanticipated sudden deaths, notifications are usually made through local newspapers, email, or by telephone. It is considered proper manners in Korea to visit the funeral ceremony if the parent of someone close to you dies, but if the person is not very close then it is polite to simply send some money. Korean funeral etiquette has been known to change over long periods of time, and each local area may have its own different customs, such as the practice in rural areas of cooperating with neighbors to prepare food or plan events for the funeral.

Cultural Analysis Koreans understand others through their relations with family and society. Because behavior can be adjusted through relationships between people and can influence others, the maintenance of harmony in relationships is an important goal of social life. Humans exist in relationships, and therefore Koreans believe that totally independent behavior is impossible. This kind of difference is explained through the concepts of 'low context' and 'high context' societies. In a low context society, such as those typical in Western countries, the identities of people are not strongly connected to context, and this allows them to move freely from situation to situation as independent individuals. However, in high context societies such as those typical in Eastern countries, people are closely related to each other and heavily influenced by the surrounding context. In the case of Korea, this largely means that one is heavily influenced by traditional Confucianism, and for this reason Koreans are closely tied to their family relationships when identifying themselves. Indeed, even though the festival culture in the rural areas of Korea may be relatively undeveloped, festival-like activities continue the tradition of strengthening the relationships between families through events held for families and relatives. When Koreans are born, the first people they come into contact with are their close family members, such as their mother, father, grandfather, and grandmother, and they remain the most important people in their lives. The very first event a Korean experiences is their "100th Day," which is a ceremony to celebrate the 100th day since their birth.

Birth and celebration

When a baby turns 100 days old in Korea, the parents will invite their family and relatives to their home, serving delicious food in celebration of the baby's longevity and health. Those who visit will bring gold rings, clothes and toys to give to the baby, and also take pictures as part of the celebration. There is also a special ceremony conducted during the celebration: the family will put money, a piece of thread, and a pencil in front of the baby and then see which one the baby grabs. Koreans believe that if the baby grabs the money, then the baby will become rich; if the pencil is chosen, then the baby will become a scholar; and if the thread is chosen, then the baby will live a long life.

Traditionally, the 100th Day Ceremony was held because many infants did not survive more than a few months due to the bad sanitary conditions and poor health. Therefore only babies who lived more than 100 days were recognized as members of the family, and thus the milestone became a time to celebrate. These days better medical facilities and increased sanitation has decreased infant mortality rates, and so now most families simply gather to wish the baby well on their 100th day of being in the world.

As for birthday celebrations, Koreans usually celebrate their birthday with a birthday cake and gifts from their family and friends. They will also typically eat seaweed soup in the morning, have noodles at lunch, and have a feast for dinner. It is also common to invite family and friends and share food on one's birthday.

Growing up and getting married

Marriage is legal in Korea from age 18. These days, Koreans usually meet their future spouse through Western-style dating, although there are still a lot of Koreans who get married with the help of matchmakers. When two people agree to get married, they typically will then seek approval from the parents on both sides and choose a wedding date. Some people have an engagement party before getting married, while others only have a wedding. Weddings are usually held at wedding halls, hotels, lecture halls, churches, and even temples.

After a couple selects a wedding date, they will send invitation cards to their friends and relatives. The invited guests will give the couple celebration money, attend the wedding, participate in the reception, and eat the prepared food. After the wedding the bride bows to her in-laws and relatives, and following the end of all the ceremonies, the bride and groom will go on their honeymoon, typically for 3-7 days. However, some Koreans choose to have a traditional wedding, following the traditional procedures in which the groom greets the parents of the bride and her relatives, and then both of them receive the blessings of the two families.

The prime of life and death

In Korea, it is said that people reach their "prime of life" when they turn 60 years old. Accordingly, on a Korean's 60th birthday, the sons and daughters will invite their relatives to have a party. The sons and daughters will subsequently hold another party the following year to celebrate the parent's 61st birthday, and then again on the 70th and 80th birthdays, all for the purpose of celebration along with the other family members the longevity of the parent. During the days when Korea's economy was struggling, people often died before they reached 60 or 70 years old, and as such it was a very important occasion for one's parents to reach the age of 60 and higher. This type of celebration of the longevity of one's parents is rooted in Korean Familism culture, in which serving one's parents dutifully is important. These days the average age of Korean elderly women is over 80 years old, and so now the "prime of life" celebrations are held with more of an aim to simply celebrate a parent's birthday and for family to gather together.

When a person dies in Korea, the family will notify their close relatives and have a 3~5 day funeral. Immediate family members, such as brothers, sisters and children, will wear traditional Korean funeral garments, while the other guests usually wear black. If the deceased or their family has a religion, they usually follow the customs and rituals of that religion, and if not, they follow Confucian rituals. As for the grave of the deceased, its quality is determined by the social status of the person or their family; however, in modern times people are generally cremated while the parents' souls are left in the charnel house.

Following Confucian customs, every year after a relative's death, Koreans will prepare food on the day before the person died, and bow toward a displayed portrait of the deceased, or visit a person's portrait scroll or paper ancestral tablet to wish the soul of the deceased good fortune. With the exception of Christian families, Koreans typically perform Confucian ancestor worship rituals, including visiting the tombs of ancestors and performing rituals there as well. Among nobility, such visits used to be performed four times a year: at the beginning of the year, on the 105th day after the winter solstice, on the 15th of August according to the lunar calendar, and on winter solstice. In modern times it is usually performed just three times: at the beginning of the year, on the 105th day after the winter solstice, and on the 15th of August according to the lunar calendar. However, modern "visits" comprise little more than performing upkeep of the tomb by removing weeds or planting grass.

Eastern and Western wedding and funeral cultures
In this section we compare the wedding cultures of Korea and Japan, which is very close to Korea. Japanese weddings can be divided into two main types, luxurious and normal, although there are actually all kinds of weddings, depending on the number of people invited and the food served. Most Japanese couples prepare for weddings by calculating the total expense, making a reservation at a wedding hall, and then inviting guests. One of the main characteristics of Japanese weddings is that the wedding ceremony is preceded by a meal. This aspect is similar to Western style weddings, in which a full course meal is often provided in a party-like atmosphere. The bride, groom, and their parents say short thank you speeches, which are followed by music, the cake-cutting ceremony, cheering, and dancing, in that order. Usually it is considered proper protocol to wear formal Western clothes; women wear dresses and men wear suits.

Guests at a Japanese wedding are obligated to pay "congratulatory money," and they are also requested to notify the hosts in advance whether they can attend both the dinner and the "after-party," which follows the main ceremony, is mainly reserved for close friends of the bride and groom, and requires an additional fee to participate.

As for wedding venues, some Japanese weddings are not held in wedding halls, but in shrines, with the bride and groom wearing traditional Japanese clothes. These days many young Japanese simply choose to complete their marriage registration at the local city office and forgo a wedding party. This reflects the Japanese characteristics of pursuing practical things and their desire to not show off. Compared to Korean weddings, which are typically finished in 30 minutes at wedding halls, and in which the couple receives much economic assistance from the large number of guests, Japanese couples tend to only invite their close friends and family to have a smaller-scale wedding party. These aspects of weddings between the two cultures are very different, even though they are both considered Eastern cultures. Additionally, in Korea there are now some wedding halls that provide meals during the wedding, although the style is still very different from weddings in Japan or America, which have more of a constant party-like atmosphere.

Now we will compare the funeral culture between Korea and the West. When someone dies, Koreans will say that the person "returned," which refers to the belief that even though the person has died physically they will now start a new life. Koreans traditionally see death as a part of life, and so even though their ancestors have already died, they believe that their souls are still present alongside them, guarding them and taking care of them. Therefore when aged parents die, the atmosphere of the funeral is sometimes party-like rather than a time of severe grieving and sadness. People meet relatives, friends, and coworkers whom they have not seen for a long time at funerals, and this gives them the chance to talk about matters they have not discussed in a while. In this way, instead of being sad about the soul of the departed, the attendants let them "return" peacefully by creating a pleasant and party-like atmosphere. In contrast, the atmosphere at a Western funeral is characterized by grief and sadness. Koreans will express their emotions by crying out loud when they have lost someone close to them, but Westerners will often control their emotions and refrain from expressing them. A Western funeral is typically Christian in style, which involves praying for the deceased and saying goodbye to them as they rest in a coffin. Moreover, friends and family members will recollect the life of the deceased in an effort to cherish their memories. Finally, in Korea only families go to visit the tomb, but in the West everyone who attends the funeral usually goes to the tomb.

'Independence' and 'Mutual Dependence' from the Viewpoint of Familism

Koreans live within their family or group of relatives as a member of a community from the time they are born until their death. This means Koreans live in a collectivistic society based on familism. In this way, Koreans are raised in different cultural backgrounds compared to those raised in Western individualistic societies. The differences caused by being raised in such different cultural backgrounds can be explained with the concepts of 'independence' and 'mutual dependence.'

Western parents typically train their children to be independent from when they are young. They want their children to choose and decide things for themselves. In terms of proper education, they want to educate their children about communication and the need for their children to clearly express their ideas. Korean parents, on the other hand, tend to think they know what is best for their children, and try to decide everything for them. They emphasize the need to speak from the perspective of the listener. As a result, Western children, who learn to focus on specific matters, learn to behave independently, while Eastern children, who learn to focus on their relationships with other people, learn how to first consider the situation of others who will be affected by their behavior. In this way, communication strategies differ between the West and East based on the level of sensitivity with which one reacts to the situations of others when choosing one's own behavior.

Independent Society (Western Culture)	Interdependent Society (Western Culture)
Free Preference to Individual behavior	Preference to collective behavior
Unique pursuit of Individual	harmonization pursuit in consonance with group
Position pursuit of equality and accomplishment	Acceptance of order rank and reversion position
Preferance to universal behavior norm	Preferance to special behavior norm

4. Economic Growth Driven by Familistic Management

Related Content ➲ p.36

Although it is true that patriarchal management has had a number of ill effects on the Korean economy, the case can also be made for Korean-style familism being one of the driving forces of Korea's economic development. This chapter examines the management practices of Korean businesses and looks at the influences familism has had on the development of Korean enterprises. Koreans are used to staying late at the office to work overtime for the sake of their company. They believe that growth for the company equates to growth for themselves. In this way a sense of unity through the ideas of familism effects the Korean economy.

Cultural Phenomenon Koreans refer to their workplace as "our" company using the same word they use for describing "our" house, "our" son, and "our" father. This word for "our," Woori (우리), indicates intimacy and a feeling of belonging. A manager is like the head of a family to Koreans, and employees are like children. This also means, however, that a manager can control his employees and treat them like children, and is also obligated to look after them. Therefore friendship, cooperation, protection, and obedience are the basic rules in a company, and this is why employees feel that the company's success is their own success. This also explains why when Koreans start searching for jobs, they try to find a company where they can expect to stay for the rest of their lives.

Of course not every Korean thinks this way, and especially among the younger generations the mindset is changing. Companies are thought of more as "tools" for personal development; an employee will want to work only to the extent that they are getting paid, and if they feel they aren't being paid enough, they will look for a new job.

Familistic management practices

Management practices based on familism are often manifested as collective cultures in companies. In a collective culture, an employer does not hire an individualistic person, but rather someone who is firmly enmeshed in their inner group. In a collective society, the inner group is considered when making a decision to hire someone. For this reason, the hiring of a friend, relative, or relative of a friend involves a decreased amount of risk. On the other hand, in an individualistic society an employer considers the ability and performance of a prospective candidate, while the candidates themselves try to get the best benefits and wages possible. Thus, in such societies what the individual and employer gain from the relationship should be mutually beneficial. According to Samuel Huntington's *The Crash of Civilizations*, "For the business characteristics of the Asian countries which have grown as dragons, we should examine the driving force of the familism style of business operation which is based on Confucian patriarchy."

The basic unit of the Korean society's organization is the family, and they are collectivistic and thus respect the power order of Confucianism. Therefore, Korean organizations are extended versions of families. Koreans use family words, such as "uncle" and "aunt," for strangers and they use family words such as "sister" or "brother" to their juniors or seniors at school. They refer to their friend's parents as "Mother" and "Father" instead of using the social titles "Mr." and "Mrs." or General Manager.

The most idealistic manager is not only the person who can take care of the business well but also who can take care of the group like members of his family. Just as younger people feel a sense of security when they are protected by their brother or father, they like a manager whom they can rely on. Therefore, coworkers take care of house events such as weddings, funerals and birthdays, and they also gather money for important events such as funerals or send flowers together.

The company that acts like a big family can work faster by cooperating as one body. To create an atmosphere of unity in a company, employees should wear a uniform with the company logo and a badge.

Moreover, a flag symbolizing the company is put up high in the front door of the company to make them feel that all of the employees and the employer are members of the same family. Companies are beyond the meaning of a job, and are usually considered as the socially extended version of the Korean family. Employees think of their company as their family so they do not care about working overtime or working at night, so their job is not "just a job" to them. This kind of business operation which can work fast according to the group schedule shows high concentration in a short time and effective cooperation in the areas of speed and results.

This is the hidden secret of the Korean economic development in the 70s and 80s. In the Korean familistic business operation, in which people work for the group's interests before their individual interests, you can expect a better work effectiveness and synergy effect than that of Western companies which are based on an individual's ability and performance. Moreover, when they put together automobile assemblies, they screw bolts or nuts several times to make better products, which is to make a successful company, and this is the Korean company culture.

The Korean company business operating style has changed dramatically. People who were only forced to sacrifice in the shadow of economic growth pointed out the lack of human rights and started a labor campaign. A man named "Jeon, Taeyil" set himself on fire in the 1980s to protest the inferior labor environment at the Cheonggye Labor Association, and his suicide "lit a fire" under the Korean labor movement. Many socialists criticized fast growing policies mainly capitalist in nature, and they insisted on making a balanced country to make laborers a little richer to realize social justice.

The relationship between employees and employers which involved loyalty and obligation in the inner group was replaced with the labor association and the conflict between labor and management rose to the surface of society. Even some employers did not consider their employees as mambers of the inner group in a collective society. In today's company culture, there are weakened connections due to the labor-management dispute and people have started to avoid 3D jobs, resulting in many foreign laborers coming to korea for those jobs.

These days, Korean society is having a hard time making a new company culture between employees and employers. Korea will only be able to take a lead role in the 21st Century world economy when it can create a new Korean company culture that emphasizes both the Asian familism style of business and achieving the individual's interests with the harmony of group interest of Western countries.

Collectivism and individualism workplace cultures

Collectivist and individualist societies have different workplace cultures. The workplace is unique in societies in that it is based on the basic aspects of the particular society, such as family and school education. In collectivist societies, the individual is born into an extended family, and is continually looked after from birth onward. In individualistic societies, on the other hand, single individuals and their own nuclear families live independent of other relatives and must work to make a living for themselves; this is the process of growing up. In collectivist societies, the inner group in which the individual belongs is the basic unit of society, whereas in individual societies it is the single individual person. Further, children born in collectivist societies learn the meaning of "Woori" to describe themselves and the things that belong to the inner group; in contrast, children born into individualistic societies learn the meaning of "I" and "my" to describe themselves and the things they possess as individuals.

Cultural Plus

East and West employment relationships

As shown in 〈Table 1-1〉, Korean (Eastern) management is based on the characteristics of familism, while Western management is based on the principles of individualism. The relationship between employer and employees in Eastern countries is morally recognized as a family relationship, and therefore hiring and promoting is performed as if individuals belong to the inner group. They consider the business of the group to be a priority matter and human relationships to be more important than business. The relationship between employer and employees in Western countries is a contracted relationship based on mutual interest, and hiring and promoting is related to techniques and rules. They consider the business of the individual to be a priority matter and the business to be more important than human relationships. However, younger generations in Korea are gradually adopting a more Western attitude toward employment and management.

〈Table 1-1〉 Comparison of Eastern and Western employment relationships

	East	West
Employer-Employee Relationship	Based on family morals	Contract based on mutual benefits
Employment and Advancement	Decide among inner group	Decided on skills and regulations
Management Trend	Group-based	Individual-based
Priority	Human relations	Task / Job

Chapter 2_ Korean Groupism

Groupism is another representative feature of Korean culture. Korean Groupism is characterized by both positive and negative aspects. From a negative perspective, the self is never completely detached from the group, and thus becomes continually dependent on it, but on the other hand, such Groupism can be positive in the sense that one's group can have an outwardly visible, mutual goal among the members that allows them to work towards those goals in a thorough and consistent manner. This chapter examines the characteristics of Korean Groupism though the various cultural phenomena in which it can be seen.

1. Distinguishing the Inner Group from the Outer Group: "We-ism"

Related Content ○ p.46

Korean shows a favorable attitude towards the inner group but an exclusive attitude against outer; this became a particular culture called "We-ism." In-group used by Hofstede means a group where its members feel affinity and sense of unity with each other because they have something similar in values and behavior patterns. It is a psychological group showing exclusive sense against other groups. Outer groups are the others who have nothing common with itself in rules, values, habits, attitudes, etc. and cause a psychological un-pleasure and feeling of confrontation due to their uncertainty. Reflecting this, Korean language has the word "We" developed especially.

Cultural Phenomenon "Woori" is a first person pronoun that refers to the speaker and the listener or to a number of people including the listener. As such, it can usually be translated as "I", "we," "my," or "our," depending on the situation. There are also numerous other words to which "Woori" can be affixed, as shown below in the table.

〈Table 2-1〉 Korean words that begin with "Woori" (Note: Not exhaustive)

Family	"Woori" (우리) + father (아빠), mother (엄마), big sister (언니/누나), big brother (오빠/형), younger brother/sister (동생), wife (집사람/마누라), daughter (딸), son (아들), child (아이)
Relatives	"Woori" (우리) + grandfather (할아버지), grandmother (할머니), aunt (고모/이모), uncle (삼촌), sister-in-law (처제)
Pets	"Woori" (우리) + dog (강아지), cat (고양이)
Home	"Woori" (우리) + house (집), neighborhood (동네), country (나라), Koreans (한국인)

When you consider the fact that language reflects culture, it becomes clear that "Woori" is collectivistic in nature. Compared to the similar usage of "my" and "our" in English, which is reserved for personal relationships and personal possessions, the wide use of "Woori" in Korean illustrates just how much Koreans take for granted the collectivist nature of their society in daily life.

Cultural Analysis

Inside and outside of the "enclosure"

Groupism refers to a society that gives priority to the groups of family, relatives, or even the work environment rather than to the individual. Thus, the interests of the group are given more importance than the interests of the individual, and there is the tendency to consider oneself as belonging to a larger group rather than as an individual existence. "Woori" is a Korean word that originally meant "enclosure" or "house," and as an indicator of inner group it refers to living together within the same enclosure. Naturally, whatever exists outside of the enclosure then becomes the outer group.

In Korean society, a variety of inner groups exists, such as those related to blood relation, regional relationships, school relationships, and workplaces. In Korean society, not only does the inner group form the basic identity of the individual, but it also serves as a strong protective shell that protects the individual from the many hardships and adversities of life. Accordingly, if Koreans do not form groups then they feel insecure. The fact that most Koreans living abroad attend churches or join other groups in the community as a means of forming social groups is closely related to this aspect of Korean psychology. This kind of groupism can also be interpreted as an immature attitude, that is, a state in which still socially immature individuals depend on the group for their identity. Moreover, Koreans are taught to always be loyal and never be unfaithful to one's inner groups.

It is also common for new company employees to be asked where they graduated from or the location of their hometowns. From the perspective of the one asking the questions, this is done to determine to what extent the new person is close to, or a part of, one's inner group. As such, the confirmation of even one association between the new employee and the other company employees can change the entire relationship. In addition, in the past when automobile license plates included more detailed information about the driver's place of residence, it was common for some vehicles to be given preferential treatment in the levying of traffic fines simply because of such geographical information that allowed a traffic officer to determine the "inner-groupness" of drivers. A similar phenomenon also occurred with respect to choosing hospitals or places to go for shopping; it was important to determine the alma mater of the owners or operators in order to choose the place closest to one's inner group. Even in today's Korean society, it is not uncommon to encounter decisions being made and people interacting based on these principles of choosing the inner over the outer goup.

Korean Groupism from the perspective of cultural relativism

Many countries around the world incorporate groupism into their societies, and most, including countries in Asia, Africa, South America, and Southern Europe, are traditional agricultural societies or are in the process of industrialization. This means that most countries in the world have group-minded societies except for a few developed countries.

In general, the more urbanized and industrialized the country, the higher the level of individualism, and the more poor the country the greater the degree of groupism. America is the most developed individualistic country in the world. However, even though many Asian countries, such as Japan, Korea, Taiwan, Hong Kong, and Singapore are quite developed, they all have high degrees of groupism. One explanation for this trend may be because of Confucian traditions. Japan is fairly individualistic but still has a very strong tradition of groupism. The most negative example of groupism in Japan is the phenomenon of "Ijime," or bullying.

Although groupism exists in many countries around the world, Korean groupism has some unique characteristics. The following table summarizes the main differences between Western individualism and Korean groupism according to value theory.

⟨Table 2–2⟩ Comparison of Western individualism and Korean groupism.

	Western individualism	Korean groupism
Characteristics of the society	Beneficial relationship between individuals	Group members have affection, love, and an obligation towards each other
merits	Considers volunteering, creativity, and human rights important	Considers member's connection, integration, and the maximum benefit of the group and also generates the driving force of the group
demerits	Are less concerned with other people and tend to care more about financial benefits instead of possible benefits to the group	Lack of individuality, lack of care for human rights
Social Relationship	Free competition between individuals	Dynamic competition between groups
Characteristics of today's Korean society	Tendency toward individualism along with Westernization	Groupism tendency due to Confucianism

As the table shows, there are many differences between Western indivualism and Korean groupism. The chief factor in deciding the characteristics of and driving Korean groupism is 'Confucianism.' Even though Confucianism has some aspects that are considered negative, such as separation of the sexes and authoritarian teaching methods, Confucianism is deeply rooted in the fabric of Korean society. The groupism present in Korean society, based on the separation between the inner group and the outer group, is due to the influence of Confucianism.

Groupism and familism

Here we look a little deeper into the phenomenon of the inner and outer group in Korean society. The reason Koreans like to differentiate others based on groups comes from the idea of familism. Under most circumstances, Koreans will allow members of their family to do just about anything. Further, whatever immoral things may happen outside of the family, as long as it does not harm the family group then it is not a problem. Different rules are applied for people in and outside of their group, and if something negative happens inside the group, they are generously forgiving towards the offender.

The traditional Korean house structure also reflects this way of thinking. The traditional Korean fence, separating the outside from the inside of the house, is very high. Even though this separation of the outside from the inside is very strict, once someone enters the house, they are accepted quite readily. There are still remnants of this style of house structure in modern houses, as can be seen in the high walls and big front gates in residential areas. The walls around the house are a symbolic barrier that defines anyone who is outside the house as a stranger and thus a member of the outer group. All concepts of area and school relationships in Korea originate from this division between the family unit and everyone else.

Likewise, family is the strongest type of union between people in Korea, and this originates from the Korean group-minded attitude toward a person's home-town or village. As a result, Koreans always apply this concept of family to any social organization and consider the members of the resulting exclusive groups as extended family. Just as Koreans treat their family members differently from everyone else, they treat people from their hometown differently from those from other towns. Furthermore, Korean people differentiate between 'we' and 'everyone else' and from 'inner groups' and 'outer groups.' These inner and outer groups comprise the mechanism that actively drives Korean society.

Koreans have a different attitude towards the inner group and outer group.

Even though they may begin talking to a stranger very coldly, if they later find out that he is somehow related to them, they will suddenly drop the cold attitude and become warm and friendly. This is not because their personality is fickle, but because of their social ethics in which they are obligated to take care of members of their group.

<table>
<tr><td>**Cultural Plus**</td><td></td></tr>
</table>

Western individualism and Korean Groupism

In Korean culture, sharing even one bite of food is natural, but in America people usually eat their own food and do not share with others. Americans do not feel bad about not sharing food because they were not raised in a food sharing culture. Not only with respect to small things such as food, but with many other things as well Americans show high individualism, and sometimes this can seem very cold and arrogant to others. Western countries are more developed in individualism compared to Korea. Depending on the situation this is not always the case, but when laws or social systems are established, for example, Western countries exhibit stronger and clearer individualism. For example, it is true that advanced countries such as the USA, France, and England have more advanced law and order compared to other countries. The healthy laws and social systems of Western countries strongly support the need to protect the rights of the individual. "I am a human, you are a human too, and we are equal and have the same rights. Therefore, I respect all of your rights, so please respect my rights." This is the beginning of individualism.

⟨Table 2–3⟩ Comparison between groupism and individualism societies

	Groupism Society	Individualism Society
Human Relations	Continuous protection from one's inner group from birth as the reward for loyalty	Raised to look after oneself and one's immediate family only
Basis for Identity	The individual's social network	The individual
Children's Education	Education centered on the framework of "uli" (we / us)	Education centered on the meaning of "I / me"
Value of Social Life	Harmony and the avoidance of group conflict	Honest expression of one's thoughts

Communication	High-context	Low-context
Rule Infringement	Loss of face and shame to oneself and one's group	Guilty conscience and loss of self-esteem
Goal of Education	Learning how to behave in society	Learning how to study and advance in society
Value of Diploma	The right to enter a social group of higher status	Increased economic value and self-esteem

2. Groupism Shown in Organizational Culture

The Japanese anthropologist Professor Nakane Zie has paid attention to the pyramid structure in Japanese society, as opposed to the parallel human relations of Western people. These organizations are very useful in concentrating authority and structuralizing activity, and it is very much shown in the political organization and military organization in Korea. Also a pyramid type organization that carries a unique collectivist characteristic inside the workplace thus increases the efficiency at work by focusing the authority to supervisors and structuralizing the activity of subordinates.

Cultural Phenomenon After the liberation, as party politics began in Korea, there were many instances where Korean party politics tend to follow the one core authority of an organization (boss, representative). Few of the representative authorities of political organization are Syngman Rhee, Kim Gu, Park Chong-Hee, Kim Young-Sam, Kim Dae-Jung, Kim Chong-pil. After the establishment of Republic of Korea, a core authority centered party politics has been rooted for awhile, and parties in politics are actually based on the core authority figure of faction. Thus when the boss joins the other party the parties become merged or when the boss leaves the political world the party collapses and tend to get utterly divided.

In the case of the United States, the politics run under the two-party system which is largely divided into the Republicans and Democrats. Although there is a boss figure in the party too, however a single boss figure does not have an absolute authority over all. Rather the political parties of the state tend to have many middle bosses that gather opinions from the subordinates. Thus even when the core authority leaves the political world by retirement, the middle bosses would be able to take the place of the core authority figure. However, in the case of Korea, only the boss carries an absolute authority, and it is common to see the party being formed as a sort of a deity group where the boss is the only figure that carries an absolute power. Thus it creates a system of the subordinates being a private secretary rather than a middle boss. It is common to see a politician who also retires as the boss of a faction retires, and become a spokesperson. In a political system that is centered upon boss, such instances were diffusing in the modern Korean politics.

The boss who flaunts absolute authority tends to never admit their mistakes, and ends up leading the party solely by his or her own interest or judgment. These kinds of Korea's patriarchal monopoly of authority are shown in Korean economy as well. It is no different than in the case of Korean conglomerate which the whole company is led by the head of the conglomerate family. Another shocking culture for the foreigners who gets appointed to work in Korea is the culture of dining together after work. The culture of dining together after work with a supervisor is often recognized as a 'duty' rather a 'choice'. Therefore in Korean society, the dinner culture is recognized as an extension of task performance from work which is hosted by the supervisor, meaning it is almost impossible to not attend the dinner.

Korea is one of the 76 divided countries in the world that mandatorily requires young men to serve in military. Korea's term of military service is one of the longest after North Korea and Israel. Looking at the headlines of the newspapers these days, such as 'tax bomb' or 'college entrance war', it is easy to guess how much of the remnants of military culture still remain in Korean's unconsciousness.

An organization such as a military is practiced by the one-commander system because of the need to protect the nation from a war or natural disaster. The military culture is one of the most typical pyramid types of collectivist culture which prioritizes the benefit of an organization. The military culture of Korea has been taken its place as a significant factor in forming Korean's collectivist mind, as an inclination toward the groupism such as standardization, formalism, and public organizational groupism all become compounded. Especially the characteristics of the groupism and authoritarianism of the military were easily adapted to Korean culture because of its similarity of East Asian Confucian culture.

Cultural Analysis **Pyramid Structure shown in Political Party Organization** The modern political party is a pyramid structure based around the key figures in a faction.

We can see this in the Grand National Party today that has been divided into pro-Lee Myung Bak and pro- Park Geun Hae factions, which are in competition for party hegemony.

This sort of vertical human relationship has been influenced by Confucian patriarchy and a similar pattern is seen in Japan and other Asian countries. Professor Nakane Zie has contrasted the horizontal Western human relationship to the vertical human relationship that has been found true to Japanese society. Both patterns have unique characteristics and depending on the pattern the relationship between group and individual appears to be different.

In a pyramid structure it is easy for a member to enter the group. This is because instead of having to receive permission from every member of the group, all that person needs to do is receive permission from a person at the bottom of the group. On the other hand, in a horizontally structured group, a person will need to receive permission from every member of the group, making it very difficult to enter a group. However this type of circular structure has less room for dissolution and is thus has more stability than the vertical pyramid structure.

The downside of the horizontal structure is that because all members need to come to a consensus their ability to take public group action becomes weak, and because decisions have to be made after each individual gives their opinion and has a debate it is difficult to form a consensus.

In a pyramid type structure, when the one in charge makes a decision, the members of the group will drive the work with such thorough consistency there will be an enormous amount of drive. In this structure when the one with power loses his or her dominancy or disappears, the group collapses.

The fact that Korean politics are a pyramid structure is shown when Korean political parties are in the midst of election term and they usually make and break alliances to form new parties and also when the existing parties collapse. An example that shows the characteristic of Korean politics is when the pro-Park Keunhae alliance left the Grand National Party and then once they were elected they followed Park Keunhae back to the Grand National Party.

Tönnis has divided the pattern of society into two categories: communal society and a gesellschaft. He further suggests that modern society has moved from communal society into a gesellschaft. While traditional society is centered around agriculture, and as a communal society the benefits of the entire group rather than of an individual is considered more important, modern society is a gesellschaft and thus is focused more on the individual. We can Toennis' social theory by relating it to the horizontal structure and the vertical structure above. Horizontal structure is individual oriented and close to the gesellschaft where as the pyramid structure is a social pattern that is easily seen in pre-modern communal societies.

Influenced by Confucianism that considers the harmony of communal society important, Korean politics still considers having key power figures overseeing the entire society as more important than individual gain. As we are reaching modern society there have been changes that are showing a switch to becoming individual gain focused horizontal structure like the West. This shows that Korean society is changing to gain more efficiency in actualizing democracy that reflects the individual's free opinions.

⟨Table 2–4⟩ The structural characteristics of a pyramid type and a circular type

Characteristic	Pyramid Structure	Circular Structure
Human relationships	Vertical	Horizontal
Group acting power	Strong	Weak
Structural balance	Unbalanced	Balanced

| Individual participatory process | Easy to join | Requires everybody's agreement |
| Power distribution | Top of the vertical structure; the boss | Horizontally distributed to everybody |

A Comparison of Military Culture and General Culture

A military culture is culture which is uniquely formed in relation to military, national defense, and war. Here it is used as the characteristic that emerges by the organization culture of the military. Hong, Mu-Seung has compared the difference of the military culture and general culture like the following.

	Military culture	Generul culture
1	authoritarianism	democracy
2	uniformity	variety
3	formalism	progmatism
4	groupism	personalism
5	regidity	flexibility
6	pubic organism	profession

The military culture forms a unique relationship of supervisor's command and subordinate's obedience based on a strict vertical hierarchy relationship. The characteristic of military organization is how it maintains the vertical human relations as supervisor commands and the subordinates of the organization follow, which results the decision of a policy to continue to an actual practice. The military organization practices under the one-commander system because of its need to protect a nation from a natural disaster or war. The simplicity and unity which is required by the standardization is also needed for quick accomplishment of duties under urgent situations like a war. The military emphasizes the formality rather than practicality. As opposed to the modern Industrial society emphasizing the efficiency and practicality, the military culture emphasizes behaviors and how one dresses especially the uniforms. Such formalism, which is usually founded in a typical bureaucratic organization, seems to have effect on the formalism oriented Korean society. The military culture is a unique collectivist culture that prioritizes the benefit of an organization. The absolute perfectionism of military organization which does not tolerate any sort of mistakes causes the rigidity of thoughts, and it is contrastive to the flexibility of the general culture.

The characteristics of the military culture as it was mentioned above, being shown in a society of general citizens can be seen as a penetration of the military culture. However, the general culture and military culture are in a mutually influential relationship, thus they cannot be seen as if they are in a relationship where only one side influences another. Korea's military service system runs not through recruiting but drafting so most of the Korean men joins the army for certain amount of years and returns back as a normal citizen. Through looking at this process, Korea, as a divided country that values highly on the military as a society, seems to be remarkable than any other Asian countries in terms of the phenomenon of the military culture penetrating into the general culture. The formalism oriented conscientization or a mob violence that is performed in order to increase the group consciousness in schools, workplaces, and family are generally considered as a typical case of the vertical pyramid type model.

The Organization Culture Shown in Workplaces and Companies

Rapidness in speed of work processing and Korea's 'Ppali Ppali' culture are not only influenced by the restless personality of Korean people but also 'the competition of speed' that is an outcome oriented based on the group consciousness. As Park Chŏng Hee, Chŏn Du Hwan, and Roh Tae Woo's military regime has grasped the political power, the Korean citizens were exposed to the long, systematical, and collectivist behavior norms.

In the workplace, the organization culture at work which mainly values the outcome has created a nature to gain a rapid outcome by using all kinds of ways and means rather than going through a rational discussion that values the process. Also a pyramid type organization that carries unique collectivist characteristics inside the workplace thus increases the efficiency at work by focusing the authority to supervisors and structuralizing the activity of subordinates. The company culture of growth and outcome oriented has resulted a tragedy known as 'a collapse of Sŏngsu Bridge and Samp'oong Department store.' The groupism of a company often results a not appropriate outcome such as a supervisor requiring an absolute obedience from the subordinates for the benefit of the company by using authoritative ways. Despite of all these possible outcomes that are not suitable, the rapid growth of Korean economy can be seen as an incident that was possible because of the cooperative spirit trained by the groupism, the spirit of unity and the spirit of sacrifice.

Cultural Plus

The Hierarchy Culture of East and West

There are few differences between the hierarchy culture of East and West. There is no great difference in that the both the East and West society are fundamentally formed of a pyramid structure. However, as opposed to the West, there is a problem in the East that the authority and the power of influence are all concentrated to the final decision maker. This can be explained that such problem is caused by the influence of the patriarchy system. Comparing to the West where the relationship is horizontal, the East, however, it is impossible for the subordinates to not follow the supervisor or questioning what is right or wrong.

On the other hand, in the relationship of the middle tier, there are cases in the East where the hierarchy becomes disordered. In the relationships of a younger supervisor and a older subordinate, the hierarchy becomes more complicated, and this is due to the age 'variable' that is just as influential as the hierarchy of tasks. This is because the tradition to respect a person who is older still remains in Korean companies.

Korean's groupism that is completed by the familism expands its range to region and school ties. This thought explains the characteristic of the tendency of Korean people avoiding to be alone and forming a small group oriented networks. These characteristics of Koreans are reflected in the political culture, and forms a vertical organization which is authority centered. This shows an identical scene where the father is controlling the family at the top of the authoritative power in Confucian patriarchy. Therefore we can assure that the familism of Koreans is very much affecting the political culture as well.

3. Korean's Connection consciousness United with Blood, regional and school Relationships

Koreans are strongly attached to the group to which they belong, and they not only think they are similar to the other members, but also have a high level of trust for those members. This type of thinking leads to the phenomenon of distancing oneself from 'outer groups' as well as extreme groupism with respect to the inner group. This can also be expressed through blood, regional, and regional community. What are the negative effects of such 'collective mindedness,' and what are the positive aspects? In this chapter we study Korean collective-mindedness and its cultural background.

Cultural Phenomenon Koreans care deeply about their blood and hometown connections, and this consideration is often reflected in congressional and even presidential elections. Even though Koreans may not know much about a candidate's personality or ability to govern, they often will vote for them because they have the same family name or are from the same hometown. For the same reasons, they may vote against somebody from a different hometown, or they may not like people from different areas. This phenomenon can even be seen in parents opposing the marriage of their children to people from other places.

The first organization Koreans normally enter upon entering college is their high school alumni association. There are even meetings for those who graduated from the same school at workplaces. What is the motivation behind such actions? The biggest reason is because Koreans believe those senior to themselves need to lead and encourage their juniors. One of the reasons universities and colleges are ranked in Korea is because of this alumni culture in school relationships. It is not necessarily a negative thing to consider from where someone graduated; indeed one positive effect of this tradition is that seniors will collect money to provide scholarships for their juniors in addition to providing valuable information. Nonetheless, the negative aspects still outnumber such positive ones.

Groupism seen in "We-ism"

People with Eastern cultural backgrounds tend to show strong attachment towards their inner group, while distancing themselves from members of outer groups or those unfamiliar to them. They believe they are very similar to the other inner group members, and highly trust them. Individuals and things are considered to exist within a large network of relationships, that is, they are first and foremost recognized as belonging to the whole. Further, individuals believe becoming a member of the inner group within the network is more important than their ability as an individual, and as such this belief greatly affects an individual's social ability.

However, even within inner groups, individuals maintain a certain social distance and follow the general behavior rules of society without largely distinguishing between inner and outer groups. This is because they also understand that individuals and things are independent.

Korea is a traditional Eastern society featuring inner group groupism. Therefore Koreans consider the inner group as "we" and view it as one group; they enjoy organizing the inner group and building blood, regional, and school relationships at work or within political parties.

At the root of the "we" mindset of groupism is the family unit, which is based on blood. In the past, Korean towns consisted of people who all shared the same family name, and thus the mindset of "we" effectively included the entire town. It is from this that the habit of saying "our village" and "our town" in Korean began. This emphasis on regional relationships through "we" groupism is still evident during every election cycle in Korea. Many politicians have attempted to break this social need for strong relationships among regional communities and schools, but they have not been successful because Koreans still prefer to depend on the "we" group as defined by bonds of blood or the regional community because they feel insecure about the prospect of uncertainty. Compared to Western societies, Korean groupism realized through this unique form of "we-ism" is based on a different viewpoint towards individuals and things.

Therefore, when companies hire or universities accept people in Korea, sometimes the group to which they belong is more important than their ability.

The reason Koreans emphasize education so strongly is because they want to belong to a "we" group of those who have graduated from a good school.

Once one has graduated from a good school, they can enjoy special rights through others who have graduated previously from the same school, and can live together harmoniously in a better position in Korean society. In fact, blood and family related business customs also remain in the company culture of Korea; this is because Eastern countries were traditionally formulated through the idea of groupism.

In selecting professors to hire, Korean universities prefer those who can be positive members of the inner group related to the same school. Therefore, not only is the candidate's scholastic ability important, but also the school from which they graduated, because they will have a better chance of getting hired if they are already a part of the inner group of the school to which they are applying. In contrast, In the USA it is not common for a university to hire one of its own graduates as a professor.

In the case of the USA, graduates of different universities are hired mainly to encourage stimulation resulting from differences in education and backgrounds among faculty, that is, to allow them to learn new things and increase their performance.

The situation is similar in politics, or when a government officer is selected; normally someone is appointed from the regional community or school. For example, when a president appoints a minister, they will consider the current balance in the government of the ministers from Gyeongsang-do, Jeolla-do, and Chungcheng-do. In addition, when political party leaders are selected, those who can get a positive response not only nationally but also locally are chosen.

Related to the strengths and weaknesses of the types of groupism in which people work hard to effectively realize the goals of the group, groupism based on the ideas of Confucian patriarchy has been evaluated as the main driving force behind the fast economic development of Asian countries such as Singapore, Korea, China and Taiwan. The negative effects of such groupism in

Korean society do still exist however, because there is too little emphasis on individual abilities and characteristics. Negative effects have also been observed in politics; for example, recently about 90% of the citizens of the Honam area voted for a single candidate because of his relationships with that area of Korea, thus showing the effect that groupism can have on elections.

Politicians at all levels of government have tried to break such regional connections in politics in general and in elections through their own election campaigns. Some universities have enacted rules preventing them from hiring more than a certain percentage of its own alumni as professors and to accept professors from other universities. Similarly, companies have started to hire business experts who are not members of their own family or regional social group. When a big company like Samsung hires new employees, they now try to hire based on individual ability rather than focusing on blood, school, or geographical relationships in an effort to increase their global competitiveness. However, during hard times Korean 'we-ism' is actually quite powerful in its insistence on cooperation for the good of society or the group. The cooperation shown among Koreans during the IMF crisis and their group cheering during the World Cup are good examples of the power of such 'we-ism.' Nonetheless, the power of the 'we' group also serves as the main factor that weakens an individual's ability and competitive advantage. To grow as a competitive country, in the future Korean society should work harder to strike a balance between groupism and individualism, such that individual characteristics and creativity can be better nurtured.

The relational self versus the individual self

Koreans sleep with their children until the children reach a certain age. In this way, children in Korea are raised in a dependant relationship from birth. Individuals who grow up in a dependant relationship can be said to have a relational self. Westerners, on the other hand, put their children to bed in separate rooms or beds. In this way they grow up as more independent individuals. The main reason Western societies are individualistic is because of the education related to independence they receive starting from birth. On the other hand, the main reason Korean groupism and familism is so prominent is because children learn from their families and school education to recognize themselves as part of a group.

Korea, therefore, comprises a society based on human relationships, where the obligations owed to others and conformity are most important. Family, church communities, and friend groups, all of which meet frequently and share their experiences, form the base of society. All dependents are close to the other members of the community, and relationships are often used as a tool to reach a certain goal. In addition, frequent labor and product exchanges, in addition to agreements and contracts, are the important principles of managing society, and these principles help to encourage competition and the pursuit of individual interests.

Koreans are raised as their relational self when they are raised by their parents, and thus even when they get married and are 'independent' from their parents, they still emotionally live with their parents and heavily depend on them. Western children, however, learn to be independent from an early age, and thus they can choose and decide things by themselves. Further, when their freedom of choice is blocked or restricted, they insist on their right to choose.

The 'we-ism' arising from blood, school and regional relationships in Korean society stems from the fact that Koreans were raised as their relational selves, that is, as members of their family, school and local society. Recently, however, Korean society has come into contact with various cultures, and we-ism has gradually changed, with an individual's ability becoming more and more important to the concept of self.

Cultural Plus

Eastern society that emphasizes school connections

As an example of the difference that school connections can make between the East and West, the percentage of professors who graduated from the school where they currently teach is higher in the East. In China, for example, 65% of the 987 business and economics professors from 17 universities, including Beijing University, Qinghua University, the People's University of China, and Fudan University, were found to be graduates of the school where they currently taught. As for Korea, according to research conducted in 2006, only about 9% of professors had graduated from other universities, with the total reaching about 25% when professors who had graduated from a different major department than their current department were included. In this way, Korean universities can abide by regulations that require more than 1/3 of all newly hired faculty members to be from either another school or department. And also, more than 70% of the faculty of Yonsei University were found to be Yonsei University alumni, comprising a larger percentage than that found in China. Western universities, on the other hand, do not show the same tendency. Only 11% of professors were found to have graduated from the school where they were currently employed. In the case of Harvard University the percentage was 18%, and the University of Chicago was only 7%. Thus, the importance of school connections is clearly different between Eastern and Western countries.

4. Marriage Culture to the jaint of family group

Related Content ❯ p.66

How has marriage in Korea changed over the years? We can better understand Korean married life by understanding that marriage is not just a matter between two people, but rather it is recognized as a family matter. We now look at the changing trends of Korea's marriage culture over time, and in particular the changing Korean wedding.

Cultural Phenomenon Marriage in Korea used to be considered an obligation of the parents. This means that everything from giving birth to raising, providing an education for, and even helping their children find a job before they got married were included in the role of parent in Korea. Therefore, when it came to marriage the power of parents in a family was very strong, and marriage was considered more a family than an individual matter. However, in modern Korea the conditions of marriage have changed somewhat. The conditions considered for marriage used to include an agreement between the two families based on the idea of class, in which marriage was viewed as the means of continuing one's lineage and supporting one's parents, and in which the most important issues were how well could the woman take care of her in-laws, could she have a baby well, and could she raise a child properly. Today, marriage in Korea is still controlled largely by the family and has not actually changed greatly.

Even though two people may be seriously dating, that by itself does not mean they can get married, and normally both of them have to first get permission from their parents. To get their parents' permission, several conditions must be met. Parents first examine the other family's history to see if they can live in harmony together. Some people reject those with different religious beliefs or those who have grown up in different geographic areas; for example, often Buddhists will not approve of marriage to Christians, and those from Jeolla province will not approve of those from Gyeongsang province, and vice versa. Moreover, family names can also be problematic, because it is common to not allow marriage between two people with the same family name and same geographical family origin, or even those with different family names but the same geographical origin. In some cases even those with different geographical origins may be rejected just by having the same family name. As for personal traits, normally Korean parents prefer older and more highly educated men compared to women. In addition, the wealth of the family and also individual personality and physical appearance can also be very important conditions for marriage.

In the recent new marriage culture of Korea, more and more young people are deciding to get married without their parents' permission; further, parents have started to grant their permission even though they may not like the person their son or daughter has chosen. Many couples live together before they get married, and others may decide not to get married. There are also many couples in which the man is younger than the woman

Cultural Analysis

Korean marriage rite

Generally speaking, the process of marriage begins with a meeting between a man and woman, who then become a couple and decide to make a new family. Of course every country has its own unique characteristics of marriage, which signify one of the turning points of life according to the culture and traditions. In Korea, modern-style marriages emerged after the end of the Han dynasty and were influenced by the modernization and foreign cultures introduced by both Japan and the West. Indeed, modern marriages emphasize family unions less, while focusing more on the events and procedures related to the wedding. However, Korean marriages still include many family groupism characteristics which differ from individualistic cultures.

In the first part of a wedding, for example, both mothers will light a candle as the emcee begins the ceremony. This candle lighting ceremony symbolizes unity, because a Korean wedding still heavily emphasizes the fact that a marriage is the union between two families. Therefore, during the courtship process, getting the permission and blessing of the parents of both sides is very important. This aspect of marriage is very different from the Western concept of individualism, which considers marriage as the union between two people, independent of their parents.

It is still tradition in Korea for the couple to bow to each other during their wedding. A Korean wedding is a ceremony to announce the couple's union to their families, relatives and friends. The couple's "inner group," which includes blood relatives, local community members, and school friends, attend the wedding and celebrate. The bowing by the bride and groom, therefore, represents the swearing in front of those present to become one flesh. This swearing through bowing is the most important element of a Korean wedding. Even though modern weddings have become very Westernized, this tradition has endured because of its important cultural meaning.

As for the wedding reception, it is similar to other traditional parties in the sense that food and drink are provided to the participants. In the West there is a "party culture," in which the participants eat and drink with family and friends to celebrate weddings. However, Korean wedding receptions are not parties, but rather symbolize a way to express appreciation to the participants. In fact, noodles are always served at wedding receptions as a symbol of appreciation. The expression "to eat noodles" in Korean symbolizes marriage, and the question "When are you going to eat noodles?" actually means "When are you going to get married?" in Korean. Moreover, the main participants of a reception are not the bride and groom but usually each family's inner group, that is, the parents, siblings, and relatives. This indicates that marriage in Korea is not simply a ceremony for the couple getting married, but an event for the inner group members. For this reason there are more guests at a Korean wedding than a Western wedding, and the couple's (parents') social status and background can be seen from the size of the wedding. In the past, participants would congratulate the couple by cooking and offering the food during the reception; today, however, most families choose to simply use professional caterers.

One custom in which Korean-style familism can be seen in weddings is the giving of gifts to the parents of the groom. This gift giving procedure originates from the traditional marriage ceremony and is an announcement to the older members of the family that the bride is now a member of the groom's family. Through this custom we can see that the Korean wedding culture is a mix of traditional Western and Korean weddings. Now, however, many Koreans think the tradition of giving gifts to the groom's older family members is sexist, and thus at some weddings gifts are either given to both sets of parents, or simply not given at all.

Finally, Korean weddings can cause much stress and be quite inconvenient to both individuals and society. Most weddings are held during the designated "wedding seasons" of spring and fall, and moreover, by holding ceremonies in the afternoons of weekends and holidays, heavy traffic often results. Families with many relatives in the country often rent buses to transport their families and relatives into the city. From the government's point of view this is considered a big waste of both time and money. In this way, Korean weddings can disrupt the daily lives and work schedules of Koreans, but they also represent a very important cultural ceremony.

Cultural Plus

Offering financial support in Korean marriage culture

One of the unique characteristics of Korean wedding culture is the giving of congratulatory money. Korean wedding ceremonies are quite expensive, and the gift of money is to help defray the costs for families. Compared to Western weddings, in which the couple makes a list of items they need so their friends and relatives can purchase gifts that will be useful during the couple's married life, the common gift of money in Korea can be difficult to understand for Westerners.

Compared to a Western wedding, Korean weddings are extremely expensive. In fact, it is easily the most expensive thing a couple must consider when getting married. They must purchase wedding gifts to exchange between the bride and groom, gifts from the bride to her new in-laws, and household goods. In Korea people often buy a house by paying a very large deposit up front without having to paying a monthly fee, or they simply purchase the house, and thus it costs a lot more money up front compared to Western countries. The reason Koreans give money as a wedding gift is therefore related to the many wedding costs that must be paid in cash. The participants know the wedding is expensive, so they try to provide economic help to the couple by giving them money. In essence, this custom can be reduced to the principle of reciprocity: when a wedding attendee's children or relatives get married at a later date, they will receive money from the same couple in recognition of the help they received in the past. Thus, this Korean celebration money culture can be said to exist as a way of mutual assistance to overcome economically huge burdens.

Chapter 3_ Korean Authoritarianism

Through authority derived from differences in age, rank, and gender, one can observe the characteristics of Korean-style authoritarianism, which controls a communal, collectivistic system of social understanding. The unique cultural aspects of "face" and "wit" are interesting Korean cultural phenomena rooted in authoritarian power. A cultural awareness of authority develops from the power distance relationships between older and younger, superior and inferior, and man and woman. However, this system is currently experiencing great change, particularly with respect to sex discrimination based on stereotypes encountered by women, who are challenging such longstanding patriarchal ideas.

1. The Value of Age and Power Hierarchies

It is common to ask about someone's age in Korea, such as "How old are you?," "When did you go to college?", "When did you start working here?" Whenever Koreans meet a stranger at work or at a meeting, they ask about that person's social position through other people. But why is it that Koreans care about the age of others and their social status? This chapter introduces deeply rooted authoritarianism in Korean society.

Cultural Phenomenon   Koreans are very much accustomed to asking one's age and social status. When two Koreans first meet, they determine each other's age to decide who is younger. Although recently this tradition has started to change due to Western influences, Koreans still place great emphasis on age and social status within a group.

Koreans not only are concerned about the year in which someone was born, but they also inquire about the birth month to decide who is older in cases where the two people were born in the same year. Because the older person does not have to use words of respect or polite language when talking to those younger than him or her, they are treated differently in society. This type of thinking is a direct Confucian influence: Just as parents love their children when their children are nice to them, if a younger brother is polite to his older brother, the older brother will be obligated to take good care of the younger brother in the future. This is the silent ethical obligation between the older and younger members of Korean society.

Cultural Analysis

Social characteristics of authoritarianism

A social power hierarchy based on age gives authority to older citizens in Korean society. Therefore older and younger people have different ways of talking, in addition to ways of addressing each other. Indeed, there is only one word a younger person can use in such situations, indicating that younger people are not considered as important as older people. The resulting division caused by the different social power hierarchy results in extreme authoritarianism. There is even a rule about shaking hands in Korean society; a younger person is only allowed to shake hands with an older person if the older person first approaches the younger person.

In such cases younger people can only accept the opinions of those older than they are and have no opportunity to express their own opinion. Further, because of the extreme hierarchical and authoritarian mindset formed between the older and younger people in a home or company, a democratic atmosphere and organizational communication are difficult to achieve. For these reasons, this Korean type of authoritarianism that gives those older in society more power should be changed.

In an authoritarian society, if a problem occurs people tend to blame it on those who are younger because if the older person were to take the blame his dignity would be lowered. As a result, when an older person makes a mistake, it is customary for people to pretend that it did not happen. In a Korean home, for example, people should not point out a parent's faults, and a younger brother should not point out his older brother's faults in public. This is because the younger person must learn to be careful not to damage the dignity of those older than they, which, again, is all based on the social power hierarchy. In Western countries, if parents or older siblings make a mistake, they are expected to apologize in front of everyone, which is the opposite to the case of Korea. Therefore, even in cases of mistakes at the governmental level, younger governmental employees end up being blamed for the mistake.

To establish a social power hierarchy, first the necessary "high" and "low" relationships should be established to determine who gives the orders and who obeys them. Therefore compared to a democratic society in which each individual enjoys freedom and equality, individual desires are oppressed in an authoritarian society.

In Korea, presidents and CEOs have position-related power, while doctors and lawyers hold profession-related power. Here we can define the power of position as the power to make decisions by leading other people. The Korean desire for success comes from the possibility of controlling or doing whatever one wants through the power granted by increased social position. In addition, there are many words in Korean to designate and represent many of the aspects of older people in society, and many of these are also different according to gender, and therefore must be used accordingly.

Generally speaking, standards of emotional value are set by people to judge or evaluate things in society. If people agree with a certain position or a person's absolute power and authority and try to evaluate them accordingly, then their emotions will agree with that authority and without regard to any serious rational judgment. Therefore, the authoritarian way of thinking is anti-modernism and anti-rationalism in nature, that is, it is based solely on power, or authority blindness.

Human history can be seen as the continuing process of escaping from authoritarianism. Authoritarianism requires blind obedience, thinking, and behavior. Authoritarian political power has the strength to oppress others. In Korea, at the Battle of Gwangju during the April 19th Revolution, people who believed in democracy fought against a dictatorial government. Authoritarianism was challenged by the idea of protecting individual freedom and equality during the age of modernization.

Authoritarian and egalitarian cultures

Compared to Western, equality oriented cultures, authoritarian Eastern cultures have the following <table 3-1> psychological differences.

In Eastern cultures authoritarian societies are predominant, while in Western cultures egalitarian societies are more common. Authoritarian societies place success of the group before individual success, with a focus on self-reflection for the purpose of harmony with one's group and harmony with others. This pursuit of harmony between the individual and the group results in a focus on the rank order of society, in which arguments with those of higher social rank are considered behavior inappropriate and disruptive to the group order.

Such rank-based authoritarianism can result in ideal relationships in which subordinates both have respect for their superiors and learn the value of humility, while superiors learn to love and care for their subordinates. Nonetheless, because authority often results in those in power subjugating those below them by force, the negative aspects of rank-based authoritarianism tend to overshadow its positive aspects, especially as Korea tries to develop into a more democratic society. Recently, however, the number of younger Koreans breaking away from such authoritarianism is increasing; they more strongly value their individual personalities and prefer personal freedom over group harmony. This trend is a further example of the Westernization of Korean society.

〈Table 3-1〉 Differences between authoritarianism and equality-oriented cultures

	Authoritarianism culture	Equality-oriented culture
Society type	Dependent	Independent
Individual success	Group honor	Individual achievement
Method of self-examination	Self-criticism for the sake of group harmony	Positive evaluation which respects individuality
Human relationships	Pursue harmony by focusing on the emotions of others	Pursue righteousness by focusing on oneself
Main societal values	Hierarchical power, group control	Respect of equality, individual freedom
Attitude toward disagreement	Avoid conflict and arguments	Pursue active discussion and debate

2. The Reflection of Korean Hierachy
"Saving one's face" and "Noonch'i culture"

Saving one's face and reading one's face are cultural phenomena developed for making harmony among the elders and the juniors in authoritarian society. The former face is defined as an honorable duty or a face to others, and saving one's face is to do in accordance with a duty as a human being. Reading one's face means the skill to notice a sign of others' mind, and Professor Choi Jae-seok named it "Noonch'i culture." They both are likely to be dependent rather than independent in personal relations, and a cultural phenomenon evolving in a cultural area of Confucianism where the aim of a group is important than an individual's.

Cultural Phenomenon Koreans are accustomed to considering the presence and facial expressions of those in relatively higher social positions. If an employee decides to leave the workplace at a particular time even though a superior has not yet finished working, then that employee is thought to have no common sense. The same is said of those who try to propose their own ideas instead of accepting the judgment of their seniors and agreeing with their opinions at work or when discussing issues at a meeting or conference. In other words, those who have a quick "wit" and are outspoken can make others uncomfortable.

Although those who do not have such a quick wit and readily accept the opinions of others are sometimes viewed as people who do not have their own opinions who overly flatter others, those viewed to have no common sense or wit are considered difficult to work with in Korean society. Not only do they cause others to feel burdens and inconvenience, but even more problematic is the fact that they do not even realize they are causing the inconvenience. In other words, "proper common sense" is often silent communication, not outspokenness.

According to the Korean sense of honor, or "face," the oldest person in a group often feels obligated to pay for socializing even though the person may not have enough money. In addition, many Koreans want nice clothes, a car, and a house that matches the status of their job in society. Unfortunately this kind of culture based on dignity and "face" makes Koreans believe that such items will increase their dignity. In other words, this type of culture of "face" and dignity emphasizes thinking about what other people think about you rather than what you yourself think. In a more positive sense, however, we can also say that this is a culture of taking care of others.

Cultural Analysis

"Noonch'i" and "Saving one's face"

What is the real meaning of the Korean concepts of "face" and "Noonch'i"? "Saving one's face" is often used in the sense of "saving face," while Korean "wit" has been referred to as "Noonch'i culture" (*noonch'i* is the Korean word for "wit") by Korean sociologist Choi Jaeseok as a representative type of Korean culture in which the real social meaning is the ability to accurately read and understand the minds of others. Both Noonch'i and Saving one's face are necessary in Korea to successfully be in harmony with one's group and to not have conflicts with others in society.

In Korea, people are not socially allowed to express their emotions naturally, and they constantly need to consider how others may be thinking. Further, older members of a group have to maintain their dignity, while juniors have to be able to read the intentions of their seniors. Noonch'i and Saving one's face are important to maintain between seniors and juniors in a collectivism society, and a peaceful life can be achieved by responding properly to the social requirements of dignity and the need for Noonch'i, or common sense. To summarize the main two concepts of this chapter;

Saving one's face: Social virtue required so that seniors can maintain their roles in the group.

Noonch'i: Social virtue required so that juniors can respect the group values over individual values.

There is another term in Korean known as "wangdda" that describes becoming alienated from the group due to a lack of common sense ("wit") or the inability to understand the situation until it is too late. The term is commonly translated as "bullying" in English and "ijime" in Japanese. As expressed in the proverb noted earlier, "A stone with sharp edges will be disliked," this state of alienation can result when a person is viewed as different from the other group members or holds values which are in conflict with those of the group as a whole. In a society that considers group values to be most important, an individual whose behavior does not match those values can be alienated. This is in contrast to Western countries, which consider individual ability and individuality most important.

Korea is a small country with a homogenous heritage and concentrated population on a peninsula. To cope with these factors, a group-oriented social mentality developed to maintain order without conflict. In contrast, in Western society, where many different ethnicities coexist, a system of management based on written contracts and a social mentality of clear, verbally expressed opinions developed. In a multi-ethnic society having different languages and cultures, it is impossible to guess the situation by attempting to judge someone's facial expressions, "Noonch'i," and "Saving one's face" alone when communicating.

People from Eastern cultures are raised to first consider the situations of others. In the past, people with the same family name all lived in one village and formed a community based on their family name. In such village communities, the younger members were expected to understand and respect the thinking of the senior members even though the seniors may not actually say anything in order to maintain dignity and "face." Therefore, Koreans use the relative terms "aunt" and "uncle" when they talk to someone who shares their family name even if they do not know the person. In most Western cultures, the words "aunt" and "uncle" designate blood relatives, but this is not always the case in Korea.

The ability to sense what someone is thinking and the concept of "Saving one's face" are special characteristics of a collectivist society. Of course these are not necessarily negative characteristics; however, extreme acceptance of someone can be viewed as "flattery," and extreme dignity, or "Saving one's face," can come to be viewed with a critical eye. Often, when an event happens in a collective society, the junior members worry only about understanding and agreeing with the thoughts and opinions of the senior members, while the seniors members only think about their dignity and "Saving one's face," and as a result a solution cannot be found. Further, if it is discovered that a crime was committed by an in-group member, say, a well-connected higher up person, the investigation may be stopped and covered up as if it had never happened. Such a phenomenon is a combination of Korean "we-ism," a product of the inner group, and the collectivism that connects "Saving one's face" and social "Noonch'i."

In Korea, the more a person is a senior member of society, the more they feel they need better and bigger clothes, cars, and apartments to "show off" through comparisons with the junior members. For this reason, for a junior member to have a better car than a senior member at the workplace amounts to a failure on the part of the junior member to "sense" the senior's social status, and thus it can hurt the senior's sense of "honor," or "Saving one's face." Senior members must pay expensive bills for social drinking and meals, while junior members are not allowed to express their opinions, resulting in an awkward state of society as a whole. This kind of culture still exists in Korea, although the traditional strict requirements of having to "sense" the intentions and maintain the "Saving one's face" of senior members of society have largely disappeared among the younger generations. Increased shifts away from such traditional culture will further allow better communication between generations, which will in turn encourage democracy and encourage society to respect each member's individuality.

Origin of "Saving one's face" and social "Noonch'i"

In Eastern societies, individuals are raised to adjust to fit in with their group and go along in harmony with the decisions made by the group. The behavior of the group affects other people and groups and plays an important role in the adjustment and maintenance of relationships with others; as such, existing in harmony with others is the most important goal of social life. People of Eastern upbringing are collective and dependent on each other, and they consider external power to be more important than the individual's power, and as such people are generally more focused on the "outside environment."

In Western society, individuals are raised with an aim to develop their individuality as independent citizens. Individuals learn to consider themselves as special, thereby lessening the need to "sense" or interpret the intentions and opinions of others, or be concerned about maintaining "face." Westerners live in a more individualistic and independent society, and they tend to analyze the world in terms of individual "things" instead of the environment as a whole.

Because Easterners try to act according to what is best for the current situation, they are more active in considering the behaviors and attitudes of others than Westerners. Senior members of society try to maintain their dignity while junior members strive to accurately get a "sense" of what the senior members are thinking. In Eastern countries, society is a connected, continuous entity, and its members behave according to each situation.

<table>
<tr><td>Cultural Plus</td></tr>
</table>

Eastern "Saving one's face" culture

The Chinese view the relationship between two people through the spectrum of moral rules as governed by the Five Human Relationships (i.e., master and servant, father and son, husband and wife, brothers, and friends). The Japanese, however, emphasize the perfect union between an individual and the group. The Korean view is similar to that of the Chinese, in that human relationships are considered the most important aspects of society. Indeed, each country emphasizes different aspects of the social "Saving one's face" culture.

In Korea family honor is emphasized, and also seniority in the workplace and older people in general are given social control and power due to the influence of Chinese culture, in which teachers have power in schools and society with respect to cultural values, and the pursuit of a relaxed and comfortable life style. The Japanese, on the other hand, pursue a more ordered lifestyle similar to that of the Germans or Dutch.

〈Table 3-2〉 Chinese and Japanese "Saving one's face" culture

	Chinese "Saving one's face" Culture	Japanese "Saving one's face" Culture
Social aspect that emphasizes "Face"	The family	The organization
Agent of social order	One's superiors, authority figures	Peers

Social control within schools	Teachers	Peers, students

3. Power Distance and Authoritarian Mindset

Hofstede defined 'Power distance' as "how much the members of a system or organization of a country expect and accept the unequal distribution of power." According to the Hofstede's survey, it is represented that Korea power distance is the middle of the world culture. That is, a country with large power distance is an authoritarian society where people do as what a superior or parents with authority want; the smaller, the less authoritarian.

Cultural Phenomenon

"Don't even dare to step on a teacher's shadow." In Korea, respecting and obeying your teacher is an absolute must. Even though the relationship between teachers and students in middle and high schools has changed somewhat in modern Korean society, most students still obey and respect their teachers, and teachers are obligated to train and take care of their students. This strong reliance on authority is most evident in graduate schools, because the classes are small and the students have a close relationship with their professors.

The oldest brother's authority in a family is also absolute. These days, Korean families only have one or two children, and thus there is no strong power relationship between siblings; however, the oldest son's authority was very important in traditional families. The oldest son was like a parent, even obligated to take care of his younger brothers and sisters.

Cultural Analysis

Power distance and the authoritarian mindset

Power distance is the level of a weaker member's expectation and acceptance of the unequal power distribution or government regulation in a society. Institutions form the basic social units, such as families, schools and regional communities, and organizations form the places where people work. A country that has a large power distance is a very authoritarian country, with the senior members of companies and families (i.e., parents) having a large amount of power. A country with a small amount of power distance has no authoritarian social atmosphere, and as such even lower class citizens such as street cleaners or security guards can greet company CEOs or professors without shame.

According to a study by Hofstede, Korea places 27th out of 53 countries in terms of power distance, meaning Korea has a relatively average level of power distance. This result is unexpected when we think about how important authoritarianism is to the Korean people. The reason for this average placement is because although Korea divides society into classes, individuals still strongly desire equality, and therefore the level of acceptance for inequality in society is quite low.

Korean society is based on the family structure, which is largely influenced by Confucianism. Because power distance and authoritarianism originate from a society's spiritual and ideological backgrounds, Korea's power distance can be said to have been strongly affected by Confucianism, which emphasizes authoritarianism.

Confucias thought the balance of a society could be maintained from the "unequal relationships" of the people. The three bonds and five moral rules of human relationships in Confucianism illustrate such unequal relationships between parents and children, husbands and wives, and leaders (kings) and their people. The countries and areas affected by Chinese Confucianism are Singapore, Hong Kong, Taiwan, Japan, and Korea.

In addition, there are additional factors that contribute to the power distance of a country, including latitude, population, and economy.

Latitude: Countries in higher latitudes are less authoritarian.

Population: Countries with larger populations are more authoritarian.

Economy: Richer countries are less authoritarian.

The economy is a very important factor, and a strong economy is necessary for a country to establish a democratic society. Even though Korea has a rather large power distance, the economy has grown as a result of the economic development achieved during the term of President Park Jeonghee. This is one reason why Korean democracy currently has a strong foundation. Korea is now trying to establish a more democratic society based on its political and economical ability to follow other advanced countries.

authoritarianism expressed in language

Language expresses the culture of the group who uses that language. The Korean language reflects the authoritarianism of Korean culture through complicated polite expressions and titles. These expressions are used differently depending on the power order in the particular relationship. In English and many other Western languages, for example, the words "eat," "take," and "have" are conjugated or altered for tense and gender, but not for age or power order, whereas in Korean all of these factors are important.

〈Table 3–3〉 Polite expressions and titles in Korean relationships

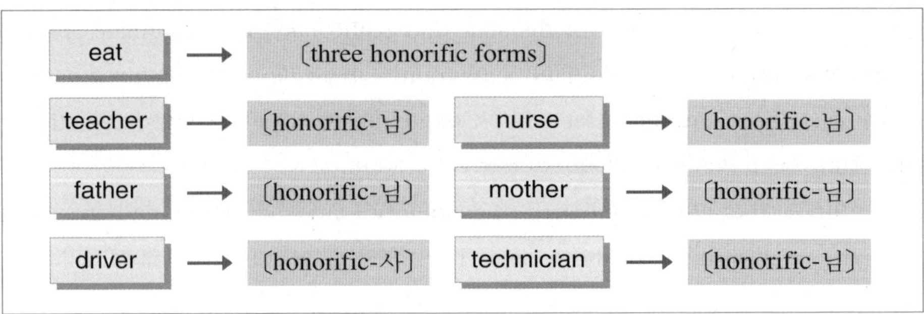

These linguistic changes in Korean reflect mutual respect; however, in some cases they may be used to simply show agreement with the power relationship between two people without the meaning of respect. Polite expressions and a complex title system are phenomena that show us the power order in Korean society, all of which originates in the group mindset at a certain level.

Complicated polite words (honorific) and the use of titles (designation) to raise the status of senior members create authoritarian, vertical human relationships instead of equal, democratic ones. This makes it difficult for foreigners who are not accustomed to Korean culture to learn Korean. If Korean society were to simplify the use of polite words and titles, more democratic relationships between people could be fostered.

Families culture and power distance

Children born into families with a large power distance must obey their parents and maintain the power order among their brothers and sisters. Younger siblings must obey their older siblings, and older siblings are obligated to take care of their younger brothers and sisters. In these kinds of relationships, individuals tend to be highly dependent on those senior to them, such as parents, superiors at work, and teachers.

Inequality between parents and children in a society with a large power distance is connected to the inequality between teachers and students. Teachers have much power in this kind of society, and therefore students cannot argue with their teachers. Further, in Korea a teacher is thought of as a person who teaches you about life, not just the knowledge found in textbooks.

In an organization with a large power distance, power is always shared among a few senior members. All the other employees in lower positions usually follow the direction of these few senior members instead of making their own decisions. However, the people in lower positions are also emotionally dependent on the senior members, and thus in Korea the ability of senior members to take care of those below them is an important requirement in addition to job skills and abilities.

Regarding the characteristics of political systems in societies with a large power distance, in Korea's case, powerful institutions such as the Blue House, Congress, and the Public Procedures Office have established their status as a sanctuary and thus do not like to deal with criticism. Further, society members understand that their society is structured unfairly, and this is displayed in the dependent relationship between those with power and those without power. Along with increased freedom of speech and freedom among the press, especially with the development of the Internet, this power distance has been gradually weakening in Korean society.

A man with power has special rights, and he accumulates wealth by taking advantage of those rights. Only a few people hold all of the economic power, and they also benefit from the tax regulation structure. Although Korea has improved this unfair system through many social innovations, it still has a relatively large power distance and is similar to many South Central American and Southeast Asian countries.

The main characteristic of a society with a small power distance is that parents treat their children as equals, and they treat them as humans rather than property. Moreover, children learn to be independent from their parents at an earlier age. When they move away from home, children are considered to be at the same social level as their parents and are responsible for looking after themselves. For example, when an American makes an important decision, such as whether to get married, they decide by themselves and take responsibility for their decision. Further, in this type of society the relationships between teachers and students are equal, and moreover students are the most important aspect of a classroom, and as such they are encouraged to discuss any issue with their teachers.

In societies with a small power distance, the power is distributed more evenly, with people in senior and lower level societal positions working more or less at equal levels. There are no big differences in pay scales, and there are no special rights for managers or seniors. Issues can be freely discussed at work, and whenever a person from a lower position wants to meet someone from a senior position, the senior feels obligated to meet them. Finally, there are no advantages for those with seniority, such as special parking spaces, restrooms, or cafeterias.

Because social inequality is considered to be negative in such societies, everybody is treated the same regardless of their power, economic ability, and job status. There are no big differences in income distribution, and the income is redistributed through the tax system. Most of the countries in Europe belong in this category, with Sweden being the most representative example.

Societies with large and small power distances can be summarized as follows.

Cultural Plus	**Power distance by country**

Holfstede conducted a survey to determine the power distance level of 53 countries. The following shows the resulting rankings of power distance. Malaysia has the strongest authoritarian mindset, while Austria has the weakest. We can also see that power distance is large among the Southeast Asian and South American countries, while it is small in Europe and North America.

1	Malaysia	14	Brazil	31	Spain	42~44	Costa Rica, Germany, England,
2~3	Guatemala Panama	15~16	France, Hong Kong	32	Pakistan	45	Switzerland
		17	Colombia	33	Japan	46	Finland
4	Philippines	18~19	El Salvador, Turkey	34	Italy	47~48	Norway, Sweden
5~6	Mexico, Venezuela	20	Belgium	35~36	Argentina, South Africa	49	Ireland
7	Arabic Nations	21~23	East Africa, Peru, Thailand	37	Jamaica	50	New Zealand
8~9	Ecuador Indonesia	24~25	Chile, Portugal	38	USA	51	Denmark
10~11	India, West Africa	26	Uruguay	39	Canada	52	Israel
12	Yugoslavia	27~28	Greece, Korea	40	Netherlands	53	Austria
13	Singapore	29~30	Iran, Taiwan	41	Australia		

4. Paterfamilias Authority and Korean Women

In the past, it seems that Korean women may have actually been less discriminated against by men than they are in current Korean society. In fact, men and women used to have an approximately equal relationship. There were many queens, such as Seondeok, Jindeok and Jinseong, during the Silla period, and this kind of equal status continued until the beginning of the Choseon period, that is, after the middle ages and into the beginning of the modern age. However, the status of women suddenly decreased, and their social activity and even their ability to receive an inheritance became limited, with everything belonging to men. Recently, the status of women has improved somewhat, but men and women are still not treated equally. This section examines how authoritarianism, which governs Korean society, influences the treatment of Korean women. In addition, we look at what the status of women in both society and inside the home has been within a Confucian patriarchal authoritarian culture. First, however, we describe the current status of women in Korean society, how it has changed, and the fundamental social differences between males and females.

Cultural Phenomenon The roles of males and females are divided in the Korean family. Even though both the man and woman may have a job outside of the house, the man considers housework to be the woman's job, and if the husband does some housework it is considered "helping." Due to such discrimination against women, the preference for boys over girls when having children has not changed. Women still have difficulties getting jobs and getting promoted.

Recent research indicates that the social and economic status of women in Korea is ranked 13th out of 13 Asian and Pacific countries, that is, it ranks the lowest. The four main indexes investigated by the research include women's participation in the labor market, women's college education, the percentage of women executives, and the percentage of women with incomes higher than average.

Cultural Analysis **Male-centralized authoritarianism**

In Korea, not only age and status, but also gender differences have an influence on the authoritarian culture. Women are regularly treated unequally and ignored by society. With respect to the percentage of women who hold political and professional jobs, the equality index between Korean men and women is lower than the average among OECD countries.

In the beginning of the Choseon dynasty, there was no such thing as discrimination against women or the mother's side of a family. In fact, before the middle of the Choseon dynasty, women could receive an inheritance and share the same ownership rights that men could. In the middle of the Choseon dynasty, however, women were deprived of their rights to possess property, perform ancestor worship rituals, and receive an inheritance. The familism of Confucian patriarchy, which grants all rights to men, was then formed in the latter half of the Choseon dynasty.

Some examples of men controlling women with their power in Korea are as follows.

- Criticizing women for walking in front of men;
- It is considered bad luck when a woman steps into someone else's house before her husband, or when the first phone call to a house on the lunar calendar's New Year's Day is from a woman;
- Taxi drivers on the night shift believe that if their first customer of the evening is a woman it is a sign of bad luck.

In this way, women are still viewed negatively through many taboos in normal life. Even a number of Korean proverbs related to women also portray negative images of women. For example, the following Korean proverbs illustrate how men control women through authoritarianism.

- If a hen (i.e., a woman) cries, then the household will be a failure.
- If three women gather together, a bowl will crack.
- If someone throws a woman and a bowl, they both will break.

Similar to the proverbs above, there are many derogatory expressions in Korean that either denigrate women or make fun of their sexual characteristics. Although there are indications that women and men are becoming more equal in today's Korean society, sexual discrimination still exists both at home and at work. There are still more women laborers than managers in companies, and women have less power compared to their male coworkers, especially with respect to important issues.

According to Hofstede, there are four categories of world culture, with one basis for categorization being masculine culture versus feminine culture, that is, the gender characteristics of the culture. In his analysis, he concluded that Korean culture was a feminine culture with a patriarchy. One reason for such a conclusion was that according to the characteristics of agricultural societies, feminine roles are very important to carry on the bloodline and raise the seeds of the Korean culture. In today's society, men have symbolic power as the head of the family; however, because women form the base of Korean familism, they are in charge of giving birth, raising, and educating their children for the next generation, and as such these mother-oriented characteristics are very strong in Korean culture.

In authoritarian societies, women are able to move and settle down in another cultural area of the society through marriage and giving birth. After getting married, women gain power by raising the next generation and performing their obligation of raising children. A wife, who initially has the lowest status in her husband's family, attains power after she gives birth and her child continues the family line.

Confucian patriarchy, which seems to totally exclude women, explains that the "uterine family" absorbs a wife successfully into the husband's family. A woman can effectively establish her place in the family through continuing the family lineage by having boys in the familism tradition of Confucian patriarchal authoritarian culture. In the past, although women were highly oppressed, it was still necessary to approve of women's rights and status to the extent they were the family successor. The idea of preferring boys and the passion parents have toward educating their children may be the result of women realizing they can firmly establish themselves within the Korean familism structure through their sons and daughters.

Feminine and masculine societies

A society is usually composed of roughly 50% men and 50% women. Men and women are different biologically, and the roles of men and women are also clearly divided. There are some commonalities between the gender roles in traditional societies and present societies. Men, who were once in charge of hunting and war, still strive to realize a feeling of accomplishment outside of their homes.

Traditionally, males were thought to have the characteristics of forming strong opinions, competitiveness, and bravery, while women were considered to be softer than men because of their roles related to taking care of the family and children. While "male" and "female" are the biological terms for man and woman, "masculine" and "feminine" are the sociological terms used to describe the social roles of men and women in a culture.

With respect to masculine and feminine social characteristics, a man's sense of accomplishment comes from his strong opinions and competitiveness. Women are more focused on raising children and developing their human relationships and life environment. Recently, however, the roles of men and women in the home have started to blend together. The roles a mother and father play influence their children for their entire lives. Therefore, the national system of values is related to the gender roles shown by parents to their children.

From the perspective of feminism, "masculine" can be equated with the concepts of Western, yang (of yin and yang), science and technology, products, effectiveness, individualism, efficiency, and competitiveness. "Feminine," on the other hand, can be equated with Eastern, yin (opposite of yang), ecology, reproduction, participation, community, security, and balance.

〈Table 3–5〉 Characteristics of feminine and masculine societies

Aspect	Feminine Society	Masculine Society
Social dominant value	Taking care of and protecting others	Material success and progress
Most important thing	Warm human relationships	Money and material things
Role of parents in a family	Both the father and mother deal with facts and emotions	The father deals with facts, and the mother deals with emotions
Object of sympathy	The weak	The strong
Education standard	Average level students	Talented students
Life goal	Work to live	Live to work
Points of emphasis	Equality, unity, and cooperation	Fairness, competition among coworkers, performance
Conflict resolution	Compromise and negotiation	Fighting
Human relationships	Both masculine and feminine are "soft"	Only feminine is "soft"

The origin of the word "feminism" comes from the word meaning woman and means "female-oriented," or "female-centered." Because history has focused chiefly on men since the beginning of human society, the purpose of feminism is to realize equality by recovering the femininity of women. The social characteristics of "feminine" and "masculine" can be summarized as follows.

<table>
<tr><td>Cultural Plus</td><td>Differences in proverbs between the East and West</td></tr>
</table>

Differences in proverbs between the East and West
The following proverbs illustrate some of the differences between Eastern and Western societies. Eastern proverbs emphasize the negative aspects of women, referring to abuse, and the ignoring and looking down upon women; however, Western proverbs describe women as characteristically pursuing beauty, talking a lot, being coquettish, and making excuses.

[Eastern]
If a hen cries, the household will be a failure. (East Asian)
Sell your wife and buy a good friend. (China)
If a woman is too smart, it will inhibit the man's prosperity. (Myanmar)
Woman often condemn and compare people behind their back. (Tibet)
Allah's only mistake was making women. (Islam)

[Western]
Beauty is only skin deep. (England)
The most important thing to a woman is her appearance. (Talmud)
To get your daughter married, teach her how to talk instead of preparing money. (France)
Satisfaction is the best makeup on a woman's face. (Denmark)
If a young woman says "No," it doesn't mean that she really doesn't want it. (Sweden)
A woman's love for her man shows in the way she dresses. (Spain)

> **Chapter 4_ Culture of Conformity Pursuit and Communication**

Geopolitically, Korea is a peninsula surrounded by superpowers that has historically not only been invaded numerous times, but also experienced a shameful occupation by imperial Japan. Because of these historical experiences, Koreans have developed a tendency to believe that "different" things and "unclear" things are all dangerous things. Accordingly, Koreans have become a people for which it is difficult to accept things that are different while having a strong tendency to avoid uncertainty. To relieve the stress caused by such psychological burdens, going out to dine together and enjoy alcohol have become important characteristics of Korean culture

1. Hiding and Showing

Unlike the Westerners who value individuality, Koreans tend to avoid being distinguished from other people. These characteristics can be also seen in the phenomenon of preferring a certain brand or trend in Korean people's lifestyle. Korea is known to be a nation that has one of the highest avoidance to the uncertainty. This can be compared to the Western culture that accepts the uncertainty. Such difference can be variously influential to lifestyle, relations, and observing law. This chapter will find out how the Koreans are avoiding the uncertainty, and the reason behind it.

Cultural Phenomenon   A trend is an absolute factor that identifies the Korean society. Although the characteristic of imitative contagion that is innate in human creates a trend; however, the trend in Korean society is very extreme. Foreigners often are astounded by how the Korean Ajumma is having their hair permed. Why does Korean Ajumoni mostly have their short hair permed, and why are the announcers' hairs all so short? Such questions are often asked. Unlike the Western people who hate carrying the same bag or wearing the same clothes, it is common to see people with similar clothing on streets as the season changes. Not only the clothing, but the trend can be appeared through various items such as cellular phones and craze about physical health (well-being of a person). Even the housing, people prefer the apartment that has the 'brand name', and also Korean tend to prefer to choose a car by the maker rather than a performance of a car. It is easy to see people with similar clothing on Korean streets. This explains how much Korean enjoys the trend.

More foreigners are surprised by the private education of Korea. If you look carefully, most of the students are going to the private academy, and also the types of the private academies that the students attend are similar (English, Math, Essay). Among them there are parents who send their kids to the private academy because everyone else is doing.

Some of the attires of young people recently emphasize the individuality, but the individuality soon becomes languid as soon as the trend becomes to follow such attires. Systems like alternative school or homeschooling that tries to be free from the existing educational system, are easy to be seen as a 'wrong' behavior.

There are many cases where Koreans use the word 'wrong' for being 'different'. This too can be seen as a reflection of the consciousness of Koreans about how they consider being different as being wrong. These phenomena can be seen as Koreans having the stress of being identical to other or become like the other.

Cultural Analysis	**Being avoided of Being Different**

Being avoided of Being Different

According to the analysis of Hofstede, Koreans being afraid of unfamiliarity and impatient of different things can be explained through the characteristics of strongly avoiding the uncertainty. Avoiding the uncertainty is the degree of how much a member of a group feels threatened by an uncertain or unknown situation. Avoiding the uncertainty is normally because of the anxiety that human feels about certain situation. An anxiety is 'the state of being worried or feeling vague about something that might be happening'. The difference of fear and anxiety is that being fearful has to have some sort of an object that scares you, whereas being anxious does not necessarily require the object.

The culture with higher anxiety level tends to have more of an expressive culture. In this culture, people tend to use hand gestures as they speak, raise their voices or express their emotions, and behaviors such as tapping the table is socially acceptable. A nation with high degree of avoiding the uncertainty tends to be busy, restless, emotional, aggressive and active. On the other hand, a nation with relative low degree of avoiding the uncertainty tend to be quiet, not peculiar, easy going, moderate, and give an impression of being lazy.

Avoiding the uncertainty decreases vagueness. Those who live in this culture pursue structures in their organization, institute, and human relations. In this way one is able to clearly interpret any incidents, and predict. People of this culture tend to pick a fight with a person who is considered as a potential enemy in order to reduce the vagueness. Koreans also show their aggressiveness by picking a fight as a way to reduce the vagueness.

Koreans tend to follow the trend of lifestyle items such as clothing, hairstyle, bags, and furniture. For instance, if black clothes are set to be the trend of the season, everyone should carry any sort of black apparel somehow. Not long ago, when the world cup was held in Korea, Koreans did a cheering performance wearing a red t shirt which symbolizes the 'red devils'. Koreans try to feel the comfortableness through the familiarity of being identical and avoiding different ones rather than pursuing individuality and variety. The cause of the consuming pattern of Koreans that follows the trend rather than finding individuality also lies in the tendency to avoid the uncertainty. Just as feeling safe with everybody, in order for Koreans to not follow the trend and pursue their own individuality requires fairly enough courage.

Avoiding and Accepting the Uncertainty

Differences between the culture that accept the uncertainty and culture that does not can be seen extensively throughout schools, family, workplaces and the rules. First of all, the culture that accepts the uncertainty there is flexibility in rules, but the culture that does not accept the uncertainty the rule is strict and the punishment is reinforced. A family that has tendency to avoid the uncertainty strictly differentiates what is dirty and dangerous. However, in a family that accepts the uncertainty, differentiating what is dirty and dangerous is relatively flexible, and the range of accepting a person or way of thinking is extensive.

A nation that has strong tendency of avoiding the uncertainty, the students tend to expect that all teachers to be expert and have knowledge to every questions. Also in a country like that, an instructor who uses academic terms is respected. A country, however, that does not have strong tendency to avoid the uncertainty, it is possible for the instructors to admit that they do not have answers to the question, and also students can logically suggest a different opinion about the instructor's teaching. A country with high tendency of avoiding needs the rules affectively, and through that clarification and accuracy come to exist in rules. However, a country with low tendency to avoid has relatively a lower value of rules, but they tend to keep the rules more than a country with high tendency to avoid.

Being Conscious of Other

Koreans hardly ever goes to the restaurant by him or herself. They say they feel awkward to eat alone at a restaurant, when most people come to restaurant in a pair or more. This is a behavior that adjusts to a belief that 'two or more people should gather around and eat meals'. It is because Koreans are afraid of being considered as 'different' by others when other people look at a person who is eating by him or herself. On the weekends, there is an awkwardness of 'being alone' at a department store, concert and theater. This too also comes from the behavior of being conscious of how others think about the different image.

Korea is known be a country that is difficult for the foreigners to live. There is intensive discrimination against foreigners, and thus there are many Korean languages to call and criticize foreigners. Why do Koreans feel so anxious about 'being different'? According to the statistics of 2005, Korea's suicidal rate was the highest out of OECD countries, and the alcohol consumption and the accidental death rate were also one of the highest. Korean often drinks and get drunk because of these social anxiety. After all the high level of anxiety ends up causing the anxiety level of 'a different thing'. Schools, for instance, the curriculum is strictly planned out, students desire to know the answers, and they tend to think that instructors should have all the answers. Also the rules and regularities are strict in Korea. Such phenomenon can be interpreted as the development of rules and regularities is caused from a society trying to prevent the uncertainty of people

In a culture with strong tendency to avoid the uncertainty, people tend to have beliefs such as 'there only one truth and we are the one who has it. Anything that is different is all lie.' According to an anthropologist Douglas, 'dirtiness' solely depends on cultural interpretation, and it basically refers to an object that does not fit the situation. In Koreans' minds, 'dirtiness' and 'dangerousness' are innate. These are expressed as phobias of foreigners, democracy, and exclusion of minorities, and reflected in the religious circle as well. Finally these end up creating a belief such as 'I am the only truth and others are heresies,' and as a result, create high exclusivism and conservatisim.

Koreans' habit to be impatient about 'different objects,' can be shown as an ignorance of individuality and creativity, and attributes of standardization and totalitarianism. Now recent trend for the young people is diversity and to express individuality. Historically, the tendency of Koreans to feel anxious about accepting a 'different object' has been often portrayed as an exclusivist policy. As we approach the period of globalization, modern Korean society needs to carry cultural flexibility to accept the 'difference' and 'diversity'.

Showing off Individual Character

If we were to pick out the most interesting characteristic of recent Korean culture it would be the 'self-photography' (dubbed 'selca' from self camera) culture. Many foreigners are sometimes surprised when they see a Korean taking a picture of his or herself by his or herself on one's cell phone in subways or cafes. Although it is a fairly normal activity for the average Korean, to foreigners, taking pictures of themselves by themselves in the midst of others looking at them is quite fascinating. This phenomenon of being at the center of attention contrasts the qualities of Korean culture which feels hesitant to receive the attention of others. Of course this culture is not generalized to all of the general public but it is clear that this culture exists for many young people. How has the 'being at the center of attention' culture come about?

The development of 'self-photography' culture in Korea has been largely influenced by the replenishment of cell phones. Because cell phones have a built in camera, one can take pictures wherever one goes quite easily and also because unlike other cameras, one can check his or her image while taking a picture of a camera phone, the camera has become the perfect tool for self-photography.

With the appearance of these cell phones, internet services such as 'Cyworld' which allow for sharing of such pictures and UCC culture have become generalized. Thus the appearance of mediums that allow for anyone to post and share photos and videos freely and the replenishment of cellphones that allow for easy photo taking have become big reasons to why Korean self photography culture has developed. However, if this were the only reasons why Koreans take self-shots, then self-photography would also be popular in countries that have similar online communities as Korea's cyworld, such as the U.S's Facebook, and Japan's Mixi.

The development of Korea's self-photography culture may also be based upon Korean obsession with external appearances. In recent years, through a belief that external looks do not only decide one's status but also the success or failure of one's life, a social trend that obsesses over looks has started to develop and because of this tendency, the desire to possess good looks have become quite strong. For people who have this sort of social background, self-photography allows them to check their looks. When one finds a picture that one feels is especially flattering, it fills the desire of that person to be beautiful and that person may post such a photo on the internet to further fulfill the desire to look that way to others. However the pictures that come up on the internet are not simply pretty pictures and a lot of them are not open to public. Thus we need to consider originally about the reasons behind.

Usually foreigners say that they are shocked by the vastness of the pride and dignity that Koreans have towards their country, race, and themselves. This characteristic is continued on to interest and cheering of national sports competitions. We can interpret this expression of 'We (me)' as an expression of self-consciousness that seeks to gain approval of 'we (me)'.

From this perspective we can interpret self-photography culture as type of self-assertion method that seeks to show a little of oneself to others.

Difference of East and West in Pursuing Homogeneity

As opposed to the Westerners who are free in expressing their individuality and accepting others' individuality as well, Koreans are reluctant to stand out from others and for the same reason; they are not generous about others' individuality as well. Especially when one behaves different than the generally expected behavior patterns, that person can be easily considered as a problem and judged as a person who inappropriate for a group behavior.

Koreans find comfort from an identical appearance, behavior, and behavior patterns with others. Hence they certainly do not enjoy adventures. Even at the college that decides one's life, they tend to apply for the field in trend rather than a major that one prefers him or herself. Once the major is decided, even if one thinks the major doesn't suit him or her, they tend to just stick with it. Koreans tend to think that it is proper to major in a same field throughout undergraduate, masters and even in doctorate degree programs, and it is a great adventure to change the field of study. In reality, changing majors during the course of degree can be a problem in the appointment process.

On the other hand, for the Westerners, there are many cases where students change majors freely, and expand his or her academic world. This appears identically in work life as well. In Asian countries such as Japan or Korea, most people look for a lifelong workplace as opposed to the people in the West prefers to change their occupation according to their interest or better benefits. Recently, people in Korea started to consider a person who changes their occupation as a person with a lot of potentials. However, it is very different from the West in a sense that most people still easily judge a person who often changes their occupation as a person with problems in interpersonal relations or their ability to work.

Although China is one of the Eastern countries, the individual's behavior regarding 'being different' appears as 'indifference'. They are strictly indifferent about anything that is not related to them. There is a saying that "As the English people carry around an umbrella, the Chinese people embrace indifference." To that extent, being indifferent is the lifestyle of Chinese. Their indifference also appears in their language as well. Chinese word "不知道" meaning 'I don't know' is most commonly heard in China. Foreigners tend to describe Chinese as 'Bu Zhi Dao-ism.' There are also proverbs that warn people being interested about others as the following.

"你走你的阳关道，我走我的独木桥."

(You go your way; I will cross the single log bridge myself.)

"狗逮耗子，多管闲事."

(Just as a dog catches a mouse which should be caught by a cat, one cares unnecessarily about others)

2. Being different is dangerous.

Related Content ○ p.109

Labeling someone as "different" is not an indication of a fault in the individual, but rather an indicator of discrimination. Koreans are not very tolerant of different things, and thus they can not easily accept the disabled, foreigners, and mixed race children. These things should not be reasons for discrimination. Why are Koreans not tolerant of those different from them? Why do they not consider such differences as attractive things or signs of individuality? If one can accept the idea of nation as not a group of people with the same blood heritage, but a group of people with the same value system and culture, then it should be possible to move away from the idea of a "one blood nation" and Confucian collective culture. In this section we try to answer these questions and examine the background of this Korean mindset.

Cultural Phenomenon Because Korea is located on the eastern edge of Asia and is surrounded by ocean on three sides, historically there has been relatively little active exchange with other nations. With the exception of China and Japan, there used to be no active exchange with other nations such as those of Europe and West Asia. One of the reasons for Korea's difficulty in exchange with other nations is because both China and Japan have attacked Korea in the past, and so it is difficult to expect Koreans to feel accepted by other nations. Further, Korea's interaction with other nations following the modern age also coincided with negative events such as military attacks, colonization, and a long-term presence of the US army. As a result, Koreans still have very negative feelings toward other nations.

Because of a belief in Korea of the Confucius idea of not contaminating the blood of one's ancestors or a woman's sense of virtue, the mix of races in Korea has traditionally been considered a shameful thing. The women who went to the Qing dynasty due to the Byeongjahoran War and returned to Korea afterward were first called "Returned Women" and then later dubbed "prostitutes" in the sense that they had become contaminated. During the period of Japanese colonization, women were forced to serve on the "Comfort Army Team" in the Japanese Army. In addition, many mixed race children were born during the Korean War, which created negative perceptions of mixed race children and their mothers.

Even just a few decades ago, Koreans had a very negative view of international marriage. However, these days the number of international marriages has steadily increased due to the large numbers of Koreans studying abroad and more relaxed views of dating, and as a result the image of mixed race children has become more positive. However, there is a new modern trend in Korea of farmers finding wives in Southeast Asia and then settling down in Korea to start a family. This practice is highly frowned upon, indicating that the idea of international marriage is still not fully accepted in Korea. In 2005, 13.6% of all marriages in Korea were international marriages. Koreans need to accept the reality that a nation of "one blood" cannot be sustained and should instead strive to live a happy life and get along with everyone.

<table><tr><td>**Cultural Analysis**</td><td>

Being different is dangerous

Koreans consider uncertainty to be a dangerous thing; they</td></tr></table>

try to avoid anxiety caused by meeting people who are considered "different" by society, such as the disabled, foreigners, and mixed race children. One of the common traits of countries that have a higher tendency of uncertainty avoidance is the distinguishing of "outside" things and regarding such different things as dangerous.

This fear of foreigners can also be seen in Korea's past, when ministries were oppressed at the end of the Choseon dynasty. Western ministers, who were Christian missionaries, were recognized as "high-nosed people" or "Westerners with no manners." As we can see from the "General Sherman" incident, Koreans responded aggressively to escape from the anxiety they felt towards the strange and different Western culture.

Confucianism, which forms the base of Korean culture, is a religion that strongly avoids uncertainty. Confucianism divides behavior into clear "Do's" and "Don'ts." Further, the relationship between father and son is strictly dictated through the teachings on what constitutes a proper relationship between parent and child. There is also a clear distinction between husband and wife (men and women) and between older and younger members of society (adults and children).

In a society where rules are strictly followed, people are not very open-minded, and the level of uncertainty acceptance is very low. Therefore, we can see that the Choseon people lived in such a culture, and that is why they distinguished between themselves and Westerners, as foreigners, and excluded things they found to be "different."

Korean immigration has increased along with the rise of "globalism." At the same time, many Korean immigrants who suffer from racial and cultural discrimination by foreigners have been highlighted in the media. However, the Korean tendency of discrimination towards foreigners is also serious.

Koreans need to be more open-minded and accept different cultures in response to new changes in the future and live with various types of people with multi-cultural backgrounds. In a culture that strongly avoids uncertainty, people quickly learn to distinguish between "harmful" and "acceptable," and "safe" and "dangerous" when they are young. This type of reasoning applies not only to objects but also humans. Therefore all things that fall beyond the general rules and categories of society are considered harmful, dangerous, or dirty. Avoiding the disabled or feeling disgust when seeing a mixed race child are behaviors that originate from this kind of cultural prejudice. Recently, however, people have become more socially aware of these problems in Korea, with citizens sympathizing more and taking an interest in the welfare of the disabled and other groups that have traditionally been discriminated against. In particular, there are now laws especially designed to protect the disabled, prejudiced attitudes toward mixed race children have greatly disappeared, and efforts are being made to establish a more equal and civil society.

Cultural policies on Multi culturalism and its acceptance

There are currently many foreign laborers inside Korea, which previously had no connections with outside cultures; further, now more than 70~80 thousand Koreans immigrate to other countries per year. Nonetheless, foreigners are still considered "strange" in Korean society. Such exclusionary attitudes towards foreign laborers and mixed race children should be overcome so that Korea can actively prepare for the 21st century. To accomplish this, it is worthwhile to examine the cultural policies of America and Europe that deal with the interaction of various cultural traditions in an effort to overcome cultural barriers.

Based on the examples of other multi-cultural nations, policies related to the existence of various ethnicities and cultures in a society can be categorized into assimilation, separation, and mutualism.

〈Table 4-1〉 Types of other multi-cultural policies

Assimilation	• Policy insisting on unity and oneness among the cultures in a country • Achieved through contact, competition, and adjustment among the cultural groups. • Minor races and ethnic groups are expected to be assimilated into the main culture.
Separation	• Executed by the governing group in a country; because separation policies are designed to separate the minor group(s) from the majority group, the results can include war, genocide and abstraction.
Muti-culturalism	• Flexible policy to accept the various and different cultures in a country. • Pursues common factors established by the interactive richness and various cultural expressions of the different cultures.

Cultural Plus

A multi-cultural Korea

These days the numbers of foreign laborers and immigrants

in Korea have increased greatly. Many foreign laborers reside in Korea illegally and have poor work environments. Although there is a "Foreign Labor Center" in charge of Korean language education, medical services, and consulting for foreign laborers, systematic support is still not provided. In particular, Koreans are generally kind to Westerners, but they tend to have negative and racist attitudes toward Southeast Asians.

In contrast, in the USA there are well organized systems for foreigners. Organizations offer free English education even in small cities, and some provide free medical services for emergencies. Although there is still some racial discrimination and job discrimination toward Asians and Hispanics, the society does have a multi-cultural policy system.

3. Exclusionary Pure-bloodedness

Related Content ➔ p.114

Adoption systems are common among all human societies and recognized by governments. Korean familism incorporates the "Confucian patriarchal system" which places great importance on father-son relationships. This kind of family relationship is an important element that has a decisive influence on the formation of culture, society, and interpersonal relations. It is this focus on bloodlines that makes it difficult for Koreans to accept the adoption of a child with whom they are not related by blood. This is why the Korean adoption system is not as developed or active as those in the West. This chapter examines the cultural background of Korean exclusionary pure-bloodedness.

Cultural Phenomenon The purpose of Korean adoption was originally to perform ancestor rites and continue the family's heritage, and thus the conditions for adoption were very strict. According to Korean common law, the man should be married and they should not have any sons; further, only one boy was allowed to be adopted. The boy to be adopted should be of the same blood and have the same family name, should be in the same generation as the couple's biological children would have been, and should be the son of a close relative.

The purpose of adoptions was both "for the parents," who expected to be supported when they became older, and "for the son," out of consideration of the benefits and protection the son would gain through adoption. Many of the unfair aspects of the traditional adoption system have been changed. They are able to change an adopted child's family name and thus it is able to say that this system is "for the children."

Cultural
Analysis

Causes of familism culture

Koreans expand their human relationships starting with their immediate family, and expanding to their relatives, regional community, school, company and political party, etc. The value of heritage is rooted in Confucianism. Korean familism, which places great importance on pure-bloodedness, prefers that only someone of the same blood should receive a family's inheritance, not someone from a different family.

This tendency to not accept those of other bloodlines into one's family is one of the main differences between Korean and Japanese familism. Japan accepted the Doctrine of Wang Yangming, which considers the practice more important than the principle. Korea, on the other hand, accepted Sung Confucianism, which is principle oriented. Because this form of Confucianism values general ideas and principles, it tends to maintain purity in bloodlines.

This kind of familism tradition developed out of the Confucian patriarchal society. The Chinese character "hyo" (효; 孝) represents the Confucian patriarchal value of son caring for and looking after the father. The character is comprised of the two characters "child" (子) and "elder" (老), with the child "carrying," or supporting, the elder (i.e., the father). "Filial piety" in Confucius patriarchy is respecting one's father and comforting him. It also extends to the idea of governing a country through the basic unit of family, and has also developed to include the concept of a liege's "loyalty" to the king. The concept of country in Korea is not that of a "group tied together by social contract," as in Western countries, but rather of one of the king being "father of the house." In this sense, in Korea a country is an extension of the family group, in which the king is the father and the queen is the mother. Koreans consider the family first when they think about society, and this becomes the basic standard for all group relations.

Korean familism includes the Confucian patriarchal tradition in which the relationship between the father and son is important. This family relationship is a very important factor in social relationships, and in the culture of the society as a whole. Due to this heritage-oriented viewpoint, Korean society does not readily open up to different, outer groups. It is not normal to adopt the child of another family because of this kind of exclusionary mindset. For example, if a family wishes to adopt a child because they do not have any children of their own, they will often choose to adopt a child of their siblings or other relatives.

The Korean word for musician (음악가: 音樂家) literally refers to a family member whose job is to make music, which means they are not considered to be independent individuals. The fact that the job is continued by someone in the job community is similar to the family structure in which the father is the person whose duty is to continue the family. Familism, which is also reflected from this viewpoint of jobs, can thus be seen in the Korean company and other social cultures. For example, Koreans are accustomed to working through a network in a family-type atmosphere at work, which is different from the workplace atmospheres of Western countries.

1. Affection and love in traditional Confucian patriarchy

The Confucian ideal of patriarchy survives in Korean culture through "filial piety," or the love and affection between father and son. Koreans became more dependent on their family to survive during the period of Japanese colonization and the Korean War. Further, before the modern welfare system was adopted, Koreans made sacrifices for their family and for their future elderly life, receiving compensation through the ideal of filial piety, which had the effect of strengthening Korean familism.

2. Original love and believe one's own family

The tendency of trusting only one's family originated in familism, which makes the family the basic unit of the group. Indeed, even today the owners of restaurants, stores, mid-sized businesses, and large companies will often hire their own children for positions related to accounting or finance.

3. Traditional familism which places value on individual sacrifice for the family

An individual's sacrifice for the family is regarded as a thing of beauty, such as when the oldest child works in a factory to pay for their younger siblings' school tuition, or when a child delays marriage for the purpose of the family. This tendency has decreased along with the decreased birth rate and influence of Western individualism. However, the ideal of sacrifice still exists in the lower classes of Korean society.

4. Individual sacrifice for family benefit: the heritage of Korean family culture

Koreans respect groups such as schools, nations, and countries, rather than individuals due to the priority given to family benefit over individual benefit. It is actually very normal for individuals to give up their rights for the sake of the group when government policy or group rights are executed. Foreigners accustomed to individualism might think this is very strange.

From when they are very young, Koreans learn to sacrifice for their family group. The Korean group mind is based on family love. The results of such sacrifices are evidenced by the success Korea has achieved in the recent national crises and challenges it has faced, including its hosting of the 1988 Olympic Games and 2002 World Cup, the IMF economic crisis, and other international competitions in which Korea was represented. It can be said that Korean familism had a big part in these accomplishments.

The person required to sacrifice the most in Korea has traditionally been the woman, for she had the duty of maintaining familism through continuing the bloodline. In particular, it has been emphasized that women must maintain her virginity for the sake of carrying on a pure-blood family line. Indeed, during the Choseon dynasty this was considered to be a sign of dignity as a type of government moral. The government awarded women whose husbands had died, but they did not get remarried as a way to teach society about the meaning of sacrifice.

Differences between adoption in Korea and the West

In the adoption systems enacted during the 1960s and 1970s in Western countries (France, Italy, Switzerland, England, Germany, etc.), "full adoption" became the norm, that is, a total cutting off of the relationship between the real parents and the adopted child. This was a system developed for the sake of teenagers, abandoned children, and orphans, so that they could find completely new families and start a new life.

In the USA, the number of foster homes increased by 78% between 1996 and 2000 as a result of intervention by the ASFA and the government. ASFA supports financial incentives up to 4,000 dollars for each adoption and 6,000 dollars for disabled children to change from simple protection to full adoption.

In this way, one can see how Western systems of adoption are developed with a focus on the welfare of the child, whereas in Korea the traditional focus was on the successful continuation of the family line. In Korea, adoptions were carried out mainly to carry out the expected ancestor rites and to continue the family. Only boys could be adopted, they had to belong to the same generation to which the biological children of the parents would have belonged, and they had to be the son of a close relative. Moreover, the oldest son in a family was obligated to continue the family line and not allowed to be adopted into another family.

However, in recent years Korean adoption has started to change, with a wider focus to include Korean children in need of foster homes. In the past, there were many mixed babies and orphans resulting from a continued state of war in Korea. Nowadays, however, foster homes are being constructed not only for mixed babies and orphans, but also for the children of single mothers and abandoned children from divorced families. In addition, whereas in the past families who could not have children of their own would often hide the fact that they had to adopt a child, recently Korean families are changing their attitudes and shifting the focus of adoption to the children rather than themselves, offering to help children in need by providing them with a home and family of their own.

Blood Is Thicker Than Water

The Korean family register, which records the histories of all Korean families, began in the Six Dynasties Period for the purpose of recording the lineage of the Royal Family. As for individual families, it is known that registers began being kept to record both the achievements of ancestors and past exam records as a way to increase the reach of government administration during the Han dynasty in China. Korean family registers started in the Goryeo period to record the Royal Family bloodline. Despite beginning later than China, genealogy in Korea has developed to such a degree that Korea is considered the "imperial state of genealogy." Korea is the only country in which households have created and maintained a treasured family record for almost 2000 years. In the genealogical record room of the National Library of Korea there are about 13,000 family records spanning 600 varieties.

In the Goryeo period, family registers became popular as the survival of the royal family line became important. Even in the Choseon period, family registers were actively created and issued from the time of the founding of the state as a means of protecting the royal lineage. The Japanese and Manchu invasions of Korea further spurred the development of family registers. During times of war family registers became necessary to identify blood relations as the usually strict status system weakened.

The family register represents the history of individuals and their families. In recent years, however, as Korean society has become more Westernized and the nuclear family more common, the concept of the family register is also changing. Generally speaking, family registers were created and maintained as a means of maintaining family nobility. Modern-day Koreans, however, are gradually changing from familism to individualism, from authoritarianism to egalitarianism, and from particularism to universalism. Accordingly, criticism of family registers has increased, and most people have lost interest. For example, in this day and age a family's register is not an important factor when meeting a potential marriage partner.

4. Alcohol and Socializing
Parties after work for communication

Levi-strauss considered alcohol as typical liquor transformed from nature to culture. Every nation has its unique feature in a way and attitude to enjoy alcohol, and there are a great variety of cultural values that we pursue through alcohol. To Korean who is living in authoritarian society, alcohol is the medium that allows them to make human relations while they get freed from the pressure of a group and authority in a get-together for a while. With a get-together, alcohol culture of Korean occupies the first place in the frequency and amount of drinking, and also shows the feature of groupism like "asking to have a glass of wine" and "exchange cups of wine."

Cultural Phenomenon Traditional Korean drinking culture places strict emphasis on etiquette. In particular, when someone drinks with an older person or superior, they should serve the alcohol to the older person and then hold their own glass with two hands when the older person pours for them. The younger person should drink only after the older person finishes their alcohol, keeping in mind to turn their body to the side or turn completely around so that they are not facing the superior when drinking from the glass. After finishing a glass, the proper etiquette is to pour another glass of alcohol for the superior, holding the bottle with one hand while supporting it with the other hand.

The most representative characteristic of Korean drinking culture is "drinking together," and this is one reason why Koreans are so fond of raising their glasses to have a toast and say "cheers." The mixing of different alcohols is another characteristic. For example, Koreans will often mix a shot of whiskey with a beer, or pour soju into a beer mug from which everybody at the table then drinks in turn. Those who don't like to drink or can't drink often have difficulty in such situations, but if they don't participate they often find the others will treat them like strangers.

Korean men believe they can express their real feelings when they drink, and so they often discuss the problems they would normally have a hard time talking about. One reason for this behavior is because differences in social position and rank are broken down somewhat when drinking. In this way, the Korean after-work drinking culture can provide a good opportunity to solve problems that normally do not surface among group members, and it can also strengthen the connections between group members.

| **Cultural Analysis** | **Coming together and resolving differences through alcohol** |

Coming together and resolving differences through alcohol

As Levi Strauss once said, alcohol is the representative beverage that transformed nature into culture. From the time mankind first discovered the phenomenon of fermentation, by which starch or sugar is used to create alcohol through the action of microbes, alcohol has been socially enjoyed; alcoholic drinks were first made naturally from wild fruits, but man later discovered how to make alcohol from grain, leading to the subsequent development of various kinds of alcohol using a variety of materials. There were 121 types of alcohol recorded in the literature of the mid-Choseon dynasty, including descriptions of various methods and tools for making alcohol.

Each culture has different attitudes and ways of enjoying alcohol, with the goals and values pursued through the consumption of alcohol varying greatly. As for the differences between Western and Korean drinking cultures, drinking culture in Western countries can be divided into two styles: drinking for quality and drinking for quantity. The pursuit of quality when drinking represents a moderate and refined drinking culture; that is, only the positive benefits of drinking alcohol are emphasized. On the other hand, the pursuit of quantity when drinking is not considered appropriate social drinking behavior because it can give rise to alcoholics. Further, except for parties and other social gatherings, Westerners often drink alcohol alone instead of together with others.

In Korea, however, drinking alcohol does not have the negative connotations it has in the West, and many Koreans believe the ability to drink properly is a necessity of social life. Koreans enjoy drinking with friends and co-workers as the best solution to relieve the stress they are subjected to throughout the day. Koreans are highly stressed from the complex human relationships that are a part of the Korean authoritarian society, and so they release their emotions through drinking and maintaining a strong social life. For these reasons, Koreans often have drinking parties, and they prefer drinking together to drinking alone.

Koreans, who typically avoid different or strange things, find that by drinking alcohol and getting drunk they can break down the walls between themselves and different people and resolve the differences they may have with others. This is the reason why Korea now has the highest alcohol consumption rate in the world.

Koreans often drink until they become drunk, forgetting about proper manners and becoming "one" with their drinking partners. Through such interaction, Koreans believe they can come to better understand each other and create stronger bonds among those who drink together. Some Koreans even think that if they do not become "one" in a drunken, free state achieved through drinking, then they still do not know their companions well. In other words, only by peeling off the shell of rationality and examining each other's unconscious instincts can they understand each other. This is the main reason why expensive, strong alcohol like Chivas Regal is popular in Korea, and getting drunk in a short amount time by drinking "mixed alcohol" or through drinking large quantities in multiple shots is popular.

This kind of drinking culture exists not only in work environments but also in freshman orientation meetings ("MT") at universities. Drinking is recognized as a social lubricant for becoming one with a group by breaking down the barriers between individuals in a short period of time. For this reason college seniors often encourage freshmen to drink mixed alcohol drinks during university welcome parties. Alcohol has become a necessary beverage for MTs and after-work socializing parties at companies to strengthen the collective mind of the group by resolving their differences. Koreans often say that a person who doesn't participate often in drinking parties with their coworkers at a company or classmates at university won't have good relationships with others. On the other hand, those who participate in such parties often end up having relatively greater levels of communication with their seniors and juniors, or coworkers, which results in better social relationships (as an "insider"); however, those who do not participate in such social gatherings can become isolated from the group and have poor relationships with others, thus becoming outsiders.

It has been suggested that drinking parties in Korea should be replaced with a healthier culture of "gatherings" that does not focus so much on alcohol. To Koreans, who live in a collective and authoritarian society with a distinct power order, alcohol is the carrier through which good human relationships are formed by releasing one from group pressure and authority. However, this kind of drinking culture can be detrimental to one's health, and the ability to concentrate at work can be weakened due to the frequency and amount of alcohol consumed. People often ignore the alcohol tolerance levels of friends or coworkers and force them to drink in excessive amounts, sometimes even causing accidents. Forcing someone to drink while ignoring their alcohol tolerance or drinking preferences, or making people drink in turn, is a sign of poor manners that evolved as a byproduct of Korean collectivistic conformity.

To develop Korea into a more democratic society where people respect individual freedoms and personality, this kind of drinking culture should be changed. Moreover, it needs to be replaced with a healthy gathering culture that respects an individual's private life and obligations, allowing them to have their own time to relax and release stress without the need for large quantities of alcohol.

Cultural Plus	**Alcohol culture around the world**

How does drinking culture differ around the world? Even though Americans often drink together, they rarely force others to drink or go to another place to continue drinking, and it is rare to see someone drink until they can't even stand up. They drink only as much as they choose, and they usually pay only for what they have ordered unless someone offers to pay.

Similarly, in Japan it is very rare to see people sharing a glass or forcing someone to drink. The Japanese enjoy drinking alcohol by themselves, and often drink as much as they can. It is also common to see two people enjoying different types of alcohol, that is, they don't always drink the same thing. It is customary to keep the other person's glass filled with the drink they ordered and never let the glass go empty. This is the Japanese style of drinking etiquette known as "adding alcohol." Further, the Japanese usually either pay only for what they themselves ordered, or they will divide the sum of the total bill equally among those drinking, with each person paying the same amount; this is called "warikan."

Germans, on the other hand, neither share glasses nor pour alcohol for others, and they never force someone else to drink. It is also common to enjoy serving of alcohol for more than 30 minutes with no side dishes. They do not drink to get drunk, but rather to enjoy the atmosphere. Further, "going Dutch" when paying for drinks is normal, and thus if a German wants to force someone to drink, then they also have to pay for it.

Russians drink the most, and their drinking style is most similar to the Korean style, meaning they believe people can become closer after sharing drinks together. Russians like Vodka the most, and drink more expensive alcohol such as cognac or whiskey at high class meetings. They rarely drink alone, and they normally drink in large quantities.

The Chinese do not share glasses. Once all glasses have been filled, they lift them up and say "Ganbei" (Cheers), drink the contents, and put their emptied glasses down in front of them. They wait until the other person finishes their alcohol without forcing them to drink too quickly. They do not force others to drink, and sometimes even let those who get drunk sleep at their house.

The French drink wine when having meals, with hosts pouring the alcohol for their guests and men pouring for women at the appropriate times. After finishing a meal, the French will often drink a stronger alcohol like cognac or Calvados as desert.

Korean drinking culture through Traditional view

Drinking etiquette was considered important in Confucianism and Taoism. Koreans enjoyed the atmosphere of places where alcohol was served, and the value of alcohol itself was recognized. Koreans pursue quantity over quality with respect to alcohol. Both Confucianism and Taoism, which form the base of Korean culture, considered alcohol as a way to display one's manners and emphasized specific drinking etiquette. When drinking with older people, for example, Koreans had to turn their head to the side and hold their glass with two hands. The glass was to be shared, and rejecting it was considered bad manners. Further, Koreans were not ashamed to show their drunkenness.

According to Taoism, when a person drinks alcohol they transcend reality, become one with nature, and can focus on a "new world." The reason Korean drinking parties move to different places is to become one with this new world. A person who drinks should get drunk until they forget about the material values of society; only then can the drinking place become an enjoyable space. This is why Koreans pursue quantity over quality when drinking alcohol. In Taoism, which emphasizes alcohol as related to provide emotional joy, humans sacrifice their body through alcohol, and there is a psychological sublimation that allows them to become one with nature without limit. When Taoism was most popular in Korea, many scholars as well as common people loved to drink, and they considered alcohol a very important part of their lives

Chapter 5_ Confucianism and Korean Dynamism

Korea's rapid economic growth and fast modernization can be said to be based on dynamism rooted in Eastern traditional Confucian thought. In contrast to individualism, "Confucian dynamism" refers to the maximization of filial piety through the cooperation, togetherness, and solidarity in social organizations based on groupism. When you consider how the Korean fervor for education is a good match for the modern, rapidly changing society from the perspective of the expansion of human resources, this cultural characteristic is indeed very dynamic. Moreover, this same Confucian dynamism that formed the base of familistic management practices among business enterprises became the foundation for not only Korea's but also the rest of Asia's rapid economic revival

1. Innovation of Tradition and Modernization

What lies behind the fast economic development of the "Four Asian Dragons"? Western scholars have long tried to discover the reason for the successful development of the East Asian countries. The Korean economy began developing rapidly after the Korean War. Its rapid economic development altered traditional Korean life and accelerated the speed with which modern science was accepted. However when we look at the reasons for Korea's economic development, it is easy to see that they include more than just the acceptance of Western science. In this chapter we explore the power of Eastern society known as "Confucian dynamism." Our examination looks at Korean development from the perspective of both short-term and long-term oriented societies.

 The New Community Campaign was an attempt to live better by encouraging communities, towns and the country as a whole to work together based on a spirit of diligence, self-dependence, and cooperation. It was a campaign to live well within a harmonious community; it aimed for not only material wealth but also spiritual richness.

The New Community Campaign began in the 1970s with the "Living Well Campaign" started by president Park Jeonghee, and it was one of the foundations of the new economic development of Korea. The original intent was simply to increase the income of farmers. However, the movement soon expanded to cities, workplaces, and factories. As a result, Korea as a whole developed an innovative mindset that thrived on the spirit of diligence, self-dependence, and cooperation. This movement toward modernism led by the government instilled in the Korean people a desire to become an advanced country by becoming economically independent. Korea's economic development began with the New Community Campaign, with Korea eventually becoming one of the "Asian Dragons" along with Hong Kong, Singapore, and Taiwan in the 70s through the 80s.

American and European economists have praised Korea's successful economic development during this period, and they have tried to study its underlying reasons. At the time, Korean development was very rapid, even earning the name of "The Miracle on the Han River."

Unfortunately, subsequently Korea fell into an economic depression. Following the rise of China as an economic power after opening its doors in the 1990s, Korea found itself with relatively lower labor competitiveness in the manufacturing industry. Then, in 1997 during the IMF (International Monetary Fund) crisis the speed of Korea's development slowed down further. Indeed, the economies of all four dragons have been in decline for years.

Average growth rate from 2001~2004

Taiwan, Singapore: Around 2%

Korea, Hong Kong: Around 3~4%

Growth rates decreased after the economy developed and capital was accumulated. The problem was that the speed of economic deceleration was too fast, and the market became inactive. Korea still strives to further develop its economy, and today it leads the world in the electronics and communications industry.

Confucian dynamism

Current world economic trends were formed centered around the 1st world countries in the 1980s, and because of this the succeeding successful economic development of the four "Asian Dragons" surprised the leading world economists of the time. The scholars analyzing the reasons for their rapid development focused on the fact that each of the four countries has been historically influenced by Confucian values. Michael Bond, for example, suggested the reason for this development was because of "Confucian dynamism," while Hofstede analyzed the effects of Confucian beliefs in terms of long-term and short-term orientations toward life. The following four ideas are considered the main Confucian ideas attributable to creating this "Confucian dynamism" which has become the basis of Asian economic development.

① Unequal relationships are a precondition of social stability. Such relationships are based on both mutual and complementary obligations. Specifically, junior society members have to respect and obey senior members, and seniors have to protect and take care of juniors.

② Family is the origin of social organization. People are members of a family, that is, they are not "individuals" in the Western sense. Children must learn how to control themselves and throw away individualism to maintain harmony in their family.

③ Treating others how you want them to treat you.

④ Work values include the learning of the skills of a field, the desire to learn as much as possible, hard work, not wasting time, patience, and always trying hard. Moderation at work is also important.

These elements of Confucian dynamism had a strong influence on Korean modernism. For example, even the secondary groups in Korean society (civil society), such as one's company or social group, have family-type structures. This is one facet of Korean-style collectivism, which is much more ingrained in society than individualism. The family-style business methods of most Korean companies that have created the Miracle on the Han River were successful through group integration and individual sacrifice, despite Korea's lack of natural resources and unstable political environment. The five-year plan of economic development Korea enacted under president Park Jeong-hee was realized so quickly that it surprised the world by its effectiveness, despite the existence of unequal relationships between management and laborers. Indeed, a deep interest in the patience, simple lifestyle, frugality, learning strategies and education became the groundwork for Korean modernism.

Hofstede analyzed the relationship between Confucian values and economic growth as follows. Even though the Asian countries that have experienced successful economic development have strong traditional beliefs, they are also flexible and not bound by those traditions. Excessive traditionalism can cause obstacles for change and innovation.

The economically successful Asian countries did away with old traditions and accepted Western technologies and culture through self-reform. In contrast, Western countries have tended to pursue their own cultural identity, resulting in a narrower view of the world and often negative view towards Orientalism.

Long-term orientation and short-term orientation

According to Hofstede, long-term orientations toward life are characteristic of Eastern cultures, while short-term orientations are characteristic of Western cultures. The characteristics of each can be summarized as follows.

⟨Table 5-1⟩ Comparison of the values of long-term and short-term orientations

Long-term Orientation	Short-term Orientation
• Patience	• Steady and stable character
• Respect for rank and order according to social status	• Maintaining one's dignity
• Frugality	• Respect for tradition
• Shame	• Relationship formalities, indebtedness, gift reciprocation

Long-term oriented values tend to be more future-oriented and dynamic, while short-term oriented values tend to be more past and present-oriented and static. All societies have both sets of values to some degree, with one type usually being stronger than the other.

The Asian economic revival is said to first be the result of the frugality and patience afforded by a long-term orientation that formed the driving force of the major enterprises of the period. This orientation was perhaps best exemplified in Korea by the late Chung Ju-yung, the founder and president of the Hyundai Group who is considered a hero of Asia. Second, the respect for rank within enterprises allowed for clear hierarchies, providing the vehicle for entrepreneurs to lead their companies to success. Frugality is necessary for asset accumulation, and higher rates of savings in a society lead to increased total production and greater economic investment. Compared to the US and England, Asian countries tend to have higher rates of savings; this difference was the main dynamic behind the economic growth of Asia. According to a survey of American values, both individuals and the government consider consumption a virtue. Perhaps more remarkably, the values of "frugality" and "patience" were not even mentioned in the survey. The value of "knowing shame" reinforces the sensitivities of human relationships and provides the necessary social pressure for citizens to respect and honor each other.

On the other hand, short-term orientation values, especially those of having a steady and stable character, can result in decreases in development, adventure, and the ability to adapt if they become too extreme, although they can benefit enterprise management if used effectively. Similarly, the values of maintaining dignity and respecting tradition are appropriate for maintaining the status quo, but when taken to the extreme they can be the causes of missed opportunities for change.

Cultural Plus

Long-term orientation differences among Asian countries According to Hofstede (see Figure 5-1), China and Japan have a number of cultural differences even though they are both Asian countries. In Japan, there is a tendency to avoid impreciseness, resulting in a system of formulaic, standardized social rules, while in China, on the other hand, importance is placed on style. For these reasons, Chinese workers will often prefer "short-cut" methods to accomplish tasks even if the method requires not following the prescribed rules. By the same token, to the Chinese, the work ethic of Japanese managers, for example, may seem too narrowly focused on rules and regulations over efficiency. A comparison of China, Korea, and Japan in terms of their degree of long-term orientation reveals values of 118, 80, and 75, respectively. Korea, therefore, lies between China and Japan in terms of long-term orientation.

〈Figure 5–1〉 Korea-Japan and Korea-China comparisons of long-term orientation tendencies

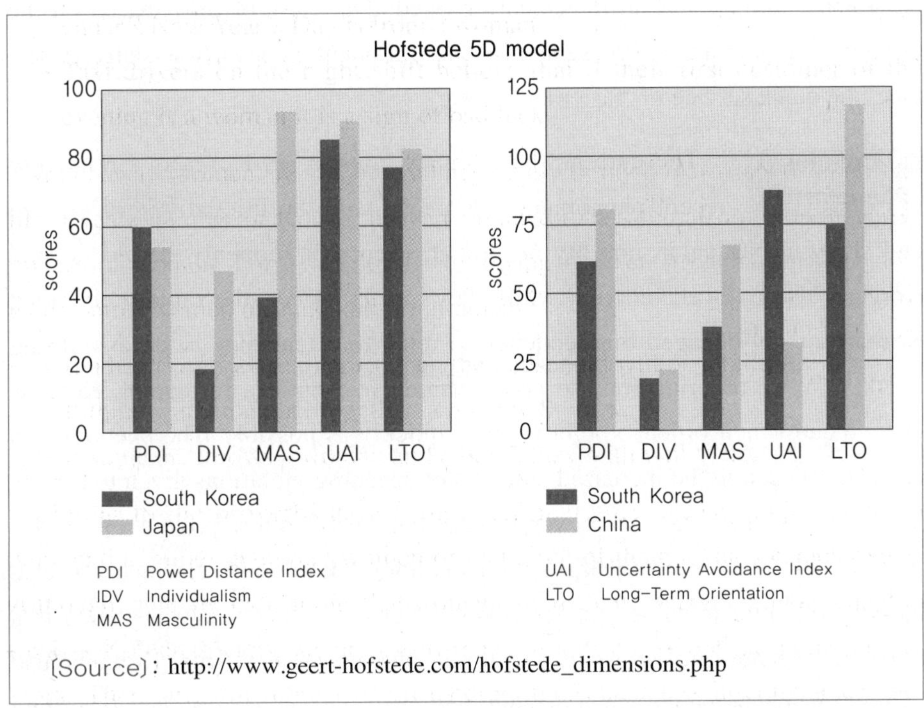

〔Source〕: http://www.geert-hofstede.com/hofstede_dimensions.php

However, the above analysis is becoming less appropriate in light of the modern changes these three Asian societies are experiencing. Through the influx of Western culture into China, Chinese workers are now experiencing rapid changes in their value systems. Specifically, their traditionally long-term oriented values are quickly changing to reflect a greater appreciation for short-term results and other Western values.

2. "Hurry Hurry"
Culture of Speed and Haste

Korean are the people of passion symbolized as "Harder" and "Faster", based on their enterprising spirit and sincerity. While developing the economy and society in the course of modernization, Korean showed a tendency to save time and spend it productively, which has made an image of Korean who is impatient, passionate, diligent and achievement-oriented. The view of time, based on the efficiency of Korean, is represented by cultural phenomena such as delivery service like quick service or 'faster and faster.'

Cultural Phenomenon The current "hurry hurry" culture in Korea is a relatively recent phenomenon. Koreans were traditionally very relaxed and slow. In particular, nobility never ran, even if it suddenly started to rain. Koreans also enjoyed relaxing while they ate. However, the rapidly changing Korean society changed this tendency to relax to a tendency to do everything quickly. When ordering food to be delivered, or even at a restaurant, Koreans often request their order to be brought as quickly as possible. The phenomenon can also be seen in the increased amounts of speeding violations given to drivers in Korea over the years. Moreover, this Korean hurry culture proved a powerful force in helping to realize Korea's rapid economic development, which was also based on Confucian values, as described earlier. Nonetheless, always being in a hurry can be not only stressful, but it can also cause accidents. Koreans also exhibit this phenomenon when driving: they drive as fast as possible. According to Hofstede, the citizens of countries with high levels of anxiety typically drive faster compared to those of countries with low levels. Korea's "bullet" taxis and speeding buses show the characteristics of a country with a high level of anxiety. Even at intersections, Koreans will often drive at full speed, and if the car in front of them is perceived to be going too slow, then Korean taxi and bus drivers honk to make them speed up. This shows how much stress Koreans feel from the pressure of a "hurry hurry" culture. It goes without saying that pursuing everything at a fast pace in this way is not a positive thing. Even when playing sports or other games, if the opponent takes too much time to make a move Koreans will often say "hurry up." When Koreans travel abroad, they tend to visit as many places as they can in a short time, often to the extent that they cannot remember what the experience was like afterward. Koreans even feel stress when in movie theaters, stadiums, or restaurants because often there will be others trying to enter or leave quickly. This behavior can be seen on airplanes as well; as soon as the airplane's wheels touch the ground, Korean passengers will grab their bags and stand up, ready to leave. Additionally, it has been observed that more people walk along moving escalators in Korea than anywhere else in the world, and that the "close" and "open" buttons in an elevator are the most used buttons.

| **Cultural Analysis** | **"Hurry hurry" culture** |

"Hurry hurry" culture

Koreans enjoy being busy and working hard. Most Koreans think that they should be busy, that being busy is life, and that time is money. Therefore, Koreans work harder and faster during both the day and night than any other people in the world. "Bullet" taxis are easily spotted at night and very early in the morning in the middle of Seoul. Bullet taxis often drive so fast that it takes only 30 minutes for a trip that would normally take one hour. Such driving may save time and money, but it is also very dangerous. This shows the degree to which Koreans are psychologically oppressed by speed and time.

The mixing of various alcoholic drinks together and the drinking of alcohol in turns when in a group are also illustrative of the Korean concept of time. The purpose of such drinking customs is to quickly get past the differences between each other and not have to worry about trivialities. By observing how Koreans observe these drinking practices during after-work socializing with colleagues, we can understand how must faster Koreans drink alcohol compared to other countries, and we can see just how much they drink by mixing different drinks together in "bomb" drinks.

Next, in Korea there is very quick and direct delivery culture connecting manufacturers and consumers. The flow of consumer goods from manufacture to consumers is accomplished by various types of delivery, including mail and motorcycle delivery, all directly to one's door. Because the population density of Korea is so high, this delivery culture has become very developed in Korea. The relationship between consumers and sellers can be short, immediate, and direct if a society is small or lives close together. In big, wide-spread societies like that in the USA, on the other hand, the relationship between consumers and sellers can be distant and indirect. In Korea, a service known as "Quick Service" is a popular way of delivering packages or documents quickly to a designated place using a motorcycle. In addition, "Door-to-Door Service" refers to delivering packages or documents by car, and customers receive the sent items in 2 to 3 days, regardless of their location in Korea. This kind of quick delivery service can be found in all types of service industries, including Chinese food, fried chicken, printer ink and toner, computer service and repair, convenience stores, photo developing, books and comics.

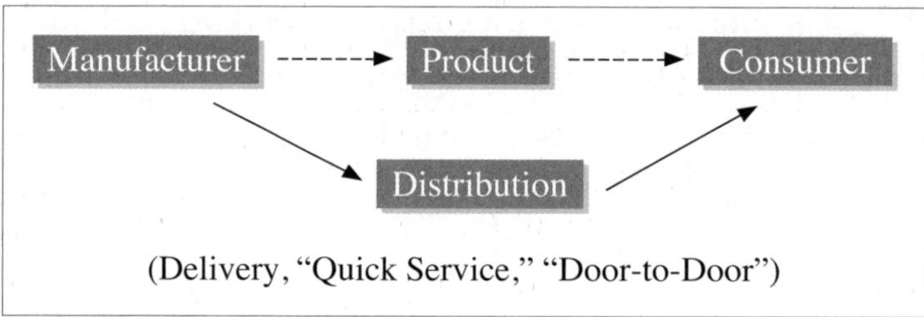

(Delivery, "Quick Service," "Door-to-Door")

Additional examples of commonly delivered services include the ordering of noodles by soldiers at army bases, students on college campuses, and farmers in the countryside. There is also the home shopping industry, in which the delivered goods are usually foods, health equipment, medicines, and small electronics such as cameras. Although delivery services will sometimes charge nominal packing or shipping fees, the actual prices for the goods do not vary among vendors. Generally speaking, the Korean delivery culture can be considered to represent a fundamental change in material exchange between producers and consumers compared to Korea's traditional agrarian society.

In Korea today, those who produce can be consumers as well as sellers. In this way direct relationships between consumers and producers can be connected to direct distribution routes such as postal delivery, "Door-to-Door" service, and

"Quick Service."

The above examples can be considered typical Korean characteristics because Koreans tend to strongly avoid uncertainty, and thus prefer to solve everything as quickly as possible. However, an increase in delivery and online services can have the negative effect of decreasing the quality of life of producers and consumers. Except for a limited number of products and businesses that can make high profits from the actual delivery of items, the delivery service culture can make the lives of producers hard because it decreases their net profit. Further, the need to package all products for delivery consumes resources and causes environmental pollution, in addition to causing the consumer to spend extra money for something that will be thrown away after delivery. Moreover, because consumers are not able to look at and hold products directly when shopping over the Internet, impulse buying and over-consumption occurs more easily. In the "Consumption Society" described by Baudrillard, the impulsive purchasing habits of Koreans should be changed to more rational and economic purchasing behavior.

The Western linear perspective versus the Eastern circular perspective

There is a famous Korean proverb that can be used to describe Koreans, "The squirrel goes round and round in circles," which refers to the regular, repetitive, and busy lives of Koreans. Actually, Korean "hurry, hurry" culture was influenced by Eastern ideas of circular time. Compared to Koreans, the Chinese have a "slow" culture, which can be attributed to the large size of the country. Koreans, on the other hand, live in a small country, which helps perpetuate a circular sense of time, not unlike a squirrel or hamster trying to go round and round on an exercise wheel.

Greek philosophers believed that things basically do not change, but if they do, then they change in a certain direction and at a certain speed; this is the concept of linear time. Easterners, on the other hand, were influenced by Chinese philosophers who believed that things are in a constant state of change, and that things can also change in opposite directions.

The circular perspective of time and Eastern dialectic thought can be summarized in the following three ways.

Principle of change	Reality changes continuously all the time, so the concepts that reflect reality are also flexible and subjective instead of fixed and objective.
Principle of contradiction	The universe changes all the time, so there are always contradictions, paradoxes, and irregularities, also new/old, good/bad, and strong/weak can exist in one thing together.
Principle of holism	No matter exists independently in isolation from other things, and everything is related to many other things.

Cultural Plus

"Fast" and "slow" cultures

Even though China is an Eastern country, they often use the expression *man-man-di* ("do it slowly"). This does not imply that the Chinese are slow and lazy, but rather that they are patient. The Chinese do not ask their restaurant waiters to "hurry," and even when the electricity or water stops in their home, it is not uncommon for them to simply wait until it becomes fixed. Similarly, if their airplane becomes delayed, they rarely complain and just patiently wait. This is the *manmandi* spirit of China. There are also many Westerners who enjoy the "beauty of doing things slowly." They feel relaxed in their slow-paced lives and have learned how to enjoy life.

However, in a society like that of Korea, where people tend to avoid uncertainty as much as possible, people are most concerned about getting things done. To Koreans, being busy is life, and "time is money." Conversely, in societies that are not so concerned about avoiding uncertainty, although individuals will work hard to get things done when the situation requires, they do not have a constant drive to work hard. Such societies value time to rest, and time is considered something that simply indicates the direction in which people should proceed; that is, they are not constrained by time.

From these perspectives, we can understand how the Korean "hurry hurry" culture values time, work as "life," and money, and how Western cultures are very different, valuing a "slow" lifestyle.

3. Heat of Education oriented future

Related Content ○ p.142

By an analogy of Hofstede's street foreseeing a life, Korean culture can be classified as a long-term-oriented culture foreseeing relatively farther due to Confucian dynamic. That means a long view about the reality by expanding one's own life to one's descendants. This unique acknowledgement of Korean about life and reality makes them known for the people with aspiration in education who spend money and time unsparingly in educating their children.

Cultural Phenomenon Korean parents generally develop passion toward educating their children from when their children are still very young. Moreover, this passion is usually very strong among city residents, and fees for private education in urban centers often become huge economic burdens for families. Many Korean families also decide to limit the number of children they have so they can raise them as well as possible.

It is common for Korean parents to start providing their children with "genius education" from as early as age two, and many children are registered at institutions to provide for their physical development. Until just a few years ago Korean kindergartens were very selective, but these days most kids attend kindergarten, with many families even sending their infants to daycare before kindergarten. It is popular to send children to all kinds of learning institutions starting from kindergarten through elementary school. For example, there are sports-related institutions that offer training in martial arts, swimming, and ballet, and others that teach particular skills, such as computer skills, English, and music. These special institutions are typically located around the many high-rise apartment areas in cities. "Native-speaker" English education for children is also very popular, and institutions that specialize in teaching Chinese characters and Chinese language are also growing in popularity. Even though such developmental "tools" for kids can become very expensive, enrollments tend to fill up very fast.

The most popular institutions are those that provide preparation for middle school or high school entrance exams, with students easily falling into a pattern of taking early morning or late night classes designed to supplement the regular classes they take at school during the daytime. Later, once students have reached the university level, parents become less worried about such private education expenses, although recently university students will often choose to attend private language schools to learn English or other languages to better their chances of finding a job upon graduation. Moreover, this domestic passion for education has lately been showing signs of transforming into a passion for "internationalization."

For example, going abroad to study English, which used to be possible only for older students and those belonging to special groups of society, has now become common for elementary, middle school and high school students. Moreover, such experiences have now become recognized as a necessary part of college education. Furthermore, it has also become very popular among families to send their young children abroad to attend school. In this way, the recent trend of sending grade school students abroad for study is no longer something enjoyed only among rich families, but rather something practiced among a large range of families who have students with good grades and no particular economic difficulties. Korean students will typically go to English-speaking countries such as the USA, England, Australia and New Zealand, but recently more and more students are going to China and Russia. The number of Korean students who currently study abroad is about twenty to thirty thousand, and while in most cases students go abroad to attend college, the age of students going abroad is gradually getting younger.

<table>
<tr><td>Cultural
Analysis</td><td></td></tr>
</table>

Excessive passion for education and competition

The passion for education among Korean parents is well known around the world. In fact, the passion is so strong that it can often seem like war has broken out in not only the public education system, but also in the private education sector. Koreans believe that a lack of education equates to a lack of competitiveness, and therefore they do not mind spending a lot of money for education. The goal of education in Korea is to get accepted to a good university, attain high social status, and find a good spouse with whom one can advance in society and be successful. In the past, it was actually possible to move to a higher social class through education, but in modern Korea family affluence usually determines who can go to the best schools and universities.

As for the popular trend of studying abroad from a young age, it is occurring because the consumers of education are continually in search of a better education system. The Korean government's current policy for balancing education is unsatisfactory to Korean parents, and thus they send their children abroad to find a better educational environment.

The Hyundai Economy Research Institute found that one of the "Nine World Trends of 2007" was the rapidly increasing demands on education from Asian countries. Because rising Asian nations such as Korea, China and India have a high passion for education, the education expenses in these countries tend to grow along with increased income. Twenty-first century Asian education has been figuratively expressed as being the goose that lays the golden egg. Because Asian countries have traditionally been influenced by Confucius, they have a high passion for education while also considering humanity a development resource, and thus there is a high possibility of expansion in the education market.

There is also the phenomenon known as "education exodus" in Korea, which describes the rapid increase in the number of families in which the father stays in Korea while the mother follows their children abroad. The fathers of such families are called "wild goose dads" because they are left behind as one-member families. According to the Korean National Statistical Office, the number of such one-member families reached 3,170,000 at the end of 2005, an increase of 43% compared to 2000 (2,220,000 families). It is thought that the reason for this increased number of one-member families is mainly because of the increased number of wild goose dads. Unfortunately, family separation often leads to divorce, and thus this phenomenon also contributes to the social problem of dissolving families.

This passion for education and pursuit of higher education also became the main driving force behind the successful economic development of Korea, which has few natural resources. Korean scholars who studied the advanced industrial technologies of Western countries contributed greatly to Korea's economic development. Korea has acquired advanced science techniques and technology from Western countries through its academic pursuits in a short period of time, and these achievements helped to realize Korea's successful modern economical development. This trend is the opposite of that experienced by the Arabian and African countries that have oil. In such countries, the motivation to study is not high despite their government providing students with scholarships. Koreans consider education to be very important, and due to their diligence and strong will, they can be expected to take a leadership role in the 21st century as one of the most educated countries in the world.

Nonetheless, the negative effects of increasing numbers of wild goose dads, dissolved families, and highly educated but unemployed citizens remain. Moreover, Korea is experiencing an increasingly unbalanced labor structure represented by poor industrial laborers, educational fee burdens, and a weaker national economy. However, if the Korean educational system can improve through education policy changes and succeed in satisfying the Korean passion for education, then Korean society will become a more rational society, where homegrown education can confidently produce a new generation of Korean scholars.

Roots of the passion for education

The Korean passion for education is a byproduct of Confucianism. In the *Analects of Confucius*, Confucius says "Studying and learning can sometimes make you happy," emphasizing the value of education and stating that only education can change people. The education emphasized by Confucius was "personality education," that is, education toward becoming a true gentleman by constantly practicing one's ethics.

During the Choseon dynasty, small schools were built in each village that taught the basic Confucius texts. This is one reason why Koreans have traditionally thought that people must be educated after birth to really be "human." The Confucian phrase "Mencius' mother moved house three times" (in order to teach

Mencius) emphasizes the importance of finding the appropriate educational environment for raising children.

The invention of metal type printing helped to publish the Confucian book "Three Virtues for Man," which describes the basic Confucian virtues, in large quantities in Korea and contributed to public education. Even during the Korean War, Koreans built "tent schools" in an effort to continue their education. Schools symbolized divine places of learning to Koreans.

Koreans consider school attendance to be very important, so it is uncommon for students to skip or be late to school. Skipping and tardiness used to be thought of as signs of laziness, and offenders were strictly punished. Schools were considered divine places and therefore skipping or leaving school early was not allowed. In fact, Koreans used to consider consistent, perfect attendance as more valuable than good grades because it showed a student's passion for learning.

Cultural Plus

Eastern and Western passion for education

Education was one of the Confucian practical virtues. People believed that if you were not educated you were not a proper person. For this reason, Koreans have traditionally strongly valued learning. The old Korean phrase "oxbone tower" exemplifies this belief; it refers to parents in farming communities who would go so far as to sell the oxen they needed for farming to send their children to school. Parents would sacrifice almost everything for their children's education, and it was clearly the result of this education that provided the driving force behind Korea's economic development. Such passion for education still influences Korean society today, as evidenced by the large number of families who sacrifice much of what they have to see that their children get a good education. As for Confucian influences at the workplace, the concept of groupism still has a strong influence on Koreans' awareness of "togetherness" with their companies and colleagues. Koreans have a group consciousness through which they happily make personal sacrifices for the sake of the group to which they belong. Further, through a cooperative spirit they can help each other to advance toward their goals within a systematic social hierarchy. These two qualities of group consciousness and cooperative spirit have had nothing but a positive influence on Korea's economic growth.

Western education, on the other hand, is based on complete autonomy; apart from the basic education requirements, education depends on the individual. There are few parents who will sacrifice what they have for their children's education, just as there are few parents who will force their children to learn something they do not want to learn. Similarly, at the workplace it is more common for employees to think of their jobs in terms of personal achievement rather than personal sacrifice for the company.

Education expenses compared to the GDP in Korea increased from 3.3% in 1995 to 4.6% in 2004. At the same time, India also showed an increase from 3.1% to 3.3%. In China, this ratio is still only around 2%, but it is expected that education expenses will increase along with China's continued economic development. As for the Western countries of the USA and England, in 2004 this ratio was 5.9% and 5.5%, respectively.

The Korean passion for going abroad at an early age to study is very strong. In 2005, the number of Korean students who were studying at the college level or higher in the USA was 58,847 per semester. In 2006 Korea was placed third after India and China in terms of number of students, although the yearly rate of increase was higher than all other nations, at 10.4%. The number of Korean students studying abroad increased during the 80s and 90s, with a further decrease at the end of the 90s due to the IMF economic crisis. The number once again started to increase, however, after the Korean economy began to improve.

Increasing "early study abroad"

More and more Korean parents think it is better for their children to go abroad to study at an early age so they can have an advantage in college entrance exams and also to save on the huge private education expenses incurred when educating children in Korea. These parents think their child will have an advantage if they can learn another language such as English, and also that the experience will help them get a good job. This trend of studying abroad from an early age is now a global phenomenon that not only happens in Korea. Indeed, the highest number of foreign students studying in Korea was recorded in 2006. However, sending one's children to study abroad has the negative aspect of causing the outflow of the nation's capital. Nonetheless, the positive aspects of learning advanced knowledge and experiencing new cultures, which can broaden children's horizons, make study abroad an appealing alternative to domestic education.

Considering the fact that the source of modern Korea's economic development was education, it can be concluded that having a passion for education provides a good foundation for a country's development provided it is not taken to the extreme.

4. Confucian Dynamism and Rapid Economic Growth

Korean "hurry hurry" culture has been and still is its chief source of economic development, and it is also the reason Korean can remain competitive in the present world economic environment. But is the "hurry hurry" culture a sign of the competitive nature of Koreans, or is it the result of a more general natural instinct? If we can understand from where "hurry hurry" culture originates, then we should be able to better see how it has not only negative but also positive aspects in Korean society. As mentioned previously, Korean economic development has been attributed in part to the power of the "hurry hurry" culture. This section examines the dynamism of Korean competitiveness to see what influences a culture of dynamism can have on the Korean economy and society. Further, we examine the phenomenon of collectivity, which helped foster

Korea's economic growth.

Cultural
Phenomenon The development of a country's IT industry is reflected in the speed of its Internet. Korea currently has the fastest Internet speeds in the world, and the domestic Internet environment continues to grow. This speed provides the engine necessary for Korea's rapid development. Although the Korean tendency to race against time has had positive results, such as rapid economic development, it is not without its negative aspects, especially when pursued to the extreme.

In 1998, the Internet was enjoyed by only 6.2% of the Korean population, but now more than 50% of the population, one of the highest percentages in the world, enjoys the Internet. In this way, high-speed Internet has become a tool to increase Korean competitiveness.

Cultural
Analysis **Korean dynamism and the economic growth**

It is said that Koreans are the busiest people in the world, and that they always try to do everything in a hurry. Indeed, foreigners who come to Korea often learn the word "hurry" first. The American anthropologist Osgood noted that the Korean personality includes introversion mixed with emotional anxiety; Koreans can sometimes appear to be like hibernating bears, always keeping silent, but they can also appear very scary, like an angry tiger suppressing its anger. Because of these characteristics, Koreans can seem to be very quiet or lazy, but when they put their minds to a task and concentrate, they are surprisingly diligent and work hard. Such personalities, according to Freud, relieve their stress by entertaining themselves, much like a child in the oral stage. In fact, the reason why many Koreans drink and smoke may also be due to a cultural oral fixation.

Koreans are normally very gentle and calm, but if adequately stimulated they can exhibit great ability. This means that when Koreans, who normally may be rational and calm, feel stressed due to some kind of pressure, their level of energy increases and may even become explosive. This is the surprising power shown by Koreans when they get excited about something. As stated above, the economical miracle in Korea was accomplished through the power, unyielding spirit, and underlying nature that Koreans exhibit when motivated toward a cause.

Koreans like to work hard, and Korean diligence has been recognized all over the world. During the 1970s when the Korean economic development plan was being formed, the "hurry hurry culture" personality was born through the productivity and driving forces of the world capital markets. When orders for exports from world markets arrived in Korean factories, employees often worked overtime for several days and produced the products on time. Buyers trusted the speed and diligence of the Koreans. Continual export orders drove Korean economic development. Although Korea has scarce natural resources, cheap labor turned the relatively poor Korea into an advanced nation through tireless efforts in the exporting of goods.

The pursuit of and obsession of speed among Koreans is similar to what happens in the fields of marketing and advertising, where you have to become very noticeable and prominent to catch the attention and interest of consumers. Even with sound advertising concepts, product planning, and naming, one has to work quickly and for long hours in order to produce something that will stand out above all the rest.

The "hurry hurry" culture of Korea, based on Confucian dynamism, has allowed it to exhibit its dynamic power through its ability to produce the fastest economic growth in the world. However, the speed of "hurry hurry" has not only caused Koreans much stress in their daily lives, but it also has been the cause of shoddy work and careless accidents. Korea still needs a sense of stability to temper its obsession with speed, so that a more mature society can develop.

Cultural Plus Koreans have from long ago been a polite and patient people, but modern Korean society is changing at an incredibly fast rate, with politeness and patience losing their status as virtues in favor of rapid development and quick change. Koreans have reached the point where they do not know how to be patient and wait for things. Unfortunately the result of the Korean desire to accomplish everything as quickly as possible has resulted in more and more competition.

Korean society was able to accomplish difficult tasks thanks to the hard, quality work and sacrifice of countless Korean workers and their families, who planned for a better, more competitive future for their country. However, the sole pursuit of economic growth results in an economy centered on large corporations, environmental degradation from compromised policies between politicians and businesses, and relaxed morals due to excessive competition.

Chapter 6_ Passion and Excitement of Korean

Koreans have always loved to sing and dance, and it was the enjoyment of both that helped form the traditional Korean collective society. Through song and dance, Koreans could escape from their society of authoritarian rule and complicated human relationships to relieve stress whenever and wherever the opportunity arose. Dancing together freely without a care in the world allowed Koreans to lose themselves among their collective energy and feel exhilarated. This ecstatic feeling was a type of catharsis, made possible by the combination of the communal joy of being with others, and the venting of daily frustrations.

1. Excitement Expressed through Singing

Related Content ➲ p.156

What do Koreans do to relieve stress? What does popularized karaoke singing mean to Koreans? Korea has been long known as a nation that enjoys singing and dancing. Because of this trait, modern Koreans usually relieve their stress through song and dance. This chapter explores how Koreans express their emotions in their daily lives.

Cultural Phenomenon Singing room culture can be found all over Korea, and they are especially concentrated along streets near university campuses, company offices, restaurants and bars. This Korean singing room culture has both negative and positive aspects.

As for the negative aspects, some critics claim that the female "helpers" that attend to customers and the fact that alcohol is sold at karaoke parlors are two of the main factors contributing to the current cultural ills of Korea. Others argue that the karaoke culture is simply an imitation of Japanese culture and a bad influence on teenagers.

However, the singing room culture can be used in positive ways. Before karaoke parlors became popular, the only places where people could go after work to enjoy themselves were bars. In addition, after they finished eating, they had few alternatives other than going to bars or billiard halls. Recently, however, many Koreans choose to go to karaoke parlors instead of bars. They can enjoy the party-like atmosphere inexpensively while listening to or singing popular music. In this respect, Korean singing room parlors can be considered positive public cultural spaces.

Instead of playing sports, for example, which costs time and money for equipment, Koreans can socialize together easily while enjoying singing room. Company employees who need to relieve stress, married women who just want to relax and have a good time, and students who have just taken an important test often choose to go to karaoke parlors.

It is clear that Koreans like to sing. Entire families often go to karaoke parlors, or they may even install a singing room machine in their house where they can enjoy the same entertainment in a familiar and healthier environment.

Cultural Analysis

Origin of Korean excitement

According to the "*Samgukji*" (삼국지, Three Kingdoms) and related documents, Koreans have enjoyed singing, drinking, and dancing from long ago; indeed, there is an illustrative phrase, "Gomujinsin" (고무진신, 鼓舞盡神), which refers to how Koreans used to enjoy playing musical instruments, singing and enjoying themselves anywhere at anytime. We can see that Korea is a nation of people who enjoy their lives.

Though every human has emotions, Koreans will often express them through singing. Historically, the many difficulties and hard times experienced by Koreans have been reflected in folk songs and popular music. For example, there were many folk songs about hard labor, or a woman's relationships with her in-laws; there were also many popular songs about the pain of being separated from one's family, and, especially following the Korean War, songs about the pain of war. The lyrics of these songs often included common experiences and created feelings of sympathy among those who heard them. When everybody sang and enjoyed them together, they experienced group catharsis.

Songs are necessary to Korean culture, and Korean group society traditionally enjoys musical entertainment. The drinking, dancing, and singing culture in Korea can be understood as one way of relieving accumulated stress which originates from the complex human relationships of Korean society. Compared to others of different cultural areas, Koreans have higher anxiety levels and higher levels of uncertainty avoidance, and therefore are psychologically more nervous within their collective and authoritarian society. To solve this stress and tension, Koreans will have drinking, singing, and dancing parties anywhere and at anytime.

This type of entertainment is a way of forgetting oneself in a state in which everyone is equal and together, and conflicts disappear. The group energy that comes out of these moments, when conflicts melt away, can be called the "Korean spirit of excitement." It originates from the collective mind that exists in the Korean collective society, and thus it is difficult to find an equivalent in individualistic societies.

The origin of this Korean spirit of excitement can be found in the shamanistic rituals based on Korean shamanism. Korean shamanism is a folk religion, and traditionally practitioners were in charge of comforting the pain and sadness of the populace. In shamanistic rituals, which are intended to alleviate built up grudges and heartache, singing and dancing comprise the most important parts. The shaman believes that a god will come down from the heavens, and once the god arrives it is the participants' duty to entertain the god with singing and dancing. All participants become one through the beating of the ceremonial drums and the female shaman's dancing and singing.

Nowadays, however, traditional shamanistic rituals have been transformed into drinking, dancing, and singing parties in Korean modern society. In particular, the characteristic enjoyment of singing still remains in modern Korean culture in the form of karaoke culture, which has been very popular among Koreans since 1990, when it began to spread rapidly all over the country. Karaoke could be sung at many bars and restaurants, and karaoke parlors could be seen on almost every street. Koreans will often use simple percussion instruments while singing, dancing, and enjoying karaoke. Moreover, karaoke culture is enjoyed by Koreans of all ages, regardless of gender or age. Regardless of the type of event, whether it be after work socializing, children's birthday parties, 60th birthday parties, couples on a date, or even after completing an exam, Koreans enjoy going to karaoke parlors. Whenever they feel happy or sad, or feel the need to socialize, karaoke can became a "playground," that is, a modern type of shamanistic ritual site where people can enjoy relief from stress.

As Korea continued to develop commercially, however, karaoke culture became more and more numerous along with a night culture that became part of a fast-growing, pleasure-seeking nightlife and culture of consumerism. Staying out until late at night has many negative effects, including the curtailment of sleep, unhealthy habits, and lessened ability to work. Moreover, the over-development of the karaoke industry decreases the chances that Koreans will choose to participate and enjoy other more traditional forms of entertainment.

Koreans who love song and dance(singing to dancing)

Koreans strengthened their collective mind through village shamanistic rituals and winter rituals. The purpose of these rituals was to provide relief to the conflicts felt by the village residents that arose from the daily hardships of village life. These rituals included singing and dancing, and efforts to start each new year with good relationships. To this end, at the beginning of each year, singing groups would march around the village with gongs and drums, singing and dancing to pray for the safety of the village.

These days, however, most Koreans live in apartments, and the society has changed from a communal to a civil society; as a result these types of rituals have long since disappeared. In this new civil society, there has been no immediate replacement for the entertainment culture Koreans had known from before, where they could interact with their neighbors. To solve this problem, therefore, Koreans developed new forms of entertainment that once again allowed them to experience their spirit of excitement. For example, it is now common for most Koreans to go on spring and fall group trips with their neighbors or to participate in socializing meetings, and of course there is always dancing and singing.

Koreans are not used to sitting down to have logical discussions. Instead of enjoying snacks together or talking quietly, they would rather show their emotions out loud and respond to things emotionally. Singing and dancing pushes Koreans to a new level of forgetting everything. There is a Korean expression, "to feel relieved of my breath," which refers to a state of being relaxed by escaping from a reality that is stifling. This is when Koreans need space where they can drink, dance, and sing.

Koreans enjoy being in such states of forgetfulness and chaos, where they can get rid of the typical and do things as they please. In this way, it can be said that Koreans are good at responding to situations spontaneously, and even though they may change their minds often, they are still very flexible. Even without a detailed plan of action, Koreans are capable of great creativity in times of crisis.

<table><tr><td>**Cultural
Plus**</td><td></td></tr></table>

Eastern shamanism and Western heaven rituals

Female shamans perform shamanistic rituals to pay tribute to the heavens. It is hard to come across such a shamanistic ritual these days, especially in cities. In the past, shamanism had a strong influence on Koreans and was a big of their everyday lives, but today the rituals comprise not much more than praying to pass one's college entrance exams, or the expulsion of bad spirits or healing of the sick. Further, most Koreans today do not believe that shamanistic rituals are effective.

Shamanistic rituals used to also provide means to pray for peace and wealth for an individual, village, or even for the country. Each local area had a different type of ritual; however, the purpose of all rituals was the same; shamanistic rituals served the function of a festival which provided a chance for people to relieve their oppressed minds, solve conflicts between neighbors, and comfort each other. It is known that there were similar heaven-worshiping rituals in Western countries. For example, the Greeks had regular heaven-worshiping rituals. These rituals were also of the festival type, and thus there was always dancing. However, such rituals later disappeared due to the heavy influence of Christianity, which involves praying at church and having quiet worship services instead of outdoor rituals.

2. Korean pleasure and joy expressed in the Entertainment Culture

Related Content ➲ p.162

Hundreds of Koreans visited Germany to cheer their team during the World Cup. Some even saved money for four years to be able to travel to Germany. This section examines Korean entertainment culture, including sports and festivals, and its connection with collectivism.

Cultural Phenomenon   Although the Korean love for sports can be said to be very unique, it is characteristic in that it arises not just from a love of sports, but also out of a sense of collectivism and nationalism. For example, most Koreans do not watch Korean pro baseball games, but they will stay up all night to watch American and Japanese baseball teams that feature Korean players, and if they cannot watch the actual games, they will try to find the results by reading sports news. In this way, they are attempting to "unify" themselves by watching the highlights from games in which Korean players played.

For a while, many Koreans would stay up all night to watch a Korean golfer play in a tournament. People who had never watched golf before would ask others about the rules and watch with anticipation to see how well the golfer performed. These days, however, Koreans are more enthusiastic about Korean soccer players who began playing for foreign teams after the 2002 World Cup. Such fans are crazy about the soccer stars they follow, but not about the game itself. When Koreans watched the two games of the last World Cup in which the Korean team played, they gathered in people's houses or public places to watch the games together in a big expression of collectivism.

What is the psychological impact of the Korean habit of cheering on Korean sports players in this collectivist way? Indeed, not only were Koreans who did not watch the World Cup or who did not cheer for the Korean team considered strange.

This would seem like a level of patriotism bordering on madness. When the fans gathered together and cheered, it was if they had fallen into a drug-induced state of ecstasy. Koreans try to find their sense of belonging and identity by joining clubs, and watching sports and events on television, and can easily fall into a state of ecstasy when cheering together as a group.

Cultural Analysis

Korean entertainment culture

The representative present day Korean entertainment culture is the sports and festival culture reflected in crowds cheering in the street. The enjoyment of sports is the new generation's way of expressing they are advanced and refined, and it is also a representative cultural trend of contemporary Korean society. Sports are physical games that include competition and entertainment, and as such in contemporary society they do not simply represent "exercise" or something to do as a "spectator," but rather a new cultural code that is extremely powerful. Today's sports are a symbolic power that musters social power and are closely related to politics and the economy.

The reason why Koreans are crazy about sports is because through sports they can enjoy catharsis, feelings of unity, and maximize their sense of belonging. The audience focuses on the game, and even though they are not playing, when their team or player wins, they join in the victory, feeling a sense of achievement and satisfaction. When the audience focuses on the game, they forget about their pains or suffering, are fascinated by every motion of the players, and the feeling of victory extends into their lives and appears as renewed confidence. The reason Koreans are crazy about world sports stars such as Yuna Kim and Jiseong Park is because they hope to have the chance to watch them excel in their play and experience these cathartic feelings.

In addition to the simple joy of enjoying a contest, watching sports decreases the anxieties and fears of those who feel lonely in contemporary society by allowing them to feel as if they belong to a certain group. When Koreans cheer, they are bonded together as "we" and feel a sense of homogeneity through which they feel close to the other people cheering for the same team. The value of sports in today's Korean society goes beyond the normal enjoyment of "higher, farther, and faster" to introduce a dynamic wind into Korean society as a means of relaxation.

While watching the World Cups in Germany in June 2006 and in South Africa in June 2010, people around the world were surprised at and even praised Korea's energy after witnessing the enthusiastic cheering of the Red Devils. Along with the "hurry hurry" aspect of Korean culture, the enthusiasm shown toward the Red Devils has now become a worldwide symbol that represents the dynamism of Korean society. A few years ago an article in a German newspaper showed pictures of citizens in Pyeongyang crying about the death of President Kim Ilsung along with pictures of Christians crying and praying in a South Korean church. In this way, images of South and North Korea seen by foreigners often show the emotional and enthusiastic aspects of Koreans. Korea, known best for kimchi, Taekwondo, and the song "Arirang," was able to realize a rapid rate of modernization and economic development to become one of the world's top 10 newly industrialized countries. Korean soccer has added to this new face of Korean identity by allowing Korean sports to go abroad and play against strong opponents with a strong spirit and will.

This dynamism of Korean society through sports is based on the strong spirits of those who maintained their national identity during Korea's turbulent history since the mythical founding of Korea by Dangun, a history that recently included the Japanese period of colonization, the Korean War, and modernization. Koreans experienced much suffering during Korea's period of modernization, and as a result they now have strong feelings of "we" based in patriotism. Similarly, the enthusiastic cheering on of the Red Devils shows the strong cohesive force among Koreans based on the collective mind.

Dynamism through passion

Koreans are enthusiastic and very emotional from the viewpoints of cultural anthropology and geography. According to a cultural anthropology study, Koreans are "right-brained," meaning the right side of the brain, which controls emotions, is dominant. Therefore, Koreans are more emotional than rational, and tend to understand things by realizing and feeling than thinking logically. As for the geographic perspective, Korea is a peninsular country that connects the continental culture of China to the oceanic culture of Japan.

Korean culture is different from both Chinese and Japanese cultures. The recent "Korean Wave" that has spread across Asian countries such as China, Japan, and Vietnam shows its popularity. A peninsular country such as Korea, located in the middle of two cultures, can accept different cultural paradigms and creatively combine them to create a high level of cultural value similar to that of Italy, also a peninsular country.

Sports appreciation can offer opportunities for communication where people can solve political differences and smooth over conflicting ideas. Even though North and South Korea have political differences, they combined as one team at the Athens Olympics and entered the opening ceremony together. In this way, North and South Koreans have shown national unification through sports, becoming one and cheering together. The economic power of sports also plays a role in increasing the abilities of players. Players who receive medals often receive pensions or other monetary premiums from their countries along with honor.

Through the German World Cup in 2006, Koreans showed a creative cheering culture and impressed the people of the world with impressive soccer skill based on their strong spiritual strength. It is expected that Koreans will demonstrate more such dynamic power through sports in the future, which will further make Koreans proud of the accomplishments they have achieved on the world stage.

| **Cultural Plus** | **East and West cheering cultures** |

East and West cheering cultures

To gather in such masses as the Korean soccer fans did during the World Cup is practically unprecedented in the West, where individualism is the norm. Of course we see large group gatherings at football games like the Super Bowl in the USA, or at the concerts of famous musical performers; however, such spectators are still enjoying the event individually or with their family or friends instead of cheering as a group.

In Western countries people have different tastes for different sports, so they are only interested in watching the sports they like. Koreans, however, are more interested in whether the national team or Korean players win or lose than in watching the actual sporting event. During the Olympics, for example, Westerners tend to be interested in the events, while Koreans tend to be more interested in the number of medals acquired by the Korean athletes. For this reason Korean TV constantly reports the medals totals for the Korean teams in real time. It seems Koreans are more interested in winning than anything else.

3. The 'Han(regret)' and 'Excitement' in Traditional Music

Related Content ➲ p.167

Koreans tend to deconstruct the boundaries between one and the other and form a group as they get along and enjoy. This sort of habit can be founded in Korean traditional music and 'Norimadang(playing ground)'. The Korean traditional percussion quartet (Samulnori) is widely known as a folk play that excites merriment of Korean people. Korean traditional music keeps beat with the audience, and appears as a unique form where the actors and audience participate and enjoy together. This chapter will have a look at the characteristics of Korean traditional music and find the cultural characteristics of Koreans that are melted in here.

Cultural Phenomenon Koreans' custom to favor music is not a matter of yesterday and today, but a long tradition of the Korean race. When look at the history of Korea, the first page of the history book starts off with the record of Koreans have ate, drank and enjoyed with dancing. About 2~3 centuries ago, a following record was found according to the book called 'Samgukji Tongijŏn' which was written by Chinsu of Chin dynasty in China

夫餘 …… 以殷正月祭天 國中大會 連日飲食歌舞 名曰迎鼓 … 無老幼皆歌 通日聲不絕
(Puyŏ people gather around and drink, eat, sing and dance for days in the first of every year. This was called Yŏng'go. Regardless of children or adults, everybody sang the whole day and the sound of singing has never stopped.)
弁辰 …… 俗喜歌舞飲酒 有瑟 其形似筑 彈之亦有音曲
(Pyŏnjin people enjoyed singing, dancing and drinking. The sound of an instrument which looked similar to 'Chuk' called 'Sŭl' was quite impressive.)

In a collectivist society, human relations among the members are significant in maintaining a group. The people join with other people and mutually open their hearts to form a sympathy called 'we.' To form the sympathy, drinking alcohols and singing songs come across mind, and for this reason enjoyment and work are not separate in traditional Korean life, rather they are mingled. This is very much shown in the dynamic art of Koreans. Samulnori and P'ansori, which are the traditional Korean art, gives an experiment of ecstasy that brings the audience and performers together by the blend of sounds and dances. The Samulnori presents an experience of uniting the audience and performs through playing variations at the climax. The P'ansori is a vocal music which is designated as a national treasure. Such music reveals a mystery energy which brings the performers and audience together.

<table><tr><td>**Cultural Analysis**</td></tr></table>

Excitement and Merriment(興)

The Korean traditional music which implicates the various emotions of Koreans is one of the traditional cultures that are close to our daily lives. The Korean tradition music is our song, rhythm, and symbol of our style.

When listening to the Korean classical music, there is a strong rhythmical feeling of rise and fall. This part of the Korean classical music clearly differs with calm Western music. The reason why the Korean classical music has the rhythm of strong rise and fall is because all songs theoretically can be divided into three counts. The beat of a march is usually two to four counts. There is also three count music in the West where it cancels out the style of a march called waltz which was used as dance music. However, the reason why the waltz is so unique in western music is because the waltz is the only three count music as opposed to much other music with two or four counts. When the Korean classical music has three counts, it means almost all songs share the same characteristic.

How is the Korean classical music arousing the factors of excitement and merriment? As opposed to the two count based Western music has a symmetry structure which the beat goes Strong · Weak · Strong · Weak, the three beat based Korean classical music carries asymmetrical structure of Strong · Weak · Weak · Strong · Weak · Weak. Thus this is the point where you feel the strong rise and fall, and the fundamental energy of Korean music that creates merriment.

The length of a melody also reflects the cultural characteristic as well. The characteristic of Koreans do not enjoying simple repetition, and sublating the state of homogeneity and absence of individuality are entirely reflected in the Korean classical music. It proves how Koreans dislike the homogeneous structure of 'Long · Short · Long · Short' or 'Short · Long · Short · Long' in arranging the length of a note or the structure of rhythm. Korean classical music gains the effect of diversity by using the cross-arrangement of notes in order to avoid the repetition. This can be seen as a self-contradiction when comparing the characteristic of Koreans avoiding uncertainty.

The meaning of Koreans avoiding uncertainty is a discussion that is applied to the external objects of the boundary of ego. This is a circumstantial evidence of Korean society do not give a good attention to those who stand out from a crowd. However, the imbalance of rhythm of the Korean classical music rather connects to the internal attention of ego. Although Koreans cannot refuse the fact that they demand people to go one way or the other, however, they also cannot deny the fact that they dislike the state of being same as others. Hence, the imbalance of the beat in the Korean classical music has a close relationship with Koreans' self-contradiction of desiring the individuality from others.

'Han(regret)' and the Music of Dignity

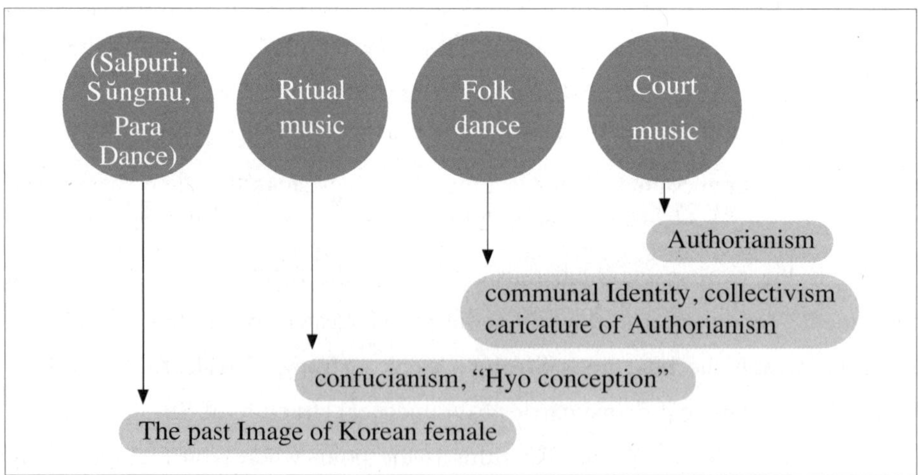

One of the representative words to describe the Korean classical music is not only the music of shamanism and merriment, but also the music of 'Han' and dignity. Shamanism and Han are contradictive when looking the meaning in dictionaries. As the meanings of those two words are mutually contradictive with each other, it can be seen as illogical in a sense that they both represent the Korean classical music. As it is natural for one to have diverse emotions at difference times, it is also natural for the music of a country to have diverse aspects. Thus it is hard to deny that the words 'Han' and 'dignity' represent the Korean classical music. Following discussions will be about which characteristic of the Korean classical music are related to Han and dignity, and how these words are connected to the cultural characteristics of Korea

- **Bursting of People's Suppressed Emotions** (Kyemyŏnjo: The Double Harmonic Scale of the Folk Music)

When listening to the Korean classical music, there are feelings of sorrow or sadness to it. This is due to the frequent usage of Kyemyŏnjo in the structure of the Korean classical music composition. When comparing the composition of Kyemyŏnjo with the western music, this corresponds to A minor which is a melody structure of sadness and darkness. P'ansori is composed of P'yŏngjo, Wujo, and Kyemyŏnjo. P'yŏngjo is when shouting the voice flatly, however, Kyemyŏnjo is far more frequently used than the feeling of calmness of P'yŏngjo or the splendidness of Wujo. The structure of the Kyemyŏnjo has its basis in Chŏlla province, and it is widely used in music such as Namdo folk song, P'ansori, and Sanjo. Thus we may presume that the reason of frequent usages of Kyemyŏnjo is because the sorrow and Han of the people in the region are soaked into the music.

- **Folk Dance** (Salpuri, Sŭngmu, Para Dance)

Although it is not directly related to music, as an indirect field, I would like to discuss about the Korean folk dance. Salpuri, Sŭngmu, and Para Dance are the representative folk dances of Korea. Coincidentally Salpuri and Sŭngmu are danced only by women, and it should not be regarded as extraordinary considering the fact that dances were mostly performed women in other countries as well. However, these dances are significant, and they form the root of the

Korean folk dance. Considering the aesthetic factor of 'a beauty mixed with Han' is strongly projected these art works can be considered in relation to the 'feminism' which was indicated by Hofested as one of the characteristics of Koreans.

Traditionally women had basic importance as the wombs in the traditional society in continuing one's family by giving birth. The pressure that was given to the women because of the preference of male child as Chosun dynasty has merged has probably led to physical and emotional oppression. The fact that such unique emotion such as 'Han(regret)' that was formed in the traditional Korean society is naturally melted in the traditional folk art or folk dance can be seen as an obvious conclusion.

• Court Music

In court music, such factors as the power of the vertical social hierarchy or authoritarianism based on the distantness of the authority distance that is classified according to Hofested can be found. The characteristic can be more easily found in the court music which was played in palace rather than the folk music. The court music was not to be enjoyed by the ordinary people, and was the music of royalties and illustrious officials. Thus the court music formed with the presumption of the music of the privileged class and nobleness. As a result, the music for the people was not considered as music thus it was called as 'sori(sound)' rather than music.

• Ritual Music (Confucian Shrine Ritual Music)

Confucian rituals are also blended in the Korean classical music. There is a ritual music for Kongzi(孔子), the most prominent educator of Confucianism, called Munmyojerye'ak (Confucian shrine ritual music). However, Korea is the only country in the world that has preserved the Confucian shrine ritual music. The fact that Koreans who do not even share same race as Chinese has preserved the music of ritual for the saint of China shows how much importance the Confucianism or Confucian ideology has in Korea. It can be easily verified how the Confucianism has affected the values of Korean, and the Korean classical music cannot be the exception.

Playing Culture of Fellowship

Koreans have much interest about other, and they are also interested in how others evaluate them. It is common for the Koreans to give attention to the clothing and make-ups of others when passing on the streets. They also believe that when they have any important decision to make, they should first discuss with others and then decide in order to make the right decision. Such community spirit is also reflected in the traditional music and games.

When listening to classic music or operas of the West, the characteristic of best audience is when the audience stays quiet during the performance, and applause to reveal their existence and show how much they appreciated the performance.

However, when listening to the Korean traditional art, especially the folk art such as P'ansori or Sanjo, the best audience has to enjoy the art with another by becoming one with the performers, and basically laugh and cry together. At the site, there should not be any distinction of performers and audience; rather they should be seen as collaborators. The process of collaboration is clearly appeared through the important factor called 'Ch'u'imse'. This is when the audience joins the performance by saying expressions such as 'ŏlssu, ŏlssigo, ammŭn, kraje, choch'i' or shouting out the sound from the abdomen such as 'ŭi' during the performance, in order to cheer the performers. It is a unique phenomenon which is hard to be observed in any sort of the western music, where the audience and performers collaboratively lead the performance. Hence, such phenomenon can be defined as one of the uniqueness of Korean music. The power of unity and a manifestation of collectivism always appeared whenever they faced the sufferings, such as constant wars with foreign countries and IMF financial crisis in the modern times, and it can be seen that the power of unity and a manifestation of collectivism are melted in the Korean folk music as 'Ch'u'imse.'

Korean popular culture is becoming a world product, which indicates Korean popular culture is arousing "sympathy" from other nations. In particular, the phenomenon known as the "Korean Wave" has passed through Asia and continued on to the USA. This section examines Korean popular culture to find out how and why this phenomenon occurred.

Cultural Phenomenon Korean pop music has becoming very popular not only in Korea but also in other Asian areas, and many Korean singers have tried to enter the US market as well. Why is Korean music becoming so popular? Korean singers not only have powerful voices, but they are also clean-looking and attractive. They also receive organized and systematic music production support. Korean music companies have large budgets with which to advertise the singers and to make high quality music, while also delivering music videos of their artists to countries all over Asia through the music broadcast cable networks.

Some companies force their singers to sing in two languages for marketing to foreign markets. These artists then pursue global markets using, for example, English or other Asian languages in the choruses of their songs. Perhaps this is one reason why Korean pop music has become so popular. Moreover, since 2000 many Korean singers have received top awards in Asian music competitions, starting with Clon in 1999, and then succeeded by SES, Pinkle, HOT, Jeonghyeon Lee, Boa, Jiyeun, Babybox and Seven, etc.

Korean soap operas have also been well received in countries all over Asia, including Japan and China. The reason for the success of Korean soap operas is due to a number of factors. First is the power of the Internet. Soap opera "fever" is reinforced on the Internet at sites such as http://www.ntv.co.jp/drahan, which introduces Korean soap operas broadcast on Nihon TV, and http://www.hellohallyu.com/, which introduces Korean soap operas, movies, profiles on actors and actresses, and soap operas from each local area and location where a movie or show was filmed. The site is managed by the Korean Tourism Organization. These days, many companies specialize in "Korean Fever" products.

With the expectation of future growth in the Korean soap opera industry, funds have been sought to develop new areas of the "Korean Wave." Hyundai Securities Co., Ltd planned to put together a 20 billion won "Korean Wave" soap opera fund in November 2006. This was the first time a Korean Security Company had gathered funds for a soap opera instead of a movie. Foreign media have reported that Korea, famous on the world stage for cell phones, female golfers, and kimchi, is now trying to export TV soap operas. Some Americans have already welcomed the "Korean Wave" and enjoy a number of Korean products.

Regarding this high popularity of Korean soap operas, it has been noted that Koreans know how to produce soap operas that become incredibly popular all over Asia. Even as recent as a few years ago there were only a few Asian video stores that carried Korean soap operas in America. However, the status of Korean soap operas is totally different now, with most having English subtitles after entering the American market. In Hawaii, Korean soap operas are sold at Wal-Mart, Costco, Blockbuster and Tower Records. These soap operas are distributed through online sources such as Amazon.com as well as through bookstores and music stores in big cities such as Los Angeles, San Francisco, Seattle and Chicago.

Cultural Analysis

Excitement in popular culture

Popular culture is a cultural phenomenon of an industrial society which involves mass production and mass consumption of products. Popular culture is an important index to understand the cultural characteristics of a country because it is a direct reflection of the desires and minds of the people. Due to the highly developed mass media and Internet in Korea, Korean public culture has been able to develop and change the geography of Korean culture. Even though media formats of popular culture may change, the leading trends of popular culture originate in the Korean spirit of excitement.

Presently TV and radio are the two main representative forms of Korean popular culture. As Tony Schwartz has stated, "TV is the second God," meaning that TV occupies our living room culture with both creative and destructive power. TV is the window to the world and is what Koreans use to receive information and relax at home. On Korean TV, game shows such as entertainment or singing programs occupy a high percentage of the broadcast schedule.

Next we look at some of the popular programs being broadcast in Korea and examine some possible reasons for their popularity. The most popular Korean TV program by far, which always captivates its viewers, is the "KBS Korean Singing Contest." The budget for this program is small, and therefore it is a basic program with not much stage equipment and not a high number of participants; however, it has been broadcast for more than 20 years as a representative example of Korean popular culture, showing the expression of emotions through dance, singing, popular emcees, and the audience.

Each broadcast station has a high percentage of programs through which it tries to incite the spirit of excitement in Koreans through dancing and singing, such as "Popular Song Stage," "Open Music Concert," and "SBS Popular Song." Also, the program "Radio Karaoke," which provides music so callers can sing a song to get a prize, is the representative popular culture program that demonstrates the Korean passion for singing. This type of culture is very unique to Korea, especially when compared to the programs of Western countries that represent popular culture.

Because of their high ratings, Korean broadcast stations such as KBS, MBC and SBS have a high percentage of entertainment programs such as daily soap operas, weekend soap operas, game shows, comedy, and music programs. News programs and educational programs have lower ratings; therefore, the percentage of time as well as when such programs are broadcast are affected by the popularity of entertainment programs.

Korean popular culture, led by game shows and entertainment to satisfy the viewing desires of the people, has been criticized because the mass media seems to be only focused on the consumption of culture entertainment rather than providing quality programming and delivering information.

Korean popular culture needs to be improved with healthier content that can still satisfy Korean needs for dancing and singing. TV programs that target young people in their 20s and 30s tend to prevent those in different age groups from having the chance to enjoy TV, and thus it is necessary to develop programs that can be shared and enjoyed by everybody. Moreover, the audience's positive consumption of culture is required so that TV can perform its role as a window to the world.

The Korean Wave in popular culture

Korean popular culture including movies, soap operas, and music is receiving a great deal of attention in the areas around China (Taiwan, Vietnam, and Mongolia, etc.) and Japan. The "Korean Wave" has not only high cultural value but also high social and economic ripple effects. The biggest ripple effect caused by the "Korean Wave," however, is the change in the recognition of Korea in foreign countries. In many people's minds, the image of Korea may be of a "small country" or "separated country," or perhaps "the country that developed in a short time." Now many areas including Asian countries are highly interested in Korea due to the "Korean Wave," and many people around the world currently enjoy and love Korean popular culture. In this way, the "Korean Wave," which started from the end of the 1990s, has expanded its range of influence and content.

Korean cultural content that gained momentum from the "Korean Wave" went abroad and found a foothold in the advanced markets of the USA and Europe. These days, Korean cultural content is also being exported to Islamic areas of the world, with the largest consuming representative Islam country being Malaysia.

Digital markets along with cultural content markets are seeing huge ripple effects, meaning that people are beginning to pay more attention to Korean culture due to the cultural content they are consuming. Such ripple effects will have a positive effect on the image of Korea and Koreans, which in turn will encourage people to purchase more Korean products such as cell phones and digital TVs. Moreover, more people will visit Korea to travel, which is another example of an economic ripple effect.

When the Korean drama "Star in my Heart" was very popular in China, Samsung Electronics signed actor Jewook An as an official commercial model, and soon after, Samsung occupied the top spot in the China TFT LCD market, surpassing Philips. Similarly, LG De Bont signed actor Namjoo Kim as their official commercial model and went on to secure more than 70% market share in Vietnam, surpassing world-wide cosmetics group Lancome.

The groundwork for the "Korean Wave" can actually be found through an examination of recent international relations. Fist, China was not able to perform the main leadership role of Asia. Moreover, arguments regarding East Asian values became stronger in the 1980s, and then the area became even weaker during the subsequent IMF crisis. In particular, even though Confucianism originated in China, China could not perform the main cultural roles of Confucianism due to the reigning socialistic ideology. In China, directly accepting Western culture was not proper. As for Japan, due to unpopular relationships with neighboring countries in the past and its tradition of being a closed society, it had clear limitations with respect to playing the role of cultural model of East Asia. Next, one of the reasons that Hong Kong lost its function as a culturally advanced hub in East Asia was precisely because of the "Korean Wave." Hong Kong movies typically have no attractive content other than action, and moreover, after Hong Kong was returned to China in 1997, its level of potential for Asian-wide compatible cultural content decreased. Indeed, most of the actors, engineers, and other workers of the Hong Kong entertainment industry moved to Hollywood. Thus, the "Korean Wave" was the cultural trend that could fill the blank left by Japan and Hong Kong in East Asia, especially in areas where the values of capitalism have spread.

<table>
<tr><td>Cultural
Plus</td><td></td></tr>
</table>

Korean and American soap operas

Foreign media has compared Korean and American soap operas from the perspective of trying to understand why Korean soap operas have become so popular in the American market. First of all, Americans like the fact that Korean soap operas in America are not violent or pornographic. People soon realize that Korean soap operas and drama series express love scenes romantically and artistically without any direct nudity. Among the popular

"Korean Wave" program series, for example, there are stories about forbidden love, love triangles, corrupted business partners, and broken families, which are also commonly occurring themes in American dramas; however one of the main differences is that Korean dramas take a full 16-20 hours, or episodes, to tell the story.

Chapter 7_ Muti-Religion Society and Korean Religious Perspective

As can be seen in ancient Korean Dangun mythology, Koreans have traditionally believed that they are a divine people who have communion with the heavens. For this reason Koreans have long believed in enjoying a pious life that transcends the secular human world. In modern Korean society, not only do traditional folk beliefs co-exist alongside Christianity, but a variety of other world belief systems and religions such as Confucianism and Buddhism also exist in harmony, forming a multi-religion nation. Religion in Korean society represents the social function of creating rich and happy lives through the practice of sharing and love.

1. Dangun Mythology and Shamanism

Related Content ⊙ p.184

In the busy downtown streets of modern Korea, which seem to be always full of busy young people, you can often find "fortunetelling cafes." These popular cafes serve you tea and coffee while reading your fortune about all aspects of your life. In this way, old shamanistic traditions continue to have an influence on the lives of Koreans, regardless of whether they are personally religious. Moreover, the fact that Koreans do not typically disapprove of such fortunetellers suggests that shamanism is still accepted as one of the basic aspects of Korean culture. This section looks at the power of shamanistic mythology, examining the characteristics of Korean exorcisms and the aspects of shamanism that most affect the lives of Koreans.

| **Cultural Phenomenon** | Even though the two major religions of Buddhism and Confucianism were introduced to Korea, they were unable to |

replace the shamanistic worldview held by Koreans. That is, Koreans came to believe in other religions while keeping their shamanistic mindset. The three gods that can be found in Buddhist temples reflect the Korean belief that the three gods will protect them throughout their lives, from birth through adulthood. The pursuit of good fortune by giving tithes and offerings in Christianity is another example of the presence of this worldview. In shamanism, exorcism rites are performed for the purpose of healing a disease or for financial rewards, but Korean Christians also pursue such benefits.

Cultural Analysis

Sorceresses, the priests of shamanism

When the topic of Korean shamanism is discussed, most people tend to think of superstitions, fortunetelling, exorcism, and horoscopes about relationships. Considering how busy Koreans are in their modern industrial society, how do they find time to be interested in such things?

There are currently between 20 and 30 shamanistic clerics in Korea, which is more than the number for any other religion in Korea. It has even been noted by scholars that there is a high probability that the mythological Dangun, the founding father of the Korean nation, was a priest of reigning theocracy of the time. According to a book of the *History of the Three Kingdoms* (삼국지 위지 동이전, 三國志魏志東夷傳), the Korean people often held ceremonies in honor of the sky, or the heavens, during which time they would stay to dance and sing all day and night for days at a time.

It is thought that the priests who presided over these "sky ceremonies" were clearly shamanist sorcerers. The first Shilla king, Bak Hyokose (朴赫居世) as well as his successor, Namhae Chachaung (解次次雄), are both considered to have been shamanist sorcerers. During the Goguryeo period as well, although Buddhism was advocated politically, shamanism still permeated the everyday lives of the people. Numerous historical documents provide evidence that shamanism has flourished though much of Korea's history.

As for the Chosun dynasty, due to oppressive policies against superstitions, shamanism was officially suppressed, but the fact that exorcisms continued to be performed among the royal family indicates the extent to which shamanism had penetrated Korean society. Similarly, in the period of Japanese colonization, shamanistic ritual sites were blocked or closed down in an effort to repress the cultural identity of Koreans, but the deeply ingrained shamanistic spirit never disappeared. Finally, after modernization, despite the fact that both modern science and Christianity were introduced to Korea, shamanism remains a part of the Korean way of life, influencing things from the naming of babies and school admission to marriage, job-hunting, and changing residences. In this sense, shamanism can still be considered a popular system of folk beliefs that affects the major aspects of the lives of Koreans today.

Cultural
Plus

Dangun mytheology and Greek and Roman mytheology
The value of theology is that it can be a knowledge resource for the most important problems in life, such as war and peace, life and death, and good and evil.

Dangun theology refers to the birth and accession to the throne of Dangun, who is the legendary founding father of Korea. Hwanwoong, son of the god Hwanyin, brought 3,000 people under the Shindan Tree and established the Shinsi to govern the country. He gave a bear and a tiger some wormwood and garlic to change them into humans and instructed them to live in a cave and not come out to see the sun for 100 days. However, the tiger could not bear staying in the cave for such a long period of time and left, but the bear stayed and became a woman, who then married Hwanwoong to bare Dangun, who then established Gochoseon, or ancient Korea.

The theologies related to the origin of Korea are recorded in works such as *Samgukyusa*, *Jewangwoongi*, *Sejongsillokjiriji*, and *Donggukyejisungram*.

In Western civilizations, there are the Greek and Roman mythologies created in ancient times. There was also the Crete culture that inhabited the Crete Island area in the Mediterranean Sea around 3000 B.C. and greatly influenced Greek civilization. Later, the Greek Achaeans moved southward toward Greece from the northern areas from 2000 B.C. and established the Mycenae culture. Then, the Greek Doris nation attacked the Achaeans in 1200 B.C. and gained control of the area, but some of the population fled across the Mediterranean Sea and on to Asia Minor.

Because foreign invaders and natives became mixed in this way in the ancient

Greek culture, their mythology also became mixed, with various different components with complicated contents that often contained contradictory stories; these comprise the most significant characteristic of the Greek and Roman mythologies.

Although the *Iliad* and *Odyssey* by Homer do not describe Greek mythology in detail, they illustrate many of the features of its gods and heroes.

Dangun Mythology

The Dangun legend, which is the structure of Korean shamanism, can be described as follows.

- Structure of Dangun theology

Yang (+)	God of heaven (Hwanwoong)
Yin (-)	God of earth (Bear woman)

⇩

Birth of Dangun (Human)

- Crux of the Story : The idea of "hongik," or "to do broadly for the sake of humanity" is expressed in Dangun theology as recorded in *Samgukyusa* (삼국유사, 三國遺事).

  - Hwanyin: God of heaven, symbolizes heaven

  - Bear woman: God of earth, symbolizes earth

  The god of heaven sent his son, Hwanwoong, to the human world. A bear ate wormwood and garlic for 100 days to get a seed from god and live in a cave to become a woman through her pain and patience. The process of Dangun being born of Hwanwoong and the bear woman shows the process of human birth with the seeds of heaven. Dangun theology shows the idea of respecting life and ecology through the process of human birth with the combination of heaven and nature. The Koreans are the descendants of the son of the god of heaven Hwanwoong and the earth goddess, the bear woman.

Concept of "Hongik Humanitarianism": Koreans were born through the principal of heaven and earth, which symbolizes that Koreans are the selected nation to spread the word of their god in the human world by realizing the ideal of hongik humanitarianism, that is, "to do broadly for the sake of humanity."

2. Korean Shamanism, Fortune Telling, Exorcism, and Fate

Shamanism has been deeply rooted in Korean society for thousands of years and has provided wisdom to Korean mothers and grandmothers, forming an integral part of their lives. Shamanism considers the present life and the time after death to be connected, and so rather than there being a division between birth to death and beyond, existence is all one continuous experience. Therefore, Koreans believed that diseases or disasters happened because the ones affected did not serve their ancestors well, or they considered problems to be the work of ghosts and thus tried to solve such problems by communicating with the ghosts through a female shaman. In this chapter we examine how the ideas of shamanism have affected the daily lives of Koreans.

Cultural Phenomenon The Korean traditional religion, shamanism, is said to have begun with the beginning of mankind along with the legendary "Three Founders" of Korea. Shamanism has thus been deeply rooted in Korean society for thousands of years. Shamans believe that all things have life and that other lives can survive because of the existence of others, and that only life can create other lives, and for these reasons everything should exist in harmony.

Although they had already believed in shamanism for thousands of years, Koreans did not reject religions that were introduced from the outside, such as Confucianism and Buddhism. As was the case with these two religions, all other religions that also entered Korea were combined with shamanism to create special types of religious beliefs. That is, the presence of shamanism in Korea when Buddhism, Confucianism, and Christianity were introduced caused the transformation of these foreign religions. For example, some scholars point out that today's Christians and Buddhists in Korea are still greatly influenced by shamanistic factors.

Cultural
Analysis

Civilian religions rooted in universal God idea

Korean shamans believe that everything has a god. It is Korean traditional folk religious thinking that if a human, one of the numerous beings of the universe, can keep his life energy at a low level without going against the energy of the cosmos, then he can achieve the things he wants and be comfortable because everything will find its proper order. The Western scholastic term for this type of belief system is pantheism or animism. Therefore the object of belief is not one god, but multiple gods, contained in the sun, moon, stars, mountains, fields, oceans, and even village water wells, rocks, trees, house girders, and bathrooms.

Korean shamanism is delivered through female shamans who have "received" the gods and their followers beyond the natural boundaries of the religion. Female shamans can act as mediums, or ritual performers, by being appointed through a special process, and through these performances they help channel the minds of the gods and humans with various religious techniques and rituals.

Shamanistic rituals require folklore scriptures, shamanistic music, and legends, all of which reflect not only the shamanistic view of the cosmos, but also the emotions and dreams of Koreans. The female shaman channels the minds of the gods and connects them with human ideals in an effort to achieve the harmonic state that is the will of the gods. In other words, the female shaman delivers the minds of the gods to humans, and the minds of humans to the gods.

Koreans will often try to solve their family problems by consulting a shaman at least once in their lives. They may try an exorcism or visit a fortune teller when applying to a school or university, before getting a job or starting a business, and even before marriage, when they may want to know if they are really a good match for their partner; in such visits the shaman will use the person's date of birth as the starting point. As stated above, shamanism has always influenced the lives of Koreans and will probably continue to do so from now on. Even in the current digital age of the 21st century, the number of female shamans has actually increased and become very popular.

Shamanism has its greatest effects on Korean artists with deep roots in Korean culture. Korean traditional singing such as pansori, traditional instruments such as the sanjo, and traditional dancing such as salpulyi, all originate from Korean Namdo exorcism rituals. Further, Korean shamanistic and Buddhist paintings form the foundation of Korean traditional painting.

In this way, shamanism is deeply related to the lives of Koreans and has survived throughout the history of Korea. The main characteristic of Korean shamanism is the pursuit of good fortune through reliance on supernatural powers. If people rely on shamanism too heavily, however, their will power can become too weak, and therefore such beliefs require proper control. These days, while many Koreans accept such religious beliefs and practices skeptically, they still incorporate parts of this primitive folk religion in their lives.

Characteristics of Korean shamanism

Shamanism was the foundational religion of Korea before Buddhism, Confucianism, and Christianity, and it had a major influence on foreign religions when they entered Korea. Although these days many people may not believe in the religious truth of shamanism, it is still the representative primitive religion of Korea and believed by many Koreans.

Shamanistic customs are very important in the views of nature and the cosmos in Korean culture. In this section we look at the characteristics of Korean shamanism.

In a narrow sense, the shamanism that spread across the northeast areas of Korea can be considered folk religion, but in a broader sense it indicates traditional religion. Shamanism and folk religion reflect the unconscious group mind, as Carl Jung once said; this group mind contains the Korean spirit and culture as well as the life customs, value systems, belief systems and thinking styles of the ancestors. In particular, studying the group mind is a good way to examine the views of our ancestors towards nature and the environment. In fact, polytheism has environmentally friendly characteristics. In polytheism the relationship between humans and nature is not absolute, but rather comparative, with humans being only a part of nature. Such a worldview respects life in that everything, including both humans and nature, is precious, which is a different view from the human-centered idea that nature exists for humanity.

There have been many campaigns to recover the earth that has already been destroyed by humans attempting to govern nature. In this respect the idea of life in Korean shamanism is a humanistic idea in line with the goals of modern ecologists. It is worth considering shamanism when developing Western-style ecology campaigns because shamanism considers the divine nature of everything to be very important.

| Cultural Plus |

Tolerance in Korean shamanism

In ancient times almost every country had shamanistic beliefs. Compared to the shamanism of other countries, however, Korean shamanism has a generous spirit. When a new religion came to Korea, for example, even though it went through a period of "acceptance," eventually it entered the culture alongside shamanism. This is different from the case of the Soviet Union when Buryat shamanism was oppressed.

Almost all of the world religions teach humanitarianism, peace, and generosity. They also strictly separate concepts of truth and falsehood. A scholar once said that the amount of generosity a religion can have is limited. However, Korean shamanism has accepted all foreign religions.

3. Korean Confucianism and Buddhism

It is often stated that the driving force behind the economic development of current Korean society or Eastern society in general is rooted in the old Confucian scriptures. Thus present Korean society is viewed as a combination of Confucian traditions and Western culture. This section examines the fusion and harmony between these two cultures.

Cultural Phenomenon Confucianism was established on the study of the life of Confucius and ideas based on a religious culture that valued ancient Chinese religion and the subsequent cultures of rationalism and humanism. It is based on the scriptures of Confucius and his followers, which were systematically studied by later scholars. The scriptures show both the internal, conceptual aspects as well as external, experiential aspects of Confucian ideas.

Confucianism spread during the Three Kingdoms period in the form of texts written in Chinese characters, deeply influencing Korean society, culture, and value systems.

Over time, Confucianism's influence on the Korean lifestyle deepened and became a necessary element of government organizations, administrative offices, the legal system, scholarly ideas, the education system, value systems, views toward nature, and lifestyles. Some scholars believe that the Korean "Miracle on the Han River," Japan's development into a strong economic power after World War II, and the miraculous development of both Taiwan and Singapore are all due largely to Confucian culture. Specifically, in such a culture parents save money and work diligently to provide a better education for their children, who then try to achieve as much as they can scholastically to meet their parents' expectations. This leads to a talented work force, which in turn becomes the source of economic development.

Korean Confucianism

Religion has become secularized in today's society and its influence weaker; however, it still has a great influence on human society in general. In Korean society, there are many influences from traditional religion with respect to a sense of values and worldview. Confucianism has been the most influential religion among Korean traditional religions; however, today more than 30% of the Korean population is Buddhist so we cannot ignore the influence of Buddhism.

In this section we examine Confucianism and Buddhism, the two most influential religions in Korea, both of which are based on authoritarianism which puts importance on the patriarchal group order. Although Confucianism was originally the base of Korean secularized culture, after the period of Japanese colonization ended and after American culture was introduced to Korea, the Confucian influence became much weaker.

According to Confucian scholars William Theodore De Bary and Julia Ching, Choseon Confucianism has more practical value than scholastic depth. Further, to the extent that Korean society finds greater practical uses of Confucian beliefs compared to other Confucian countries, it can be said that Confucianism has more greatly influenced Korean society, in both positive and negative ways.

Filial piety is the most important idea of Korean Confucianism, helping to form Korean family collectivism with a strong connection between father and son. The ideas of filial piety were developed originally with respect to the relationship between a king and his followers, and through this the concept of loyalty developed. Additionally, the Choseon dynasty granted patriarchal king power based on ideas of filial piety. The ideas of Confucius espoused filial piety in which the younger should show deference to the elders in society. It not only established an order between sons, but also created an authoritarian relationship between older and younger brothers.

The ideas of immortality in Confucianism through ancestor worship strengthened Korean familism. Exclusive Korean family values and bloodline-centered relationships can be seen in genealogical tables and records of family meetings. Communities strove to expand their families while creating harmony with other groups.

Such group principles based on Confucian ideas in Korean society are gradually disappearing and shifting to Western individualism. The *Analects of Confucius* emphasized learning. Confucius considered learning to be the best way to self-discipline and to becoming a complete man of honor. However, this emphasis on learning has caused the negative phenomenon of extreme passion for education in Korea. Nonetheless, because of this trait Korea was able to overcome its lack of natural resources and develop highly qualified and trained human resources in its realization of modernization and escape from poverty.

Confucius distinguished between the concepts of "high/low," "man/woman," "old/young," and he emphasized discrimination instead of teaching equality or love as popular religion. Authoritarianism stiffened the social structure, while a male-centered Confucian patriarchy oppressed women's rights and caused society to look down on women. Family collectivism, which was too strongly centered on the family, caused a decrease of interest in the overall society and country and caused the formation of cliques. Finally, it brought dynamistic power to Korean society along with rapid economic development.

Scholars who are proponents of so-called "new Confucian capitalism" believe that Confucian ideas such as power hierarchies, an emphasis on learning, and an emphasis on the group rather than the individual will encourage fast and successful economic development. In this view, Korean society should continue to emphasize its Eastern traditional values as described by Confucianism, complementing its negative aspects to make a more effective family system and society to lead the 21st century.

Korean Buddhism

Buddhism arrived in Korea during the Three Kingdoms period and became mixed with ancient religion and customs. It was stripped of its position as a central influencing power due to severe oppression during the Choseon period. More recently, Buddhism in Korea has been slowly recovering its power.

The most prominent characteristic of Korean traditional Buddhism is the idea of defense of one's country through the power of Buddha. This characteristic can be readily found in Korean society beginning in the Three Kingdoms period when Buddhism was adopted. After Taejong of the Chinese Tang dynasty attacked Goguryeo, 30,000 monks joined the army. They worked hard to overcome disasters and increase the profits of the country. Although the Goryeo Buddhist Sutra collection was completed during this time, monks were forced to fight against the attacks of the Mongolians; in particular, the Hangma Army, which consisted of monks, fought to protect the country.

Goodness is considered to be the foundation of Buddhist education. In China, where Buddhism originated, this tradition was lost through the communist revolution. Korean Buddhism, on the other hand, created a unique Buddhist culture in northeast Asia.

The most unique aspects of Korean Buddhism are a passion for seeking truth and its ascetic practice. In addition to the external appearances of Buddhist temples, architecture, towers and art depicting Buddha, an education system that considers the search for goodness as its foundation is its most important characteristic. The search for goodness and the continuation of Buddhist sermons in Korea have kept the tradition alive. Some young people in Korea still abandon everything to seek truth and strive to achieve real goodness and ascetic practice; a life of truth is realized through living frugally.

The traditional ascetic practices of Korean Buddhism have received much attention both in and outside of Korea, and there are even world famous monks like Brother Soongsan. Indeed, emphasizing philosophical rationalism and having a merciful heart are common values across any religion, regardless of the historical time period.

It may even be possible to combine the ideas of Buddhism with modern technological advances, such as those in physics or quantum mechanics, but for these possibilities to be realized, efforts are needed to modernize Buddhism. Presently, Korean Buddhism, having become too secularized, is not much more than a religion of the pursuit of good fortune, resulting in the weakening of its function of purifying society. Korean Buddhism has continued the Buddhist tradition of East Asia, and now it is time for religious associations, monks, and followers to change so that this religion that seeks truth can continue to prosper.

Confucianism diluted in Western culture

An examination of the phenomenon of Chinese youth imitating Korean fashion and culture for the past few years illustrates the power of the exportation of Korean popular culture in influencing the Chinese material and spiritual spheres.

One of the reasons why this Korean "soft power" has been so influential is because Korea not only incorporated many aspects of the Western (mainly American) lifestyle, but also simultaneously maintained its Confucian traditions, which served as a good counterbalance to Western influence.

Compared to Japanese animation culture, which emphasizes sex and violence, or Chinese culture, which focuses on tradition and has gradually become more conservative, Korean culture has the unique ability to meld Eastern Confucian culture with Western culture.

4. Korean Christianity

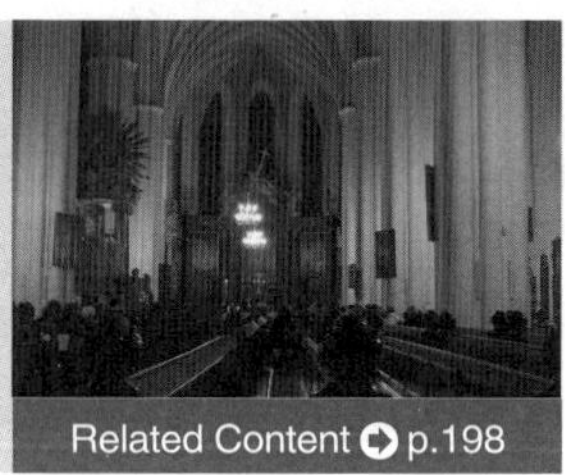

Christianity in Korea contributed to a movement for democracy against dictatorship in the course of modernization. Missionaries like Underwood made a contribution for developing Korean education by establishing a private university, modern educational institute, as well as spreading Christianity. Because Christianity in Korea emphasizes the one and only God, there are some aspects that cannot be blended with traditional culture like memorial ceremony, which should be solved as naturalization. Through a spirit of love, Christians in Korea aim to make communication with society, which traditional religion lacked, and tried to become more Korean and global Christianity.

Korea is known throughout the world for having not only the biggest Christian church in the world, but also the most churches per city and the highest ratio of churches with respect to the total number of buildings. Presently 25% of the Korean population is Christian, which indicates the very rapid pace of the spread of Christianity.

Christianity is one of top three world religions, along with Buddhism and Islam. In Christianity, the basic dogma is that Jesus is the son of God and the savior of mankind. Throughout Christian history, the religion has become divided into Roman Catholic, Eastern Orthodox, and Protestant, with all three types of churches having been established in Korea. Currently, Catholics in Korea work specifically for the local Catholic Church, but Protestants are divided into many denominations and work for their respective pastors toward further developing the surrounding community.

Cultural Analysis

Establishment of Christianity in Korean society

Compared to shamanism and Buddhism, which have existed and been a part of Korean life for hundreds if not thousands of years, Korean Christianity is a religion that found its way into Korea much more recently, along with other things from the West. Nonetheless, it quickly spread and continues to grow and flourish in Korea today. Here we look at how Christianity has become such a strong force in modern Korea.

1) The "doughnut phenomenon" of traditional religion. Christianity was introduced into Korea just as the traditional religions of Confucianism and Buddhism were. Because Confucianism had pre-modern characteristics, including sexism and authoritarian dogma, it became an out-dated religion. As for Buddhism, it lost its ability to energize society and became a religion of pursuing good fortune. Further, due to the decreased authority growing within the traditional religions, Koreans started to look for a new religion to provide a new set of values and world view. Partly due to the cultural influences of America and the admiration of the West induced by the increased Westernization of Korea, there were many cases in which Koreans changed not only their ways of life but also their religion.

2) Koreans, who often seem very conservative, are actually very open-minded and have a surprisingly high acceptance rate of things from outside. The reason Korea was able to develop so much in such a short period of time is because Koreans actively accepted Western science. After restoring its independence

from Japan, it showed a surprisingly high absorption rate of new things and accepted the new religion of Christianity in the process.

3) The relationship between God and the Savior Jesus as Father and Son in Christianity matched the Korean Confucian patriarchy. The absolute rationality offered by Confucius and the superiority of God are similar, and this is likely one reason why Korea was able to accept Christian dogma so readily.

Ecstasy in shamanism has a similar status with the state of forgetting oneself that can be found in Christianity. Koreans need a place to release their passion for their "spirit of eternity," and the Protestants provided a place for this "spirit of eternity," just as the traditional shamanist rituals had. When believers sing, clap their hands, and pray out loud in a Christian church service, they can fall into a state of forgetting themselves. In this ecstatic state, they can speak in tongues by becoming one with God, and the spirit of eternity can be reached.

Korean Christianity contributed to Korean democracy for decades, and Protestant pastors even fought against the dictatorship of President Park Jeong-hee. Myeongdong Catholic Church once became a venue for democratic fighting. In addition, Western missionaries such as Underwood established modern private education organizations in Korea and contributed to the development of Korean education. However, even today Korean Christianity still has conflicts with the traditional ancestor worship culture. This creates disharmony from a cultural perspective, and thus there are still issues that need to be solved. Many Koreans have accepted the Christian religious spirit and used it to complement the absent parts of traditional religion. However, more effort is still required to make Christianity more harmonious with Korea and the rest of the world.

Sociological reasons for the popularity of Christianity in Korea

The social factors that expanded Christianity's power in Korea are as follows.

1) Korean women who typically suffered from sexism in the Confucian patriarchy were given the opportunity to participate in church work alongside the men, and with equal status with respect to the religious customs. Women could hold the role of deacon, exhorter, and leader of specific areas in the church and were given the chance to achieve and be recognized by society in an equal relationship between men and women. The reason there were many successful

Christian women during the period of Japanese colonization in Korea was because of this religious power that opened up the doors to achievement.

2) Christianity can be defined as the religion of "love and righteousness," with a critical difference between Christianity and other religions being a critical spirit based on an interest in society as a factor of righteousness. This critical spirit is characterized by strong love for and the desire to take care of those in society who have been abandoned. Throughout history, Christianity has influenced countless numbers of religious people through this critical spirit of society and the ethic of loving one's neighbors.

This tendency to be critical of society while loving one's neighbors is rooted in the spirit of service in Christianity. Altruistic behavior follows from a belief in the loving behavior of the Savior Jesus, who loved mankind so much that he gave his own life for the sake of mankind. Koreans, who had until the arrival of Christianity lived by the rules of Confucian familism, learned the concept of unconditional love through the mindset of a life of service taught by Christianity. Koreans had been accustomed to distinguishing between "we" and "them" and working to strengthen the inner group while rejecting those that had been abandoned, the disabled, foreigners, and mixed race children. However, through Christianity Koreans could find rebirth as humanitarians who practice love and kindness through a strong conviction in the spirit of service and love.

<table>
<tr><td>Cultural
Plus</td><td></td></tr>
</table>

Korean Christianity and American Christianity

To the extent that Korean churches are based partly on shamanistic and Confucian cultures, the concept of "religion" is still strongly related to the extension of the present life and the pursuit of good fortune. Therefore, instead of having expectations for the "other," mysterious world or the apocalypse, Koreans simply enjoy the mysterious and pursue what they find to be practical in the belief structure.

American Protestantism can be explained through fundamentalism. A fundamentalist believes in the historical tradition of Christianity, that is, orthodoxy, which is basically a search not for something new, but for something that had existed previously. In this way, Christianity's basic position is to continue to believe in the dogmas written in the Bible.

Chapter 8_ Freewheeling Chic and Beauty of Korea

Koreans are said to be a more right-brained people, with a developed sense of intuition, that is, they think according to their sensibilities rather than appealing to logic or reasoning. This type of thinking in which emotion takes precedence is also evident in traditional Korean architecture, porcelain, and garden culture, in which an aesthetic blend with nature is achieved. This structure of the Korean conscious comprises objective evidence for why, for example, adjectives are relatively highly developed in the Korean language, and why Koreans can find calmness even when surrounded by chaos.

1. Emotional Korean

Related Content ○ p.206

Koreans are generally described as emotional people. They sometimes require quick, yes/no decisions from others, and they are born with the ability to understand matters emotionally and intuitively. This section examines the origins of Korean ethnicity and attempts to link them to the developmental characteristics of the sensibilities and intuition of Koreans.

Cultural Phenomenon The fact that anthropologically there are many Koreans from northern areas explains why the majority of Koreans are right-brained. The right side of the brain controls the emotions. Scholars note that Koreans often use their right brain in their daily life, which is the result of having many northern ancestors. The right brain has superior space perception and controls the development and use of adjectives in language. On the other hand, Koreans are known as poor users of left brain ability, which controls abstract concepts. This is supported by observations that there are many Koreans who have fast brain function and high intuition, but relatively few who can use abstract abilities for conceptual thinking.

In 1981 R. Sperry, the recipient of the Nobel Prize in medical science and physiology, presented his work on the separate left and right brain functions. The left brain deals with language, math, and logic, etc., while the right brain deals with emotion and the processing of direct sensory information, such as that obtained through the physical senses of vision and hearing. Of course the right and left brains do not operate completely separately from each other; they exchange information, and the level of exchange differs depending on the individual.

Usually when people criticize Korea they argue that Koreans are poor at rational thinking, but in light of the above discussion, this argument can be attributed to the fact that the majority of Koreans are descendants of right-brained, more northern-dwelling individuals. Indeed, this may also be the reason why Korean ancestors developed advanced cultural assets, that is, they had highly developed right brains for greater intuition and creativity.

The reason many Koreans are good at music from the time they are born is because the "melody center" of the brain, which processes the tones of sounds, is located in the temporal lobe of the right brain. Koreans are unique; they are very warm-hearted and very sensitive to popular trends, and they also like to gather together. Although there are many world famous Korean musicians who can express their emotions well, there are still no world famous Korean composers, which would require sharp judgment skills. Koreans are also good at Western-style archery and golf, which are highly dependent on physical sensitivity. Koreans are also very sensitive socially, and about personal titles in particular. They desire to be addressed with a respectful title. Unfortunately, however, this can also sometimes cause friction in relationships.

<table>
<tr><td>**Cultural Analysis**</td><td>**Characteristics of right-brained Koreans**</td></tr>
</table>

Cultural Analysis

Characteristics of right-brained Koreans

There is a hypothesis that the structure of Korean consciousness, which is fond of shamanism and feelings of euphoria, is a characteristic of right-brained people. One of the main Korean characteristics is thinking based on intuition and emotion rather than reason and logic. This suggests some objective reasons for understanding the Korean language and the structure of Korean consciousness, which we will discuss next.

The human brain is separated into the right and left hemispheres. The left brain is related to reasoning and logical thinking, including the faculties of reason and language. The right brain is in charge of intuition, space perception, sensitivity, and a holistic understanding of things. For example, when we learn a new song, the lyrics are stored in the left brain while the melody is stored in the right brain. If the left brain is damaged in an accident, the song lyrics may be forgotten, but the melody can still be remembered because it was stored in the right brain.

The right brain of Koreans is more developed than the left brain. Koreans, who love singing and dancing, can hum and sing along to a song even when they do not exactly remember the lyrics. Further, although emotional thinking can enrich the range of human emotion, it can also disturb correct judgment.

The left brain recognizes partial things and analyzes the causes and results between them. The right brain, on the other hand, recognizes and senses things as a whole. Therefore Koreans tend to avoid thinking logically or analyzing abstractly to determine cause and effect relationships, resulting in Koreans often saying "Why do you think so much? Let's just do it!"

Abstract words and concepts that make people think deeply are relatively undeveloped in the Korean language. Many of the nouns for abstract concepts, for example, were borrowed from Chinese. Words such as "concept," "thinking,""development," "abstract," and "unique" are all borrowed from Chinese. Because language reflects the culture of the people who use that language, this shows that Koreans have been traditionally poor at abstract thinking and the creation of logical arguments.

On the other hand, adjectives and adverbs, which are very sensual words in Korean, are very highly developed. The adjectival phrases used to describe sense-derived phenomena are numerous. The Korean words for "blue," for example, are various, including "light blue," "dark blue," and "spotty blue," with each denoting a variation of brightness and color. Thus such words are difficult to translate into other languages.

Koreans are excellent at sensing overall things intuitively. There are various expressions in Korean that denote sensory processes, and the ability to use such phrases demonstrates the ability to interpret and judge things holistically and quickly using the right brain.

In Olympic events, Koreans are the best in the world at Western-style archery. Archery is closely related to the right brain function of understanding things holistically with quick intuition instead of logic related to cause and effect. Koreans have active right brain activity from birth; hence they can shoot an arrow at a target very accurately. Koreans, the descendants of the Jumong people, have long had well-developed archery abilities; this can be attributed to the sensitive intuitive ability of the right brain.

〈Figure 8–1〉 Left-brain and right-brain thinking

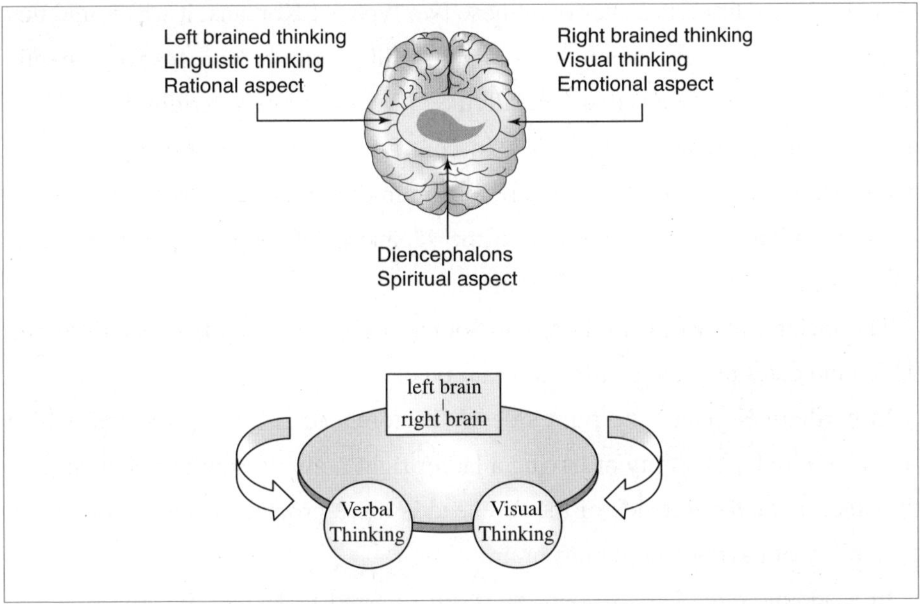

In this way, Koreans are good at thinking intuitively, but poor at thinking logically. Because Koreans do not like order and regulation, they lack some rational aspects of thinking. Similarly, because Koreans do not often abide by rules of safety, choosing to do "as they feel," car accident rates, for example, are very high among Koreans. The atmosphere of doing things without thinking them through thoroughly due to optimism, which is another special characteristic of Koreans, has caused many shameful accidents. The structure of the Korean consciousness, with a well-developed right brain, is very different from that of the Japanese and Germans, which is very logical.

"Northern Koreans" and "Southern Koreans"

Recent scholars have divided Koreans into northern and southern Koreans through genetic analysis. Dr. Kim Wook of Dangook University has stated that 70~80% of Koreans are from the north, while only 20~30% are from the south. Moreover, they are mixed with European or other ethnicities according to investigations of Y-chromosomes. Such research findings are surprising to Koreans. There is also a differing opinion, however, that only 60~70% of Koreans are from the north, while 30~40% are from the south.

As for brain differences between these two types of Koreans, it was found that southern Koreans were mainly left-brained, while northern Koreans were mainly right-brained. This means that, overall, the ratio of left-brain to right-brain dominance among Koreans is about 3:7. In contrast, the ratio for the Japanese has been found to be 7:3; that is, they are left-brain dominant. The fact that Koreans are predominantly right-brained and the Japanese left-brained partly explains why the two countries are so different.

The facial features of northern and southern Koreans are also very different, which indicates they have different brain types.

In northern Koreans, the right side of the forehead is more projected, which suggests a high possibility of having a larger right brain. In southern Koreans, on the other hand, the left side of the forehead is more projected, suggesting a high possibility of having a larger left brain.

In academic circles, these two types are referred to as the "Potato Type," to describe those from the north, and the "Peanut Type," to describe those from the south. The faces of northern Koreans are oval in shape, with a more outwardly projecting top of the head. The faces of southern Koreans, on the other hand, have a more squared shape, and in more pronounced cases the shape is similar to that of a peanut.

2. Nature beauty in Architecture and Porcelain ART

Related Content ⊙ p.211

As an adjective, the word "Korean" refers to the various beautiful aspects of the traditional Korean temperament and lifestyle: the beauty of moderation, naturalness, simplicity, quietness, nostalgia, and conservation of expression. These characteristics are also evident in Korean architecture, which strongly values natural beauty. This chapter examines the Korean sense of beauty seen in the simple and nature-friendly culture of Korean architecture and traditional pottery.

Cultural Phenomenon The porcelain culture of Korea has flourished even more than that of China, producing many beautiful types, including inlaid celadon and gray-blue powdered celadon. In the Goryeo period advanced ceramic art centering on celadon porcelain was popular, while in the Choseon period, in which society was based on Confucian ideology, more of the gray-blue powdered celadon that succeeded rough inlaid celadon became more advanced, along with the trend toward white porcelain, as was the case in neighboring countries that also had a porcelain art culture, such as China. Through consistent efforts to make the color of pure white, colors that matched the disposition of Koreans were achieved; further, the shapes of the works also exhibited unique formative beauty. In particular, the round shape of pots of all sizes became the basis of Korean art.

The importance of the "roof" in Korean architecture can be seen in the linguistic similarity between *jip* (house) and *jibung* (roof), and it can also be seen in the examples below.

In Korea, chimneys were traditionally embossed as independent vertical elements instead of parts of the roof so that a certain roof shape could be maintained. Tiles were then put on doors, fences and chimneys to create a sense of unity with the roof form. Further, on the roof itself, various ornaments called *yongdu, chwidu, chimi, japsang* and *jeolbyeongtong* were often installed for visual appeal and to give strong symbolic meaning. The true beauty of pillars in Korean traditional architecture is their naturalness. House builders often traversed mountains and fields across the country to choose logs for pillars, and the logs they ended up using were only minimally processed. In fact, sometimes no processing was done except for trimming off the top and bottom root areas. Beomjonggak in Gaeshimsa (a Buddhist temple) was built using natural curved logs. In this way, one can see the natural beauty that characterizes Korean architecture.

<table>
<tr><td>Cultural Analysis</td><td>Simple natural beauty in Korean porcelain ART and architecture</td></tr>
</table>

The Korean characteristic of disorder can also be seen in art. Within the disorder of nature, there exists an order not visible to the human eye. Things made with perfect order and balance can seem artificial and solid, but natural, non-artificial things contain a fullness that embraces disorder.

The core of Korean beauty is naturalness, and Korean architecture places importance on harmony with nature. When choosing a building site, Koreans will refer to the principles of geomancy, or fengshui, to choose a place where humans and nature can best exist in harmony.

In the process of actual building construction, Koreans pursue naturalness while relying on eye measurements and rough guessing, while Westerners adhere to strict measurements and calculations.

Koreans instinctually try to comprehend nature just as it is, in its simple form. Even when building a tile-roofed house, Koreans often will not process the building materials as much as possible, instead choosing to use them just as they are. The curved roof lines characteristic of Korean architecture are representative of natural beauty. The lines do not reach as high or turn up as steeply as those in Chinese architecture, and the slightly raised edges look beautiful and natural. Indeed, Koreans have long been fond of slightly curved lines, as can be seen in the sleeves of the traditional clothes of women, the toes of a padded sock, and the rooflines of houses; one could say the lines resemble the ridges of the Korean mountains. In traditional Korean-style houses, it is possible to become one with nature just by opening the door. Most foundation stones are used in the state they were found or only processed very roughly, just as logs for pillars are. With curved logs and rough surfaces, Korean buildings have a fullness and natural beauty. This rough beauty is very Korean in style; others could think it coarse or rough if they had no knowledge of such Korean preferences.

Another example of Korean natural beauty is porcelain. The beauty of Goryeo celadon is well known around the world. While the overall beauty is "perfect," the finishing touches are not; they are rough and seem unfinished. This is another example of the Korean aesthetic mind; simple and rough natural beauty. In other words, Korean natural beauty is comfortable naturalness that sometimes appears imperfect, or rough and simple, rather than artificial beauty that is perfect and flawlessly smooth. This style of art can be said to be of the highest style and unable to be displayed by anyone but Koreans, who have lived in a unified state with nature throughout their history.

To help summarize the above discussion, the following table shows the various ways the Korean sense of beauty is expressed in different types of architecture.

〈Table 8–1〉 Aesthetic conscionsness in Korean architecture

Korean Beauty	Characteristics
Intuition	• Aesthetic sense focusing on the internal core of an object rather than the external form or appearance • Beauty that can be recognized only when observing and enjoying with a calm mind, because it has invisible form and color • Well displayed in internal spaces; seen in the composure and leisure of empty space not filled with furniture or paintings
Simplicity	• Assimilates with nature without opposing its surroundings • Expression of a simple intention to not challenge the greatness or power of nature • Unlike huge Western buildings or those made with pointed spires, it has a simple shape flowing along curved lines, such as the toe of a padded sock, while being small and pretty
Magnanimity	• Materials used in Korean architecture have a natural rhythmic beauty through embracing their natural form and transformation during growth; here the beauty of rhythm refers to the power of life

	• Liberal and magnanimous attitude that accepts natural materials and does not process them into something artificial
De-craftsmanship	• Original beauty is revived by minimizing artificial techniques and processing • Smooth harmony that does not oppose nature; no artificial colors or patterns, and the original characteristics of the materials are adopted • Korean natural architecture does not use excessive craftsmanship; it has a proud loneliness that does not contradict the laws of nature

<table>
<tr><td>Cultural
Plus</td><td></td></tr>
</table>

Korean architecture and Western architecture

Like a gambrel roof, the wide part of a roof is often at the front of Korean architecture. This is based on a concept of looking outside from inside, embracing joy and anger together with sorrow and pleasure, the sound of the wind, and the sound of rain, etc. On the other hand, in most Western architecture a triangle-shaped gable roof is located at the front. This style has the effect of establishing ego in a building and trying to disconnect the inside from the outside. It is commonly thought that eco-friendliness, simplicity, and moderation are originally from Japanese culture, but in fact the origin is Korea. While including both aspects of the traditional and modern, there is a flexible quality to Korean architecture that allows a space to be both a bedroom and a living room at the same time. The reason Koreans do not engage in Western scientific approaches such as those used in environmental psychology is because the Korean ancestors understood the concept of "cozy space" using their wisdom obtained through experience. Cozy space in an inner court, for example, could be created by satisfying the conditions required on a human scale.

3. Natural Beauty in Traditional Gardens; Becoming One with Nature

Compared to China, which has huge and luxurious gardens, or Japan, which uses artificial trees, Korean gardens are plain and simple. In this chapter we look at how Korean gardens reflect the Korean mindset, what most comforts Koreans, and what type of mindset, or consciousness, they pursue. To this end, we look at traditional Korean gardens and how their simple quality relates to being in harmony with nature.

Cultural Phenomenon From ancient times until now, the beauty of Korean architecture has developed along with the Korean lifestyle and culture, and has performed the role of cradle for all kinds of Korean beauty. Indeed, nothing represents Korean personality and aesthetic sentiments without pretense like Korean architecture. There are still traditional buildings remaining in Seoul that have preserved this Korean beauty for more than 600 years.

In one of the most representative Korean gardens, located inside Changdeokgung Palace, the lower hill area has been filled with simple scrubs and grass; this represents simple nature rather than a "garden" in the typical sense. When foreigners such as Americans or Japanese visit Korea, they are often surprised by the simple and plain nature of Korean gardens.

Korean gardens are places where one can go to appreciate nature in its original form. Koreans try to find beauty by becoming one with nature through their gardens, and for this reason they tend to dislike artificial things. These preferences can also be seen in the design of normal Korean houses, for example, Koreans prefer not to build a garden in their front yard.

Entering a typical garden of a Korean house, one finds only simple nature behind a small bush clover front door. Koreans enjoy viewing mountains and trees beyond their yards while sitting low and near the ground; additional decorations are not important.

Korean gardens: The Product of Korean naturalism

The most representative Korean garden, located inside Changdeokgung Palace, is famous for being a "secret" garden. More than 5,000 people per day visit this secret garden, which was registered as a world cultural asset by the United Nations Educational, Scientific and Cultural Organization (UNESCO) in 1997. In a word, the main characteristic of a Korean garden is that boundaries with nature are almost completely absent.

The Japanese prefer to create miniature artificial versions of nature and place them within buildings. For example, in the famous gardens in Ryoanji temple in Kyoto, there is white gravel between the surrounding walls and the side of the temple building, with one or two carefully placed large black stones placed among the gravel. Though this type of garden may indeed look "beautiful," it is not "natural." Japanese gardens are more organized and cleaner than Korean gardens, and thus they portray an artificial feeling. The Japanese idea of natural beauty is clearly different from that held by Koreans, who prefer natural beauty in its natural state of disorder, just like the shamanistic rituals that incorporate the chaos found in nature.

The most prominent characteristic of Korean gardens is that they are located in places where it is possible to see and enjoy the natural surroundings. Therefore gardens are usually found on sloped areas, and the fences are built low. The inside of the garden is made with consideration of the surrounding nature and thus aims to "fill in the margin" in a connection to the outside nature. In other words, the surrounding natural landscape is brought to the inside of the garden. This characteristic of Korean gardens, which is especially true in the cases of backyard gardens, originates from the idea of trying to leave nature as it is.

One additional characteristic of Korean gardens is the naming of natural objects found within. These names help to give meaning to the objects. The abstract names are important pieces of information that allow a visitor to gain an appreciation of the depth of the garden owner's thoughts and feelings toward the garden when it was constructed. The before-mentioned "Secret Garden" at the rear of Changdeokgung Palace has these characteristics.

There are currently 160 kinds of plants growing inside Secret Garden, and more than 70 percent of them are over 300 years old. Korean ancestors traditionally chose broadleaf trees for their gardens because compared to evergreen trees, broadleaf trees, in particular ones that change according to the seasons by producing flowers in the spring and losing their leaves in the fall, reflect the Korean spirit of humbleness and willingness to follow nature.

The Korean preference to submit to the laws of nature is also evident in their preferences for how water is used in gardens; following the natural principle of "water flows down from high to low," naturally waterfalls are preferred over water fountains. This demonstrates a different view of nature between Korea and the West. Waterfalls reflect a willingness to submit to the laws of nature while fountains reflect the Western view of trying to overcome nature by making water flow in a selected direction.

Buyongji Pond, also located within Changdeokgung Palace, has a traditional Korean pond shape originating from the old saying that "Heaven is round and the earth is square." A round island floating in the middle of Buyongji Pond represents heaven, and water naturally flows around the island, keeping it from becoming stagnant. There used to be a similar round island inside the Aeryeonji Pond, along with lotus flowers. Lotus flowers were much loved by the Korean ancestors, symbolizing the energy of "a man of honor," because even though it may blossom in muddy water, it avoids getting wet or dirty. Most Korean gardens have lotus flowers because of such affection felt towards them by the Korean ancestors.

As stated above, one of the main characteristics of Korean gardens is that they are not separated from nature. The goal in designing a garden is to follow and make harmony with nature. The order of the garden is not controlled artificially, but rather left to let nature take its course. The natural landscape takes top priority, with anything artificial put second. Korean gardens are nature-friendly expressions of a silent acceptance of the rhythm of nature within the "blessed" natural environment of Korea.

Korean view of nature through the scenic composition techniques of Korean gardens

The Korean view of nature can be seen through their gardening methods. The word "garden" comes from the Latin "gar" meaning "surround" and "eden" or "oden" meaning pretty decorations. As Hesse noted, the Western garden is focused on showing humanity's creative ability. The Japanese garden, which is known as a typical Eastern type of garden, is actually not so different. Japanese gardens are considered to be "miniature version of nature," created with the idea of arranging everything from nature within a limited space. Further, to keep gardens pretty regardless of the season, they will often use evergreen trees.

Korean gardens, on the other hand, are recognized as "extensions of nature." Nature is left "as is," with as little human touch as possible. The trees and plants will change along with the seasons, blossoming in the spring, turning green in the summer, losing their leaves in the fall, and turn barren and thin with no leaves in the winter. Further, some shapes may seem atypical because they are simply reflecting nature in whatever form it may have taken, including Taoist principles with respect to the arrangement of space. The foremost characteristic of Korean traditional landscaping is more emphasis on vertical than horizontal divisions. This differs greatly from China and Japan, where gardens are typically arranged horizontally on a plain. Korean traditional backyards show this characteristic the best, in which a sloped Korean backyard is located behind a building and follows the *pungsu* (Korean for fengshui) theory of divination based on topography, that is, with a mountain in the background and located close to water.

A flower bed is made by first creating a direct line of stone steps on a slope. Funnels or stone figures are then used to decorate the slope to show its vertical change. The arrangement of buildings in Korean traditional landscapes are decided with the goal of maintaining harmony with nature, and the basic rules for this process can be found in the theory of *pungsu*.

As stated before, the basic premise of Korean gardens is to get as close to nature as possible. Most commonly, small trees, flowers, and grasses that grow in circular fashion are used in Korean gardens. Korean natural ecologic thought is alive in Korean gardens in their intention to make harmony with nature through exchange and consent with it.

Korean, Chinese, and Japanese gardens

A Korean traditional garden was recently developed in Guangzhou city, the center of Guangdong province, in China. It is called Haedong Gyeonggiwon and was completed in two years with a cost of 2.3 billion won by the Gyeonggi provincial government. The garden was modeled after Soswewon in Damyang, Jeonnam. There is a small pavilion beside a pond beyond the tower at the front. It is a high class garden where nobility used to enjoy drinking and singing. Its straw roof is also noteworthy, and the garden as a whole does not appear luxurious; however, the sounds of the quiet stream running through it are relaxing. This is a typical feature of a Korean garden.

In contrast, Yiheyuan garden in Beijing, a Chinese castle garden, displays a formative gardening effect that maximally uses gardening techniques to create a beautiful landscape. There are artificial elements of nature, such as hills, lakes, valleys, caves, and waterfalls, and buildings such as pavilions are decorated luxuriously. These characteristics show that the factors used in developing the garden were chosen according to the tastes of the king and with a certain purpose in mind, such as a place for eternity.

Japanese gardens, on the other hand, can be divided into "tsukiyama," which refers to making miniature versions of nature, and "karesansui," which refers to expressing mountains, rivers, and oceans using sand or gravel. Gorakuen in Okayama is a representative example of the first type, and it is famous for its incorporation of water such as ponds and waterfalls. The latter type is best exemplified by Ryoanji in Kyoto, in which an oblong yard filled with gravel and arranged around eight stones of varying sizes demonstrates a Japanese style of interpretation of nature and beauty. However, it also shows the limitations of the human ability to imitate nature.

4. Freewheeling Chic and Composure

Korea's passion for learning and its average education level among the population is unsurpassed in the world. So why do Koreans have such low levels of confidence despite having such high educational standards? Why do they have an exclusive culture of caring only about those familiar to them? What about the deference shown toward familiar seniors or acquaintances, but not toward others? In this chapter we explore the lack of awareness of order and the thinking behind why Koreans behave in this way.

Cultural Phenomenon It is often said that Koreans do not know how to maintain order, with the examples given that they will often push each other to get on an already crowded train or bus, that they do not know how to stand in queues properly, and that they scribble on rocks and walls of famous tourist spots. This type of "not-in-my-backyard" attitude of aversion, that is, of not considering the others in one's surroundings, is one of the reasons it is difficult for facilities such as schools for the disabled, crematoriums or dumping grounds to be built near residential areas.

These characteristics are all "in-group" trends that do not include the consideration of others, and as such these attitudes can cause foreigners to think that Koreans are rude and disorderly. Further, the absence of an awareness of order can also be seen in the traffic accident mortality rate in Korea. Although the rate has been decreasing in recent years, it is still the highest among OECD member countries. In fact, most Korean drivers cannot help cursing, either in words or in thought, after driving for even an hour. The reasons for such emotions include:
- Drivers who cut into the next lane abruptly and make others apply the brakes;
- Trucks that threaten the safety of others with oversize loads;
- Taxis that stop suddenly in front of other cars to pick up customers;
- Sudden cutting in front of one, violent driving, and moving violations;

- Drivers who never leave the inner, fast lane;
- Drivers that honk their horns from behind drivers to get them to enter an intersection;
- Drivers who do not allow someone to enter their lane even though there is enough space.

When driving during rush hour, anyone can become a selfish and violent driver in Korea. Perhaps the reason why this type of phenomenon happens in Korea, where there is a high educational standard and the Korean people are far from a barbarous race, is because of the absence of basic order awareness or proper training in maintaining social order.

Cultural Analysis

Koreans who value group hierarchy over social order

Any foreigner who has had experience driving in Korea can easily observe Koreans cutting in front of other drivers while waiting at intersections. In such situations everyone is annoyed about having to waste precious time due to traffic, and cutting into a lane recklessly shows that the driver has little regard for the feelings of others. In a similar way, having to line up for restrooms, the cinema, bus terminals, and other public places does not fit well with the nature of the Korean people. Koreans are more used to taking care of their business first, even if it requires contacting someone they know in a higher position, or even paying an express fee.

It is well known that Koreans lack a certain amount of hospitality when serving strangers at restaurants, shops, or on the streets. However, they will change their attitude suddenly if someone visits through an introduction from a mutual acquaintance or has some other relationship with the person. Restaurant owners used to give better rooms or seats, and even more side dishes and drinks to people they knew or had been introduced to.

How can we better understand this lack of awareness of order among Koreans? We first need to look at the phenomenon from the perspective of collectivism culture. Traditionally, the lives of Koreans centered on the family members and relatives in their own groups and village-centered communities. When living among one's own group or family or village, public morality is not a necessary requirement. It is needed only when caring for others and to maintain one's rights when living among strangers. When living within a group of relatives or neighbors, therefore, there is a certain amount of rank and affection among the members, and group sentiment tends to be acted upon before any awareness of order can occur.

In the past, it was a virtue to defer to someone who was of a higher social rank, such as a grandfather, teacher, or close relative, even when standing in line at a bank or bus stop. In such a time, there was no need for the concept of "queuing" as we know it today. However, in modern Korea, there is still a relative lack of awareness of order, even when standing in line in an orderly fashion is necessary. In other words, even though a more rational sense of order is developing among younger Koreans, it is still common for them to display deference to elders or to give priority to those they know personally. One example is the fact that company employees will still allow their superiors to choose when to take holidays in the workplace.

In this way, the strict queuing behavior and awareness of social order that is characteristic of Western societies that value individualism is difficult to establish in the collectivism society of Korea; it is difficult to apply social rules uniformly to everyone because of the strong and unique personal bonds among people.

The following diagram created by Prof. Choi Jae-shik shows how difficult it is for Koreans, who have always lived in a group-centered society, to become aware of order.

⟨Figure 8-2⟩ Courtesy culture in Koreans who have no awareness of order

Even though you may have arrived first to a water tap, you are obligated to offer your place in line to any friends of your father, seniors in the family, or acquaintances if they arrive after you. This is natural in a patriarchal system because all such people are either senior or considered superior to you. However, Koreans do not give up their place in line to those who belong to other groups. Koreans place priority on the social and emotional bonds they have with others rather than the rational concept of order. In other words, they judge situations by feelings rather than rational thinking, and this is likely one reason why there is such a high rate of accidents in public places.

Currently in Korea, although family-centered groups still exist, many people act individually when interacting with others, although they still try to look after their own family. In Western individualism, people insist on their individual rights when caring for others. In familism, on the other hand, people act for the sake of convenience without considering others; this can be called "Korean individualism." Even though old village communities have now broken down and lifestyles have changed to most Koreans living in large apartment complexes, it is still common for residents in the same apartment complex to think of their neighbors as belonging to "other" groups. In today's multi-cultural age, it is necessary to coexist with others from different cultural areas. In this respect, Koreans also need to learn how to be considerate of others and to have an awareness of social order as a member of the community in our modern society, where it could be said that the cultures of groupism and individualism meet.

Koreans are accustomed to considering the situation of one's own group rather than an arbitrary social order or set of rules. As far as their group is concerned, they are very considerate, but for other groups they take an unconcerned, impersonal attitude. This difference is characteristic of Korean groupism. For example, Koreans are often selfish about giving up one's place or turn in line or about considering others that belong to an unfamiliar group. These traits can be understood as the influence of authoritarianism that values familial groupism and rank. On the other hand, there also exists an "unspoken order" within the group that emphasizes rank even though this may not be apparent to Western observers. There is a defined order of offering one's seat, for example, to those superior among one's blood relatives, and regional and academic relationships. It may seem strange to see a younger person give up their seat to an older man on a train, but such social situations in Korea have their own unsaid rules of style, composure, and charm that Western rationalism alone cannot sufficiently explain. In other words, Korean culture contains a dynamic in which order operates among apparent disorder, but without an objective, strict set of rules.

<table>
<tr><td>Cultural Plus</td><td>Drivers around the world</td></tr>
</table>

Drivers around the world

It is common to see drivers yield to other drivers in England or the USA. When someone tries to drive onto a road, those cars already on the road will normally let them do so as long as traffic is not affected. Further, except for special cases, drivers do not normally blow their horns. Even though a car may be moving too slowly along a road, cars behind it will usually just follow along until they can safely overtake them. Finally, even though there may not be anyone waiting to cross a road at an intersection at night, drivers will still obey the traffic lights.

In Korea, on the other hand, if another car is trying to enter the road in front of them, then they will usually honk their horns without hesitation, and even curse or threaten the other driver by flashing their headlights on and off. They will often neglect traffic signals if there are no other cars or pedestrians on the road, and some drivers even drive recklessly or attempt to perform stunts near pedestrians.

Statistics show that the incidence of traffic accidents in Japan is high. However, the mortality rate is only 0.9 per 100 traffic accidents, the lowest level among OECD member countries. In Korea, on the other hand, the mortality rate is 3.0, more than three times that of Japan. This difference is because of the higher rate of pedestrian mortality in Korea; 40% of those who died in traffic accidents in Korea were pedestrians, and this percentage is the highest among the OECD member countries. However, the mortality rate for passengers riding in cars is the lowest, at 23.8%. This difference indicates how Korean transportation practices do not maintain order and are not considerate of pedestrians.

Chapter 9_ The Change in Value consciousness of Korean

Modern Korean society is rapidly changing. The most representative symbol of change is the Internet. There are a lot of new, meaningless Korean words now used on the Internet, such as *Ahaenghaeng* (no meaning), *Ssaewuda* (meaning "to do something"), and *Bangbeop-hada* (meaning to scorn someone). Netizens are also fond of using the incorrect spelling of words or strange expressions in an effort to use their "own" language.

1. Advanced Information Culture

Related Content ❍ p.230

The Internet is changing the Korean lifestyle at a revolutionary level. At the end of 1995, the number of Koreans who used the Internet was only 350,000; however, now there are more than 30 million users including wireless Internet users. Koreans of every age, from elementary school students to the elderly, use not only the Internet but also cell phones. In this chapter we examine Korean information culture by looking at the factors leading to Korea becoming a strong information country represented by the Internet and cell phones.

Cultural Phenomenon When Koreans travel abroad, they are often surprised by the slow Internet speeds found in other countries. Further, they often suffer from "withdrawal symptoms" because they are not able to use their cell phones while traveling. The information culture in Korea represented by cell phones and the Internet has become a part of the Korean way of life.

In addition, the ease with which people can use information has increased. There is nothing one cannot search for on the Internet, whether you want to do banking, stock trading, or shopping. There are also a multitude of services available, even on cell phones, including financial technology, the weather, games, sports, and even designated driving services.

It is very noticeable that internet usage is growing at an explosive rate in Korea and the majority of Korean internet users can enjoy high-speed internet access. With high speed internet service available in an increasing number of homes and schools, internet companies are competing for higher speed and better convenience. In Korea, this entails finding new places where people will be able to use the internet. Cafes, subway stations, airports, and even trains allow customers or travelers to access the internet. Convenience does not relate to the place alone. Internet-related companies are seeking diversity of tools and improvement in environmental configuration. Recently, a system integrating cable television, internet, and telephone services has propagated. A smartphone with twitter enables mass communication. A newly developed touch smart phone offers more advanced computing ability and connectivity. While we are on the move, it allows us to search for information on the internet, get traffic reports and read emails in real-time. These are communication mediums that make life more convenient. For these reasons in modern Korean society one must be familiar with both the Internet and all things digital. For most Koreans the first thing they do in the morning or after work after they arrive home is to check the news on the Internet. Even while moving from one place to another, it is becoming more and more common to play games, watch TV, or chat with one's friends by texting using a cell phone,

Cultural Analysis

Cyberspace, a new place to communicate

How is the Internet stimulating and changing Korean culture? Many Koreans express their desire to interact with others through the Internet, and they use their own "space" on the Internet to state their opinions freely. Others are more interested in obtaining information or knowledge, sharing their opinions with others, and encouraging others those whom they befriend online. Still other Koreans are simply obsessed with using the Internet.

In cyberspace, people can relax and express themselves more freely. They can talk about their secret emotions, fears, or wishes. However, in addition to expressing positive emotions, it is also common to condemn, curse, or threaten others when online. The Internet has the characteristics of anonymity and de-synchronization, which refers to the fact that there is a delayed response to things that are sent out or expressed in cyberspace, such as email or things written on blogs.

More recently, however, Koreans are using instant message services on the Internet to communicate synchronically, that is, without any delay. Nonetheless, users can still set their online status to "offline" so they are not obligated to answer if somebody tries to talk to them. This phenomenon indicates that many Internet users still prefer seclusion and de-synchronization. Finally, in cyberspace everybody has the same status; people can express and exchange opinions at an equal level, regardless of age, gender, or social position. However, the cyberspace culture is not necessarily completely anonymous. A lot of Internet users wish to express their true selves and share their knowledge, or they want to share their opinions with others. Most political and social issues now begin in cyberspace, and only when something turns into a big enough issue does it reach the offline world. Korean society has been long oppressed due to a centralized governmental system, social restraints, ethics problems, and the many rules and emotional distance related to actual physical space.

Now anyone has the power to discuss and question economic or political issues through the Internet. Cyberspace has made free media possible through free and active discussion without the traditional walls of authority inequality. Some people upload videos on their personal sites and become Internet stars, with some even becoming offline stars based on their Internet popularity. In addition, people can advertise their hobbies and the things they can do well, while also sharing their interests with others who have the same interests. In this way cyberspace has become the "individual broadcast station."

The formation of online group communities has created a new type of group culture. People have replaced the old style of meeting friends from school, people from their local community, and relatives, with the new style of meeting people with the same interests and creating new communities. Such meetings occur not only online, but also offline, allowing the limited range of human relationships of the past to expand into broader and new types of relationships.

World cell phone use

Cell phones are no longer simply machines used only to transmit our voices; modern cell phones have become "multi-media phones" that include a variety of additional features and services, including cameras, email, music, and games. According to a study by KOTRA, the use of multimedia cell phones from 2000 to 2005 in the major countries of the world can be described as follows.

A total of 256 Koreans, 302 Chinese, 186 Japanese respondents participated in the study.

Mexicans were found to exchange or upgrade their cell phones the most often, with 76% of Mexicans changing their cell phone at least once a year; the second highest percentage was for England, at 69%. The percentage in Korea was 55%, which is lower than both Japan and China at 65%. Thus, the percentage of Koreans who change their cell phones more than once a year was found to be low compared to other countries. However, the percentage for the USA was 56%, a result very similar to that for Korea.

Secondly, people in different countries have differences in what they consider to be important when buying a cellular phone. The price is the number one consideration for Koreans and Japanese, the brand name for Chinese, and convenience for Taiwanese. Koreans and Chinese are very interested in picture and video-related functions. Chinese buy new cell phones more often than people in other countries. 40% of Chinese upgrade their cell phones to a new model every 6 months to a year. Korea shows big variations across age groups. Younger generations buy new cell phones relatively often to catch up with new designs and advanced functions, while the older generations are not likely to change their phone to a new model until problems occur when making phone calls.

It is not an unusual tendency, but more of a common thing for younger generations to adopt new models relatively often. Almost real-time communication using text messages, searching for information online, downloads and the frequent enjoyment of popular music and movies are essential to their lives. The smartphone has opened up a world in which different generations can enjoy different things.

2. Korean Views on Dating

Young Koreans today have completely different ideas about marriage compared to earlier generations. They also have different views of dating and divorce. In the past, Koreans believed that marriage was a relationship between two families, and many young people did not want to marry someone that their parents disapproved of. However, nowadays many Koreans totally reject marriage and have different ideas about pre-marital sex. Further, the divorce rate in Korea is rapidly increasing, indicating the old beliefs about marriage have become unstable. In this section we look at how Koreans' views of dating and marriage have changed.

Cultural Phenomenon In the past, matchmakers were used to introduce families to each other. Even as recent as twenty years ago, there were professional matchmakers called "Madam Ddu" whose business was to connect two families through marriage. Recently the old styles of wedding matchmakers have been replaced by a new type of enterprise, marriage consulting companies.

With their abilities to recruit large numbers of clients and plan events, marriage consulting companies have established good reputations and are considered trustworthy. In this way, they are forging a new pattern of Korean wedding culture. Marriage consulting companies have various resources available for planning wedding parties and other related events, while their main focus is to increase membership and connect couples in marriage. The companies are able to host huge gatherings with thousands of participants, including "Musical Meetings," "Yeong-Honam Matrimony," the "Love Bridge Event," and "Summer Santa's Orphanage Visits," etc. They use advanced techniques such as recruiting new members through the Internet and building databases. Sometimes the results of a computer-based psychological personality test are used to find matching partners, other member profiles, and preferred spouse types for members.

Nowadays in Korea the most common type of marriages are love marriages. Men and women find partners by meeting people through the Internet, friends, and at clubs, etc. Some people still prefer certain academic backgrounds, appearances, or financial ability; however, more and more people are getting married despite differences in age or academic background. Because many Koreans are now deciding to get married regardless of whether their parents approve, the divorce rate is also rising. Korea's divorce rate has increased rapidly, and the issue of raising children following divorce has become a social problem. Now many children are left in orphanages or in the care of their grandparents, a situation unheard of in the past in Korea.

<table><tr><td>**Cultural Analysis**</td></tr></table>

The Change in View of Love and Marriage

Today, the younger generations' perspective on love and marriage is changing drastically, influencing the older generations' view.

Love relationships were led by men in the past. Nowadays, ladies have become active in meeting men. Both men and women invest much in improvement of their appearance, through plastic surgery or fashion. Besides profession and educational background, appearance and physical attraction are regarded as being important in choosing a spouse.

Experiences in love used to be a barrier to a marriage in Korea, but now are more of an assisting factor in choosing a good spouse, enabling younger generations to meet each other and part easily without commitment. The view of marriage is changing from a family thing to a personal thing.

Personal competence is considered one of the key factors in marriage. The perspective on employment is changing. Stable, secure, and professional jobs which were preferred in the past have given way to freelances or entertainers who earn relatively more and whose time is less restricted. More and more women do not want to stay at home after marriage. Men also see what a woman does as being important. Rising housing expenses in the cities and the desire to enjoy cultural activities are leading women to work. The younger generation wants to meet more people of the opposite gender and enjoy love relationships more freely, but at the same time they have become more careful in choosing a life partner. This may not be limited to the Korean younger generation. The internet enables us to share information with people all over the world. We can share our thoughts and ideas with anyone who wants to partake in internet communication. In the globalization era, it is natural for people to widen their horizons, and their view of love and marriage is changing accordingly.

Korea is experiencing a big change in marriage, and several reasons contribute to the declining marriage rate. First, a growing number of women do not want to get married because the traditional marriage life operates in a male-centered family clan system. To them, marriage is seen as a form of social bondage. Working mothers are expected to be super women who are good at both working and raising children. Living with and serving her husband's parents is another factor that makes women avoid marriage. A growing number of women are remaining single as the society provides more opportunities for them to find a stable and secure job. Even parents do not want their competent daughter to sacrifice herself for the male-centered marriage life.

Some new words have been invented, reflecting this social phenomenon. The 'alpha-girl' refers a woman who has economic and social power. If an alpha-girl remains single until her 30s or older, she is called 'gold miss' in Korea.

A growing number of Korean women do not consider marriage to be mandatory, but optional. Some men are likely to have the same attitude toward marriage. The older generation used to think that dating is the intent to get married. To our young people, marriage is a different thing from dating.

Second, globalization and new trends have changed our view of marriage. We once had a strict tradition which allowed marriage only among Koreans. However, the younger generation is not bound by this tradition. They have come to understand different cultures as they share their thoughts and ideas with people all over the world. Marriage between different races or nationalities is no longer an oddity. Additionally, our society once forced a man to avoid getting married to a woman older than himself, or a divorced woman. This is no longer the case. Some parents are still strict with their children's marriage, but we can easily find couples who get married against these traditional viewpoints. More people focus on love and individual abilities. Marriage is becoming individual-centered and more of an individual's choice, where as in the past it was between two families.

Men in rural communities are looking for their life partners in Southeast Asian countries, as a growing number of women are avoiding marriage, especially to a man from a rural community. Southeast Asian women in their early 20s are coming to Korea to get married to men in their late 30s or older from rural communities, which pushes us to break down the old traditional barriers in marriage. Korea is becoming a multicultural society.

Third, acceptance of homosexuality has grown, even though it is not significant yet. Homosexuality was taken as a taboo, but now as simply a different taste. Considering the Korean traditional viewpoint of sex, this change is extraordinary. The increasing number of marriages to Southeastern Asian women and the recent change in our society's attitude toward homosexuality show that Korea is changing from a traditional and jus sanguinis system to an open society.

Our changes in perspective have an influence on marriage life, leading to increases in dating after marriage and divorce. As is often portrayed in many Korean television dramas, marriage is chosen to improve your own social standing or status, like picking up a well-wrapped package, but dating after marriage represents 'unwrapped' love. Divorce is no longer a tough decision. Gray divorce is surging, too. People think that without-love life is meaningless, and consider a one-parent family as being acceptable. Taking care of children is not a life-long responsibility to some people. It is not rare that both members of a couple refuse to raise their children.

These reveal that more Korean women want to focus on their individual happiness rather than on life in the male-centered family clan system. Most Korean popular songs describe love. Going beyond traditional boundaries which force upon them sacrifice and obedience, women desire to enjoy their own life and reach self-realization. Women with enhanced economical power are more likely to have free love relationships and lead an independent life. The elevation of status of women contributes to the different attitude toward marriage and divorce.

World divorce rate

The views of marriage of modern Korean society are rapidly changing. In particular, urban Korean women are developing new ideas of marriage, including negative attitudes and views that they have the freedom to choose whomever they want to marry regardless of what their parents might say. For this reason, Korean familism is slowly deteriorating, while divorces and "single families" are increasing, not unlike what is occurring in Western societies. The table below shows marriages and divorces in Korea by year.

〈Table 9-1〉 Marriage and divorce rates by year in Korea

Year	Marriages	Divorces
1970	295,137	11,615
1980	403,031	23,662
1990	399,312	45,694
2000	334,030	119,982
2002	306,573	145,324
2005	316,375	128,468
2006	332,752	125,032
2007	345,592	124,590

The table illustrates the increase in divorces in Korea. According to one study, the divorce rate in Korea in 2002 was 47.4%. In 1980 and 1990, on the other hand, it was only 5.9% and 11.4%, respectively, which means the rate increased by a factor of four over the course of only 10 years. Internationally, Korea ranks third behind America (51%) and Sweden (48%), and even compared to countries that are more tolerant of the concept of divorce, such as Norway (44%), Canada (38%), France (33%), and Germany (30%), Korea's divorce rate is substantially higher. Moreover, the divorce rate per 1,000 people, as computed by the OECD, was found to be 3.0 in 2002, which was the second highest rate behind the USA (4.0) among OECD countries. Increasing divorce rates cause other social problems such as those related to raising children. On the other hand, the rates of remarriage are also increasing right behind rising divorce rates, creating yet another new cultural phenomenon.

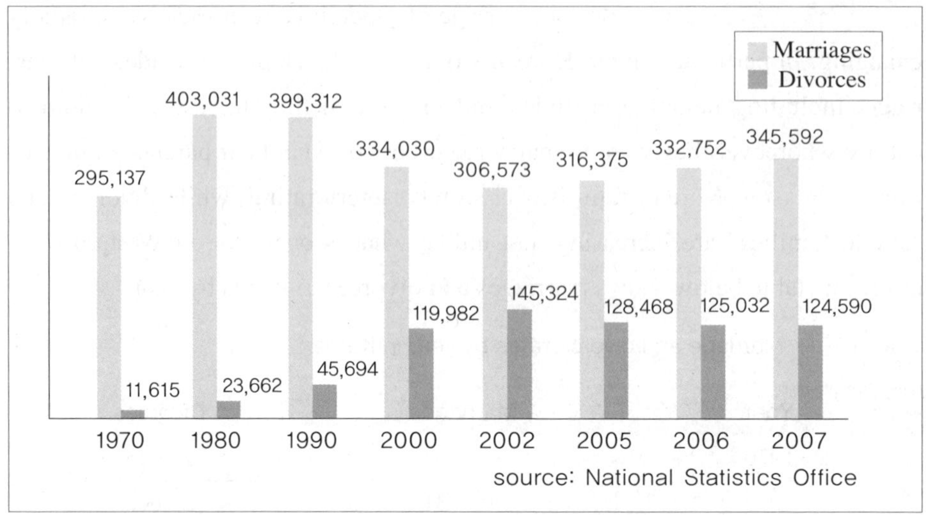

These changes reflect the new stance among modern women to stop having to sacrifice their lives and be subordinate to males. In this respect you can say that women have succeeded in raising their status in society and increasing their economic power, while the younger generations' changing views of love and dating also exert an influence.

3. Occupational Views Among Koreans

According to a news report, more than half of new Korean employees resign after working only one year in 26% of companies, and the trend is even stronger among small companies. Why do Koreans now often change their jobs even though they used to prefer permanent employment? New generations have grown up witnessing how so-called "permanent" jobs can actually disappear, and as a result they have started to choose immediate satisfaction and compensation rather than an uncertain future. In this section we look at the statistical data showing these changing occupational views among Koreans.

According to recent statistics, Koreans most prefer to have a normal, full-time job (37.4%), with private business owner (35.2%) and freelancer (28.4%) being the second and third most popular occupations. Further, these preferences differ according to generation; teenagers prefer freelance (37.3%) and normal full-time jobs (37.3%) equally, while those in their twenties most prefer normal full-time jobs (45.2%). As for those in their thirties, most of whom already belong to the workforce, they prefer being private business owners (37.4%) the most, followed by normal full-time jobholders (33.6%) and freelancers (26.3%), respectively.

This statistical data shows that Koreans on the whole still prefer normal full-time jobs. This situation is similar to that of Japan, where people recognize the workplace as a permanent job, that is, a place where employees sacrifice themselves and devote all their creativity and ability to their jobs. Moreover, an unstable economical situation is another reason Koreans may prefer a stable, full-time job.

Recently, however, Korean views toward occupations and permanent jobs are gradually changing. The term "Peter Pan Syndrome" has been used to describe the attitudes of the young towards their jobs and careers; it satirizes the young who want to be free and remain young forever. More and more people are earning money from part-time jobs without getting a regular full-time job after graduating university. They want to get out of the socially expected patterns and rules defining how they should follow after their superiors and work too much. Working as a freelancer, on the other hand, allows relatively more individual free time. More Koreans are starting to prefer this type of lifestyle because they can choose when to work and when to rest. There is no need to worry about the interference of others or have to be concerned about what to wear to work every day. There is no rank among individuals, and they can choose to work as much as they want.

Lifestyle changes caused by changing career views
In modern Korean society, large and rigid bureaucratic orga-

nizations have gradually become deconstructed, with more free and creative organizations taking their place. In the past, for example, those who changed jobs frequently were looked upon negatively by society, being judged as socially maladjusted or troublesome with respect to human relations. Moreover, although people used to think that serving and sacrificing the self for the sake of one's company for a lifetime was meaningful, recently the act of changing jobs itself has become a sign of ability and skill. People change jobs to find a position that better suits their aptitudes and gives them greater opportunities to achieve their desired results. Many elders still have plans to change their jobs, but many Koreans younger than 30 actively prepare to change jobs on a regular basis.

According to statistics, more than half of all Koreans still think that working at one company for a long time is the most desirable type of career, rather than changing jobs often to experience several companies. Therefore it can be said that the changing view of work and occupations is a new trend among the young in Korea. Actually, "Peter Pan Syndrome" is a negative expression, referring to the state of having to depend on one's parents or society even at an age when one should already be independent. The syndrome manifests as maladjustment to social environments, feelings of uneasiness and escapism due to overprotection at home and tough circumstances. Indeed, it is an inevitable reverse function of achievement-oriented social phenomena.

Taken as a whole, the trends described above predict the appearance of new types of innovative companies. Such companies will have various unique characteristics that are completely different from those of traditional companies. The traditional concept that the progress of a company should be the top priority will be boldly challenged, and the role of the company will change from that of a life-long cradle to a stage for individual employees to express themselves and design their lives as they see fit. Ranking systems based on company superiority will also disappear. In their place, the chances for even young employers with good ideas to be team managers will increase. The capacity for human feeling will become more important than powers of reasoning, and individual ability will be determined by the degree of valuable achievements made. Further, there will be no strict rules regarding work timetables, and a certain percentage of sales profits will be equally given to employees. Finally, the income of each individual employee will be tied to the company's finances and earned profits, and an atmosphere of respect and politeness will be maintained at all company levels.

Of course there still are very few companies like this in Korea. Nonetheless, it is noteworthy that occupation trends are gradually moving in such directions. Naturally, elderly people do not welcome these changes, and there is still no evidence that a company run on such principles is more efficient. However, the claim that only the blood and sweat of a company's workers can bring value to a company has long lost its meaning. Further, it is now widely acknowledged that neither a company nor an individual can obtain significant results without creativity and challenge.

<table>
<tr><td>**Cultural Plus**</td></tr>
</table>

Job transfer rate in East to West

Recently, the occupational view among Koreans has changed from being work-centered to family and leisure-centered. The change to a five-day work week best reflects this change. In addition, the number of working women is dramatically increasing. It is now considered outdated to think it desirable for women to work only before getting married or to stay at home rather than returning to work after getting married.

There is also the recent social phenomenon of the elderly looking for a job regardless of economic capability. According to the Monthly Chosun, in the USA, by the time a worker is 40, they will have changed workplaces 10~20 times if they are blue collar workers and 5~10 times if they are white collar workers. Such job changing rates of Americans are much higher than those of Koreans. In the case of Korean blue collar workers, it is common that 40-year-old men have work experience at 10~20 companies, while white collar workers at only 5~10 companies. Even in cases of rapid workplace changes, Koreans will still stay at one place for about 2~3 years.

In daily life, Americans often make many jokes and talk a lot about their hobbies and sports, but they are also very stressed at work. One reason for such stress may be due to the free discharge system, although many Americans prefer to change jobs according to their needs and aptitudes rather than allow themselves to be discharged. In this way, Americans can easily seek alternative jobs.

The Japanese occupational view, on the other hand, is well known as consisting of absolute loyalty to one's company. Japanese consider their workplaces to comprise a larger familial community and place more importance on it than common familial affairs. For this reason, companies are obligated to take care of their employees and compensate them for their loyalty. Although Japan has greatly Westernized and the concept of lifelong employment is disappearing, such traditional occupational views are still deep-rooted.

It has been noted that the job changing rate of the Chinese is very high. This is due to their occupational viewpoint focused on salary when choosing a job. A Chinese person will readily change jobs for a higher income.

4. Korean Views on Health

What values are important in the lives of Koreans? In the past, the most important life value for Koreans who had devoted their lives to economic growth was material affluence, but such values have recently changed to a greater appreciation of spiritual abundance. This shows that Koreans have recently become very interested in health. In fact, such interest in health has become a type of cultural phenomenon. The "well-being craze" in Korea can be broadly found in the food, home appliance, and housing industries. Excessive dieting is an evil of being socially self-conscious, and similarly the commercialization of well-being products can also be considered a social evil. In this section we examine the recent well-being culture in Korea.

Cultural Phenomenon
Recently, more office workers are walking and going to fitness centers for exercise. Even after leaving their office, they may go for a walk at a nearby park, ride a bicycle, or go to a fitness center instead of going drinking with friends or watching TV at home.

Fitness clubs and small golf driving ranges have sprouted up in Korea for the convenience of the local residents. As for the apartments Koreans live in, of course having nice views has always been a factor in choosing a good apartment, but recently mountain views and riverside locations have become very popular.

In the evening, residents will often exercise until late at school playgrounds or parks near their houses. Housewives take walks with their children, young people run to lose weight and stay fit, and students often enjoy in-line skating under streetlights.

In addition to such leisure exercise, some Koreans manage to save some time for yoga, meditation, and pilates classes, which have been is called "well-being sports" and are becoming more and more popular. Such phenomena are causing new industries to grow based on the characteristics of "well-being," such as "mental business" and "workout programs."

The word "well-being" is not only related to exercise, but also to eating healthy foods and doing other things in one's daily life toward a healthier lifestyle. There are even increases in those who eat only organic foods, or have made the choice to go vegetarian.

| Cultural Analysis | **"Well-being" culture in search of a harmonious life** |

"Well-being" culture in search of a harmonious life

What exactly is meant by "well-being"? It is a concept that describes a type of lifestyle that pursues a happy and beautiful life through harmony in one's physical and mental health. Industrial development has brought much material affluence to societies, but it is also a fact that mental stability has decreased. Until recently, Koreans had become devoted to economic progress, and not paid sufficient attention to their families or even themselves. However, such attitudes are now changing. Koreans are becoming more interested in mental health than material affluence. "Well-being" is a new type of culture, or lifestyle, that has appeared as more and more people recognize the evils of modern industrial society and want to enjoy happier and more beautiful lives through harmony in their physical and mental health.

Since 2000, the word "well-being" has really come into its own. The pursuit of well-being has now become a global trend. In Korea, the well-being trend is a relatively new phenomenon. Since 2003, well-being culture has expanded, and various products such as clothes, health goods, and travel packages for those seeking "well-being" have appeared in addition to "well-being" related Internet sites. Owing to the "well-being" marketing strategies of companies, the sales of health-related goods such as health foods and air purifiers have been dramatically increasing. Even home appliances and apartments are put up for sale under the moniker of "well-being." In particular, working professionals are very interested in such a lifestyle, with more and more people attempting to cure the negative effects of stress using health therapy. Further, the rapid increase of shops selling eco-friendly agricultural products is also a result of the "well-being" craze. Through media programs related to eating well and living well, the concept of "well-being" quickly spread across the country, and if a TV show recommends a particular type of food for health, it will sometimes become sold out at supermarkets by the next day.

Fear of diseases such as cancer and various kinds of environmental disasters has also contributed to the spread of the "well-being" concept. Some people have left their city apartments to settle in the countryside to pursue a more "natural" life. In fact, one "well-being" concept called "new house syndrome," introduced by the Korean mass media, has been spreading in the housing industry. This household-related interest in health reached its peak when many Koreans started covering the walls of new apartments with charcoal and installing air purifiers. On the other hand, the mass media has also been critical of the "well-being" boom. Some criticize "well-being" as just another aspect of high-class consumption among professionals and others with high incomes, because most "well-being" products are relatively expensive.

The "well-being" craze has even influenced Korean drinking culture. Beer and soju, which have traditionally been the representative drinks at social gatherings in Korea, have been replaced with boiled barley and rice, rice wrapped with several vegetables, and other Korean-style menu items. Further, sales of red wine, well known to be good for health, have dramatically increased, while those of beer and soju have not. moreover, known to be effective in preventing heart disease and adult disease, sales of fruit wine including grape wine increased from 7,971 kl in 2001 to 11,750 kl in 2003, while sales of beer decreased from approximately 1,910,000 kl in 2001 to approximately 1,890,000 kl in 2003.

Beyond using "well-being" to market their existing products, domestic companies are now working on the development of new products that have both health and environment-related functions. In the food industry, because health has become threatened by bird flu or mad cow disease, the so-called "black" foods (black beans, black sesame, and black rice) containing anthocyanin, which is said to prevent osteoporosis, depilation, and aging, have become very popular. Healthy salads and wholegrain breads have also become popular, while squid roasted on five-color fruit has also become a symbol of "well-being" marketing.

In the home appliances industry, washing machines and refrigerators with stronger sterilizing power using silver nano-technology have also been developed. These appliances are said to completely prevent bacteria with silver-particle anti-bacteria coating treatment. Moreover, air-conditioners that produce negative ions, "well-being" phones that measures body fat, and diabetes phones that check blood sugar have also appeared on the market.

In the cosmetics and fashion industries, cosmetics using loess or mud and eco-friendly inner wear have become popular, and various healthy fibers made of highly-functional and eco-friendly materials are rapidly being developed. Materials that can reduce sweat or prevent bacteria and ultra-violet rays are attracting the attention of consumers. Also, plants such as bamboo and corn are being newly highlighted as eco-friendly fiber materials. Finally, even in the market of personal fitness, exercise and training clothes that used to be marketed to sports and leisure activity enthusiasts are now marketed more widely under the new fashion trends of healthiness and "well-being."

Cultural Plus

"Well-being" boom in the East and West

Although "well-being" is not just a phenomenon limited to Korea, there are big differences between the respective Eastern and Western concepts. While "well-being" has been naturally soaked into daily Western life from the influence of vegetarianism, ecologism and the hippie lifestyle, thanks to active alternative movements since the 1990s, the "well-being" concept did not take hold in South Korea until the mass media began reporting it in 2000.

Further, while in the West and in Japan, social well-being was considered to be related to the welfare of the elderly, women and the disabled, the concept of well-being in Korea became focused on the sales of goods toward the pursuit of individual "well-being" regardless of social welfare.

"Well-being" in the West was first embodied through welfare facilities for women's health care. "Well-being" centers were operated for the better management of the health of women, who had been relatively underrepresented and excluded in society, for more effective actualization of social welfare. In recent years, however, "well-being" trends in the US have expanded to include massage therapy, natural cooking using organic food, yoga, and natural delivery classes.

Table 9-2 compares Korean "well-being" characteristics with those of Japan and the West.

⟨Table 9–2⟩ Comparison of the "well-being" concept between Korean and developed countries

Category	The West	Japan	South Korea
Appearance	• Since the 1990s	• Since the 1990s	• Since the 2000s
Background	• People learned of the well-being concept in daily life with the spread of alternative movements	• Health boom occurred	• Active intervention of mass media • Fear of environmental disasters such as yellow dust and mad cow disease
Relation with social well-being	• Related to women's health and welfare	• Related to the welfare of the aged and the disabled	• No relation to social welfare • Focused on individual well-being
Range of well-being market	• yoga and related exercise, organic natural foods	• Focus on health foods	• All foods, home appliances, textiles and construction materials

Korean "well-being" culture is a new way of life for those wanting to find a way to escape the stress and weight of their lives and the rapidly changing society. Though it is difficult to judge the lifestyles of others, rather than focusing too much on the individual self in an extreme type of "well-being" lifestyle, it seems that Koreans should focus more on their inborn, true character to transform their lifestyle to the next, higher level of true "well-being."

찾아보기